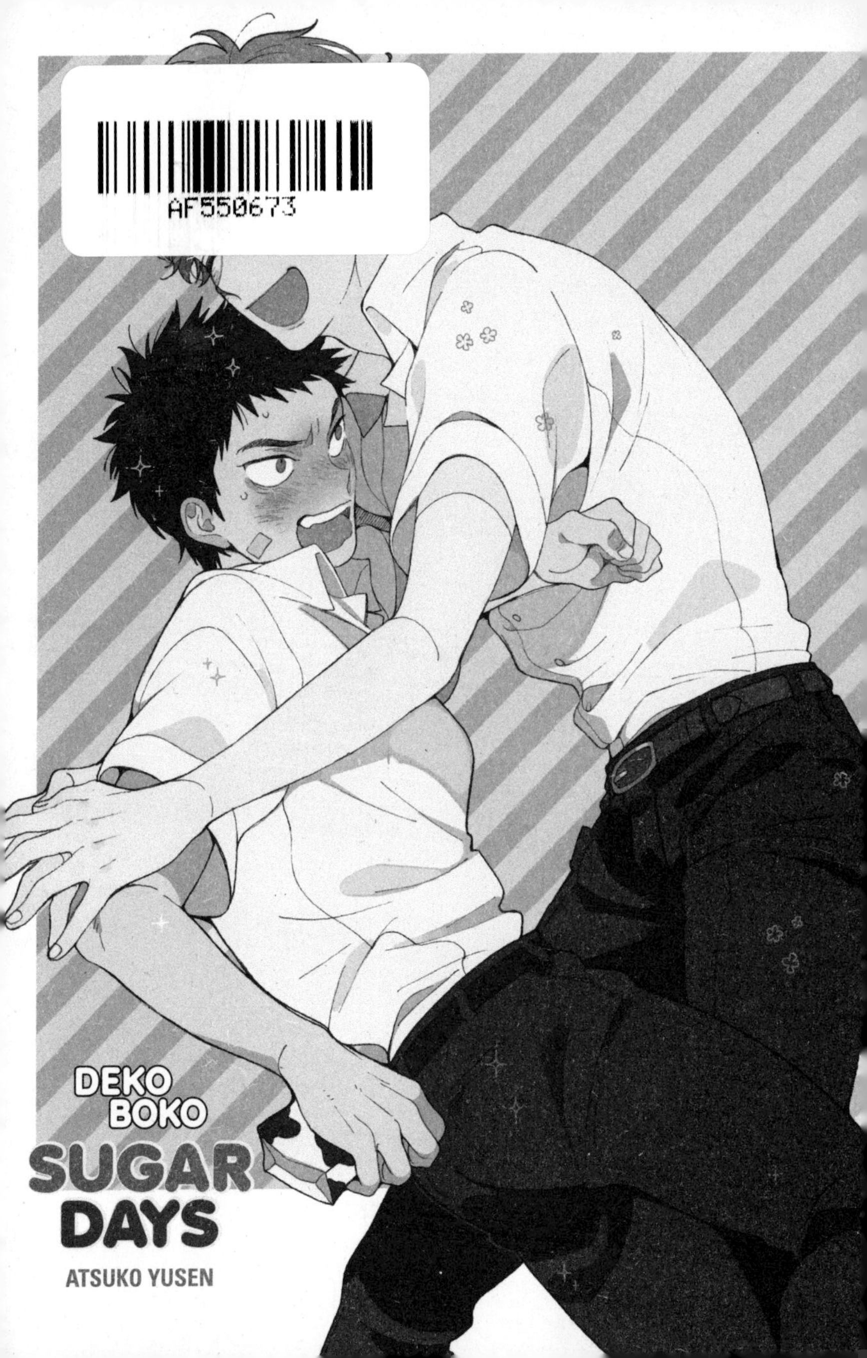
AF550673
DEKO
BOKO
SUGAR
DAYS
ATSUKO YUSEN

INHALT

DEKO BOKO SUGAR DAYS

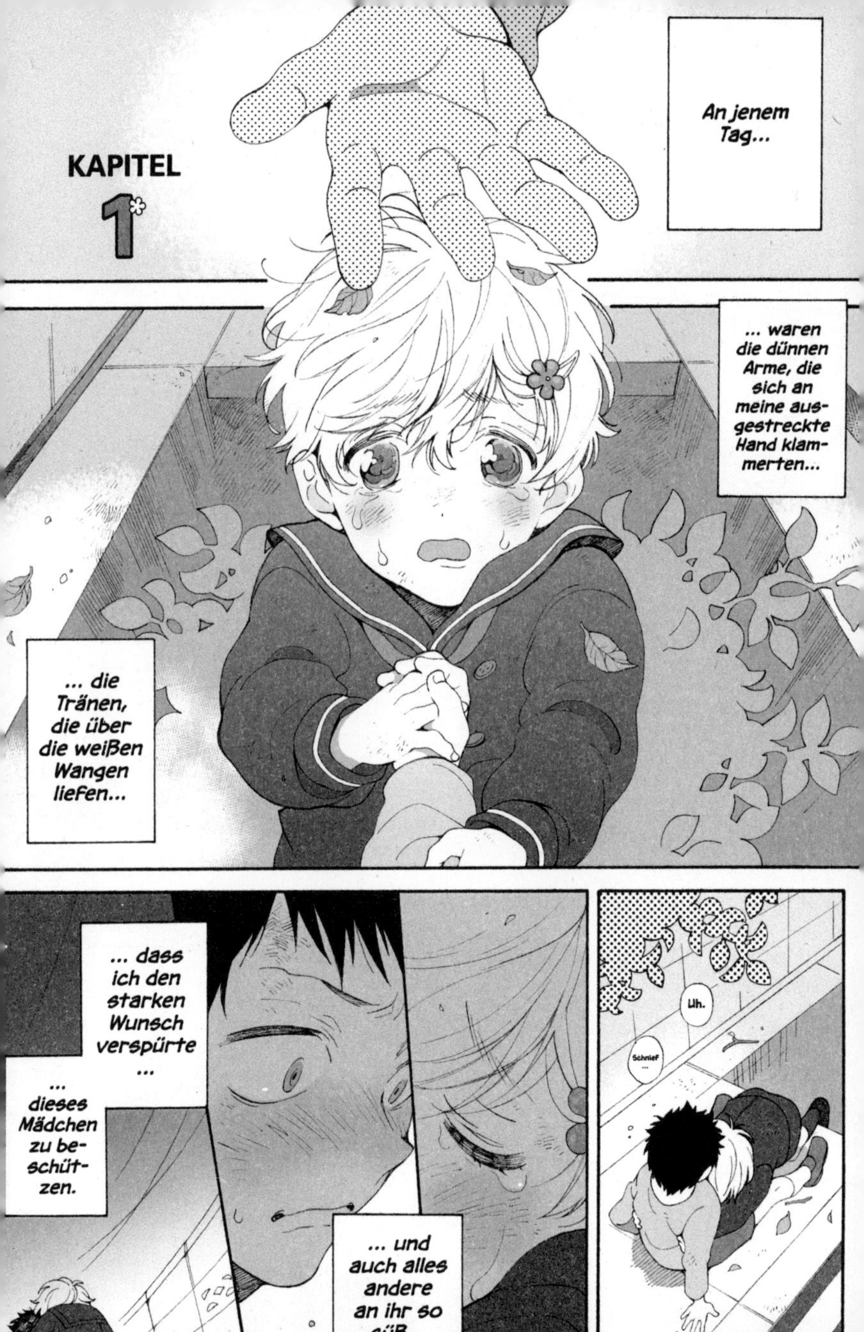

An jenem Tag...
KAPITEL 1
... waren die dünnen Arme, die sich an meine ausgestreckte Hand klammerten...
... die Tränen, die über die weißen Wangen liefen...
Uh.
Schnief ...
... dass ich den starken Wunsch verspürte ...
... dieses Mädchen zu beschützen.
... und auch alles andere an ihr so süß...

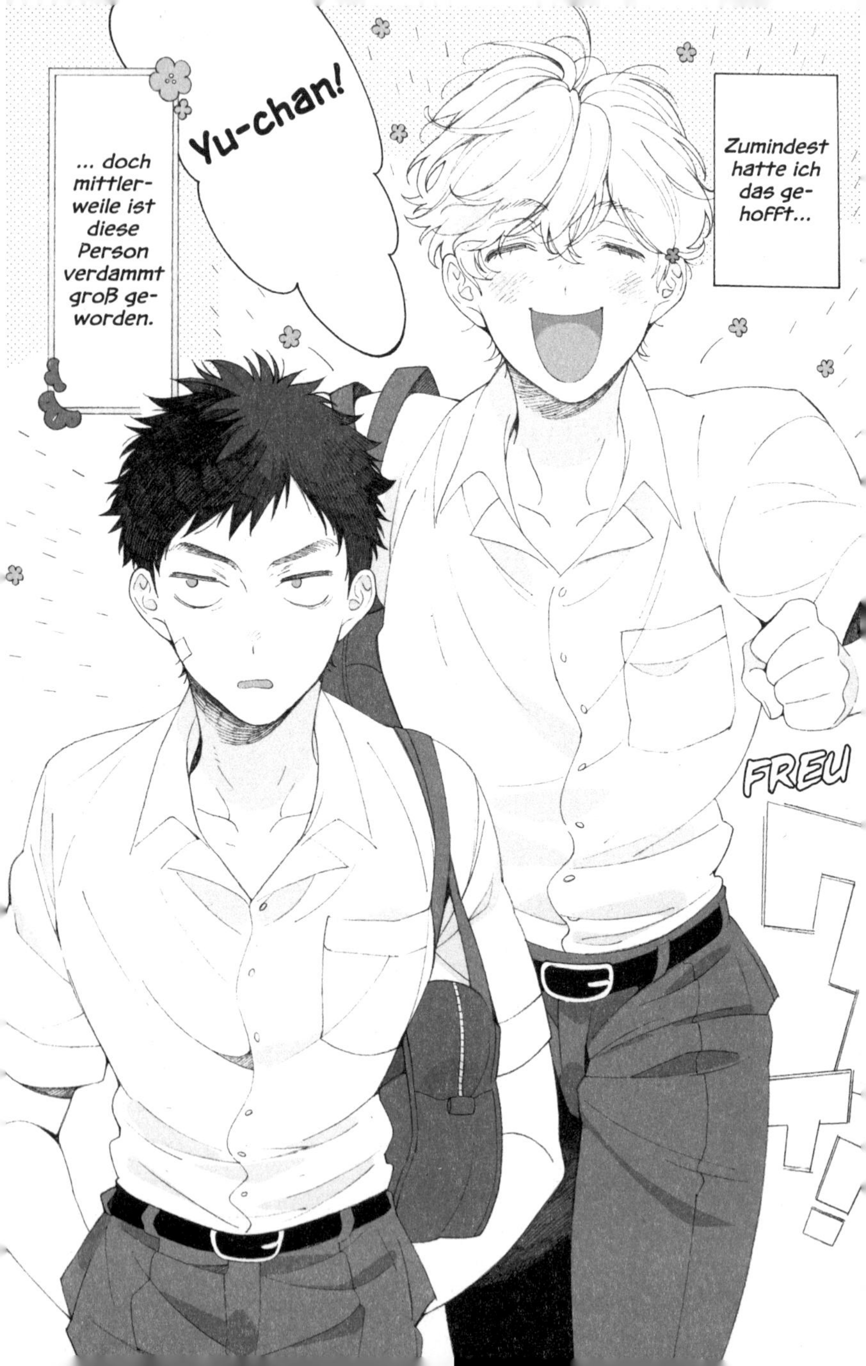
Zumindest hatte ich das ge-hofft...
Yu-chan!
... doch mittler-weile ist diese Person verdammt groß ge-worden.
FREU

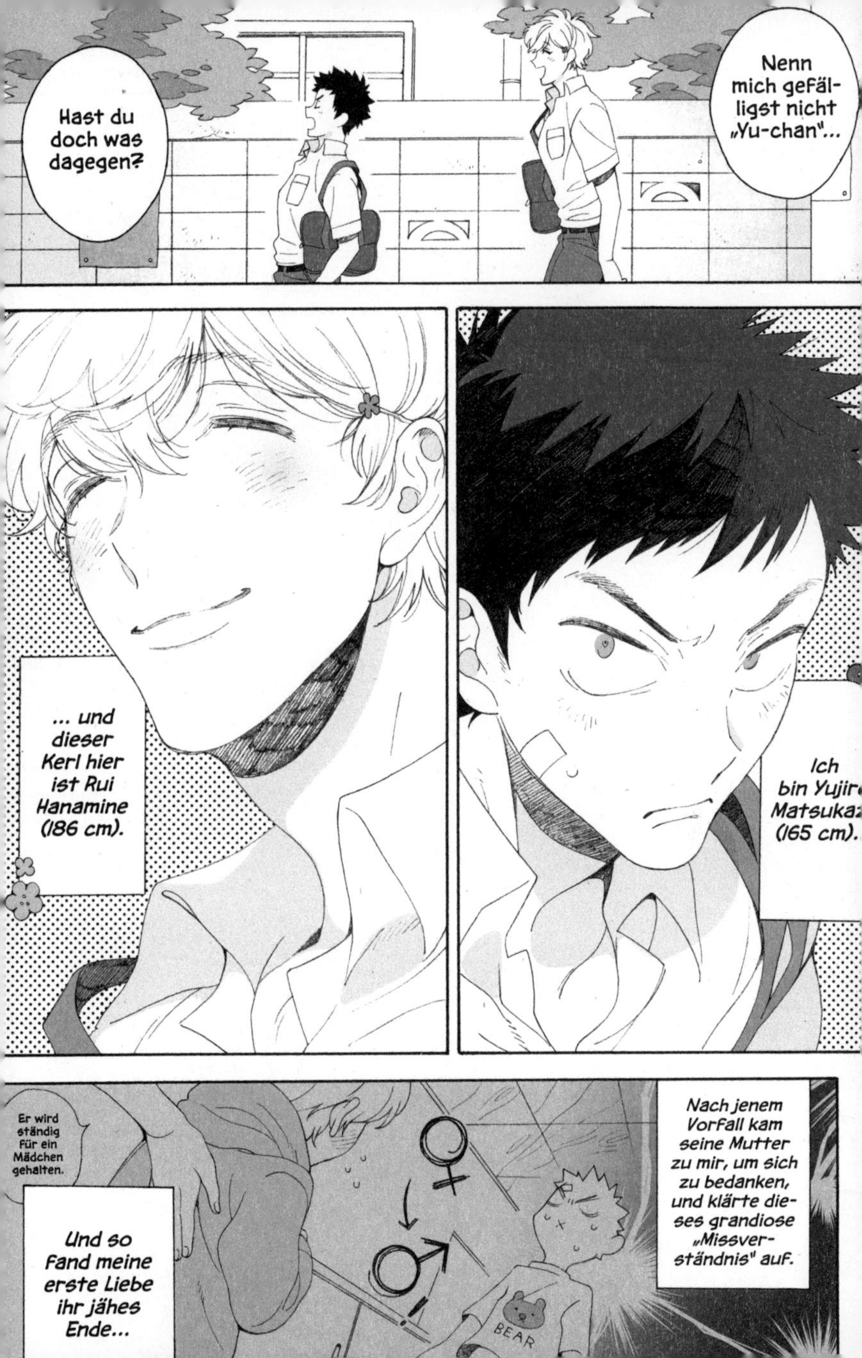
Nenn mich gefälligst nicht „Yu-chan"...
Hast du doch was dagegen?
Ich bin Yujir Matsukaz (165 cm).
... und dieser Kerl hier ist Rui Hanamine (186 cm).
Nach jenem Vorfall kam seine Mutter zu mir, um sich zu bedanken, und klärte dieses grandiose „Missverständnis" auf.
BEAR
Er wird ständig für ein Mädchen gehalten.
Und so fand meine erste Liebe ihr jähes Ende...

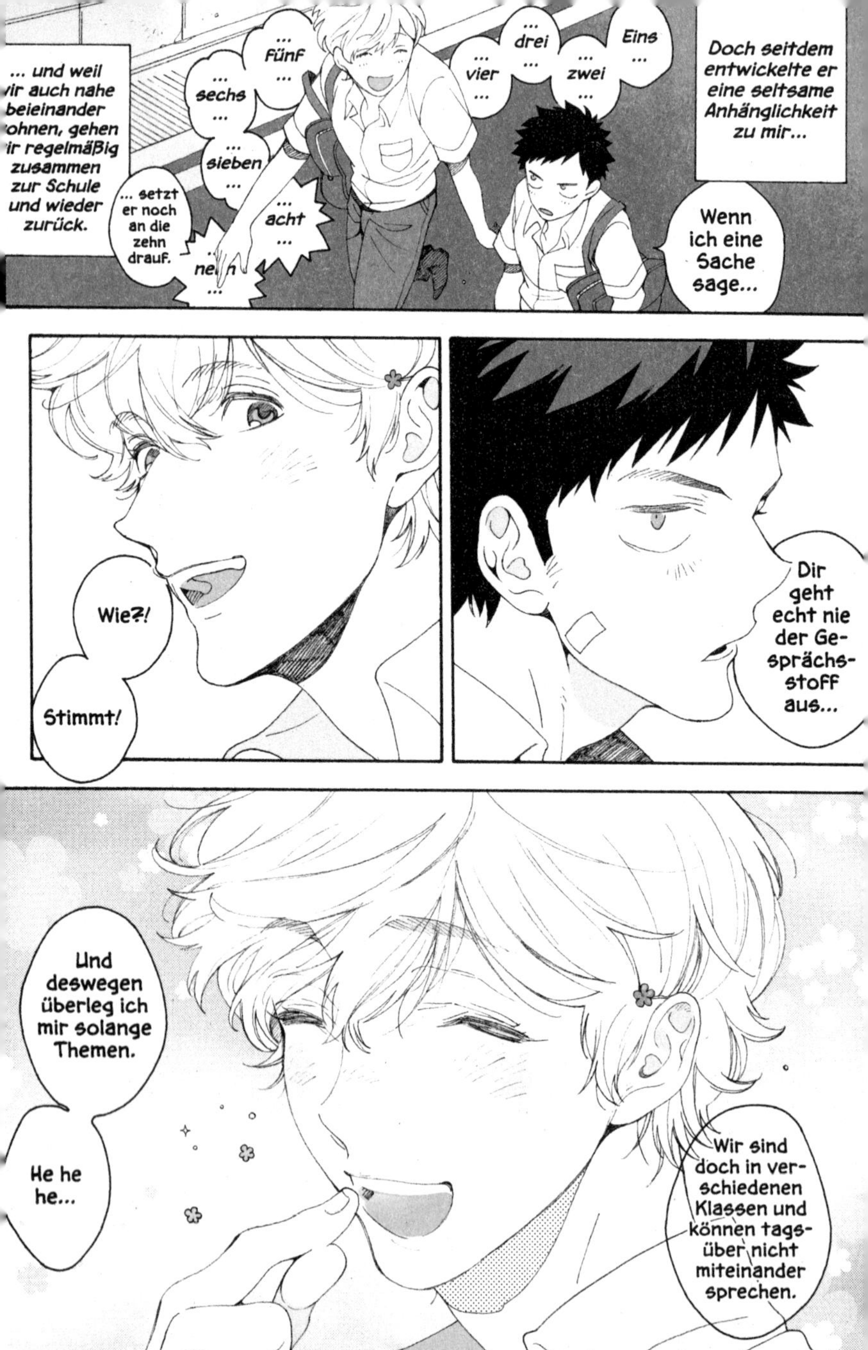
Doch seitdem entwickelte er eine seltsame Anhänglichkeit zu mir...
Wenn ich eine Sache sage...
Eins ...
... zwei ...
... drei ...
... vier ...
... fünf ...
... sechs ...
... sieben ...
... acht ...
... ne n ...
... setzt er noch an die zehn drauf.
... und weil vir auch nahe beieinander ohnen, gehen ir regelmäßig zusammen zur Schule und wieder zurück.
Dir geht echt nie der Gesprächsstoff aus...
Wie?!
Stimmt!
Wir sind doch in verschiedenen Klassen und können tagsüber nicht miteinander sprechen.
Und deswegen überleg ich mir solange Themen.
He he he...

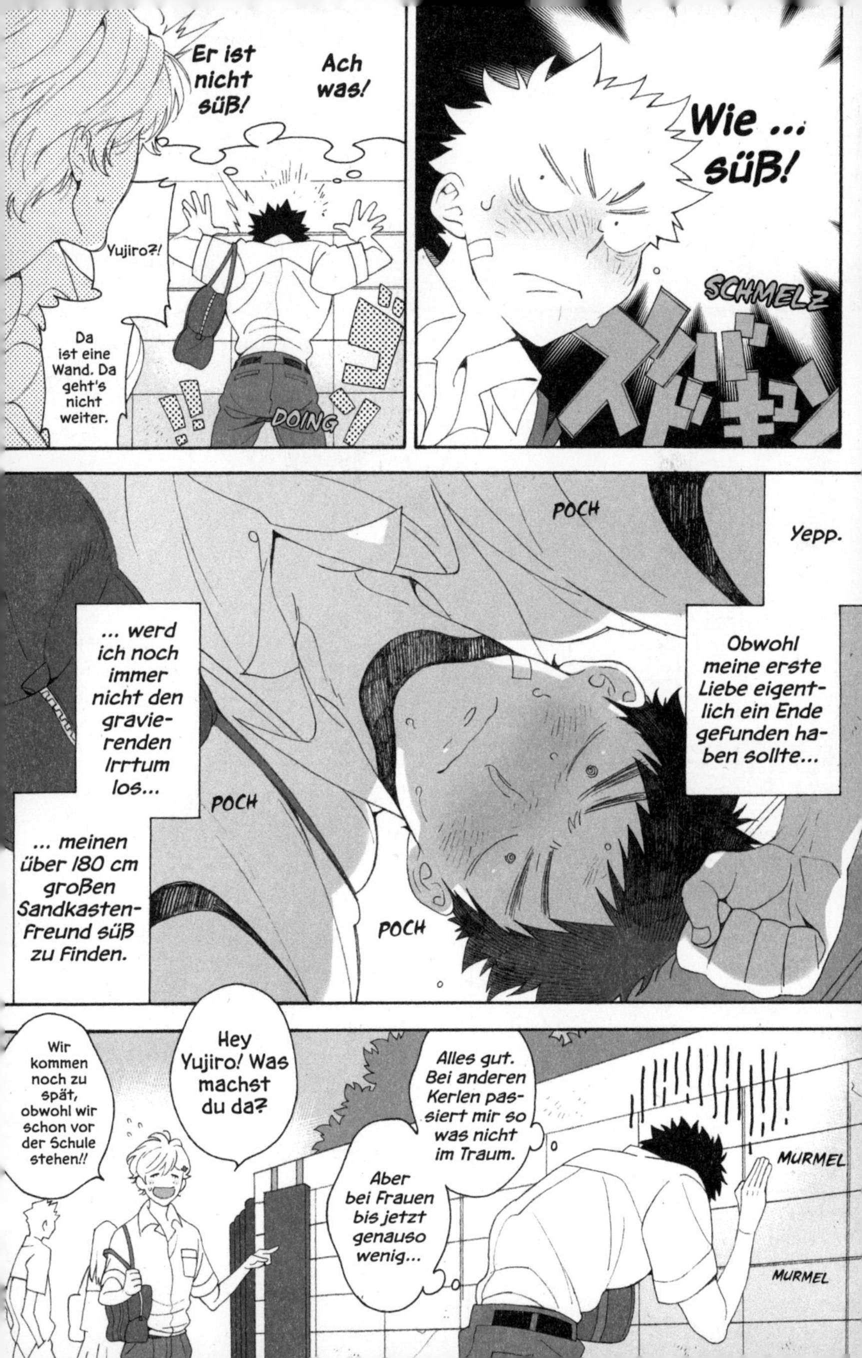
Wie ... süß!
SCHMELZ
Ach was!
Er ist nicht süß!
Yujiro?!
Da ist eine Wand. Da geht's nicht weiter.
DOING
Yepp.
Obwohl meine erste Liebe eigentlich ein Ende gefunden haben sollte...
POCH
... werd ich noch immer nicht den gravierenden Irrtum los...
POCH
... meinen über 180 cm großen Sandkasten-Freund süß zu finden.
POCH
MURMEL
Alles gut. Bei anderen Kerlen passiert mir so was nicht im Traum.
Aber bei Frauen bis jetzt genauso wenig...
MURMEL
Hey Yujiro! Was machst du da?
Wir kommen noch zu spät, obwohl wir schon vor der Schule stehen!!

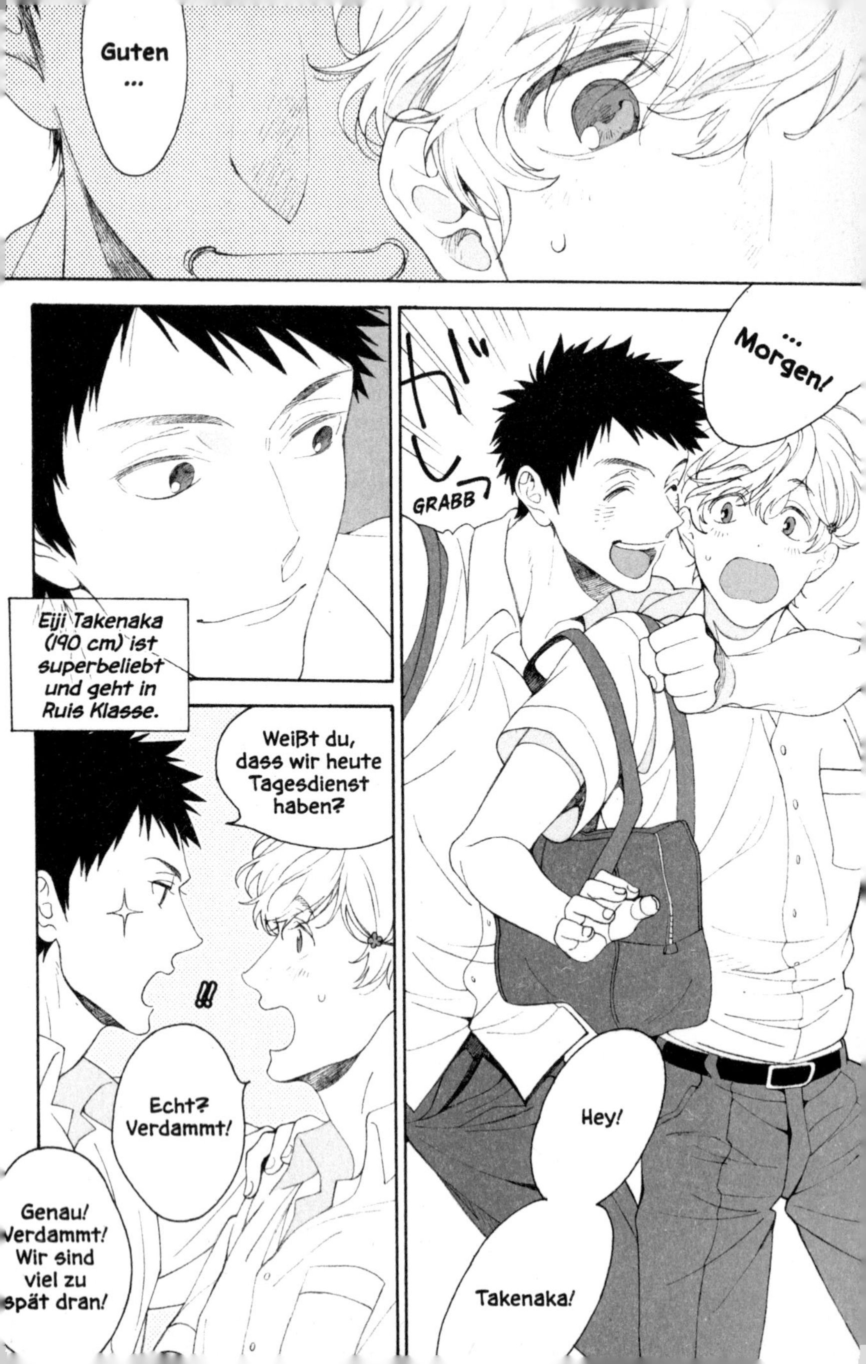
Guten ...
... Morgen!
GRABB
Hey!
Takenaka!
Eiji Takenaka (190 cm) ist superbeliebt und geht in Ruis Klasse.
Weißt du, dass wir heute Tagesdienst haben?
!!
Echt? Verdammt!
Genau! Verdammt! Wir sind viel zu spät dran!

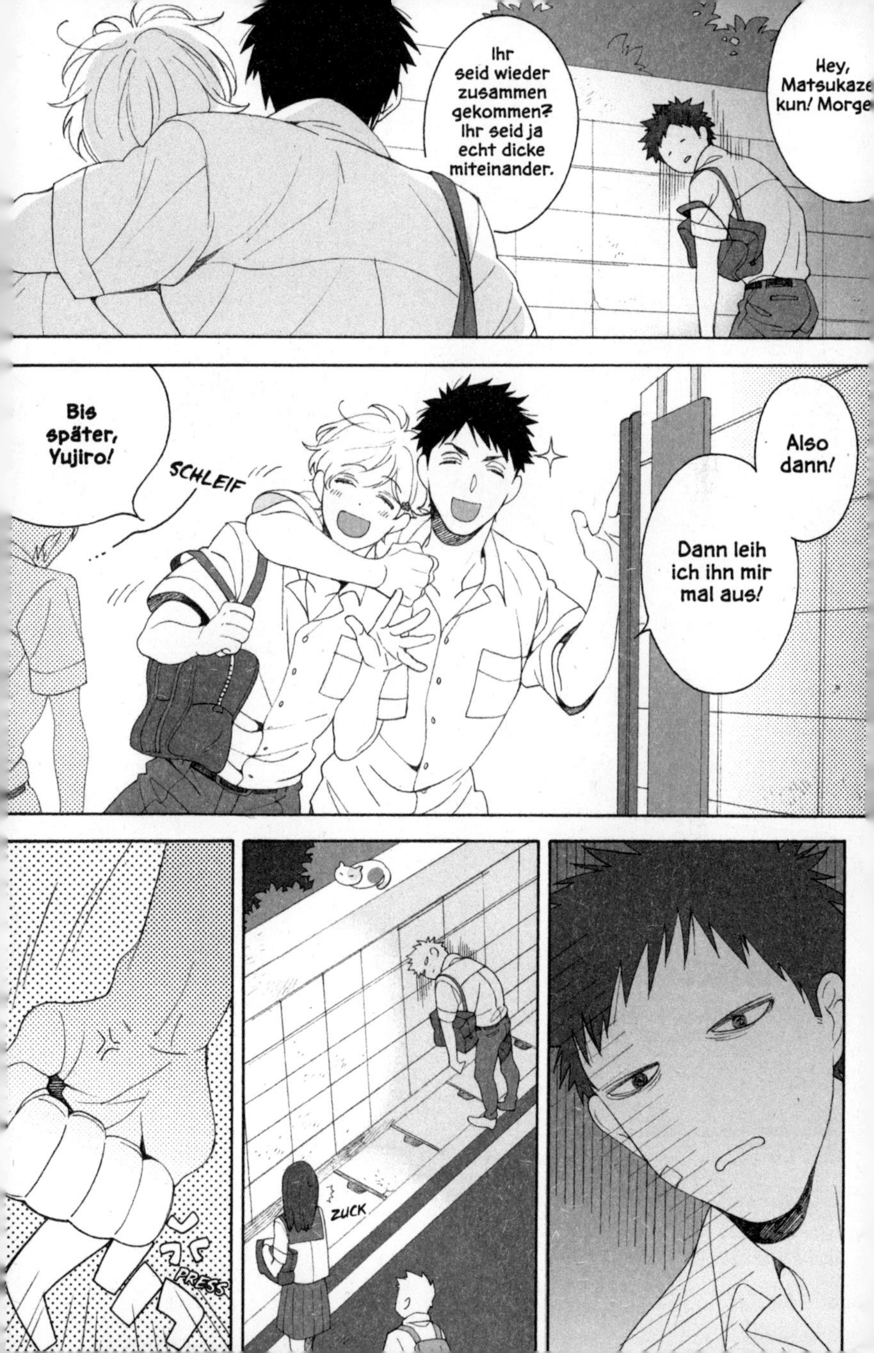
Hey, Matsukaze-kun! Morge
Ihr seid wieder zusammen gekommen? Ihr seid ja echt dicke miteinander.
Also dann!
Dann leih ich ihn mir mal aus!
Bis später, Yujiro!
SCHLEIF
...
PRESS
ZUCK

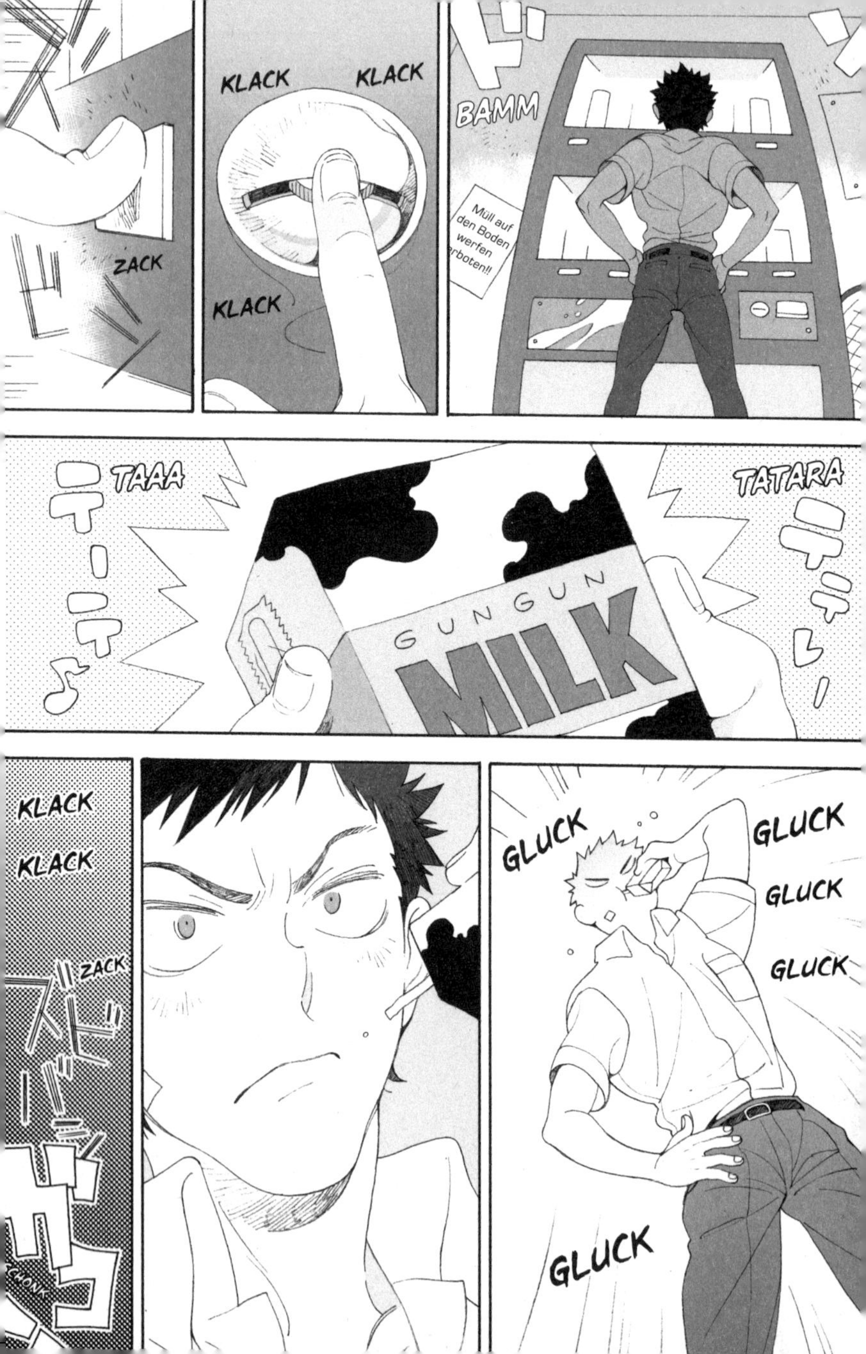
BAMM
Müll auf
den Boden
werfen
erboten!!
KLACK
KLACK
KLACK
ZACK
TATARA
TAAA
GUNGUN
MILK
GLUCK
GLUCK
GLUCK
GLUCK
GLUCK
KLACK
KLACK
ZACK
CHONK

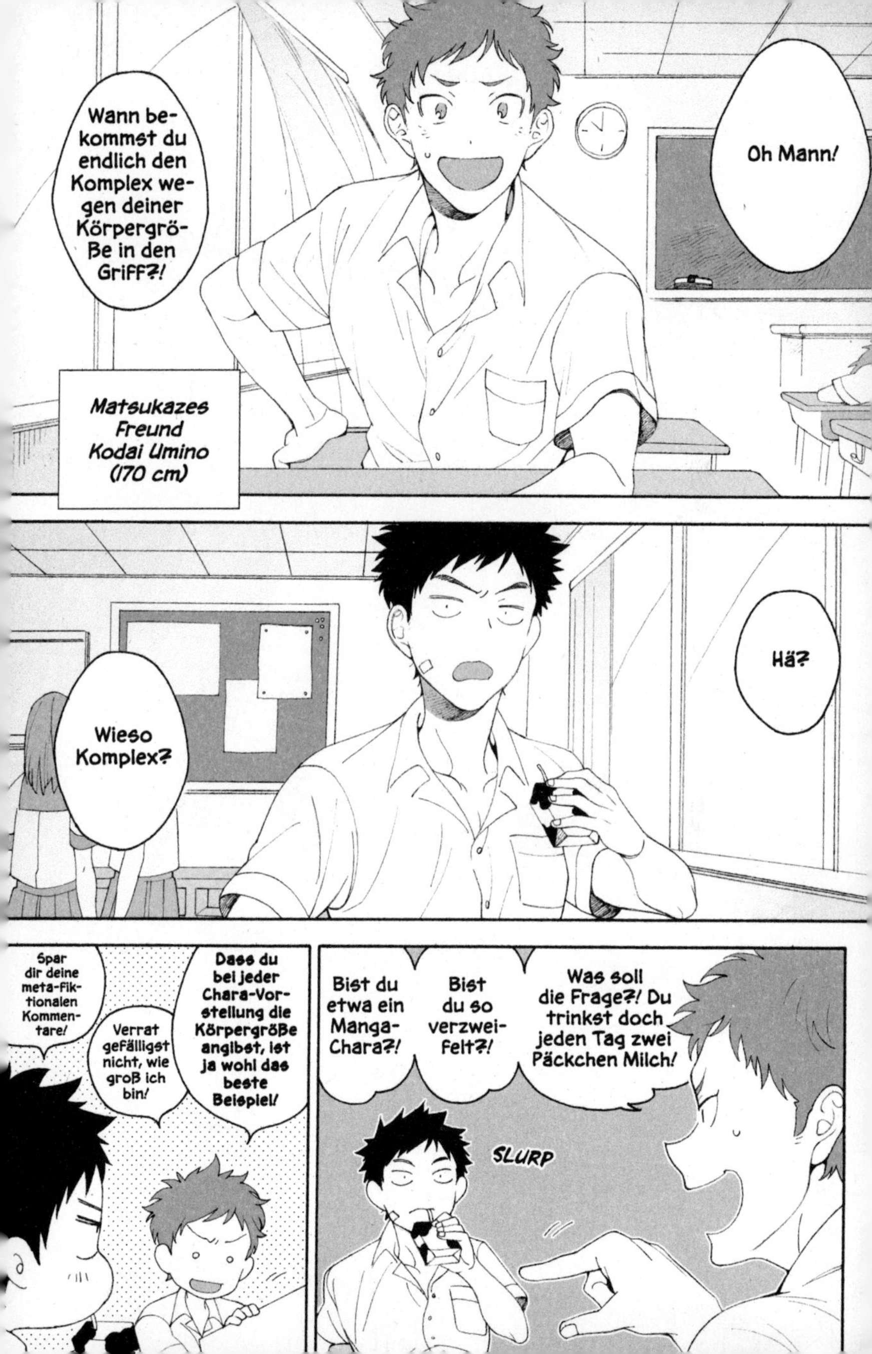

Oh Mann!
Wann bekommst du endlich den Komplex wegen deiner Körpergröße in den Griff?!
Matsukazes Freund Kodai Umino (170 cm)
Hä?
Wieso Komplex?
Was soll die Frage?! Du trinkst doch jeden Tag zwei Päckchen Milch!
Bist du so verzweifelt?!
Bist du etwa ein Manga-Chara?!
SLURP
Dass du bei jeder Chara-Vorstellung die Körpergröße angibst, ist ja wohl das beste Beispiel!
Verrat gefälligst nicht, wie groß ich bin!
Spar dir deine meta-fiktionalen Kommentare!

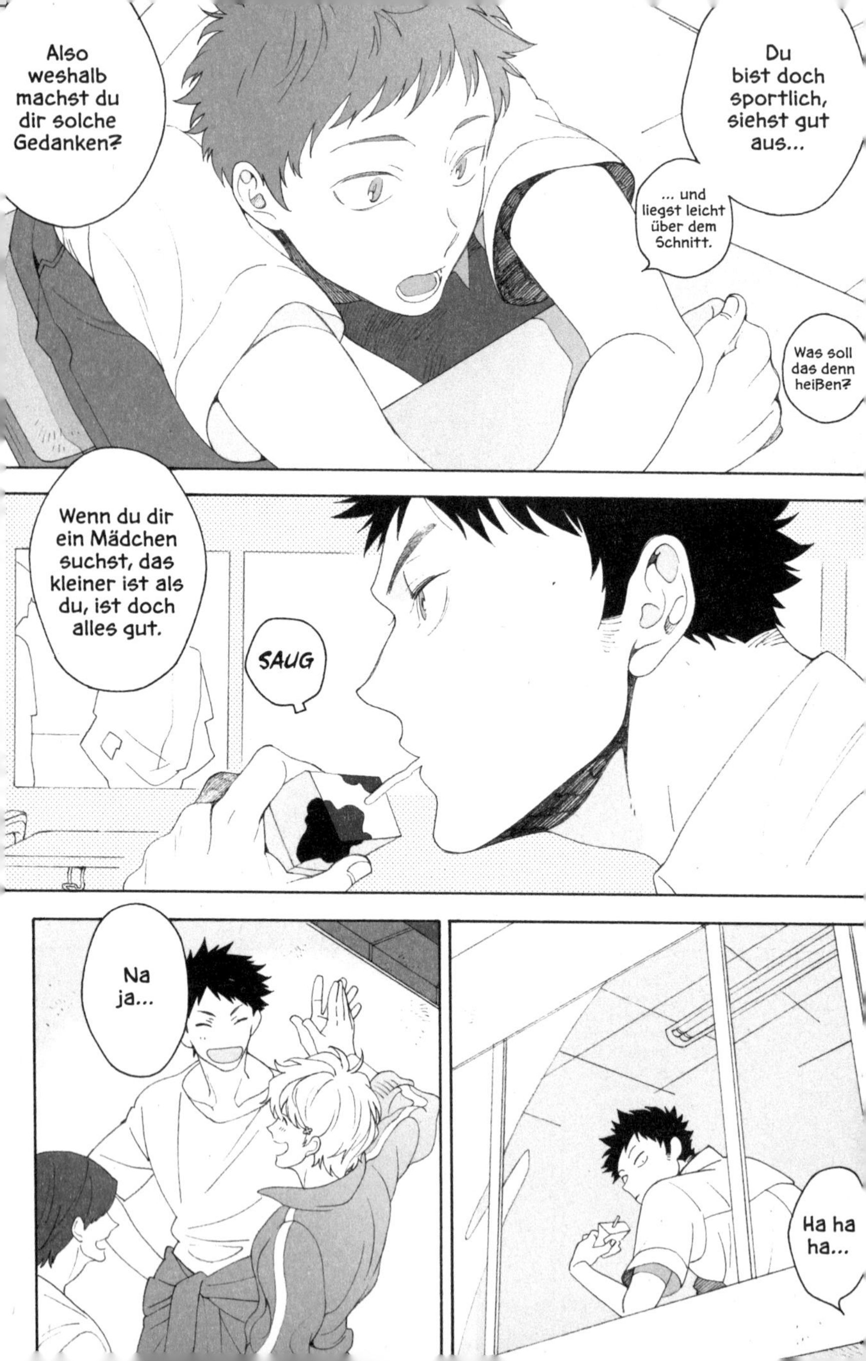
Du bist doch sportlich, siehst gut aus...
... und liegst leicht über dem Schnitt.
Also weshalb machst du dir solche Gedanken?
Was soll das denn heißen?
Wenn du dir ein Mädchen suchst, das kleiner ist als du, ist doch alles gut.
SAUG
Ha ha ha...
Na ja...

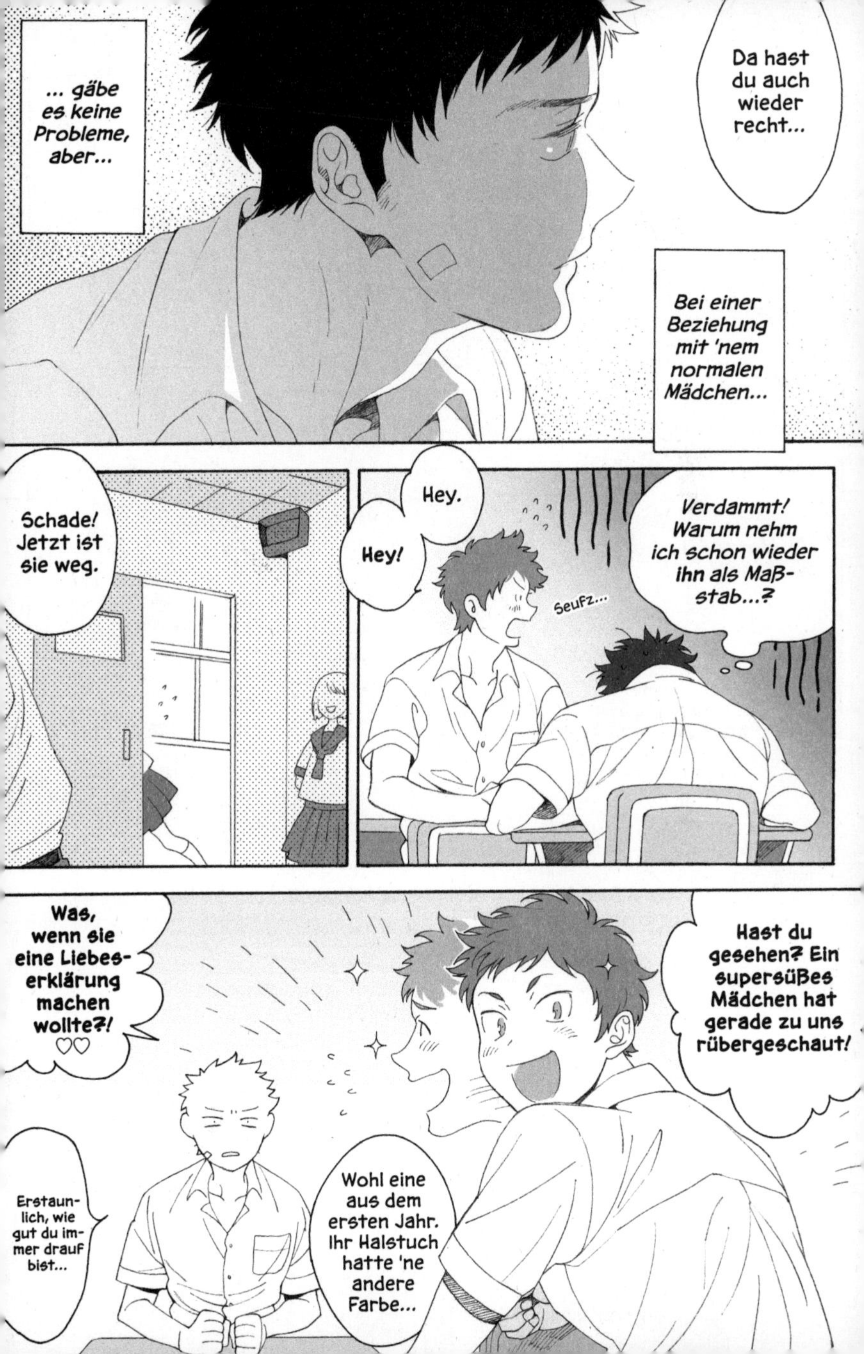
Da hast du auch wieder recht...
Bei einer Beziehung mit 'nem normalen Mädchen...
... gäbe es keine Probleme, aber...
Verdammt! Warum nehm ich schon wieder ihn als Maßstab...?
Seufz...
Hey.
Hey!
Schade! Jetzt ist sie weg.
Hast du gesehen? Ein supersüßes Mädchen hat gerade zu uns rübergeschaut!
Was, wenn sie eine Liebeserklärung machen wollte?! ♡♡
Wohl eine aus dem ersten Jahr. Ihr Halstuch hatte 'ne andere Farbe...
Erstaunlich, wie gut du immer drauf bist...

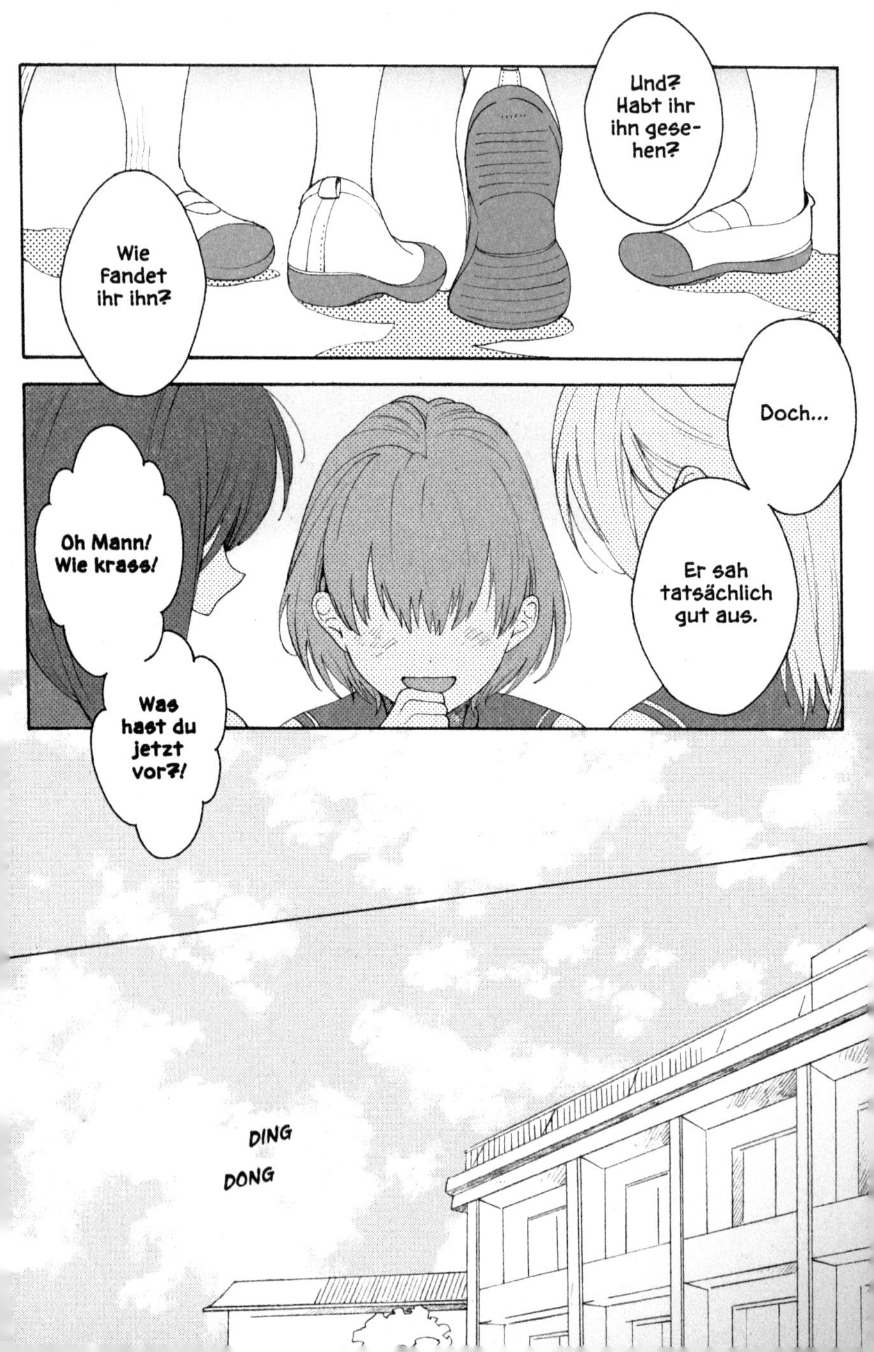
Und? Habt ihr ihn gesehen?
Wie fandet ihr ihn?
Doch...
Er sah tatsächlich gut aus.
Oh Mann! Wie krass!
Was hast du jetzt vor?!
DING
DONG

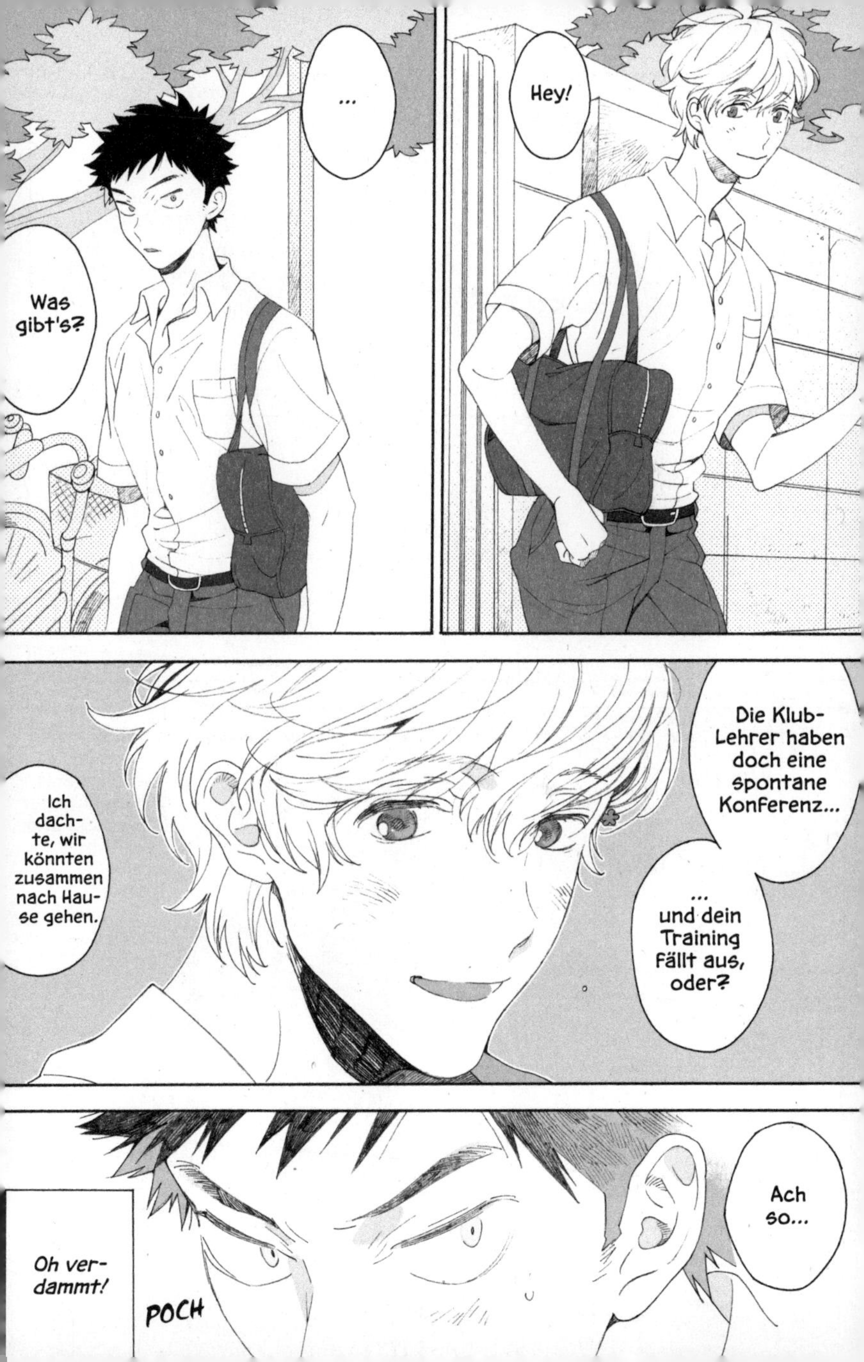
Hey!
...
Was gibt's?
Die Klub-Lehrer haben doch eine spontane Konferenz...
... und dein Training fällt aus, oder?
Ich dachte, wir könnten zusammen nach Hause gehen.
Ach so...
POCH
Oh verdammt!

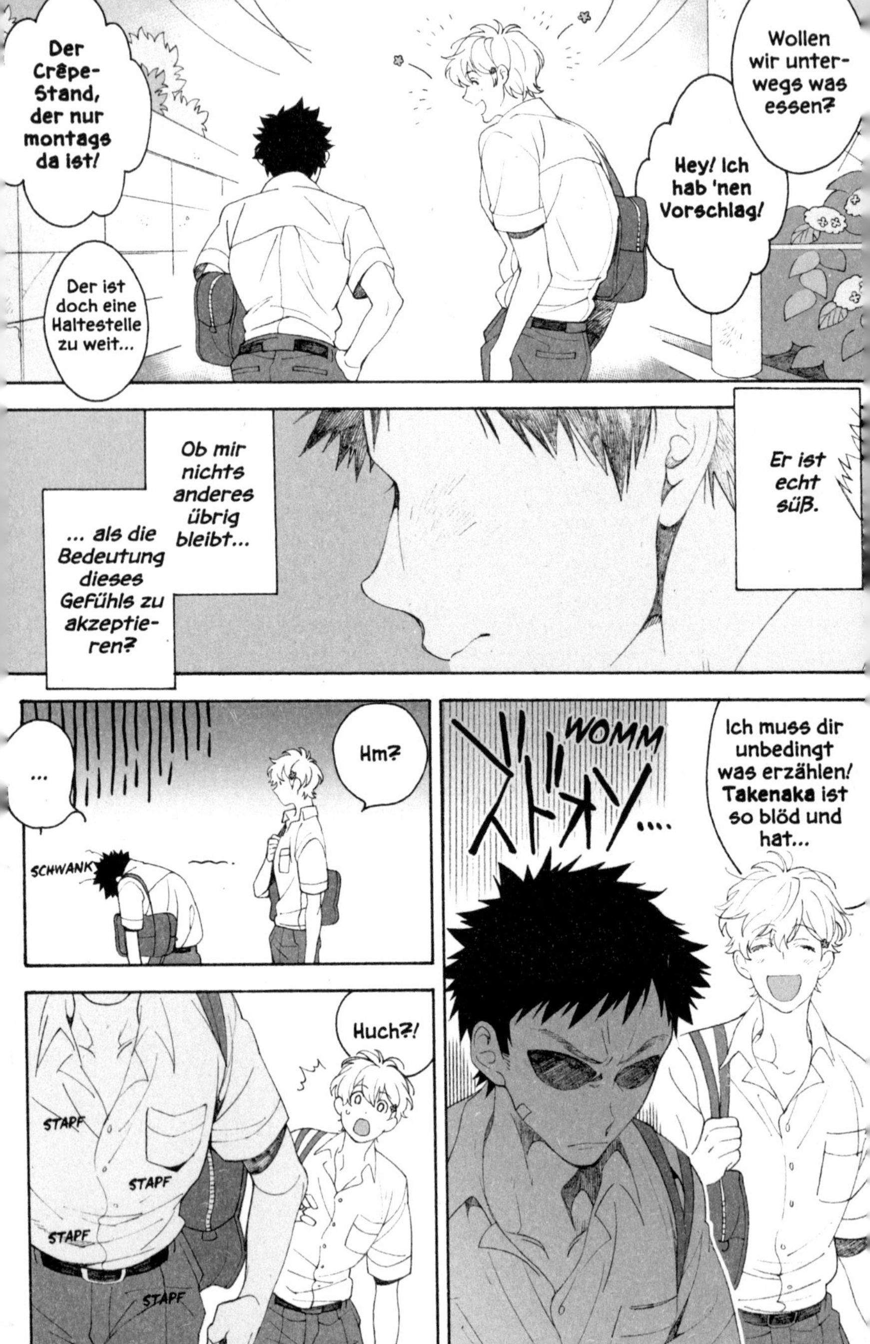
Wollen wir unterwegs was essen?
Hey! Ich hab 'nen Vorschlag!
Der Crêpe-Stand, der nur montags da ist!
Der ist doch eine Haltestelle zu weit...
Er ist echt süß.
Ob mir nichts anderes übrig bleibt...
... als die Bedeutung dieses Gefühls zu akzeptieren?
Ich muss dir unbedingt was erzählen! Takenaka ist so blöd und hat...
WOMM
ズドオン....
Hm?
...
SCHWANK
Huch?!
STAPF
STAPF
STAPF
STAPF

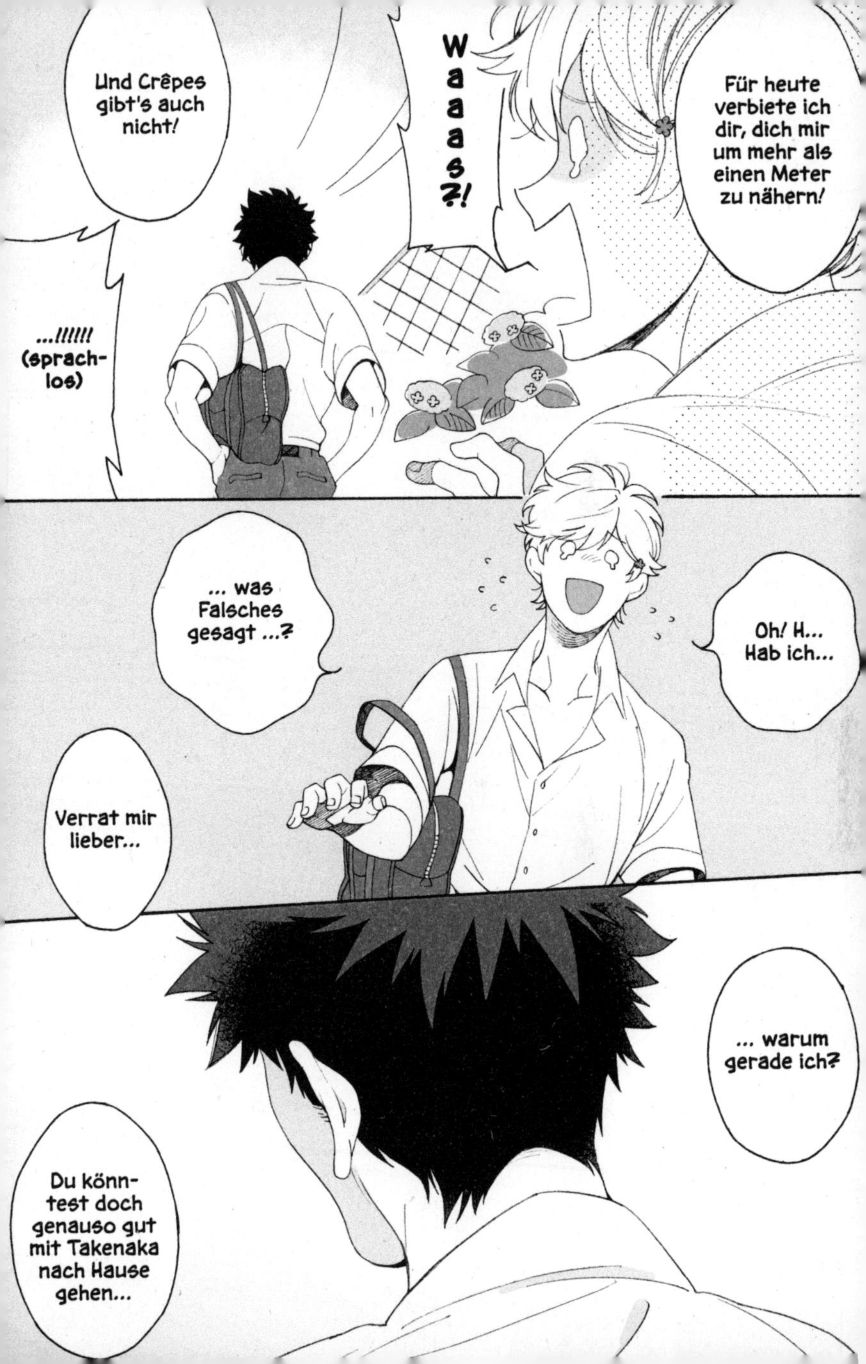
Für heute verbiete ich dir, dich mir um mehr als einen Meter zu nähern!
Waaas?!
Und Crêpes gibt's auch nicht!
...!!!!!! (sprach-los)
Oh! H... Hab ich...
... was Falsches gesagt ...?
Verrat mir lieber...
... warum gerade ich?
Du könn-test doch genauso gut mit Takenaka nach Hause gehen...

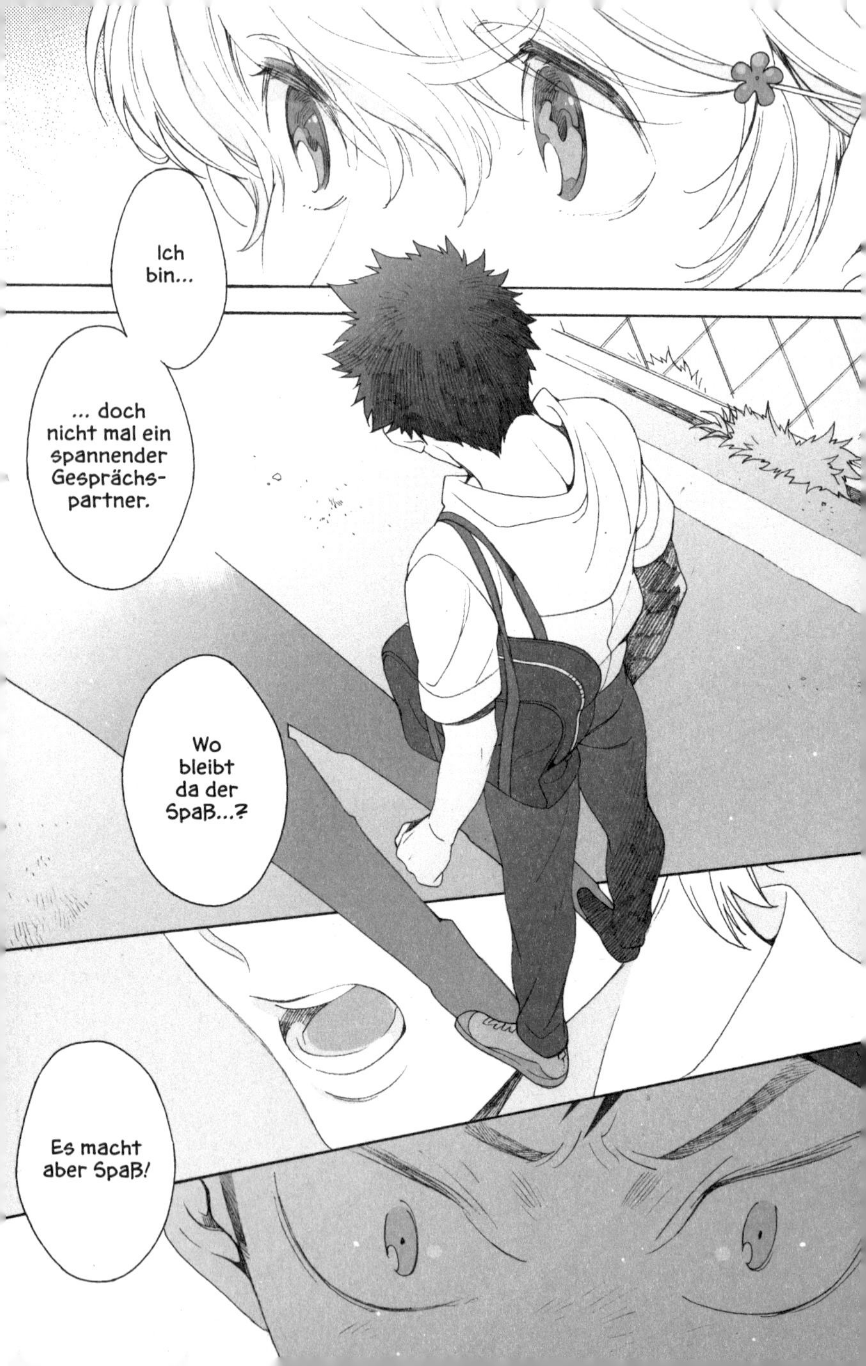
Ich bin...
... doch nicht mal ein spannender Gesprächs-partner.
Wo bleibt da der Spaß...?
Es macht aber Spaß!

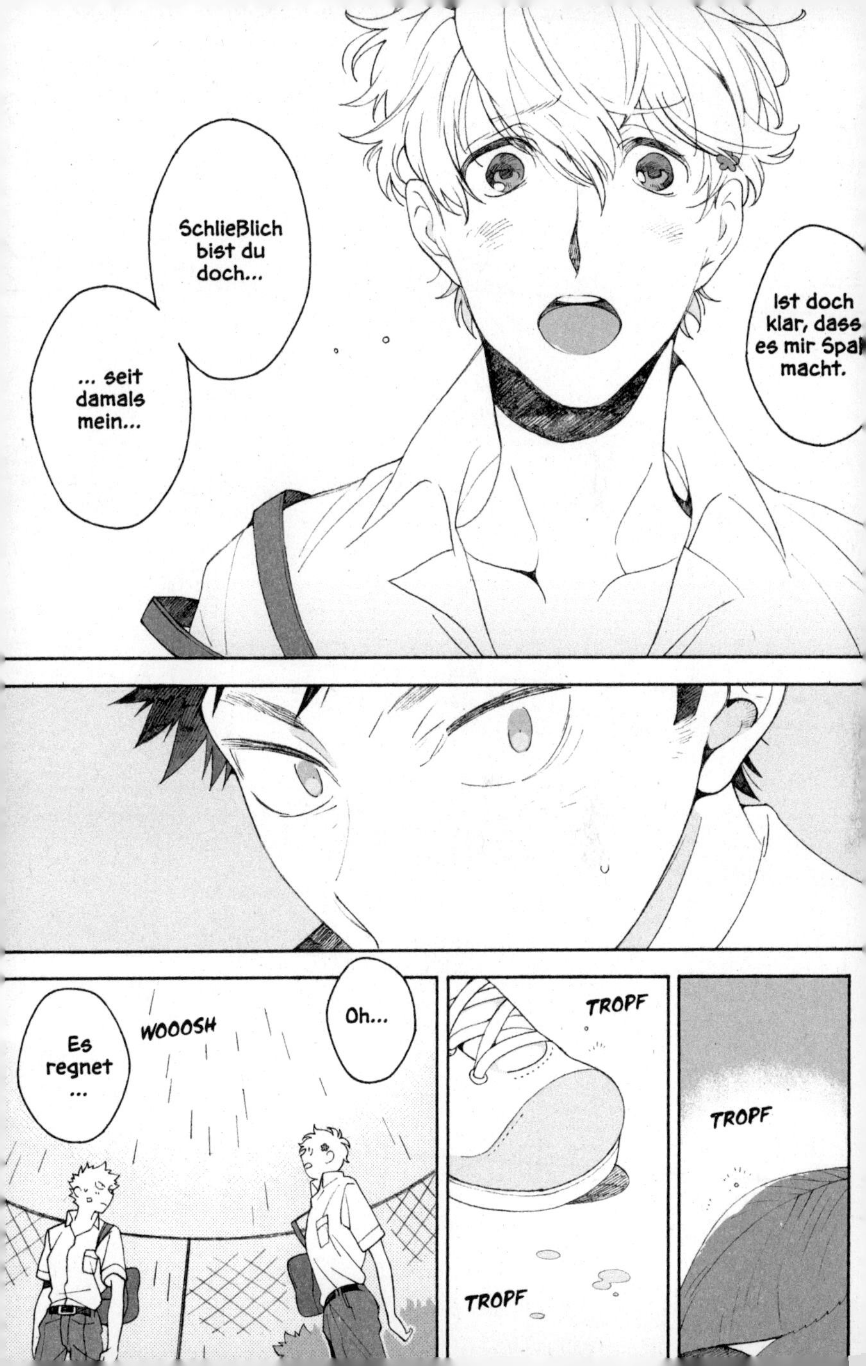
Ist doch klar, dass es mir Spa macht.
Schließlich bist du doch...
... seit damals mein...
TROPF
TROPF
TROPF
Oh...
WOOOSH
Es regnet ...

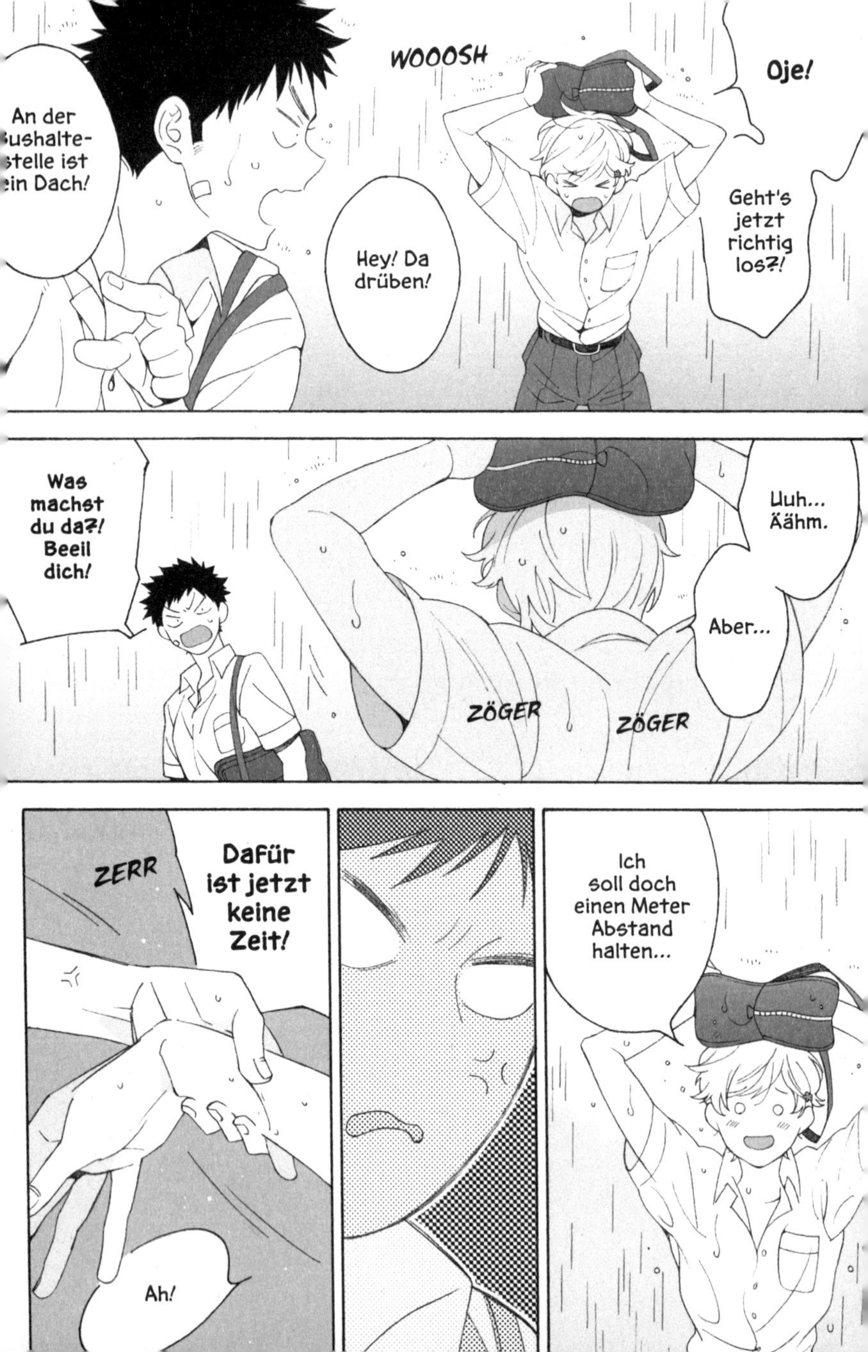
Oje!
Geht's jetzt richtig los?!
WOOOSH
Hey! Da drüben!
An der ushalte-stelle ist in Dach!
Uuh... Äähm.
Aber...
ZÖGER
ZÖGER
Was machst du da?! Beeil dich!
Ich soll doch einen Meter Abstand halten...
Dafür ist jetzt keine Zeit!
ZERR
Ah!

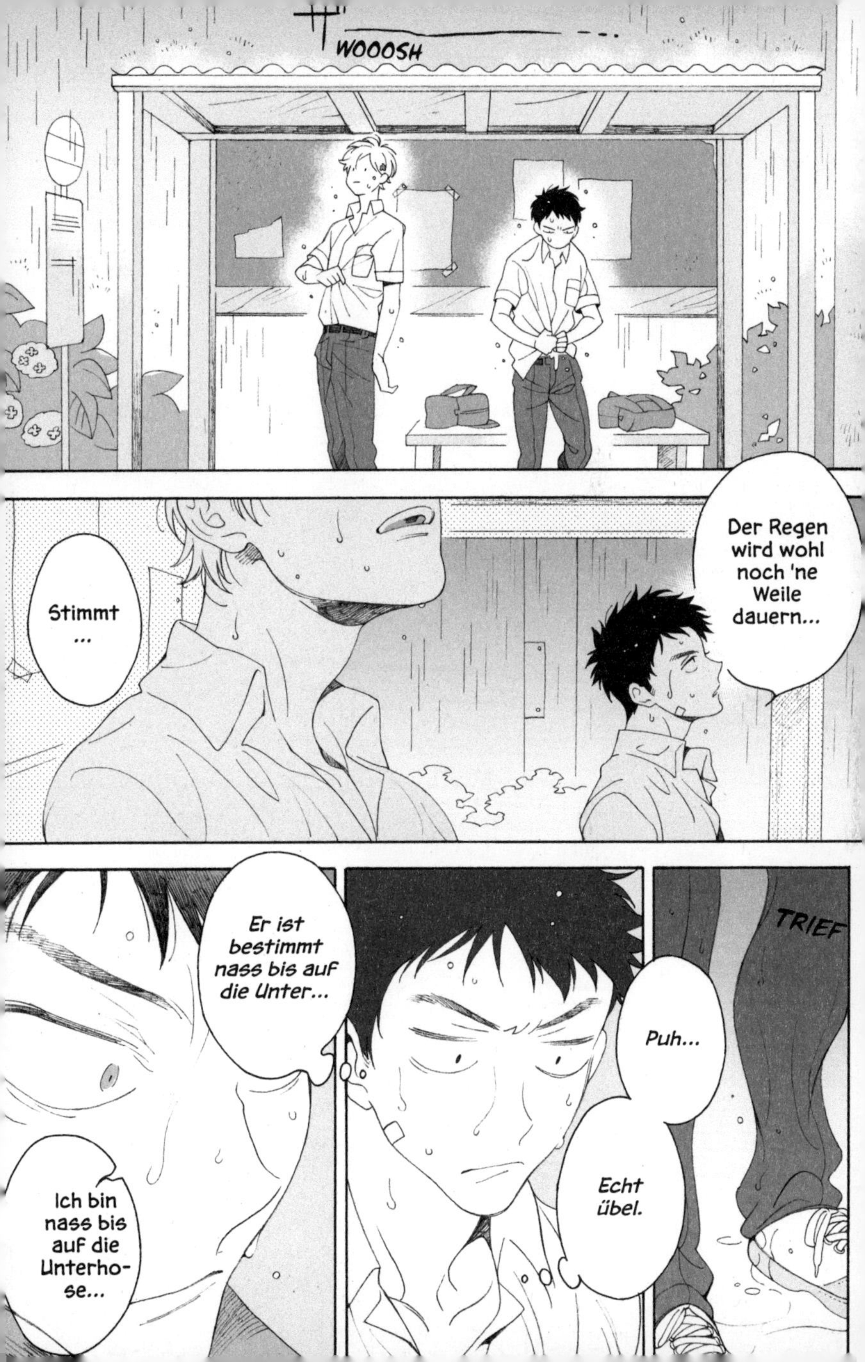
WOOOSH
Der Regen wird wohl noch 'ne Weile dauern...
Stimmt ...
TRIEF
Puh...
Echt übel.
Er ist bestimmt nass bis auf die Unter...
Ich bin nass bis auf die Unterho-se...

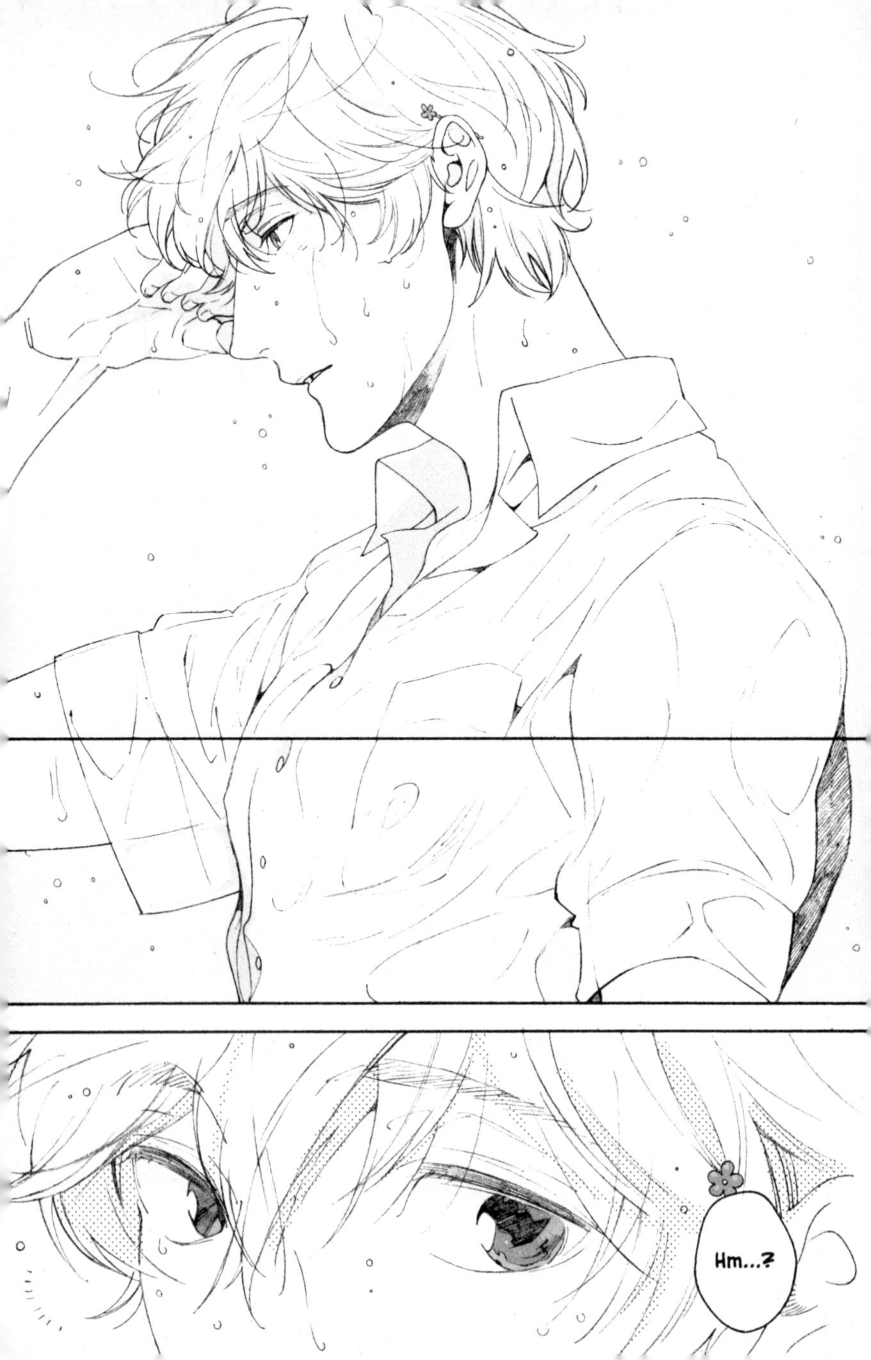
Hm...?

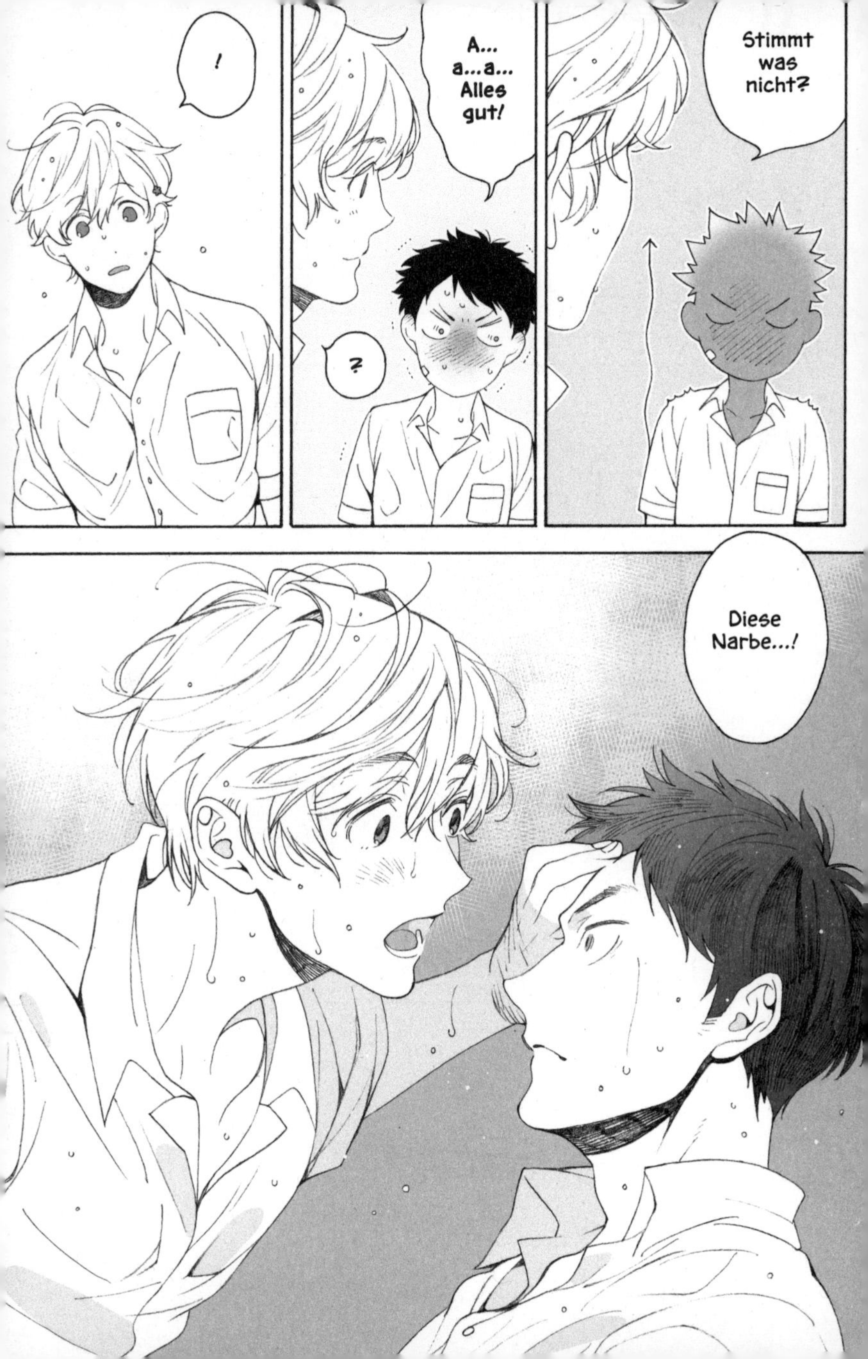
Stimmt was nicht?
A... a...a... Alles gut!
?
!
Diese Narbe...!

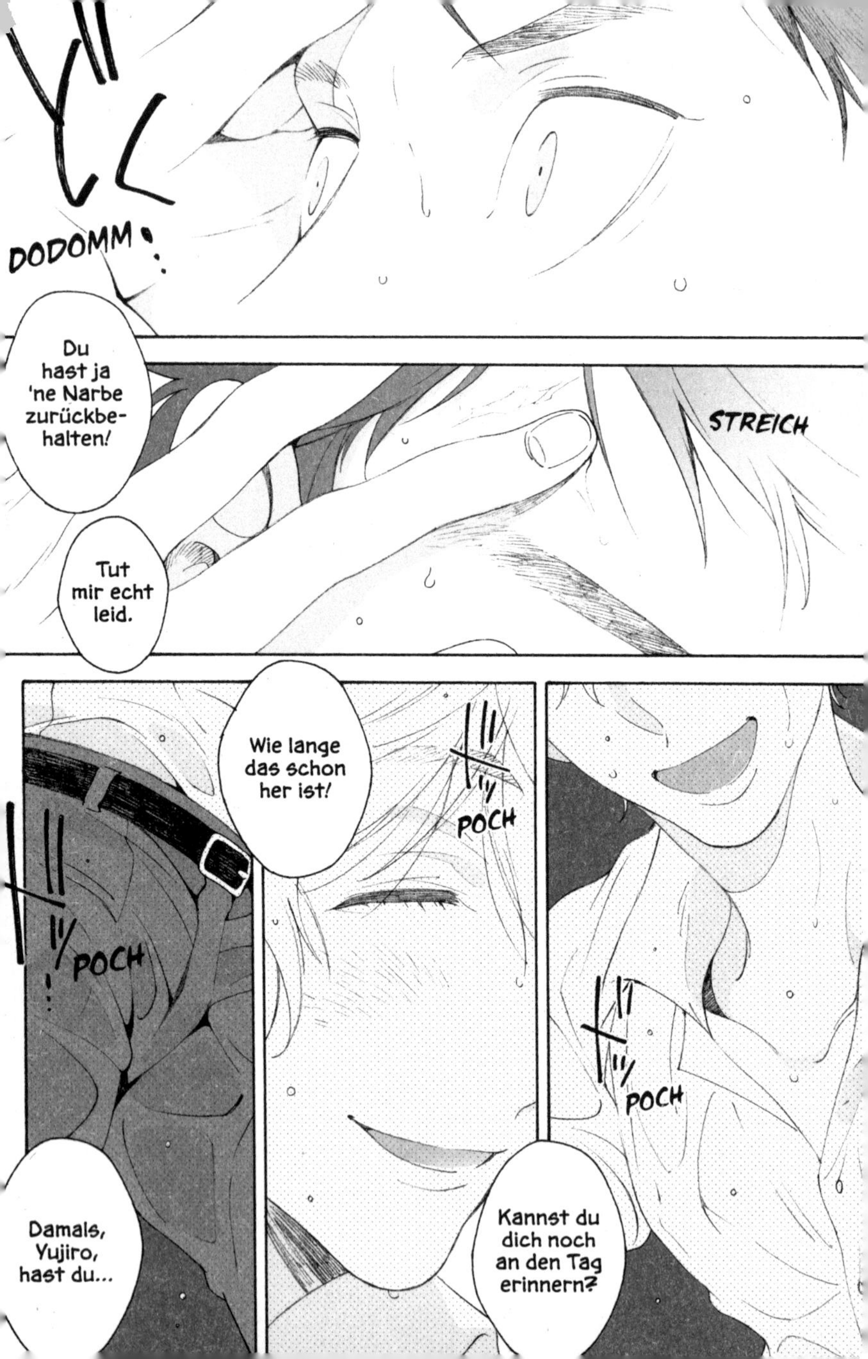
DODOMM
Du hast ja 'ne Narbe zurückbehalten!
STREICH
Tut mir echt leid.
POCH
Wie lange das schon her ist!
POCH
POCH
Kannst du dich noch an den Tag erinnern?
Damals, Yujiro, hast du...

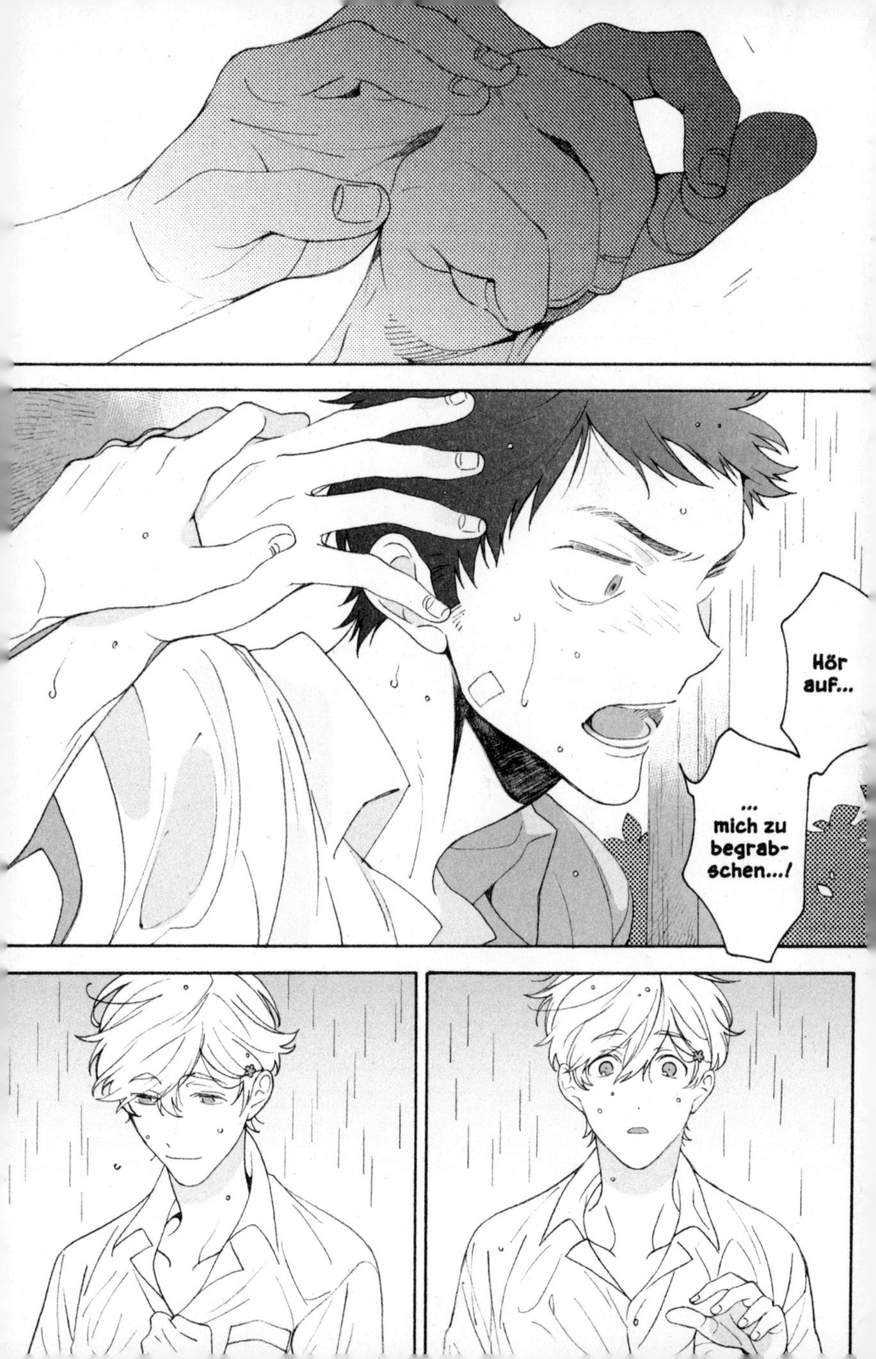
Hör auf...
... mich zu begrab-schen...!

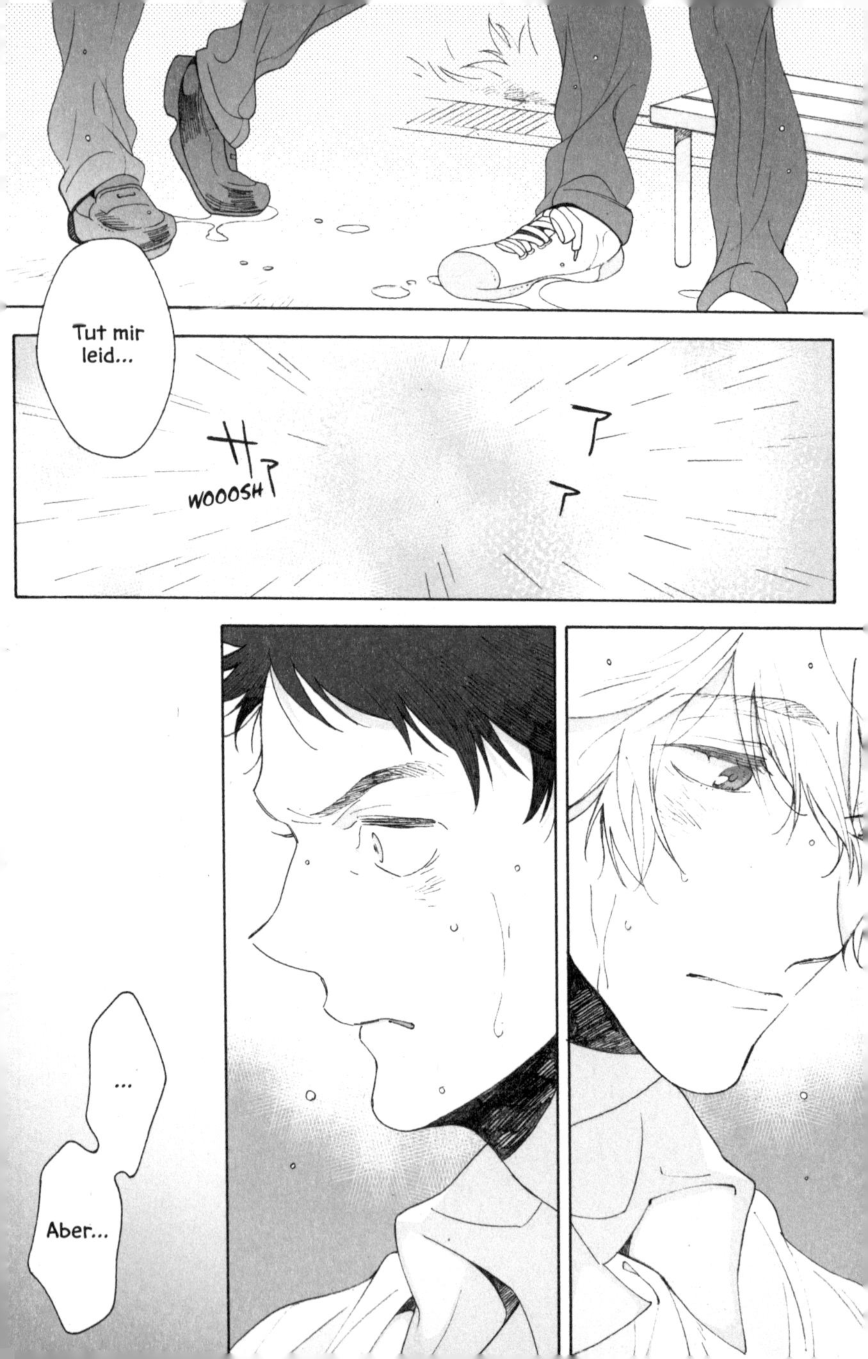
Tut mir leid...
WOOOSH
...
Aber...

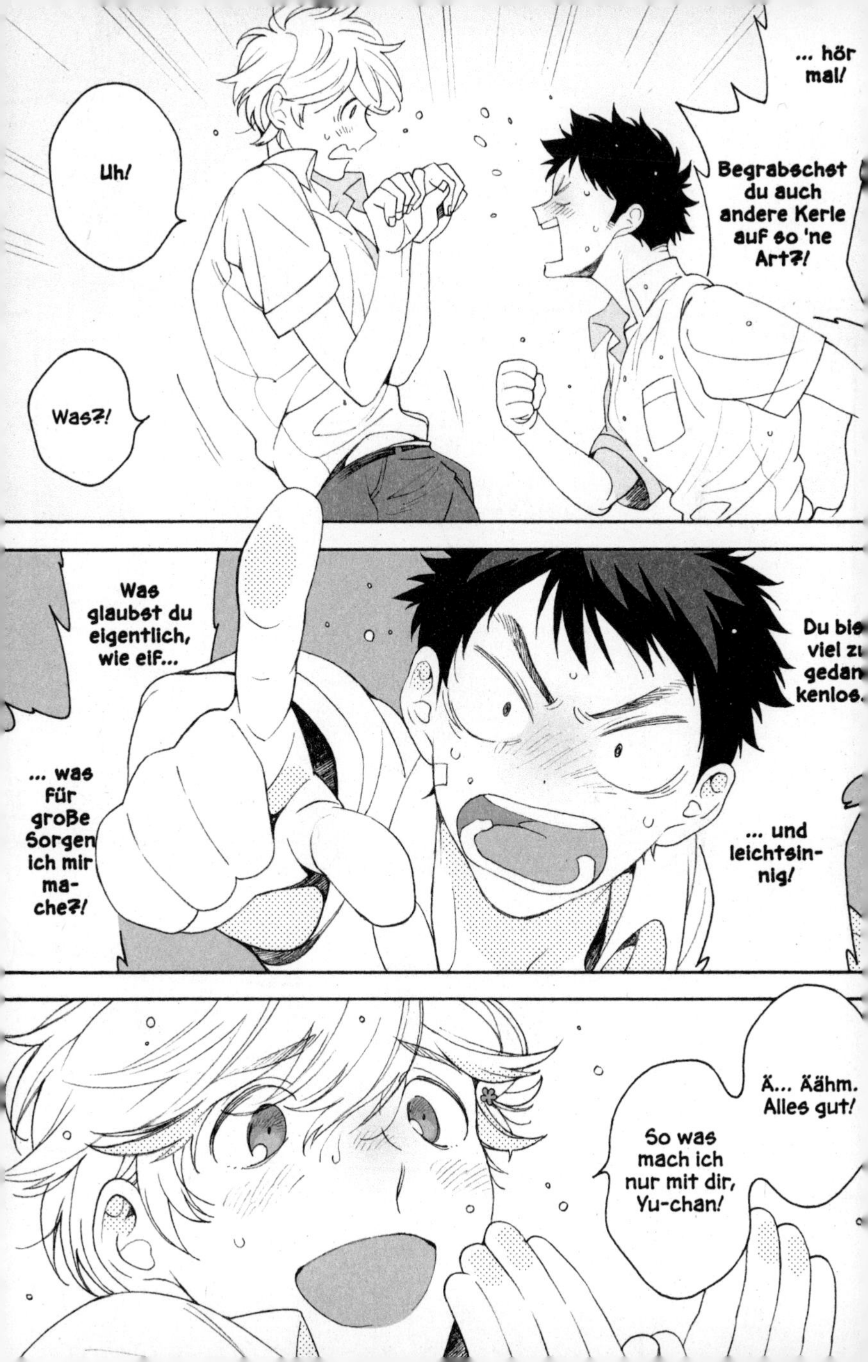
... hör mal!
Begrabschst du auch andere Kerle auf so 'ne Art?!
Uh!
Was?!
Du bis viel z gedan kenlos.
... und leichtsin-nig!
Was glaubst du eigentlich, wie eif...
... was für große Sorgen ich mir ma-che?!
Ä... Äähm. Alles gut!
So was mach ich nur mit dir, Yu-chan!

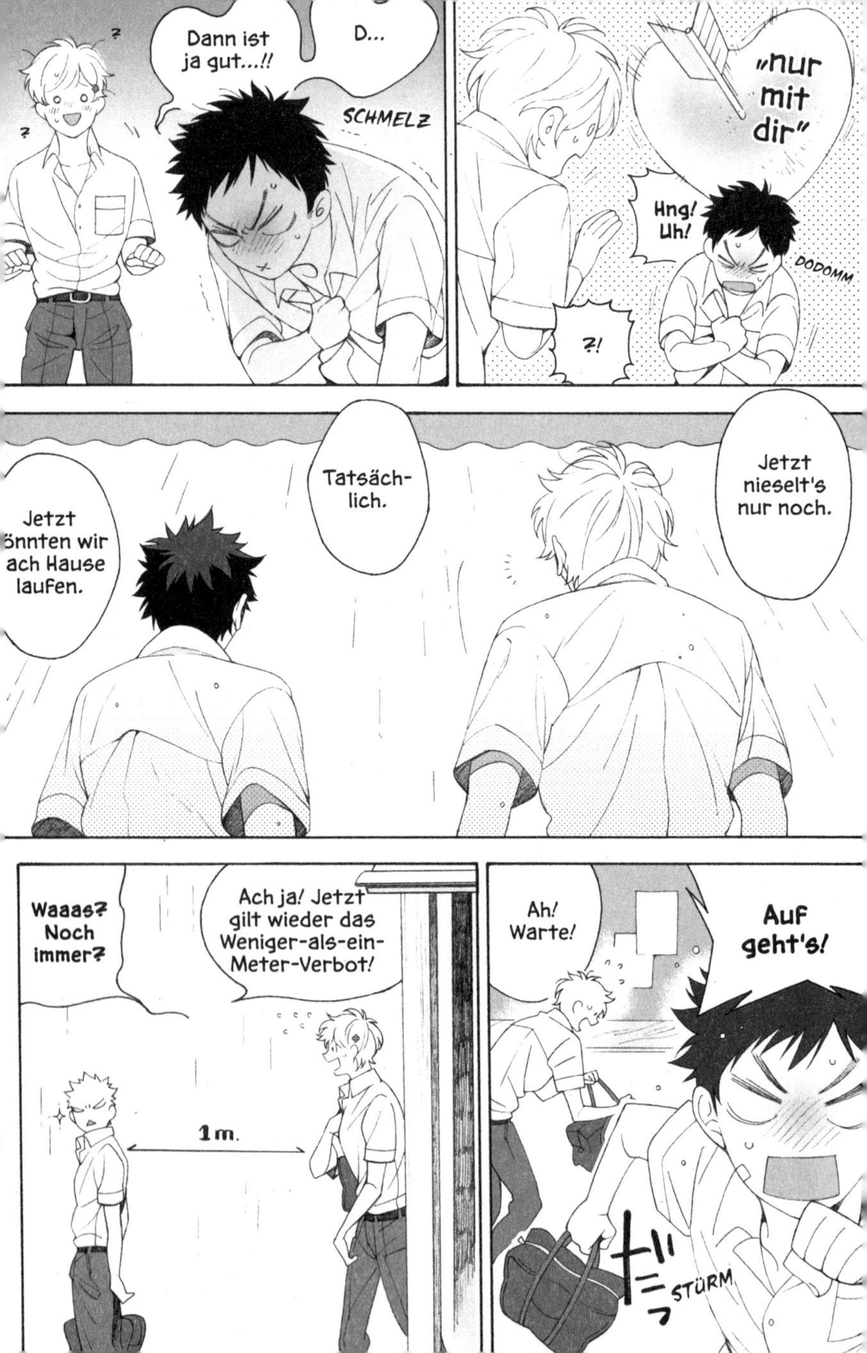
„nur mit dir"
Hng! Uh!
DODOMM
?!
D...
Dann ist ja gut...!!
SCHMELZ
Jetzt nieselt's nur noch.
Tatsäch-lich.
Jetzt önnten wir ach Hause laufen.
Auf geht's!
Ah! Warte!
STÜRM
Ach ja! Jetzt gilt wieder das Weniger-als-ein-Meter-Verbot!
Waaas? Noch immer?
1 m.

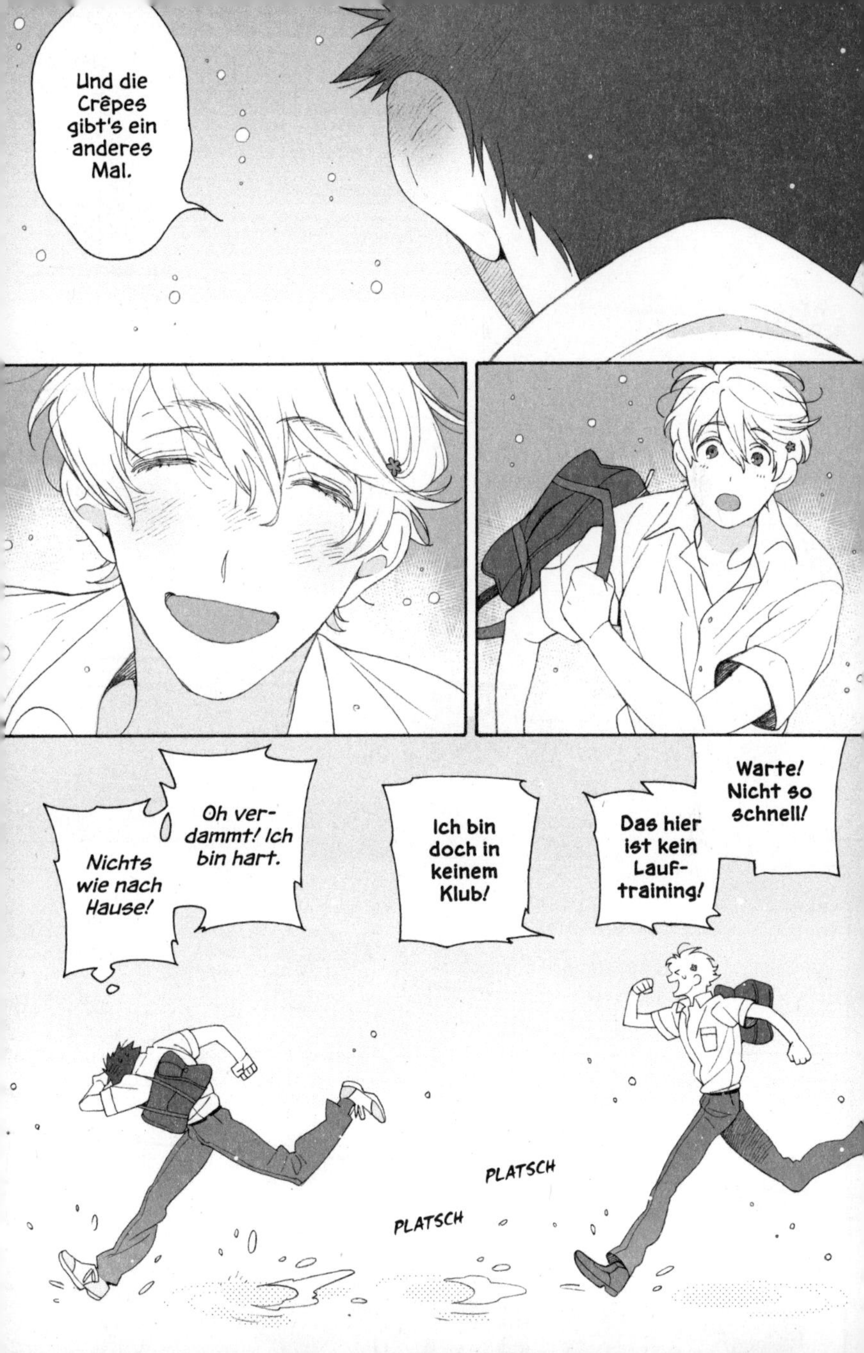
Und die Crêpes gibt's ein anderes Mal.
Warte! Nicht so schnell!
Das hier ist kein Lauf-training!
Ich bin doch in keinem Klub!
Oh ver-dammt! Ich bin hart.
Nichts wie nach Hause!
PLATSCH
PLATSCH

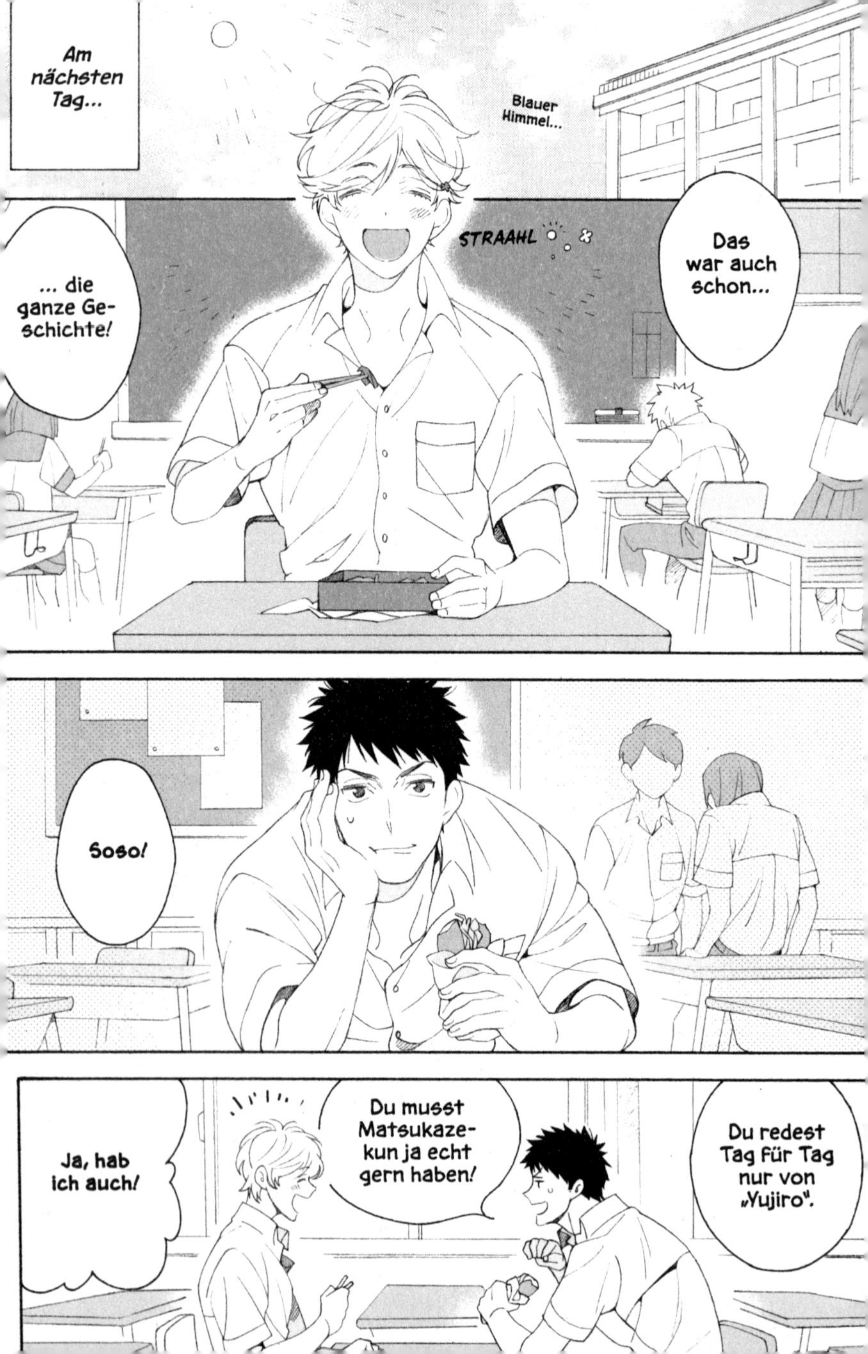
Am nächsten Tag...
Blauer Himmel...
Das war auch schon...
STRAAHL
... die ganze Geschichte!
Soso!
Du redest Tag für Tag nur von „Yujiro“.
Du musst Matsukaze-kun ja echt gern haben!
Ja, hab ich auch!

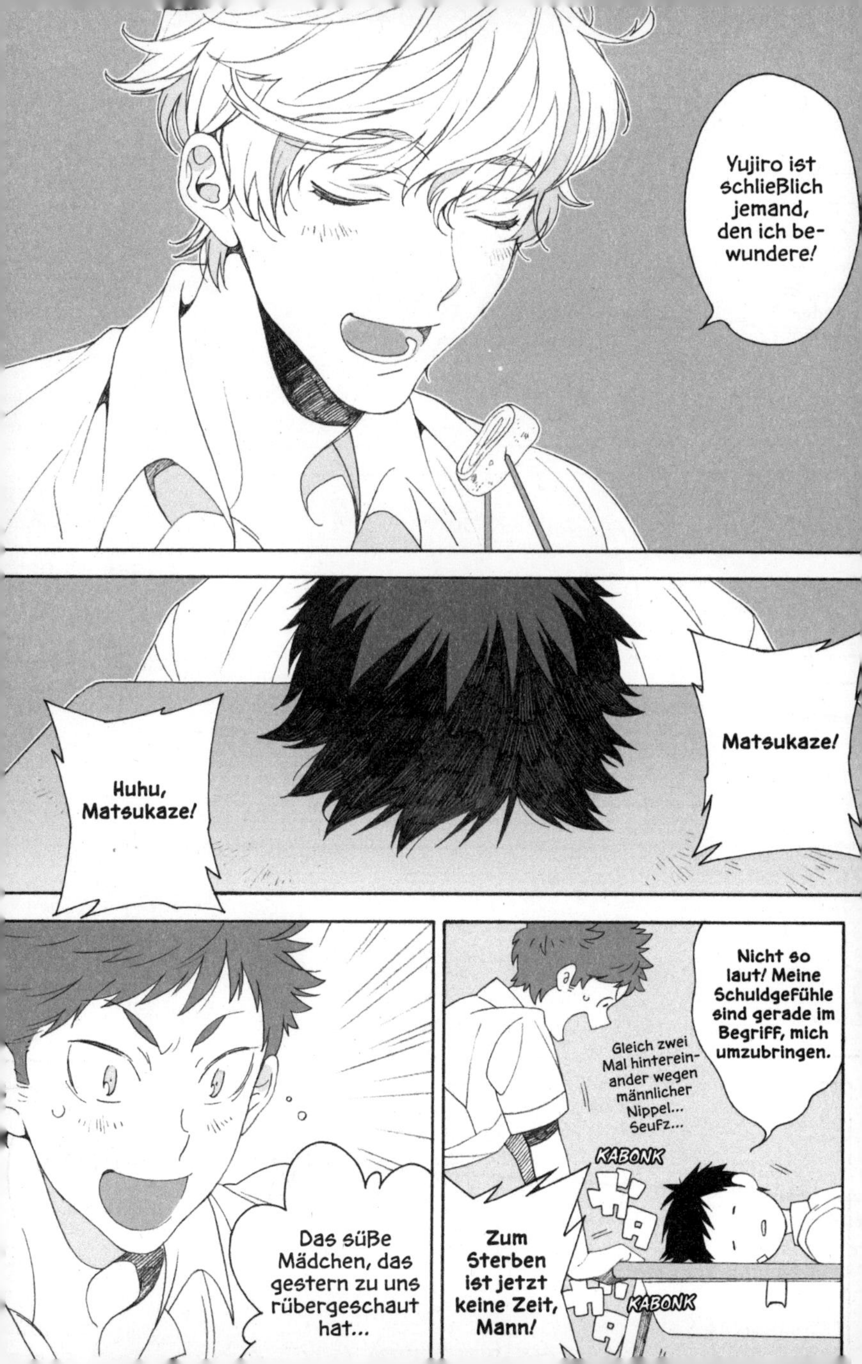
Yujiro ist schließlich jemand, den ich bewundere!
Matsukaze!
Huhu, Matsukaze!
Nicht so laut! Meine Schuldgefühle sind gerade im Begriff, mich umzubringen.
Gleich zwei Mal hintereinander wegen männlicher Nippel... Seufz...
KABONK
KABONK
Zum Sterben ist jetzt keine Zeit, Mann!
Das süße Mädchen, das gestern zu uns rübergeschaut hat...

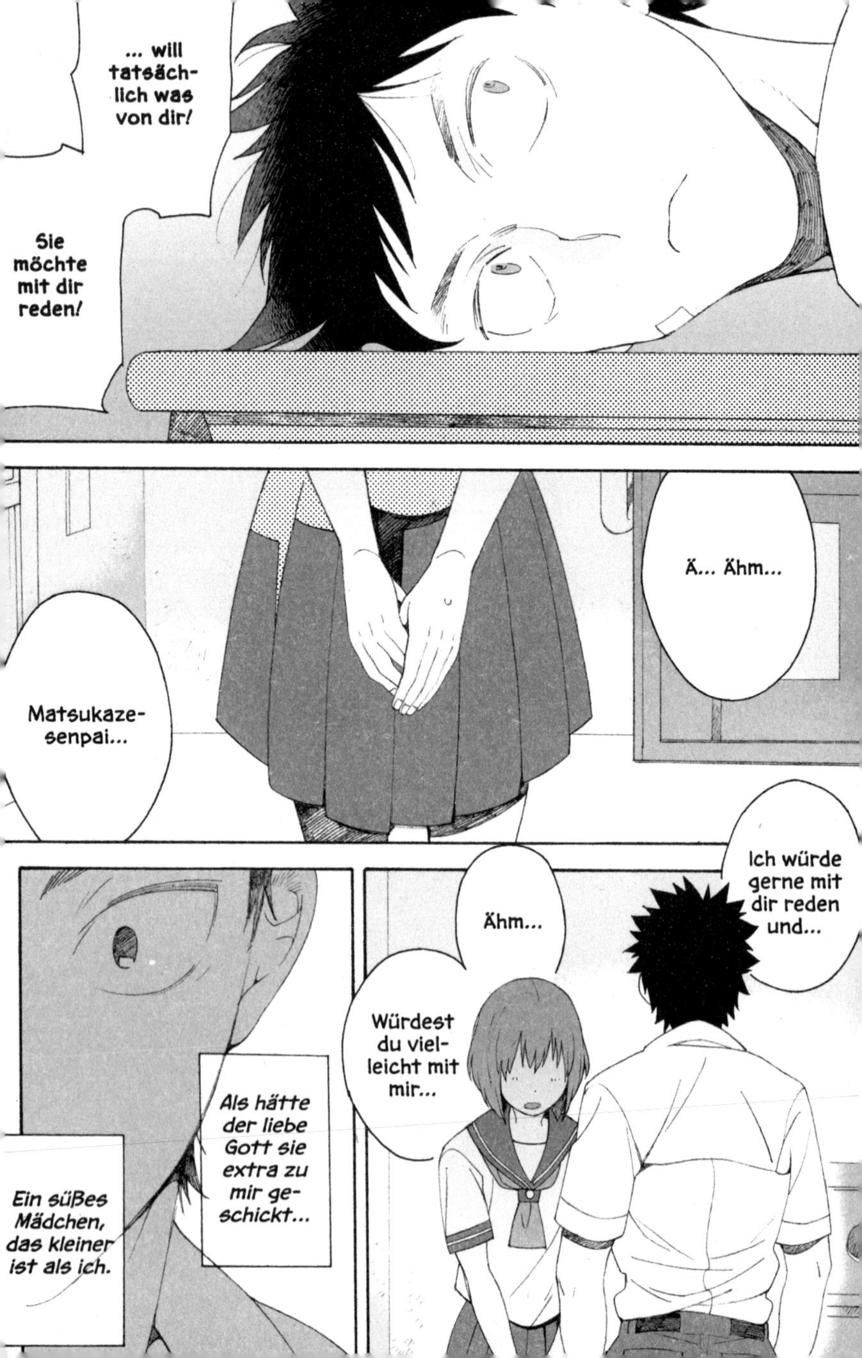
... will tatsäch-lich was von dir!
Sie möchte mit dir reden!
Ä... Ähm...
Matsukaze-senpai...
Ich würde gerne mit dir reden und...
Ähm...
Würdest du viel-leicht mit mir...
Als hätte der liebe Gott sie extra zu mir ge-schickt...
Ein süßes Mädchen, das kleiner ist als ich.

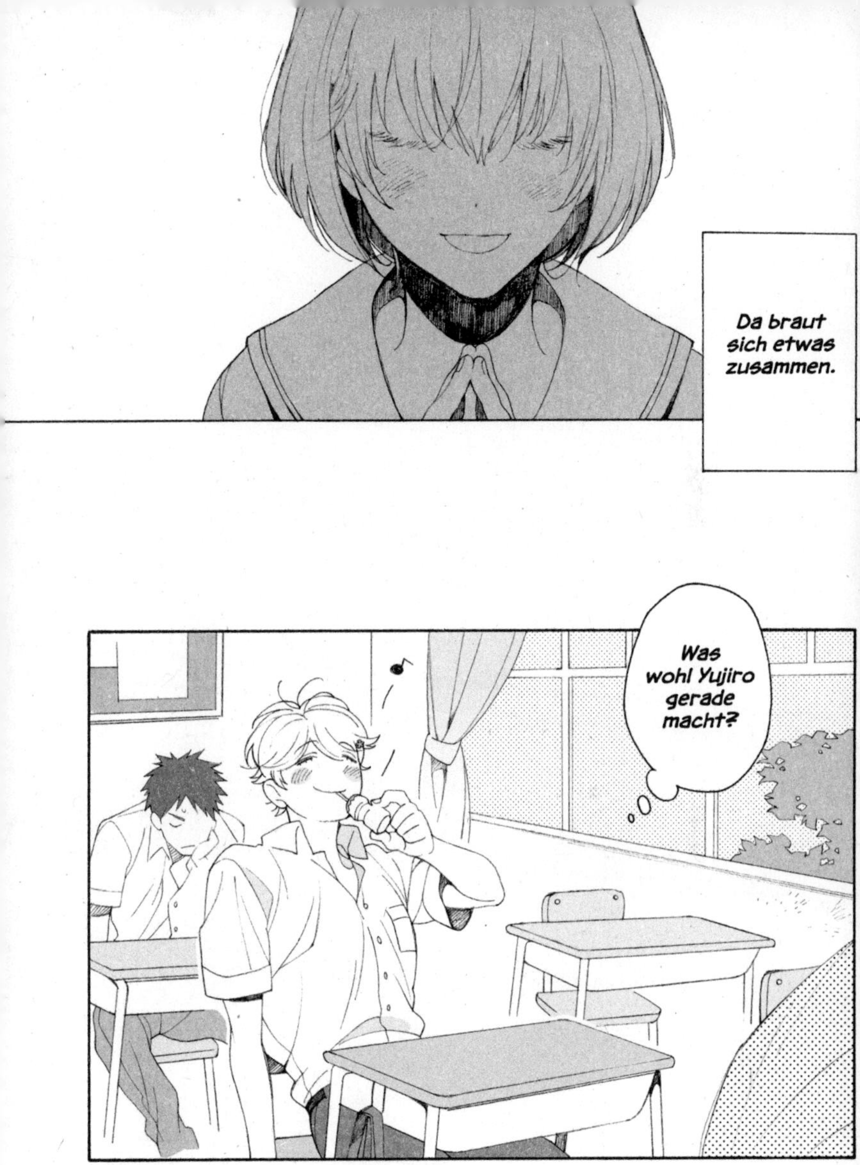

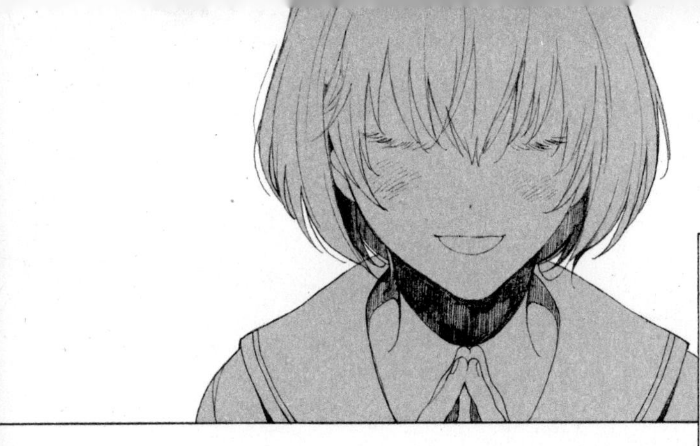

Da braut sich etwas zusammen.

Was wohl Yujiro gerade macht?

KAPITEL 1 - ENDE

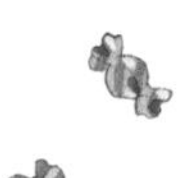

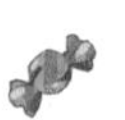

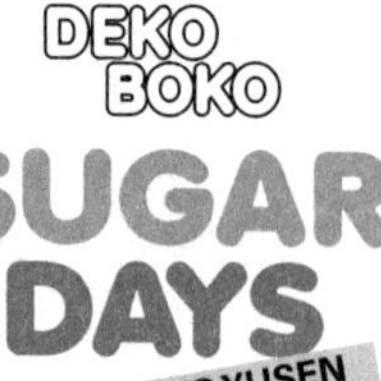
DEKO
BOKO
SUGAR
DAYS
ATSUKO YUSEN

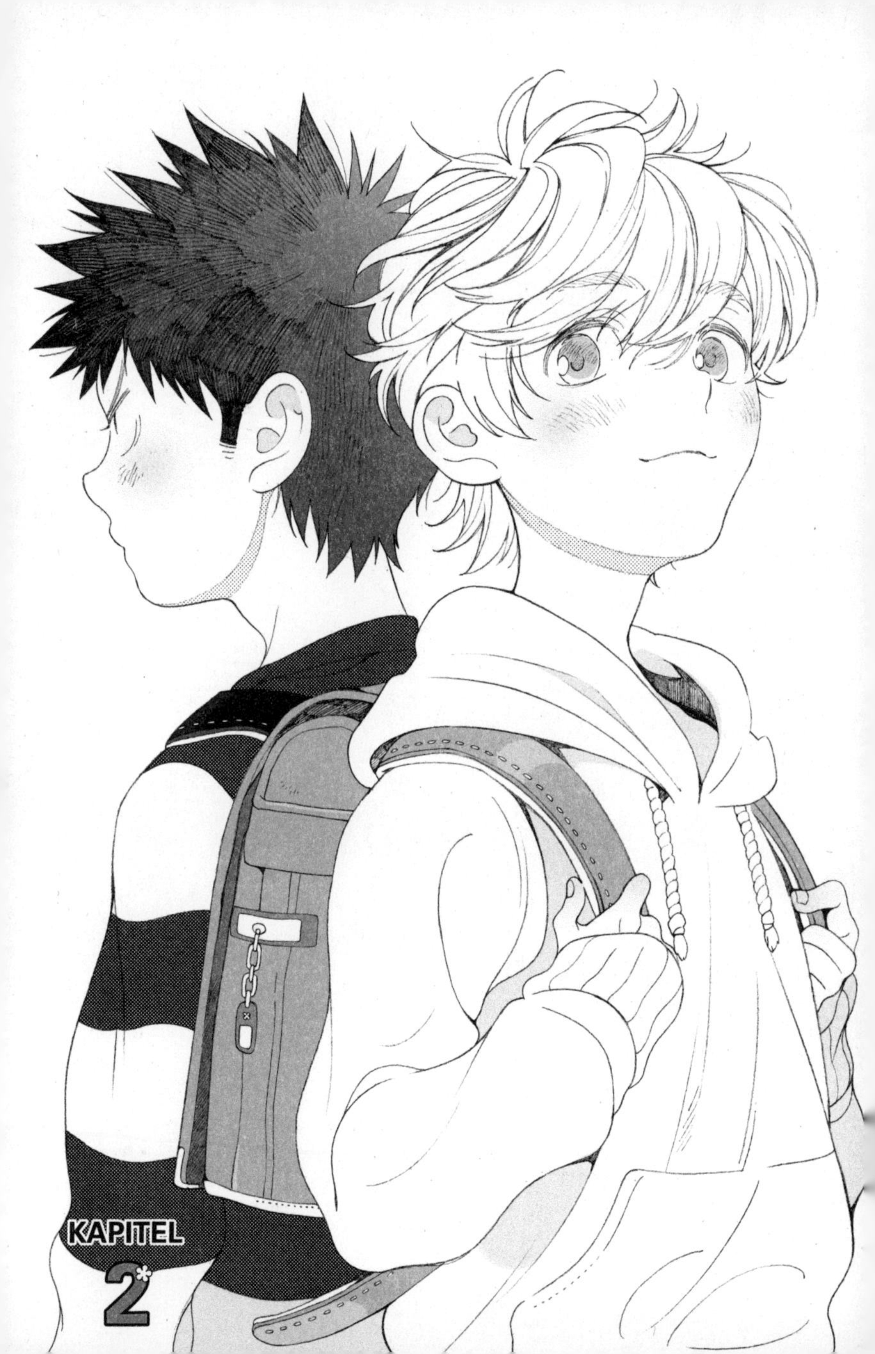
KAPITEL
2*

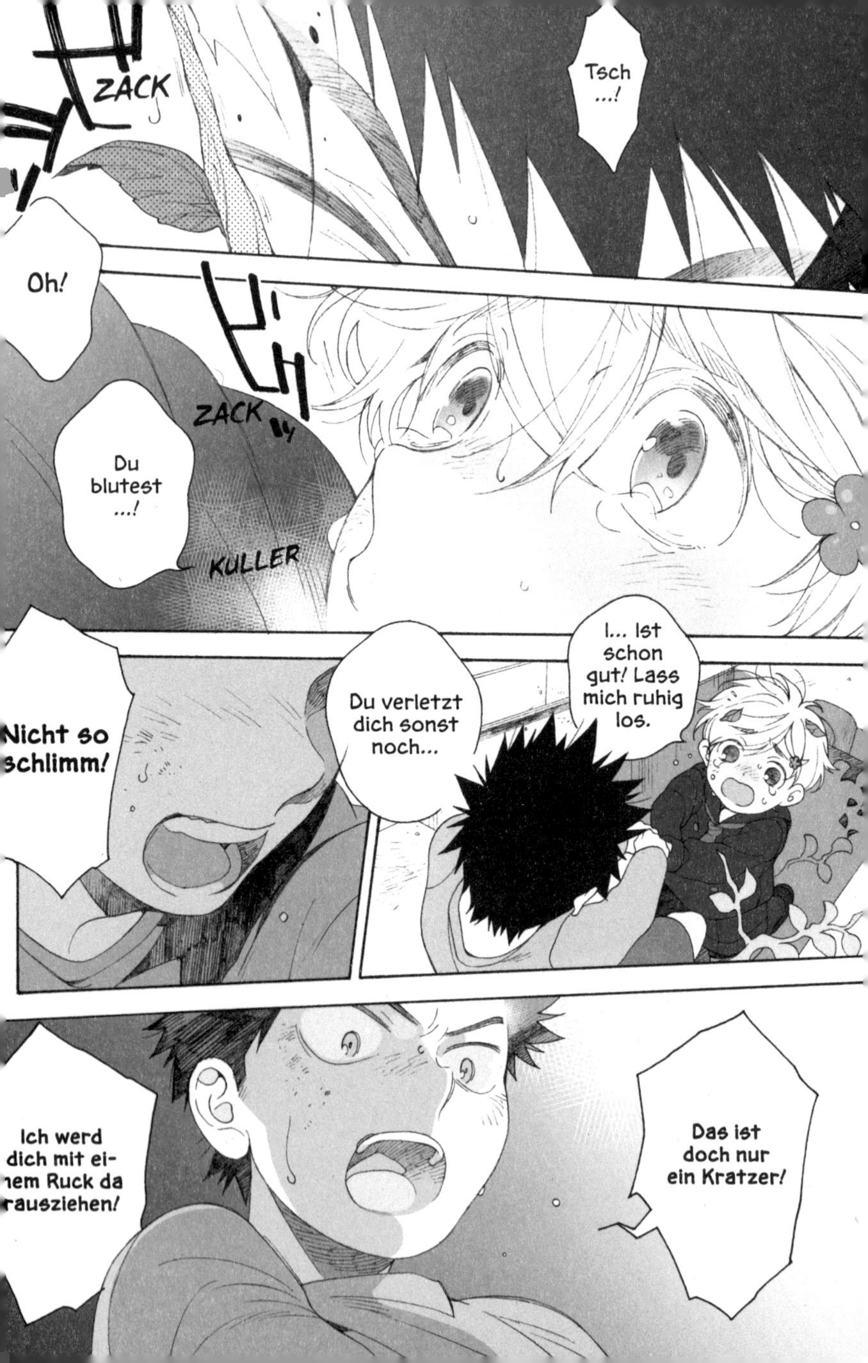
Tsch ...!
ZACK
Oh!
ZACK
Du blutest ...!
KULLER
I... Ist schon gut! Lass mich ruhig los.
Du verletzt dich sonst noch...
Nicht so schlimm!
Das ist doch nur ein Kratzer!
Ich werd dich mit einem Ruck da rausziehen!

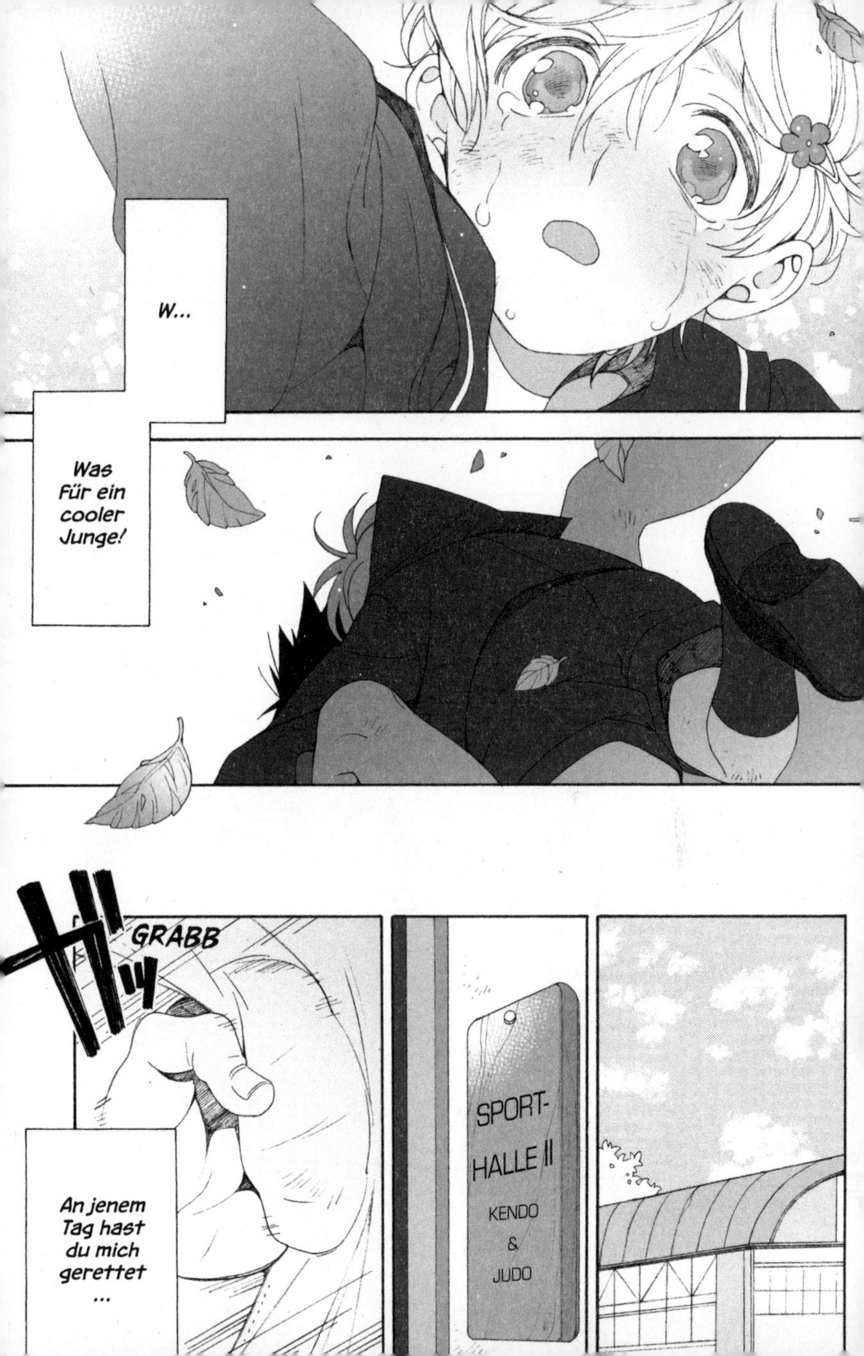
W...
Was für ein cooler Junge!
GRABB
An jenem Tag hast du mich gerettet ...
SPORT-HALLE II
KENDO & JUDO

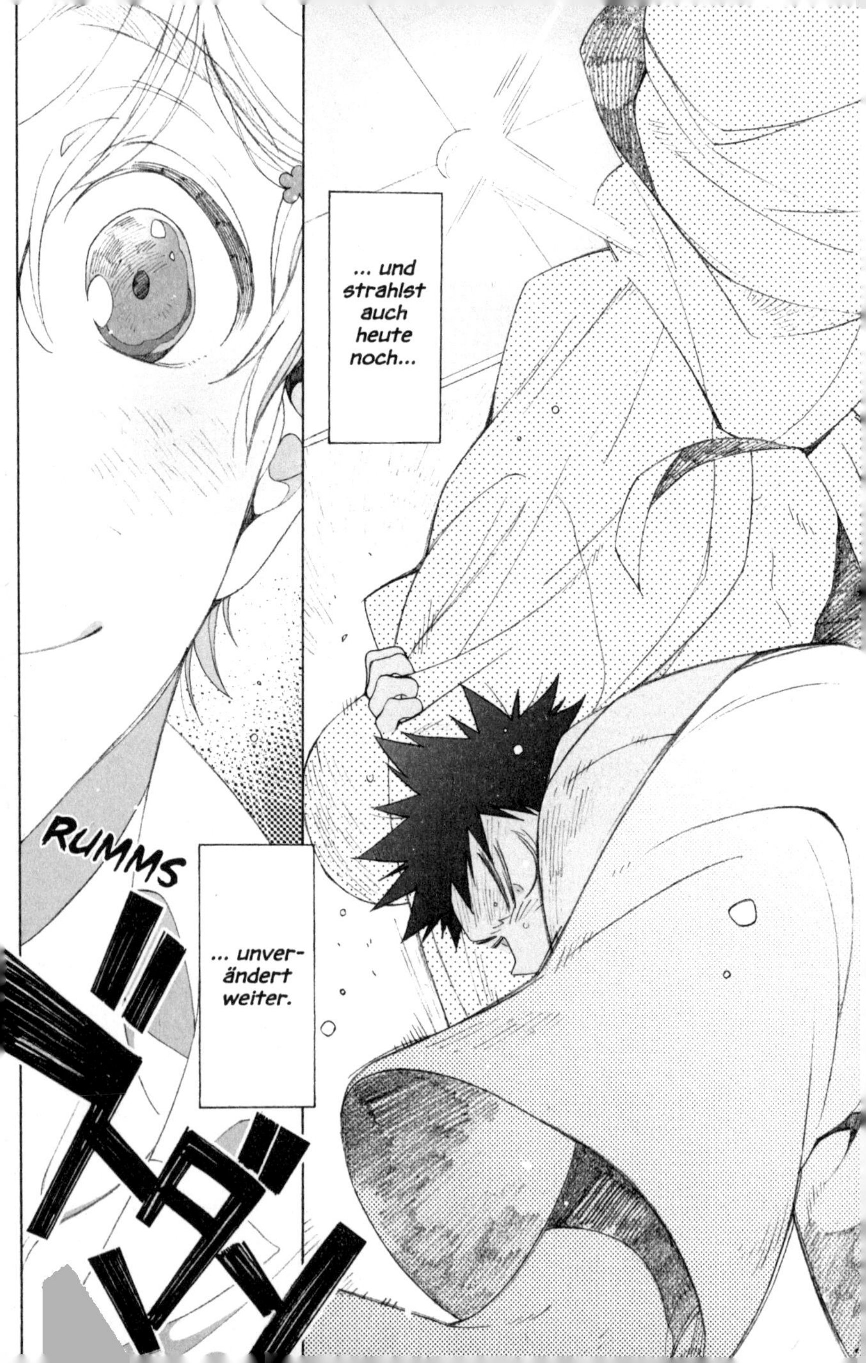
... und strahlst auch heute noch...
... unverändert weiter.
RUMMS

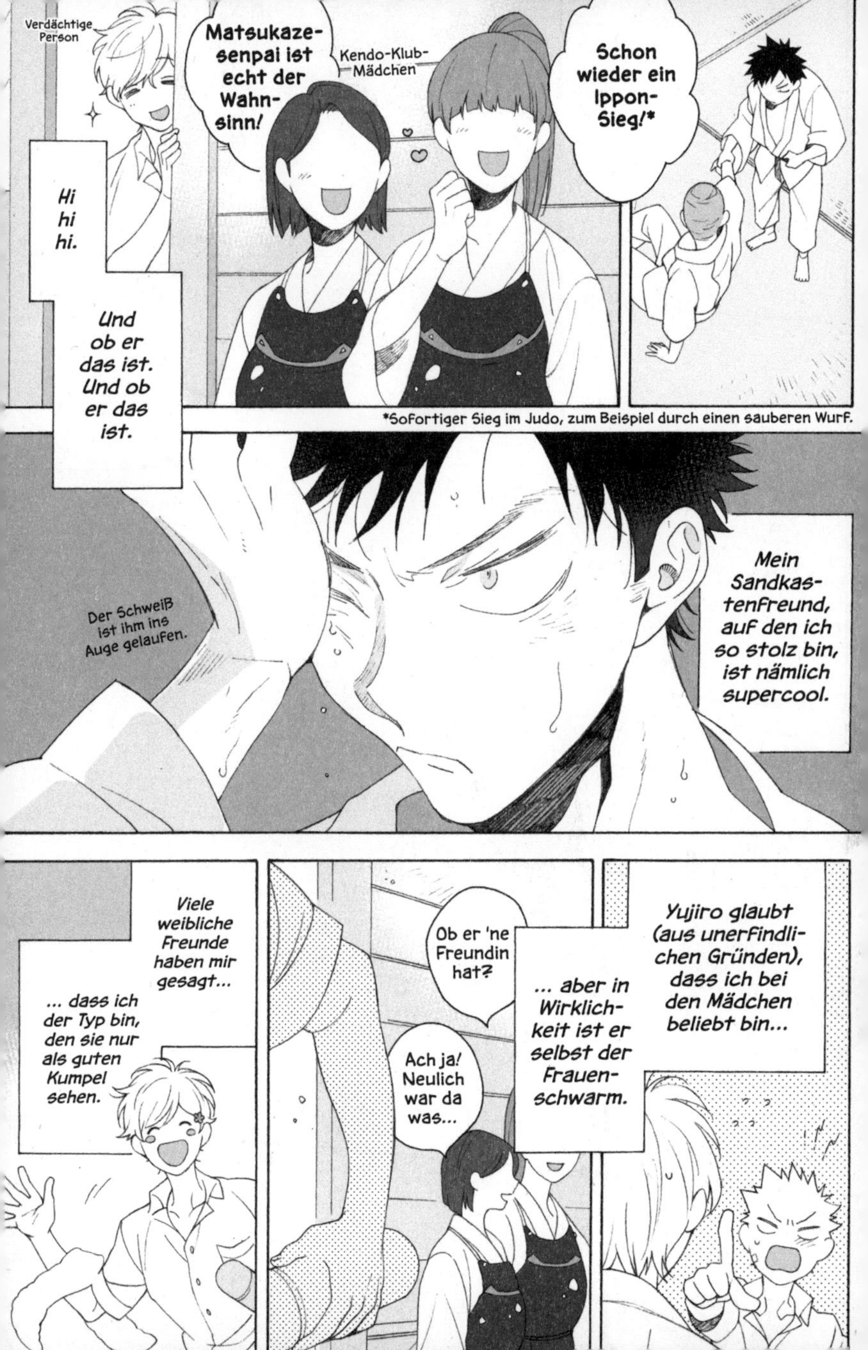
Schon wieder ein Ippon-Sieg!*
Kendo-Klub-Mädchen
Matsukaze-senpai ist echt der Wahnsinn!
Verdächtige Person
Hi hi hi.
Und ob er das ist. Und ob er das ist.
*Sofortiger Sieg im Judo, zum Beispiel durch einen sauberen Wurf.
Mein Sandkastenfreund, auf den ich so stolz bin, ist nämlich supercool.
Der Schweiß ist ihm ins Auge gelaufen.
Yujiro glaubt (aus unerfindlichen Gründen), dass ich bei den Mädchen beliebt bin...
... aber in Wirklichkeit ist er selbst der Frauenschwarm.
Ob er 'ne Freundin hat?
Ach ja! Neulich war da was...
Viele weibliche Freunde haben mir gesagt...
... dass ich der Typ bin, den sie nur als guten Kumpel sehen.

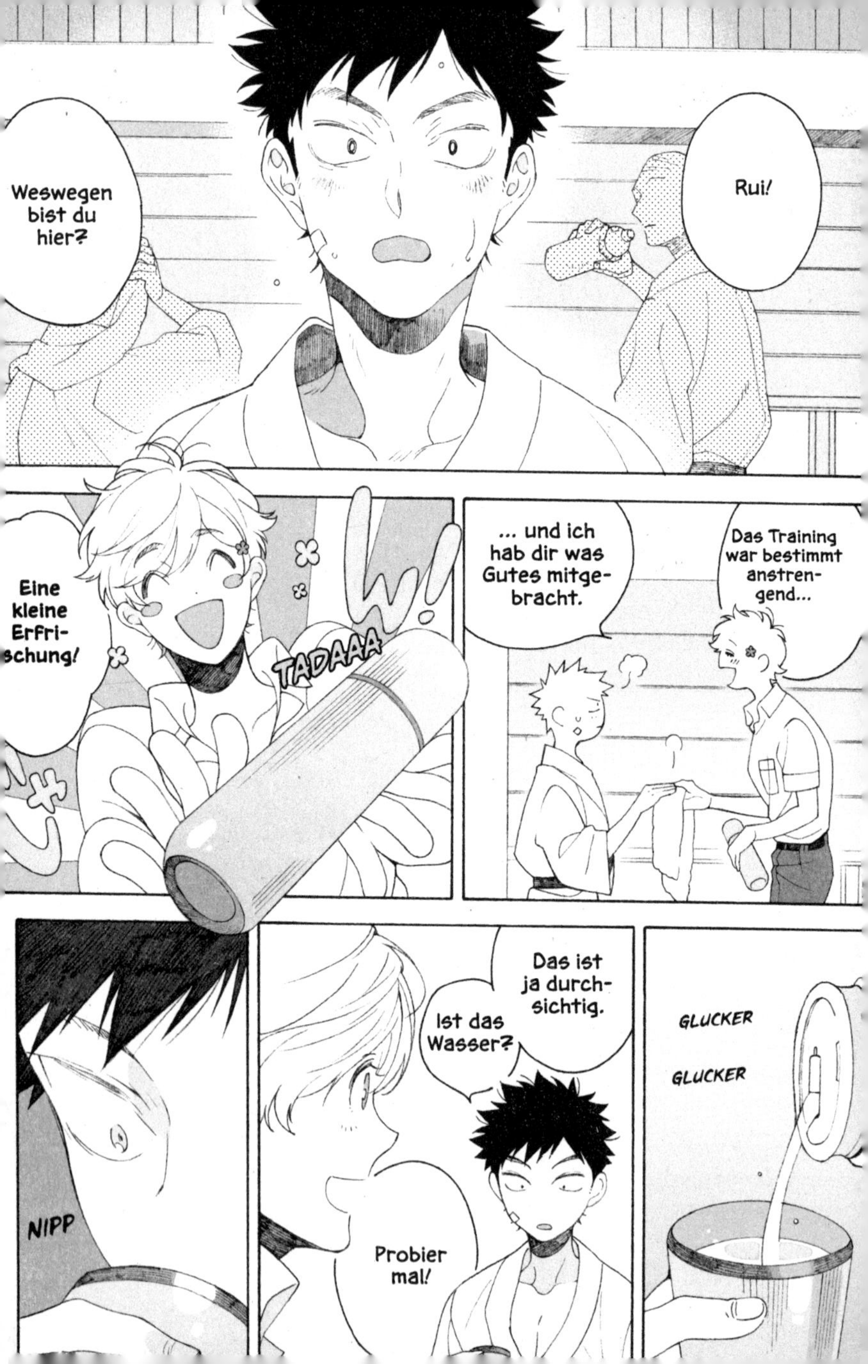
Rui!
Weswegen bist du hier?
Das Training war bestimmt anstrengend...
... und ich hab dir was Gutes mitgebracht.
Eine kleine Erfrischung!
TADAAA
GLUCKER
GLUCKER
Das ist ja durchsichtig.
Ist das Wasser?
Probier mal!
NIPP

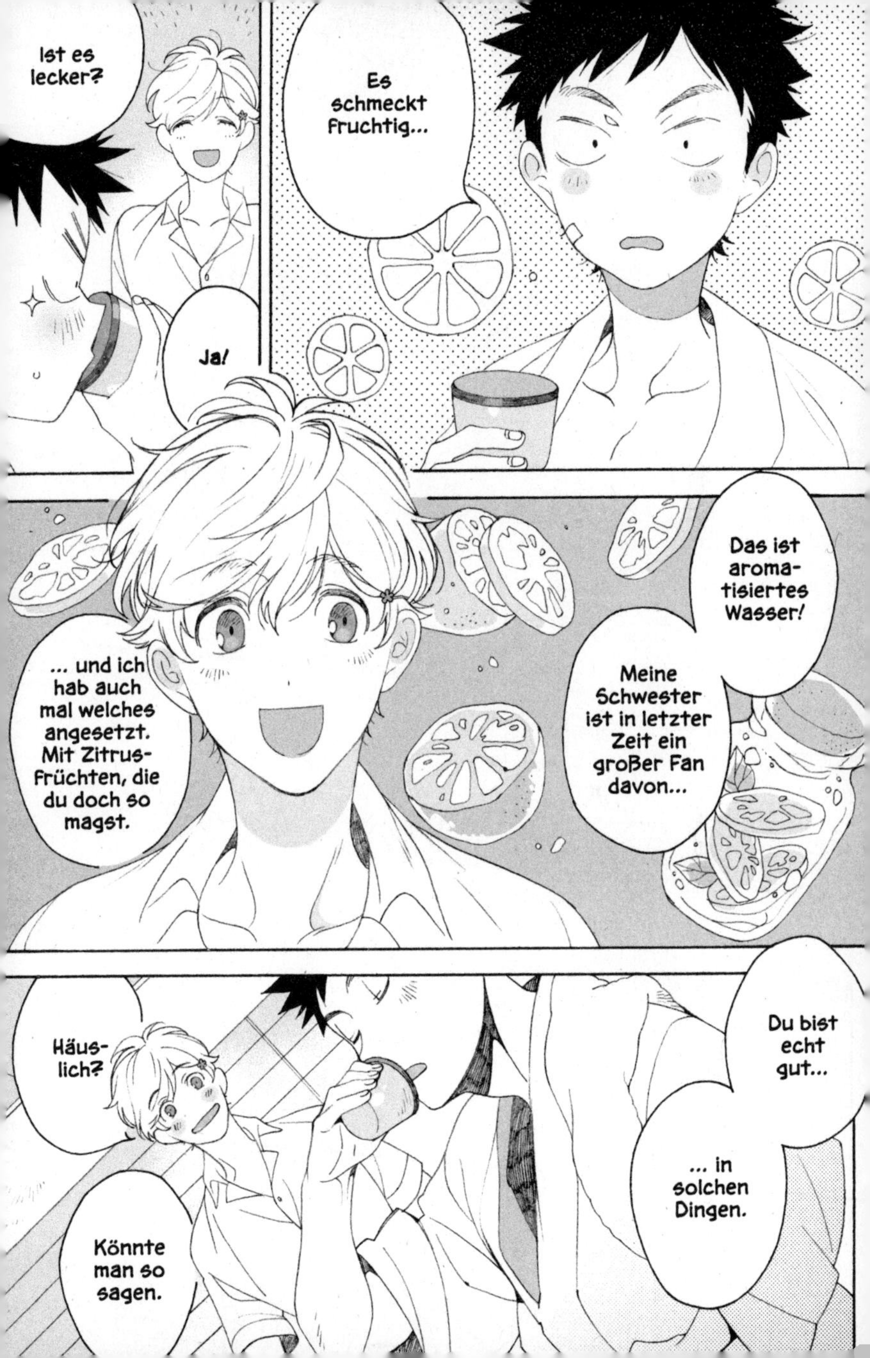
Es schmeckt fruchtig...
Ist es lecker?
Ja!
Das ist aromatisiertes Wasser!
Meine Schwester ist in letzter Zeit ein großer Fan davon...
... und ich hab auch mal welches angesetzt. Mit Zitrusfrüchten, die du doch so magst.
Du bist echt gut...
... in solchen Dingen.
Häuslich?
Könnte man so sagen.

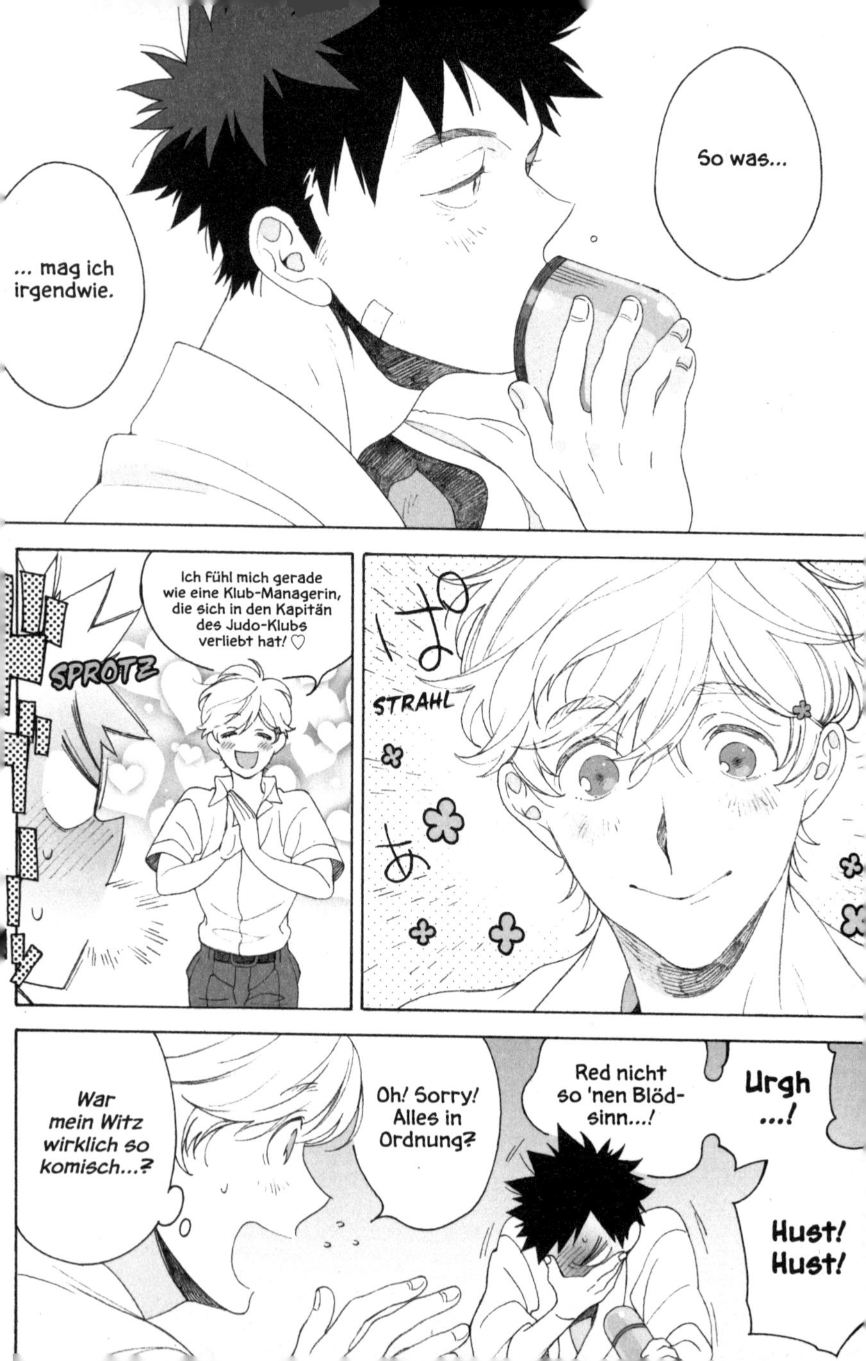
So was...
... mag ich irgendwie.
STRAHL
Ich fühl mich gerade wie eine Klub-Managerin, die sich in den Kapitän des Judo-Klubs verliebt hat! ♡
SPROTZ
Urgh ...!
Hust! Hust!
Red nicht so 'nen Blöd-sinn...!
Oh! Sorry! Alles in Ordnung?
War mein Witz wirklich so komisch...?

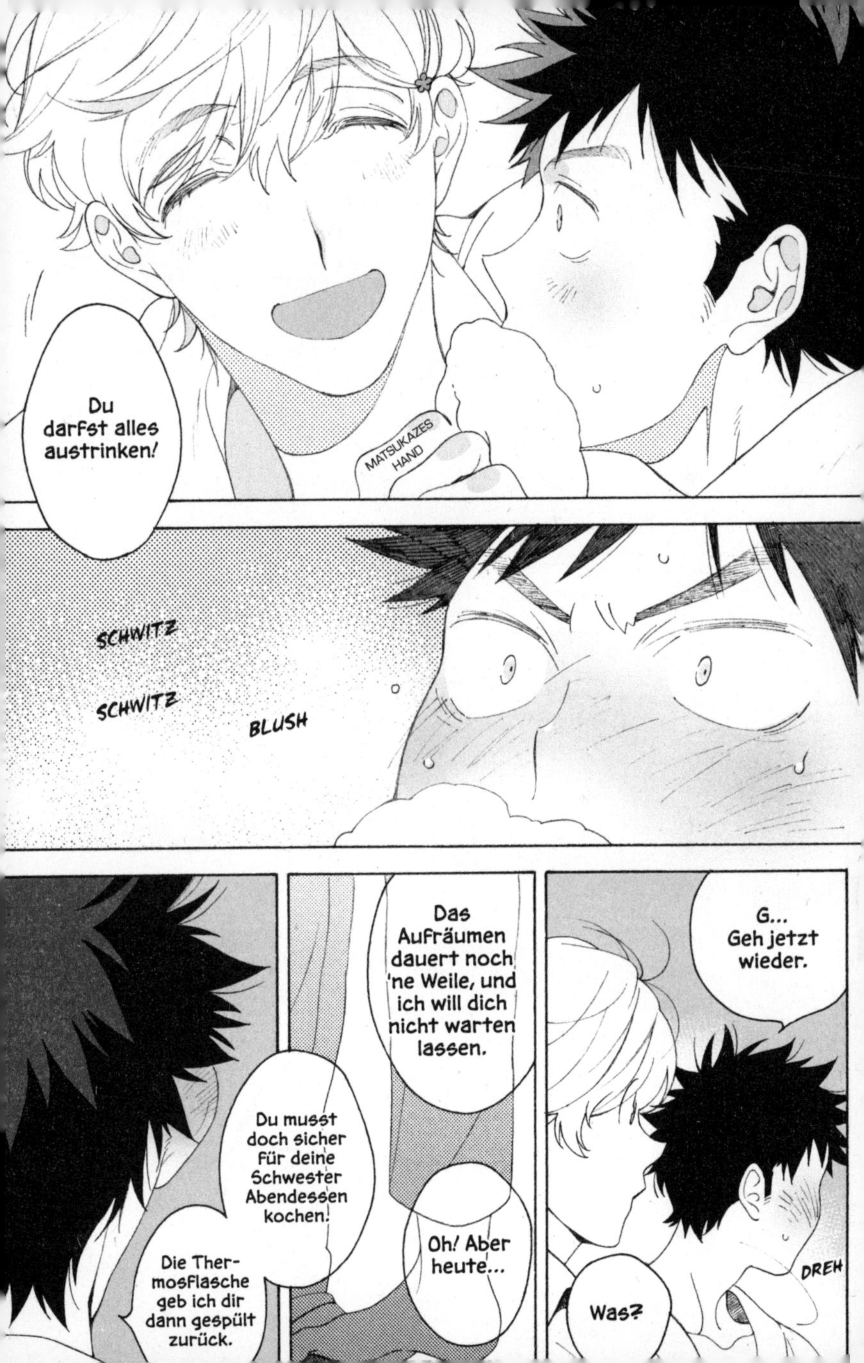
Du darfst alles austrinken!
MATSUKAZES HAND
SCHWITZ
SCHWITZ
BLUSH
G... Geh jetzt wieder.
Was?
DREH
Das Aufräumen dauert noch 'ne Weile, und ich will dich nicht warten lassen.
Oh! Aber heute...
Du musst doch sicher für deine Schwester Abendessen kochen.
Die Thermosflasche geb ich dir dann gespült zurück.

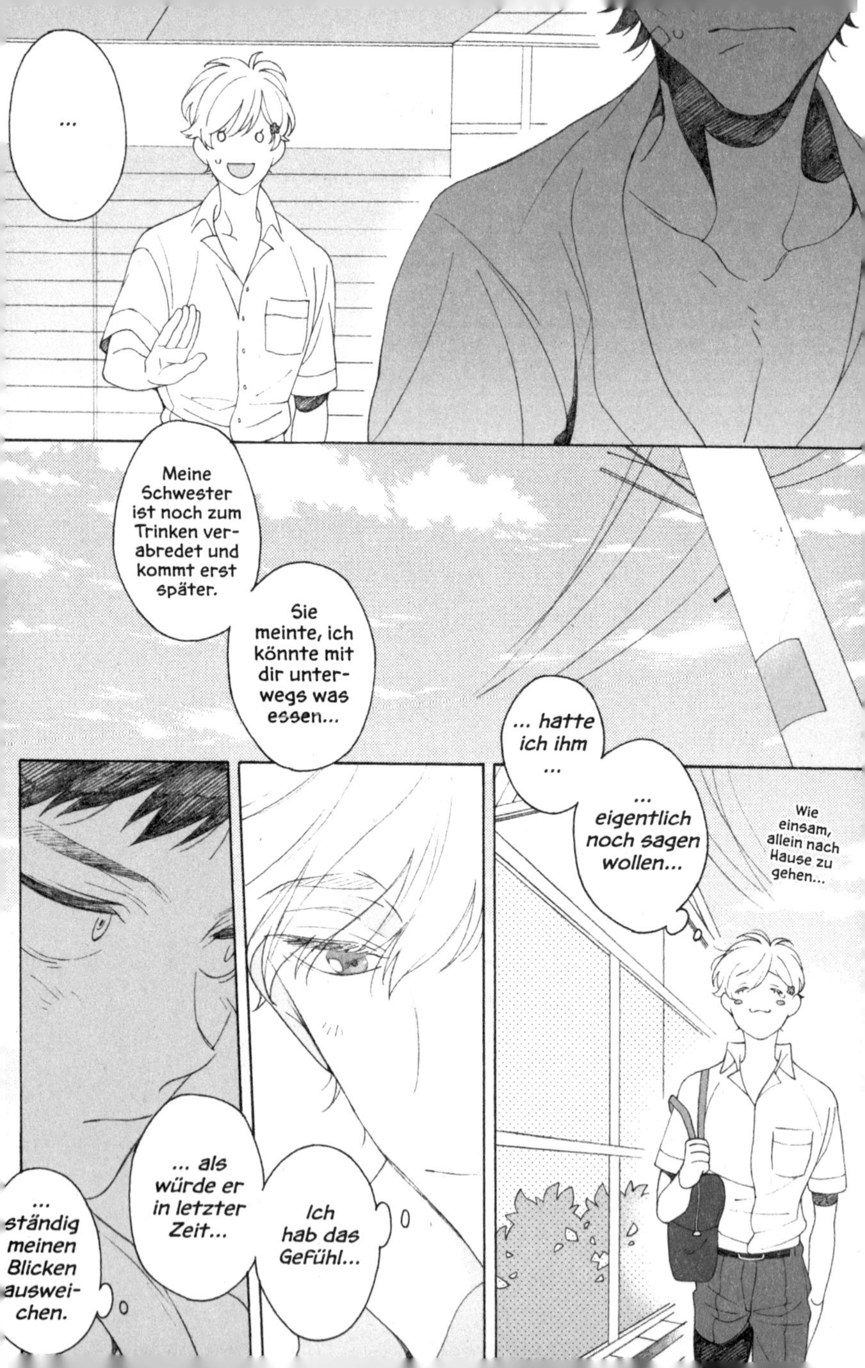
...
Meine Schwester ist noch zum Trinken verabredet und kommt erst später.
Sie meinte, ich könnte mit dir unterwegs was essen...
... hatte ich ihm ...
... eigentlich noch sagen wollen...
Wie einsam, allein nach Hause zu gehen...
Ich hab das Gefühl...
... als würde er in letzter Zeit...
... ständig meinen Blicken ausweichen.

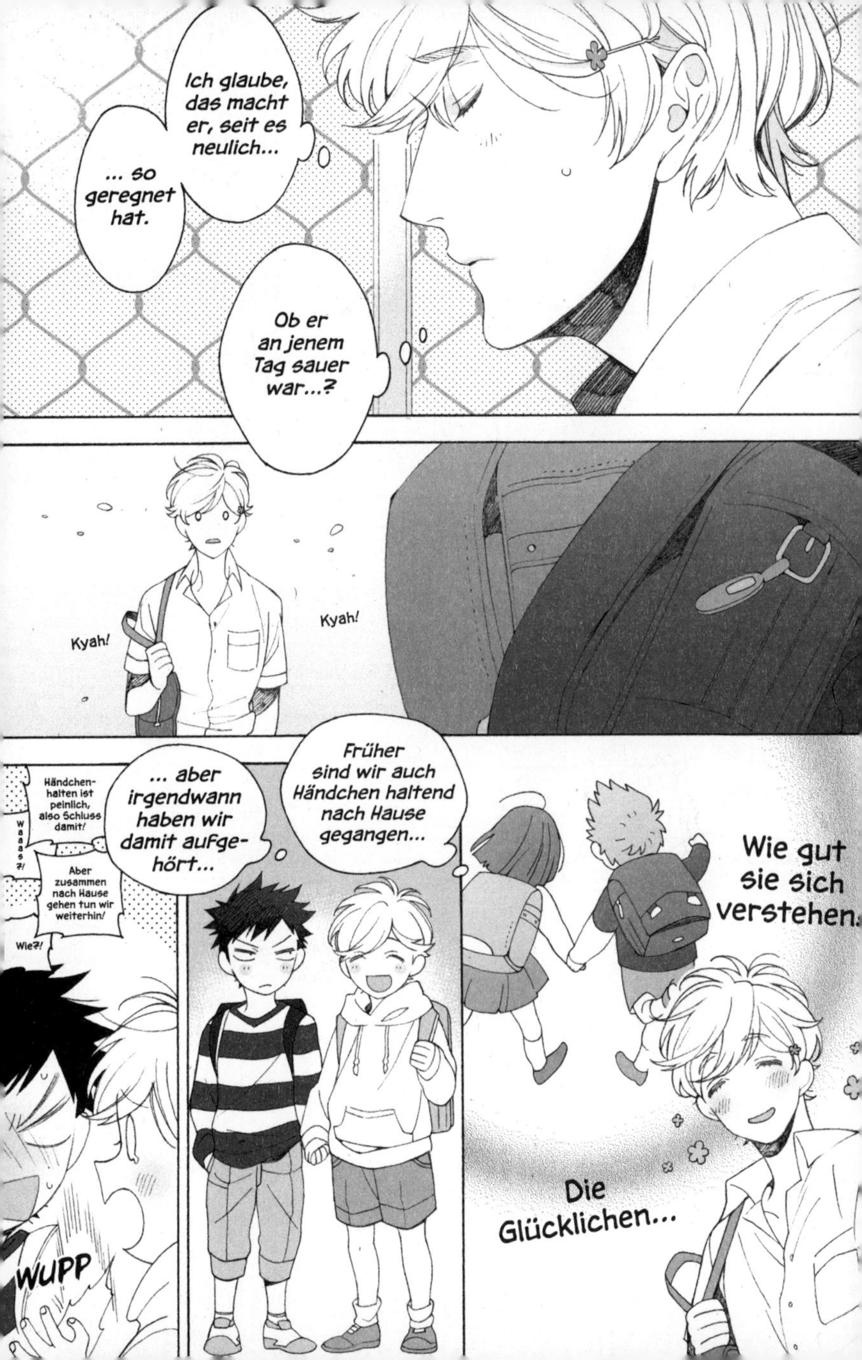
Ich glaube, das macht er, seit es neulich...
... so geregnet hat.
Ob er an jenem Tag sauer war...?
Kyah!
Kyah!
Wie gut sie sich verstehen.
Die Glücklichen...
Früher sind wir auch Händchen haltend nach Hause gegangen...
... aber irgendwann haben wir damit aufgehört...
Händchenhalten ist peinlich, also Schluss damit!
Waaaas?!
Aber zusammen nach Hause gehen tun wir weiterhin!
Wie?!
WUPP

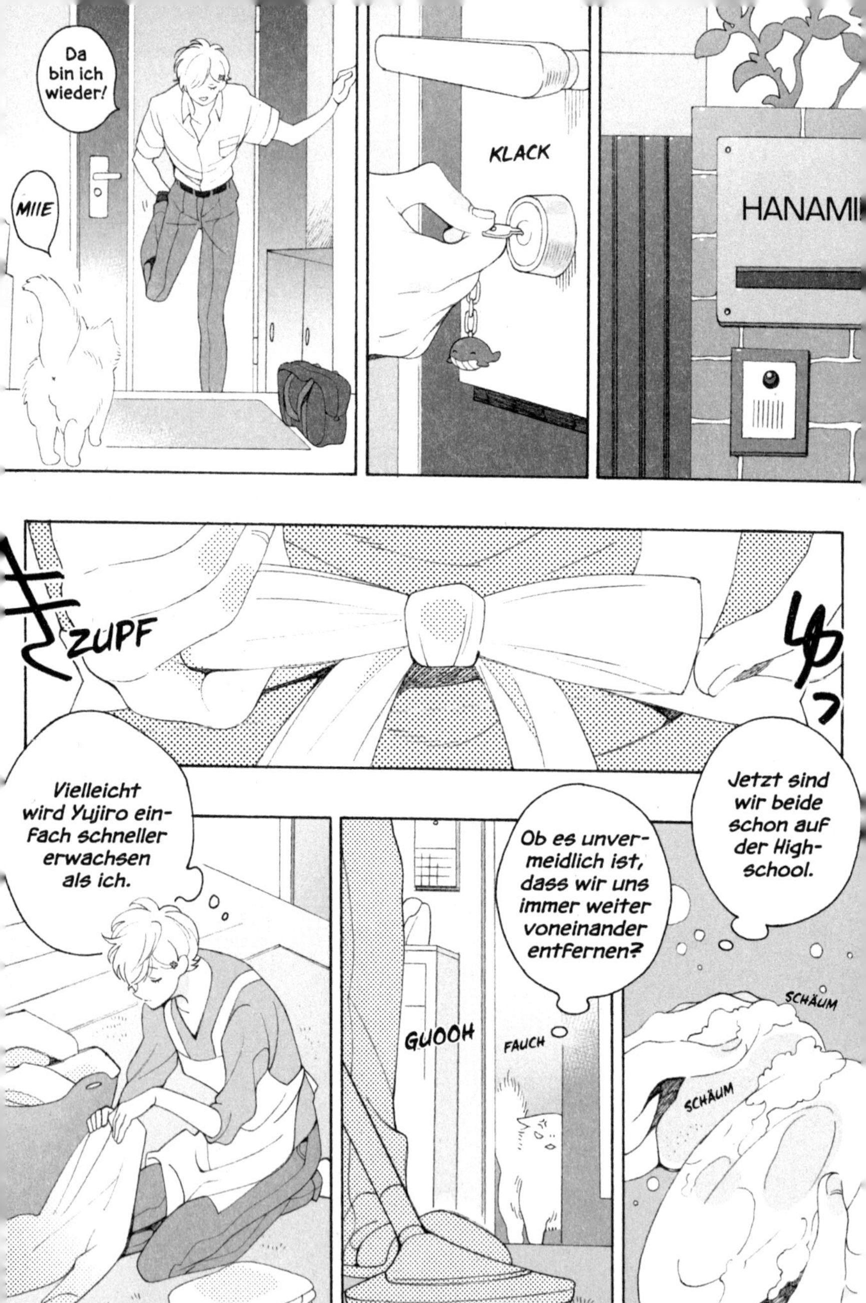
HANAMI
KLACK
Da bin ich wieder!
MIIE
ZUPF
Jetzt sind wir beide schon auf der High-school.
Ob es unver-meidlich ist, dass wir uns immer weiter voneinander entfernen?
Vielleicht wird Yujiro ein-fach schneller erwachsen als ich.
SCHÄUM
SCHÄUM
FAUCH
GUOOH

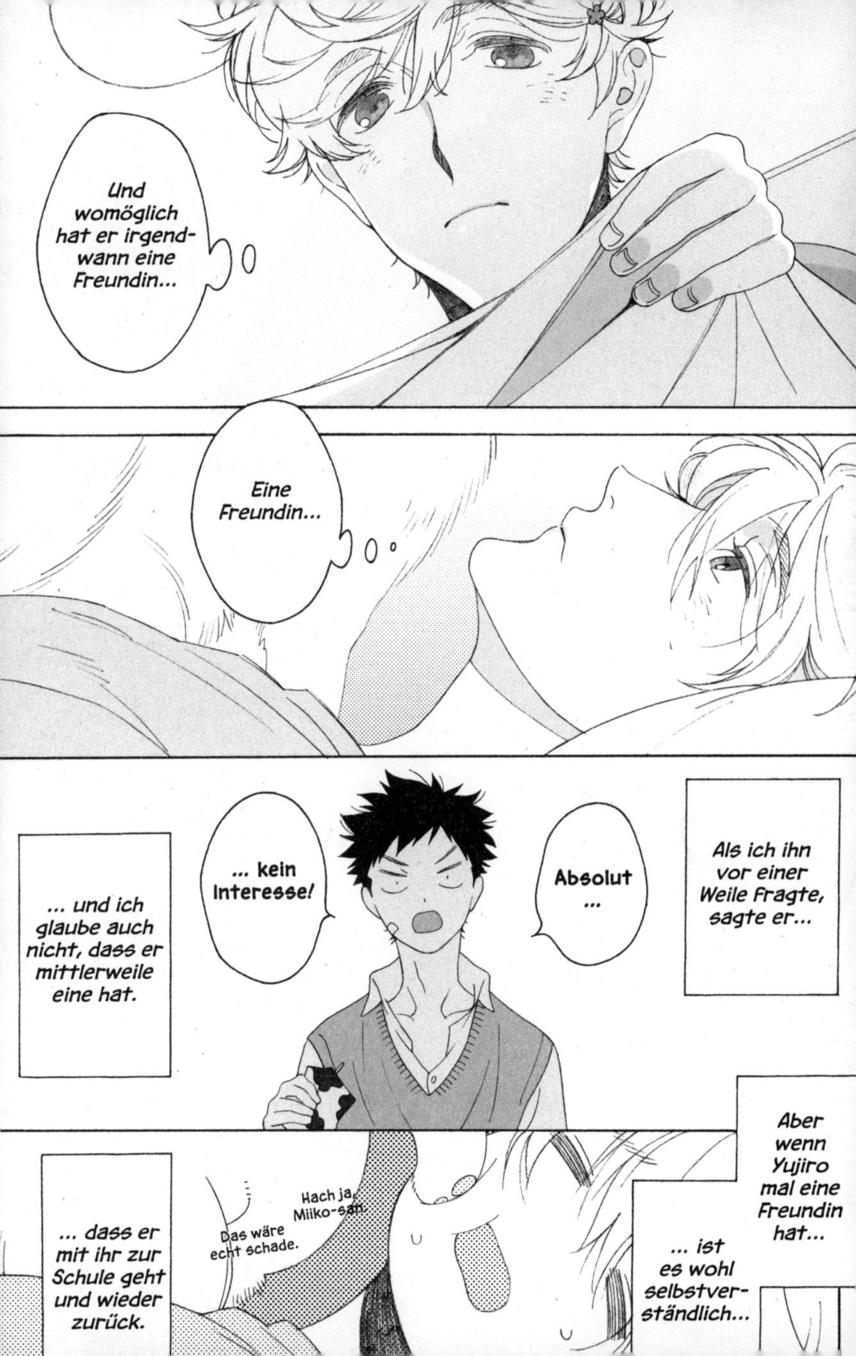
Und womöglich hat er irgendwann eine Freundin...
Eine Freundin...
Als ich ihn vor einer Weile fragte, sagte er...
Absolut ...
... kein Interesse!
... und ich glaube auch nicht, dass er mittlerweile eine hat.
Aber wenn Yujiro mal eine Freundin hat...
... ist es wohl selbstverständlich...
Hach ja, Miiko-san.
Das wäre echt schade.
... dass er mit ihr zur Schule geht und wieder zurück.

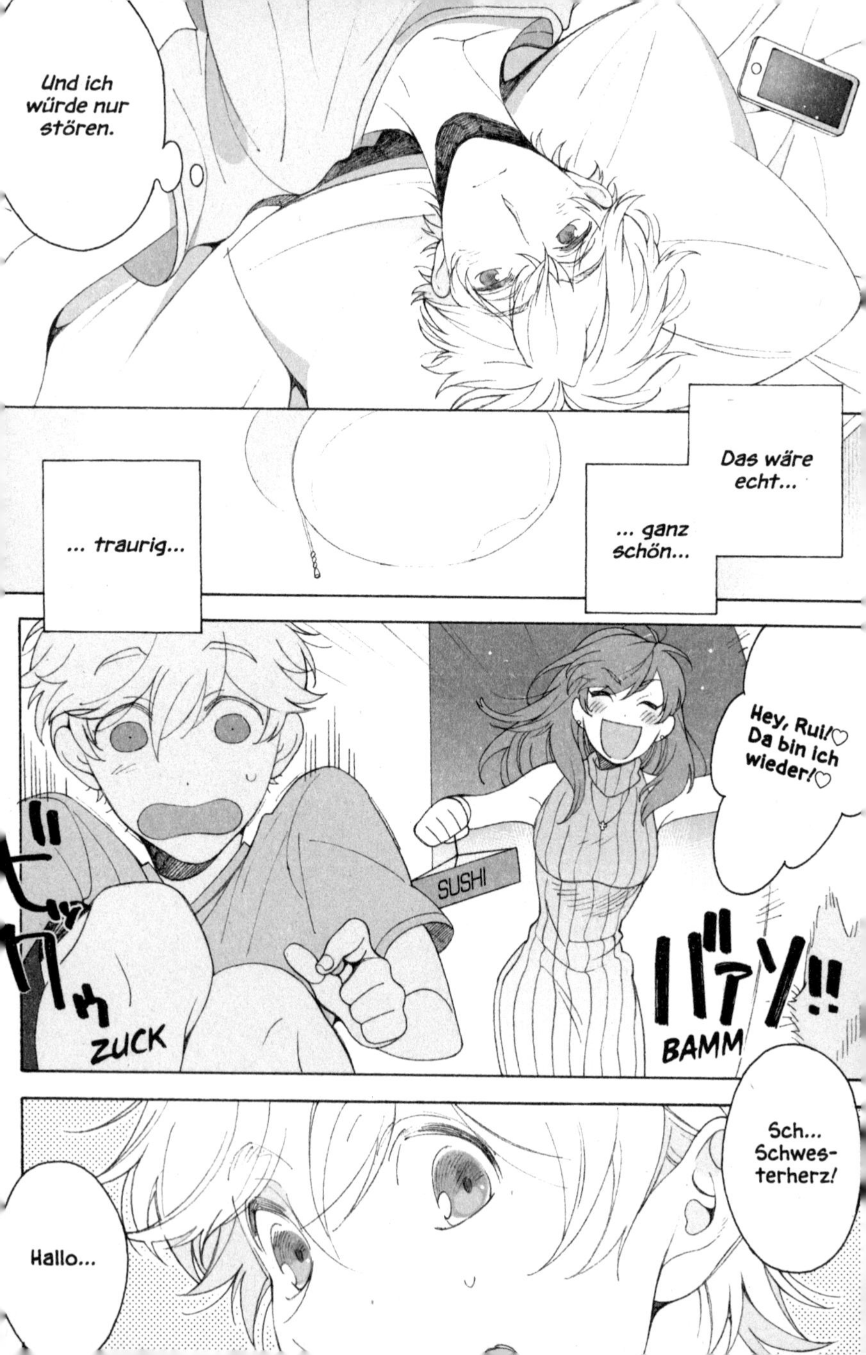

Und ich würde nur stören.
Das wäre echt...
... ganz schön...
... traurig...
Hey, Rui!♡ Da bin ich wieder!♡
BAMM
SUSHI
ZUCK
Sch... Schwes-terherz!
Hallo...

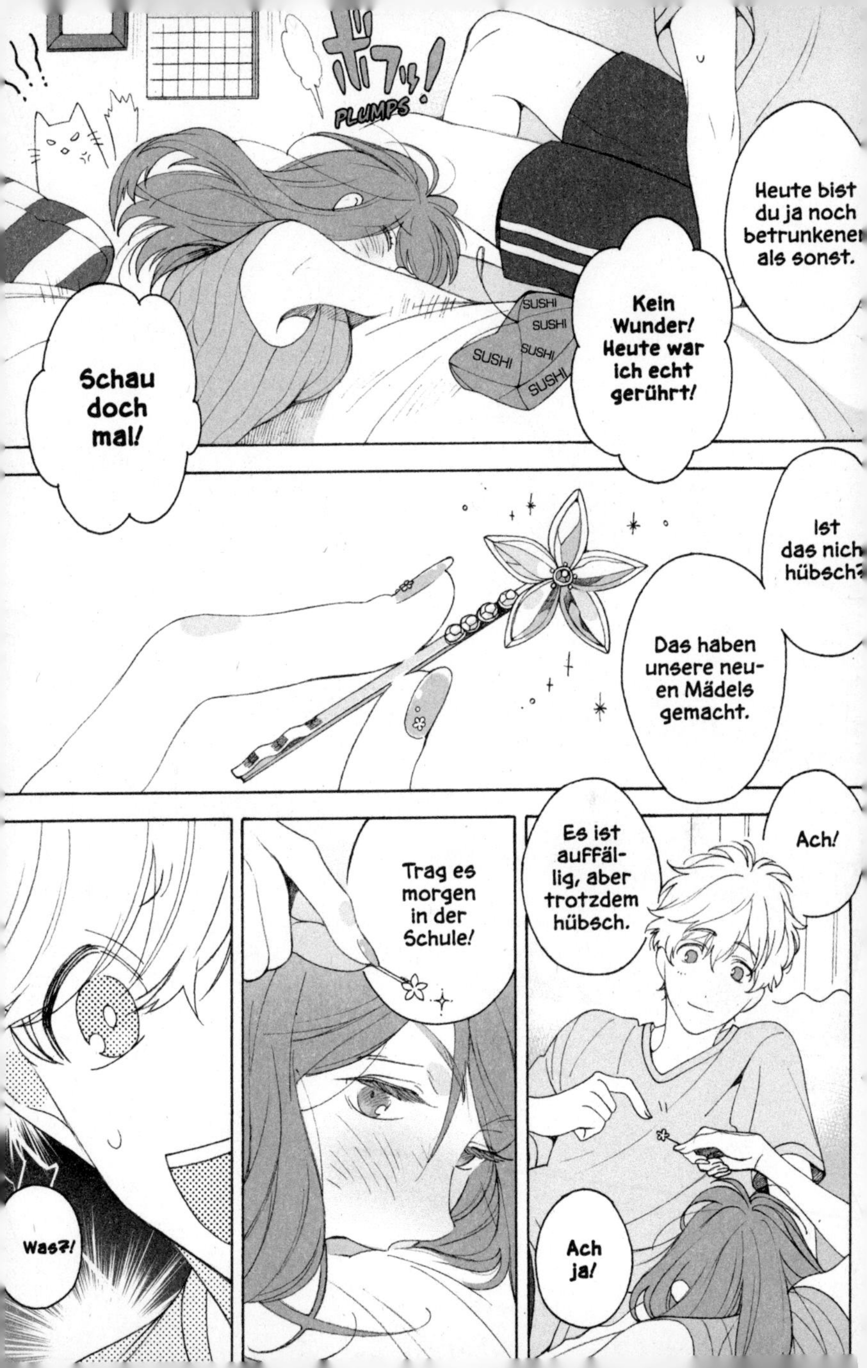
PLUMPS
Heute bist du ja noch betrunkener als sonst.
Kein Wunder! Heute war ich echt gerührt!
SUSHI SUSHI SUSHI SUSHI SUSHI
Schau doch mal!
Ist das nich hübsch?
Das haben unsere neuen Mädels gemacht.
Ach!
Es ist auffällig, aber trotzdem hübsch.
Ach ja!
Trag es morgen in der Schule!
Was?!

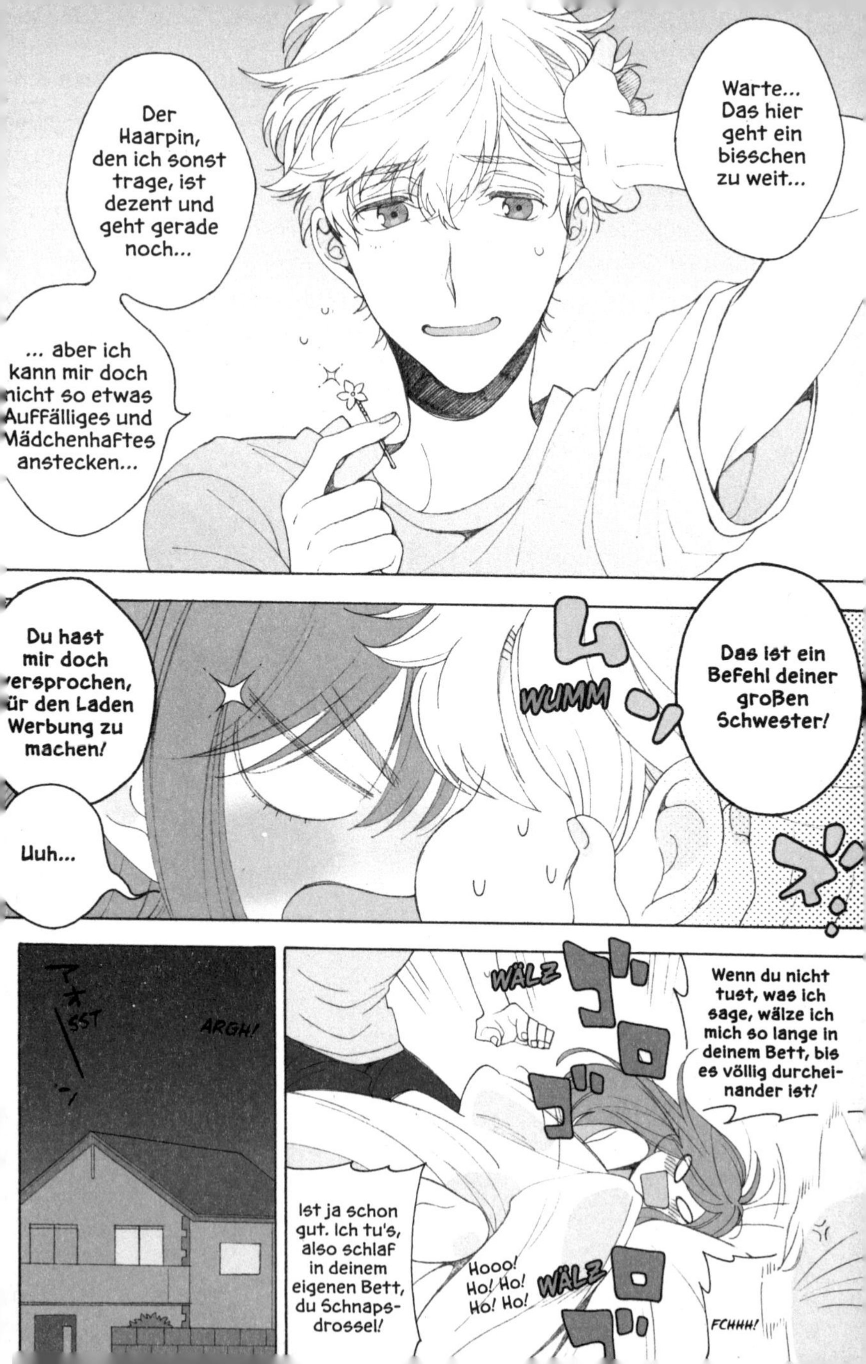
Warte... Das hier geht ein bisschen zu weit...
Der Haarpin, den ich sonst trage, ist dezent und geht gerade noch...
... aber ich kann mir doch nicht so etwas Auffälliges und Mädchenhaftes anstecken...
WUMM
Das ist ein Befehl deiner großen Schwester!
Du hast mir doch versprochen, für den Laden Werbung zu machen!
Uuh...
WÄLZ
Wenn du nicht tust, was ich sage, wälze ich mich so lange in deinem Bett, bis es völlig durcheinander ist!
WÄLZ
Hooo! Ho! Ho! Ho! Ho!
FCHHH!
Ist ja schon gut. Ich tu's, also schlaf in deinem eigenen Bett, du Schnapsdrossel!
SST
ARGH!

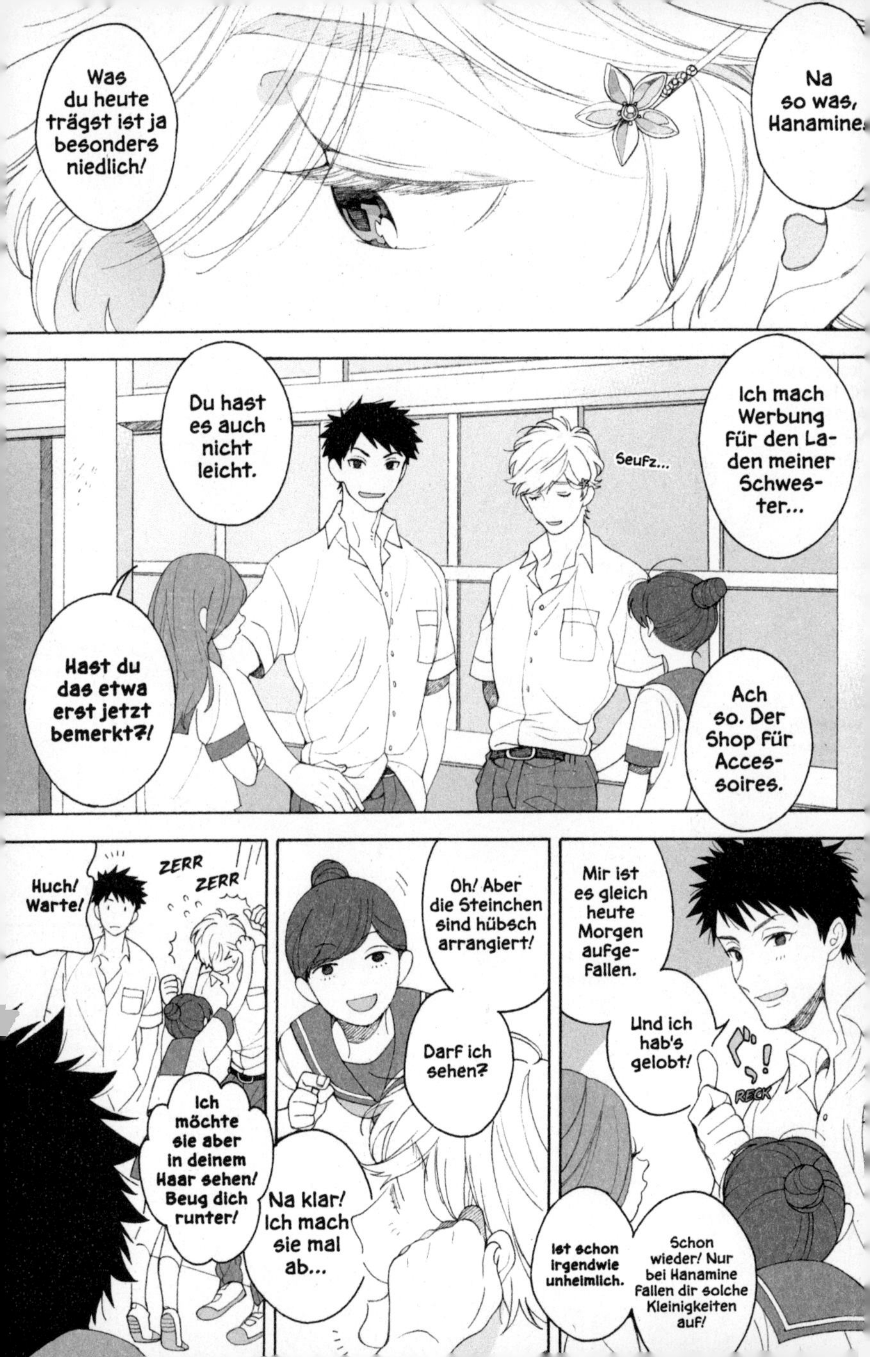

Na so was, Hanamine.
Was du heute trägst ist ja besonders niedlich!
Ich mach Werbung für den Laden meiner Schwester...
Seufz...
Du hast es auch nicht leicht.
Ach so. Der Shop für Accessoires.
Hast du das etwa erst jetzt bemerkt?!
Mir ist es gleich heute Morgen aufgefallen.
Und ich hab's gelobt!
RECK
Schon wieder! Nur bei Hanamine fallen dir solche Kleinigkeiten auf!
Ist schon irgendwie unheimlich.
Oh! Aber die Steinchen sind hübsch arrangiert!
Darf ich sehen?
Na klar! Ich mach sie mal ab...
Ich möchte sie aber in deinem Haar sehen! Beug dich runter!
ZERR
ZERR
Huch! Warte!

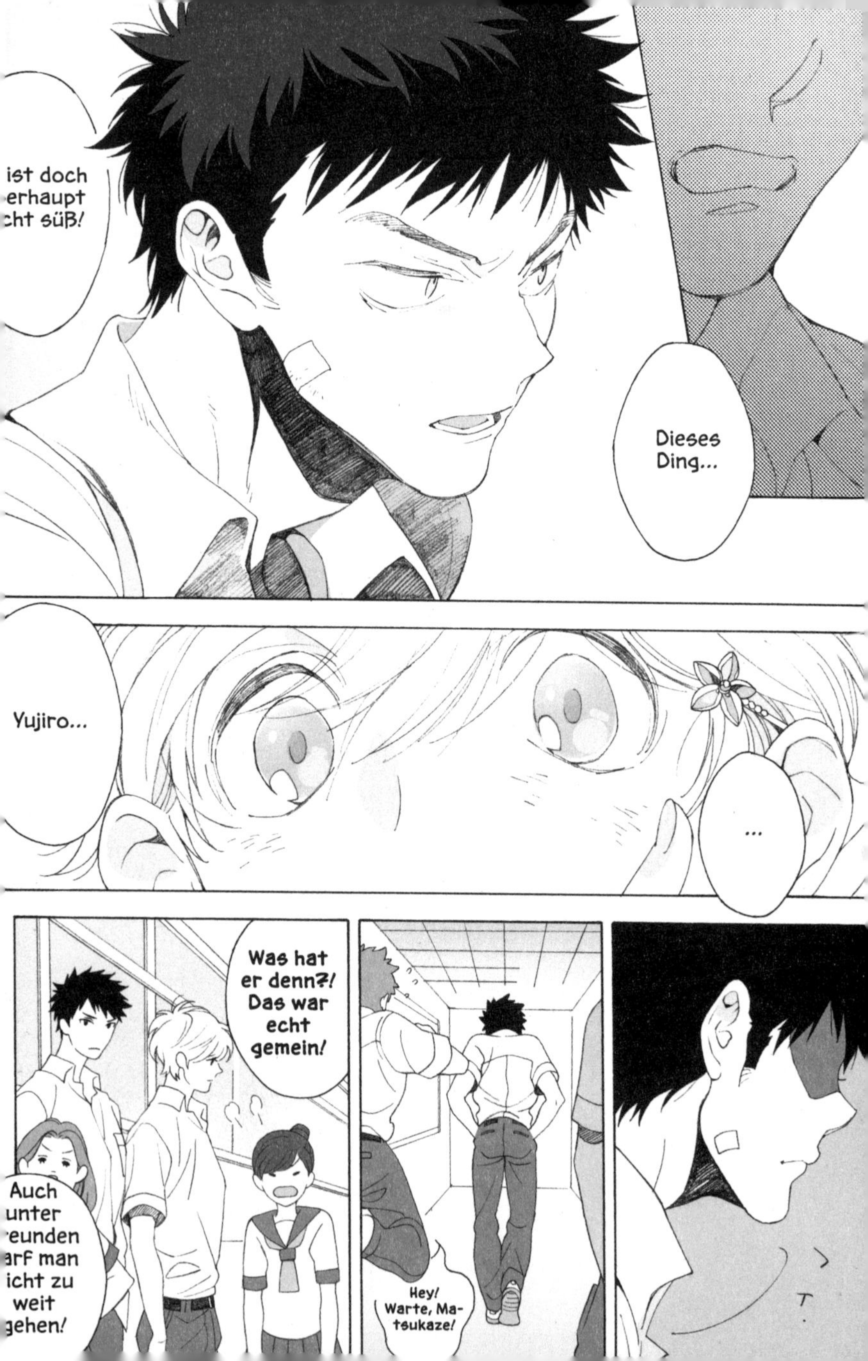
Dieses Ding...
ist doch erhaupt cht süß!
...
Yujiro...
Hey! Warte, Matsukaze!
Was hat er denn?! Das war echt gemein!
Auch unter reunden arf man icht zu weit gehen!

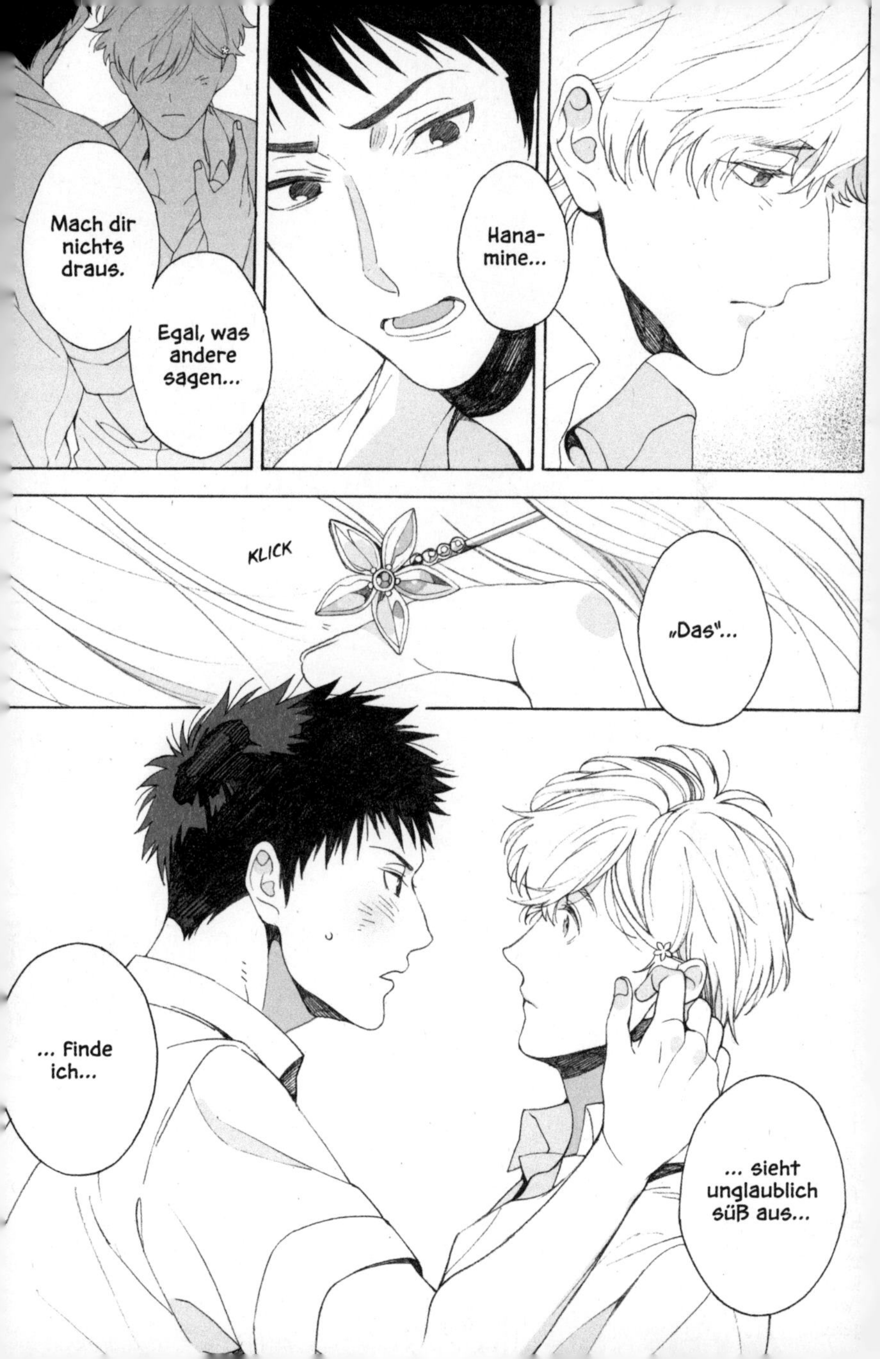
Hana-
mine...
Mach dir
nichts
draus.
Egal, was
andere
sagen...
KLICK
„Das“...
... finde
ich...
... sieht
unglaublich
süß aus...

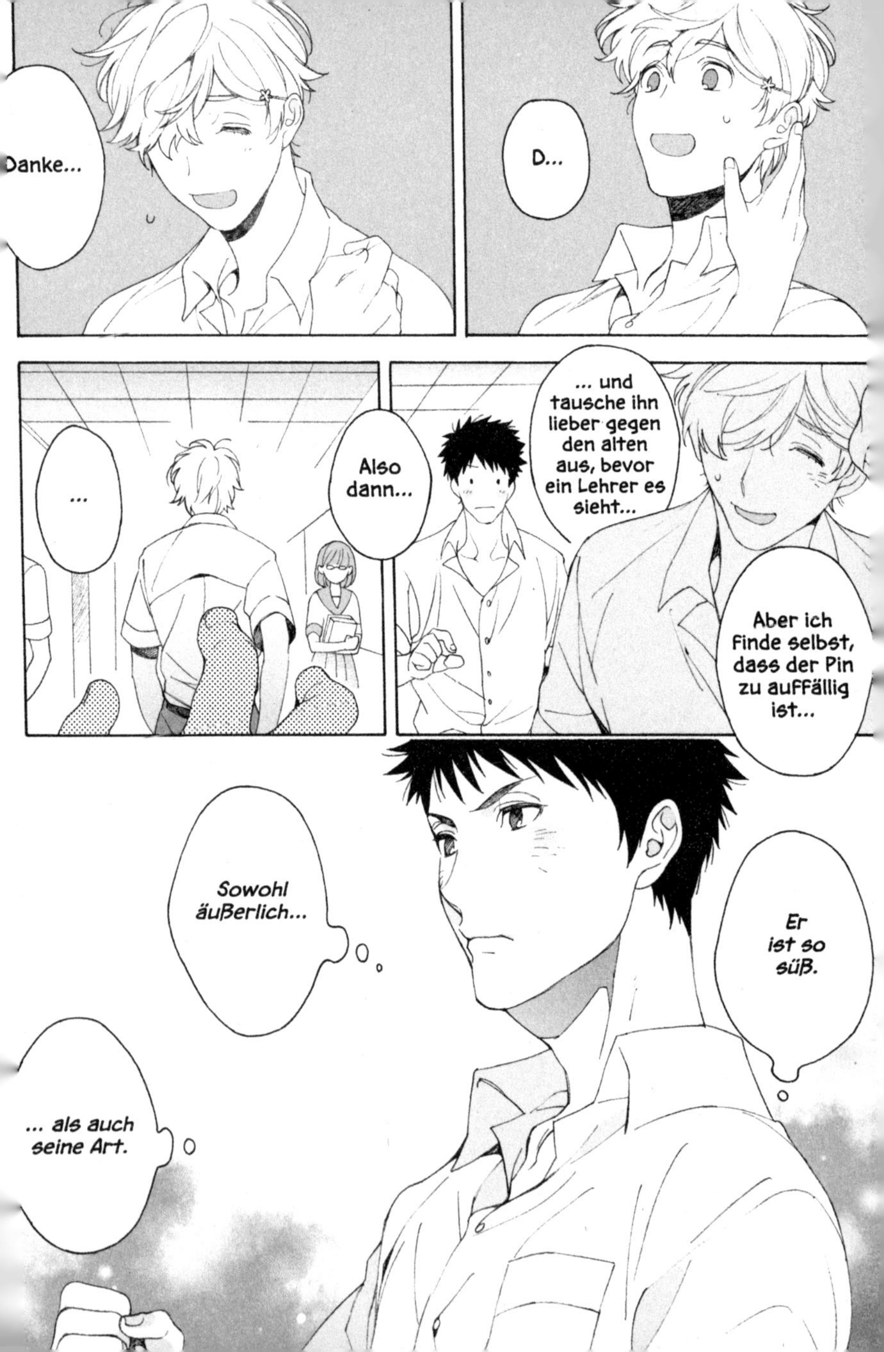
D...
Danke...
Aber ich finde selbst, dass der Pin zu auffällig ist...
... und tausche ihn lieber gegen den alten aus, bevor ein Lehrer es sieht...
Also dann...
...
Er ist so süß.
Sowohl äußerlich...
... als auch seine Art.

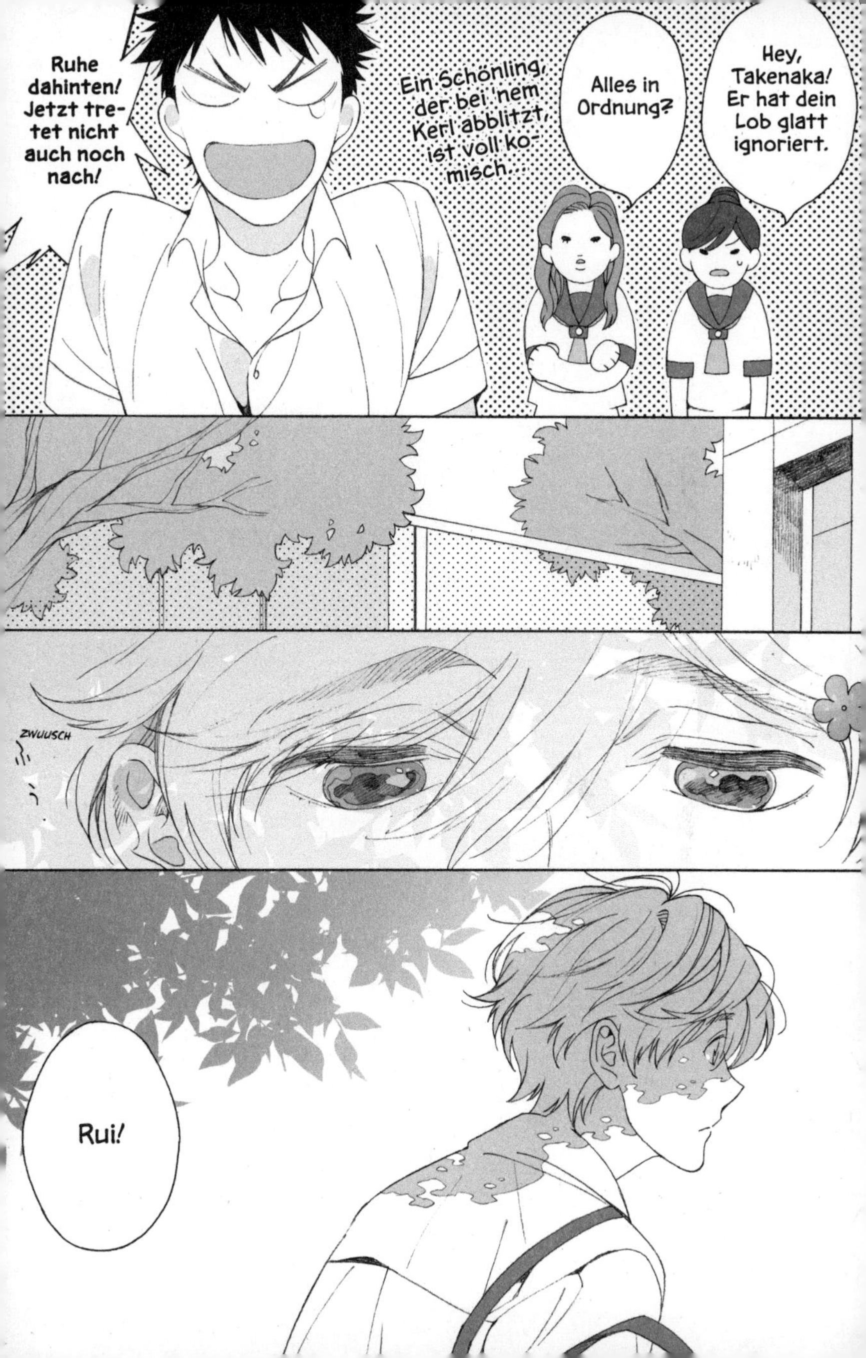
Hey, Takenaka! Er hat dein Lob glatt ignoriert.
Alles in Ordnung?
Ein Schönling, der bei 'nem Kerl abblitzt, ist voll komisch...
Ruhe dahinten! Jetzt tretet nicht auch noch nach!
ZWUUSCH
Rui!

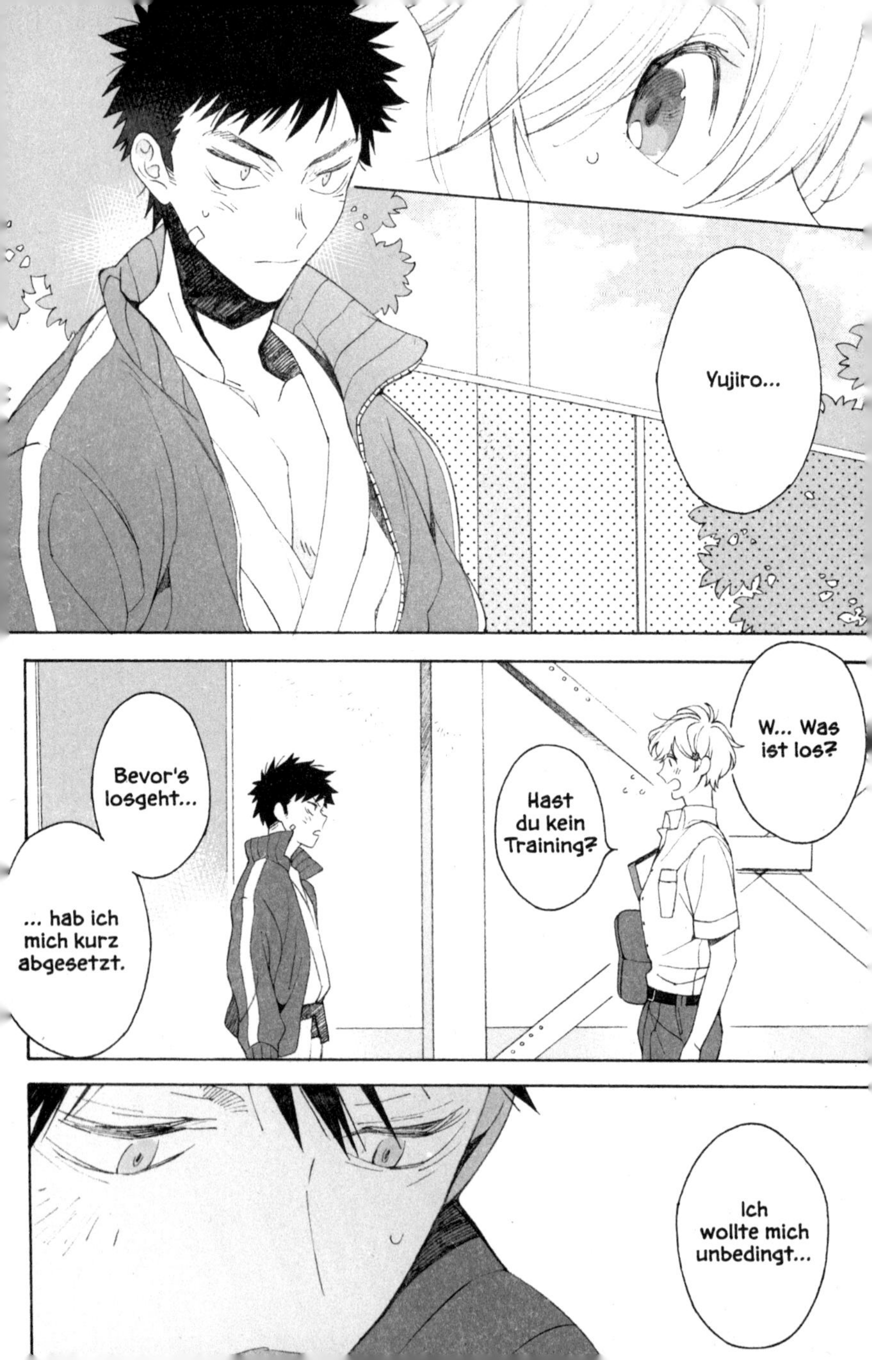
Yujiro...
W... Was ist los?
Hast du kein Training?
Bevor's losgeht...
... hab ich mich kurz abgesetzt.
Ich wollte mich unbedingt...

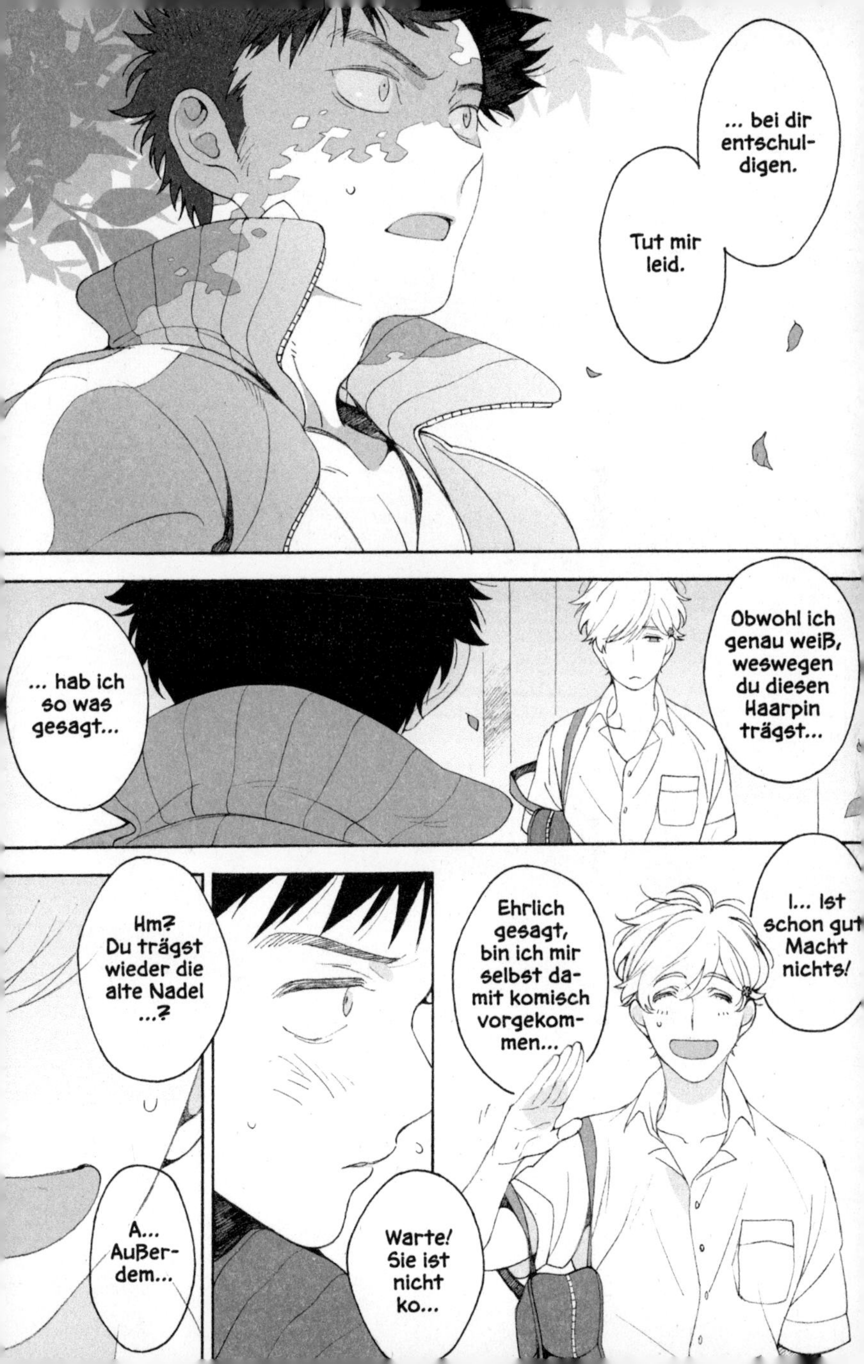
... bei dir entschuldigen.
Tut mir leid.
Obwohl ich genau weiß, weswegen du diesen Haarpin trägst...
... hab ich so was gesagt...
I... Ist schon gut Macht nichts!
Ehrlich gesagt, bin ich mir selbst damit komisch vorgekommen...
Warte! Sie ist nicht ko...
Hm? Du trägst wieder die alte Nadel ...?
A... Außerdem...

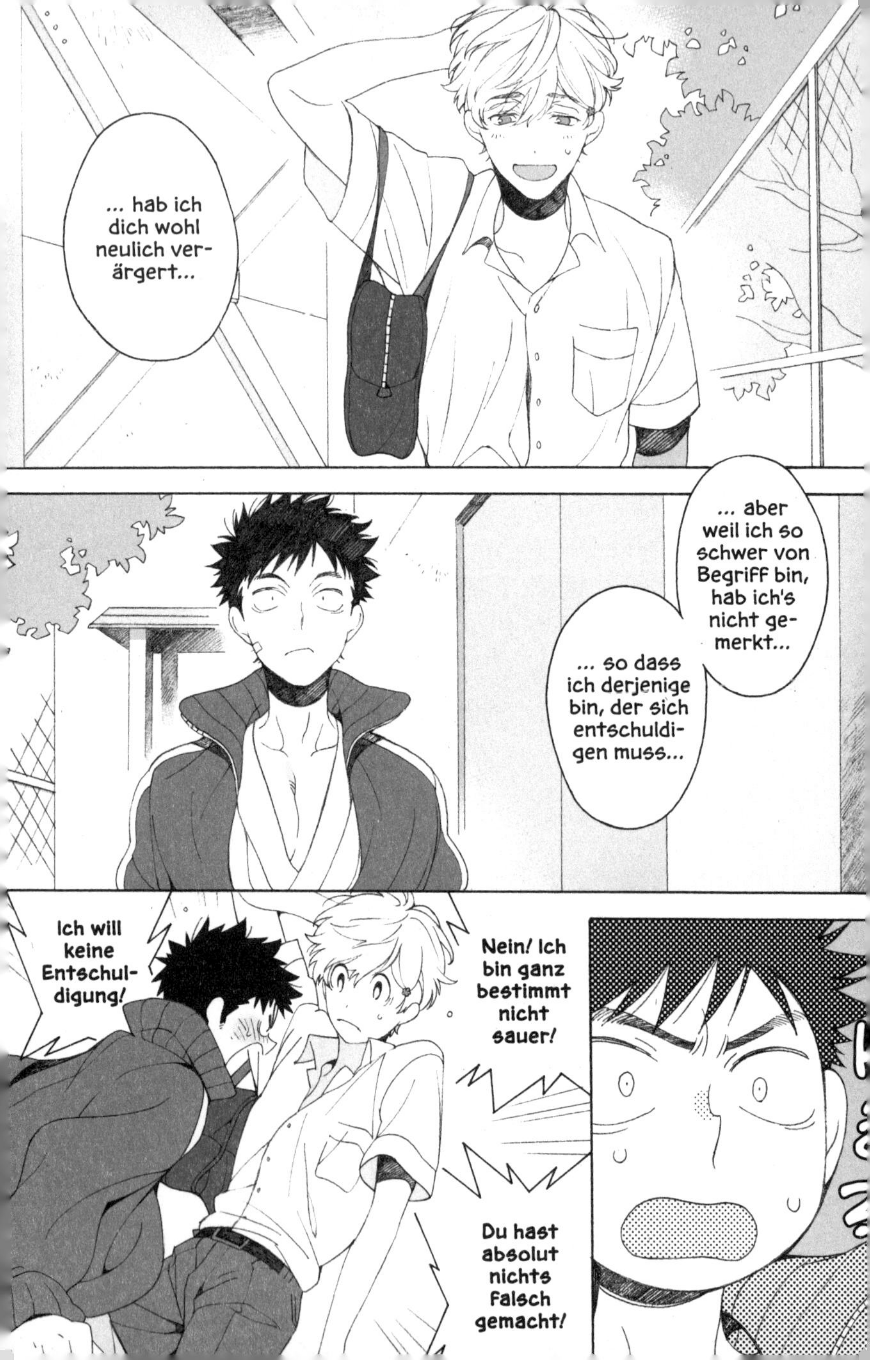
... hab ich dich wohl neulich verärgert...
... aber weil ich so schwer von Begriff bin, hab ich's nicht gemerkt...
... so dass ich derjenige bin, der sich entschuldigen muss...
Nein! Ich bin ganz bestimmt nicht sauer!
Du hast absolut nichts falsch gemacht!
Ich will keine Entschuldigung!

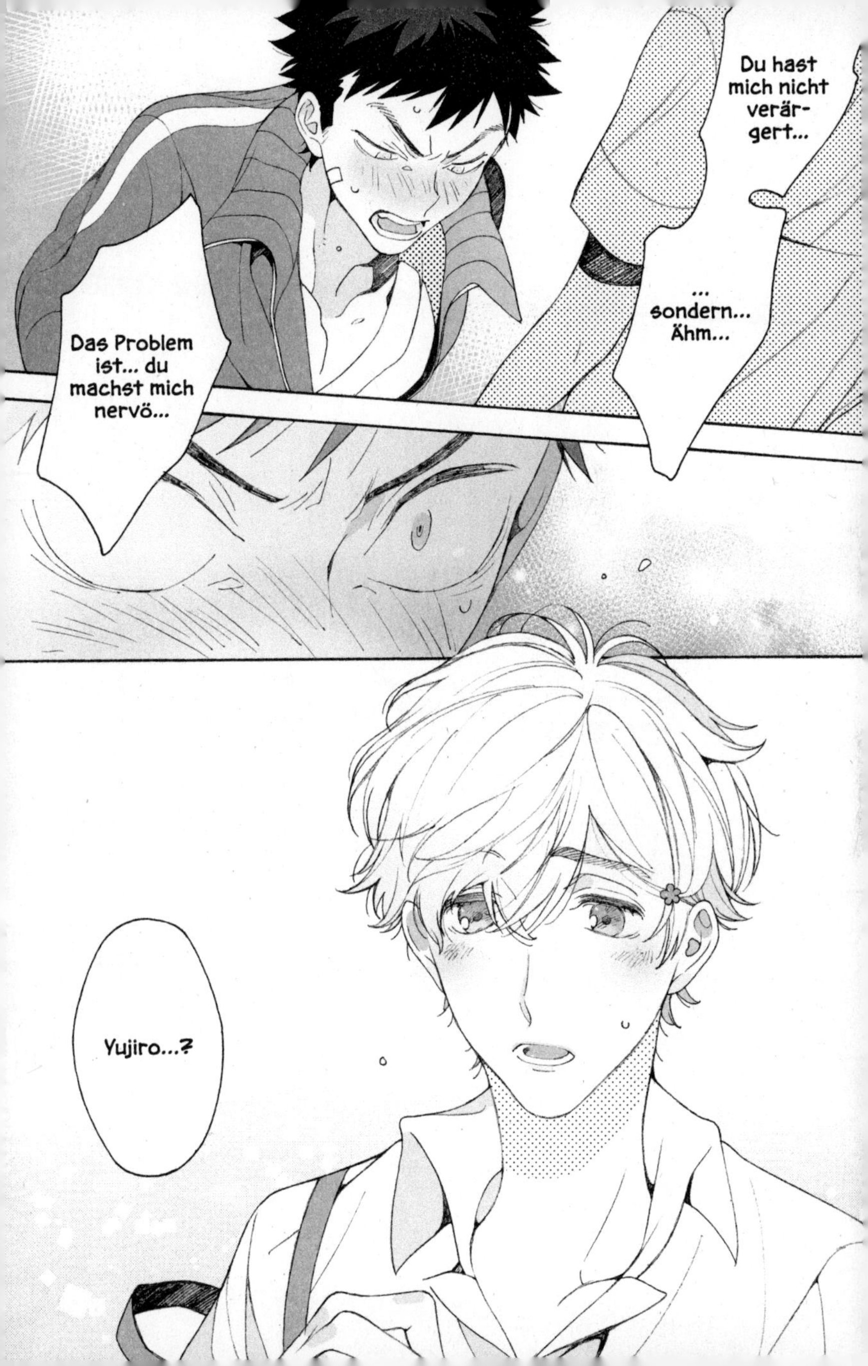
Du hast mich nicht verär-gert...
... sondern... Ähm...
Das Problem ist... du machst mich nervö...
Yujiro...?

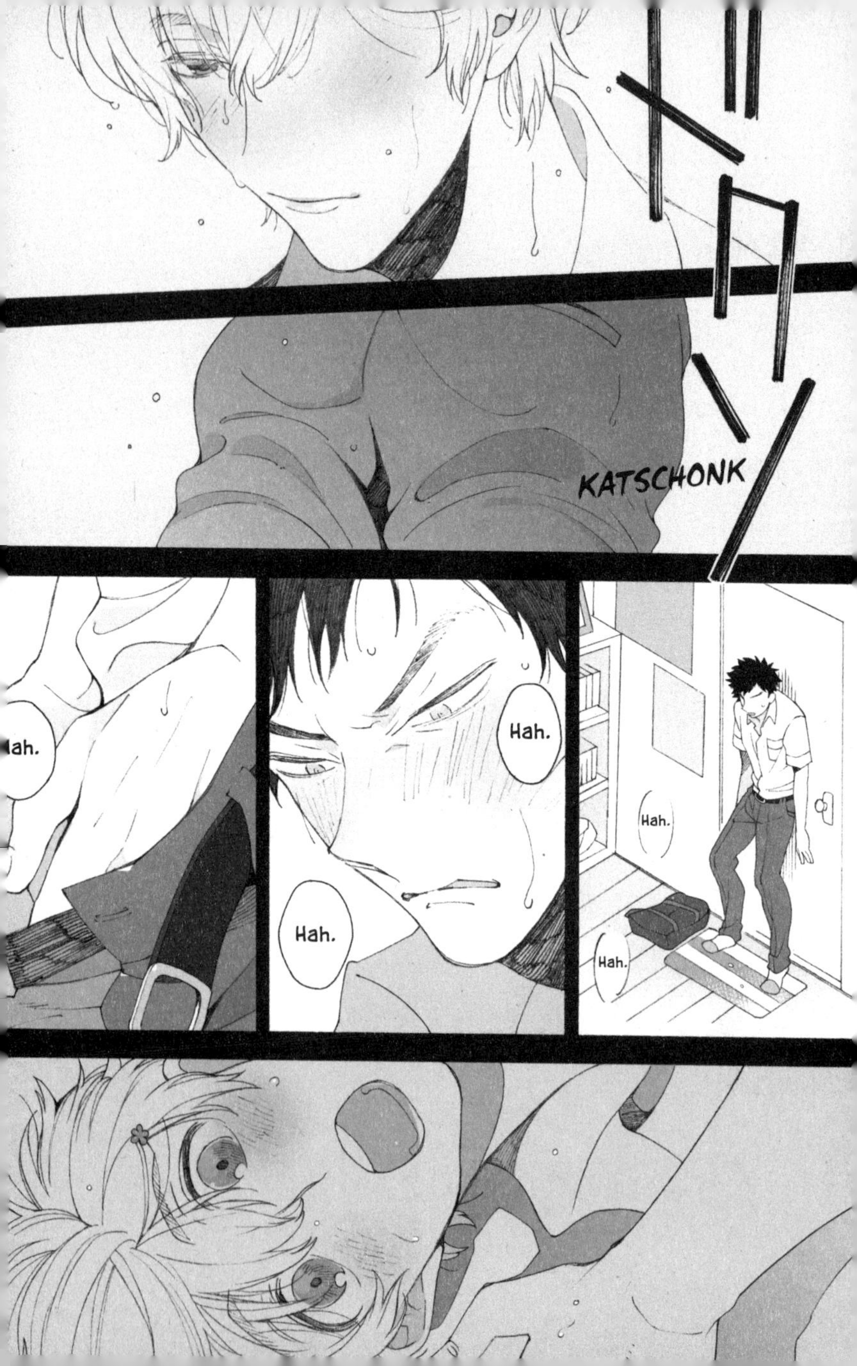
KATSCHONK
Hah.
Hah.
Hah.
Hah.
ah.

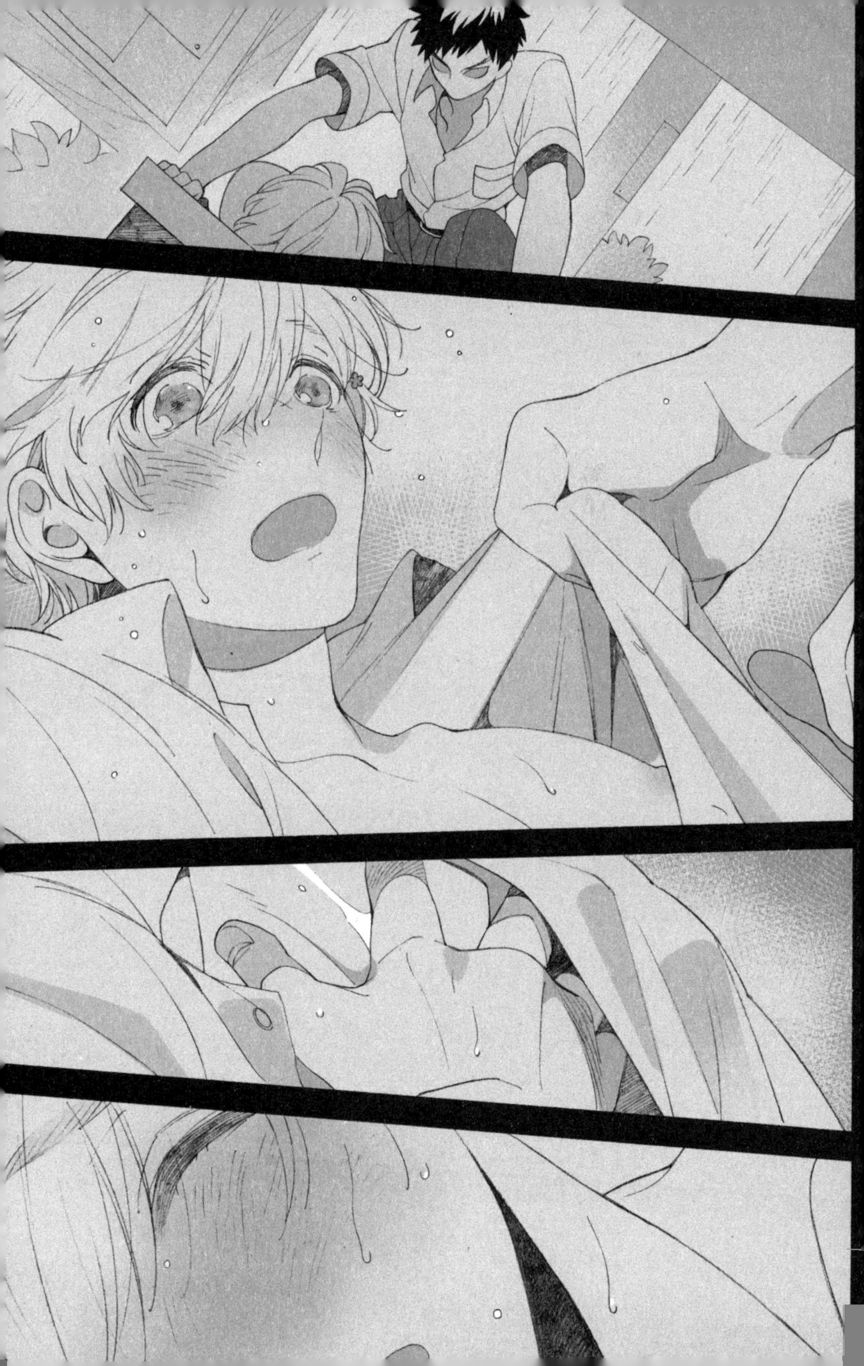

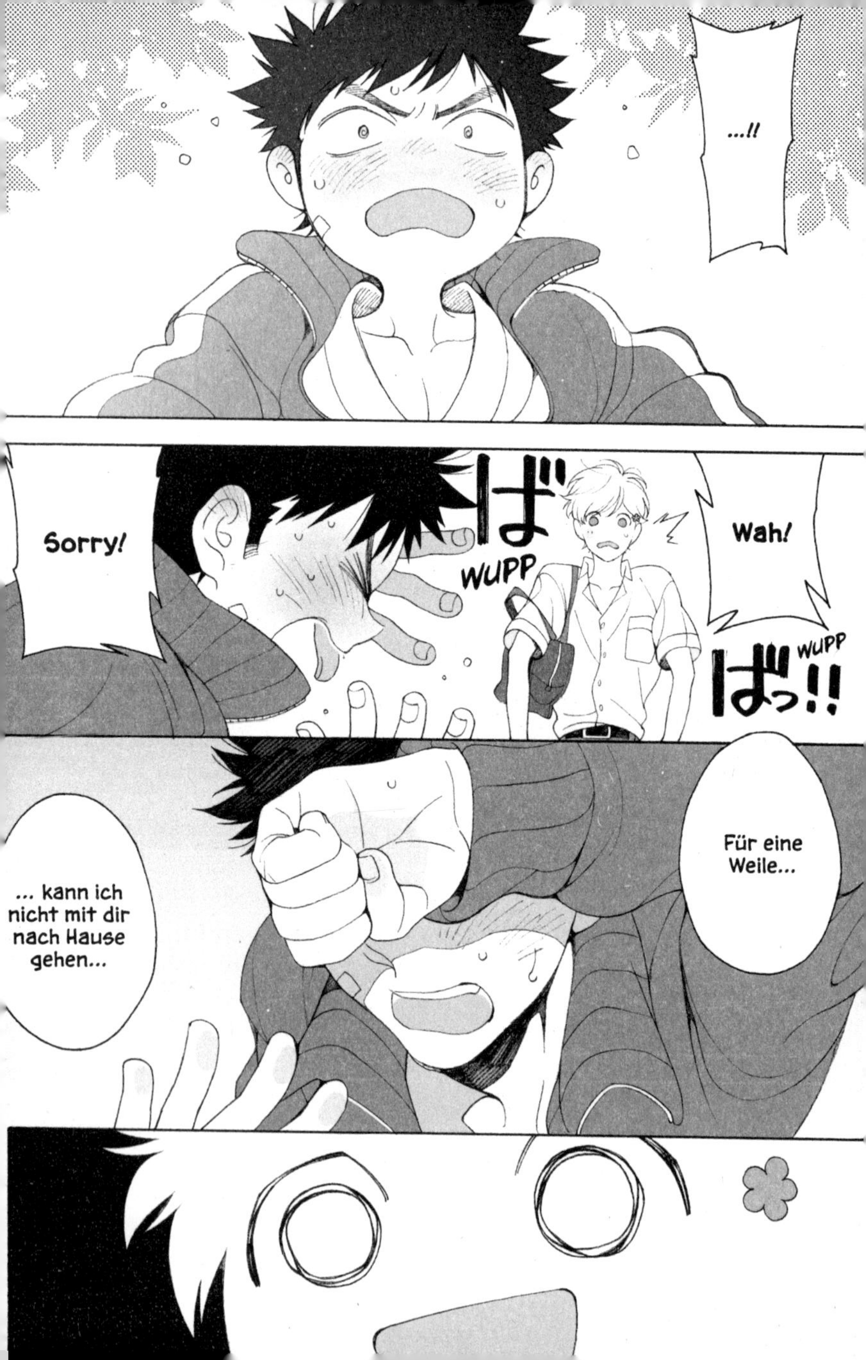
...!!
Wah!
ばっ!!
WUPP
ば
WUPP
Sorry!
Für eine Weile...
... kann ich nicht mit dir nach Hause gehen...

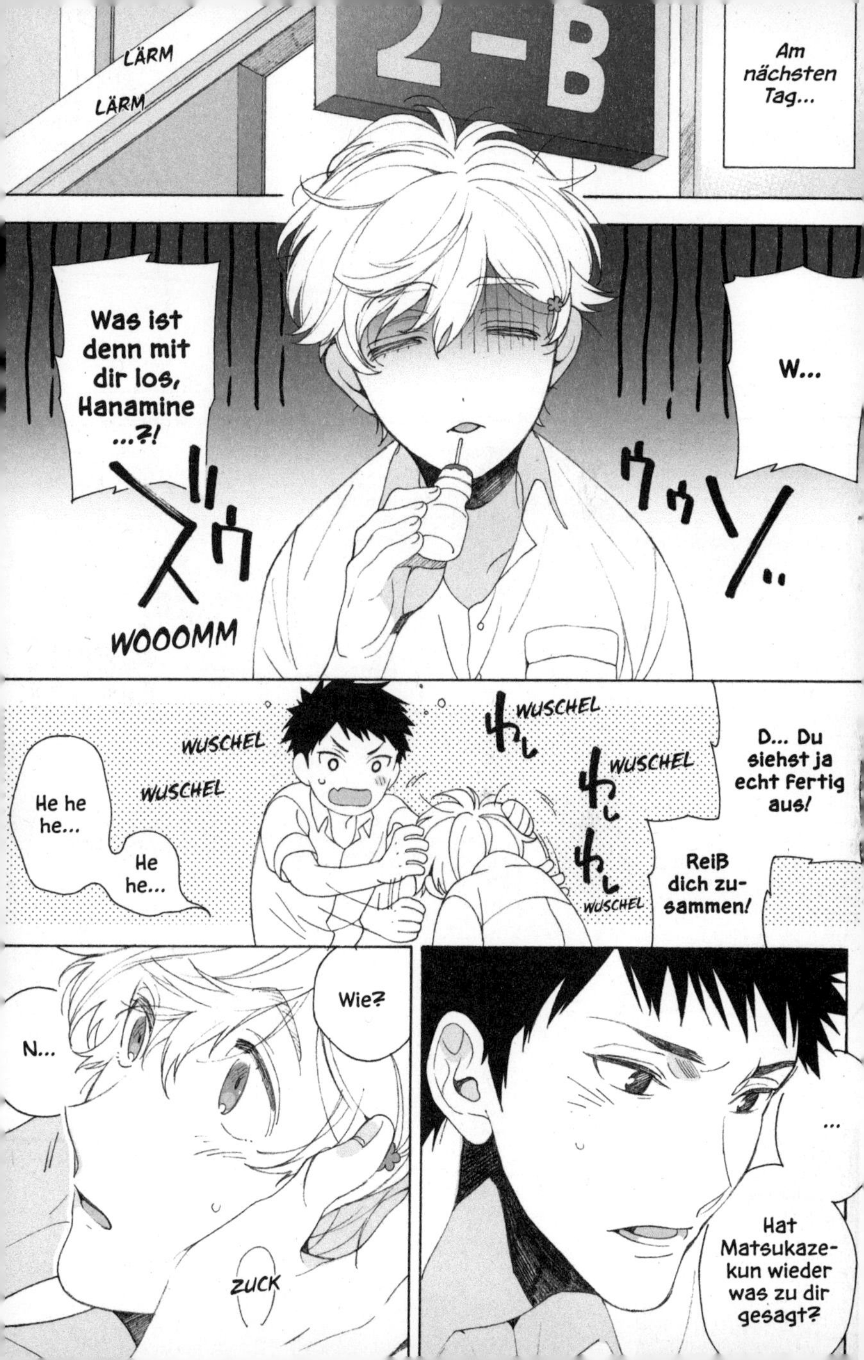
2-B
Am nächsten Tag...
LÄRM
LÄRM
W...
Was ist denn mit dir los, Hanamine ...?!
WOOOMM
D... Du siehst ja echt fertig aus!
Reiß dich zu-sammen!
WUSCHEL
WUSCHEL
WUSCHEL
WUSCHEL
WUSCHEL
He he he...
He he...
...
Hat Matsukaze-kun wieder was zu dir gesagt?
Wie?
N...
ZUCK

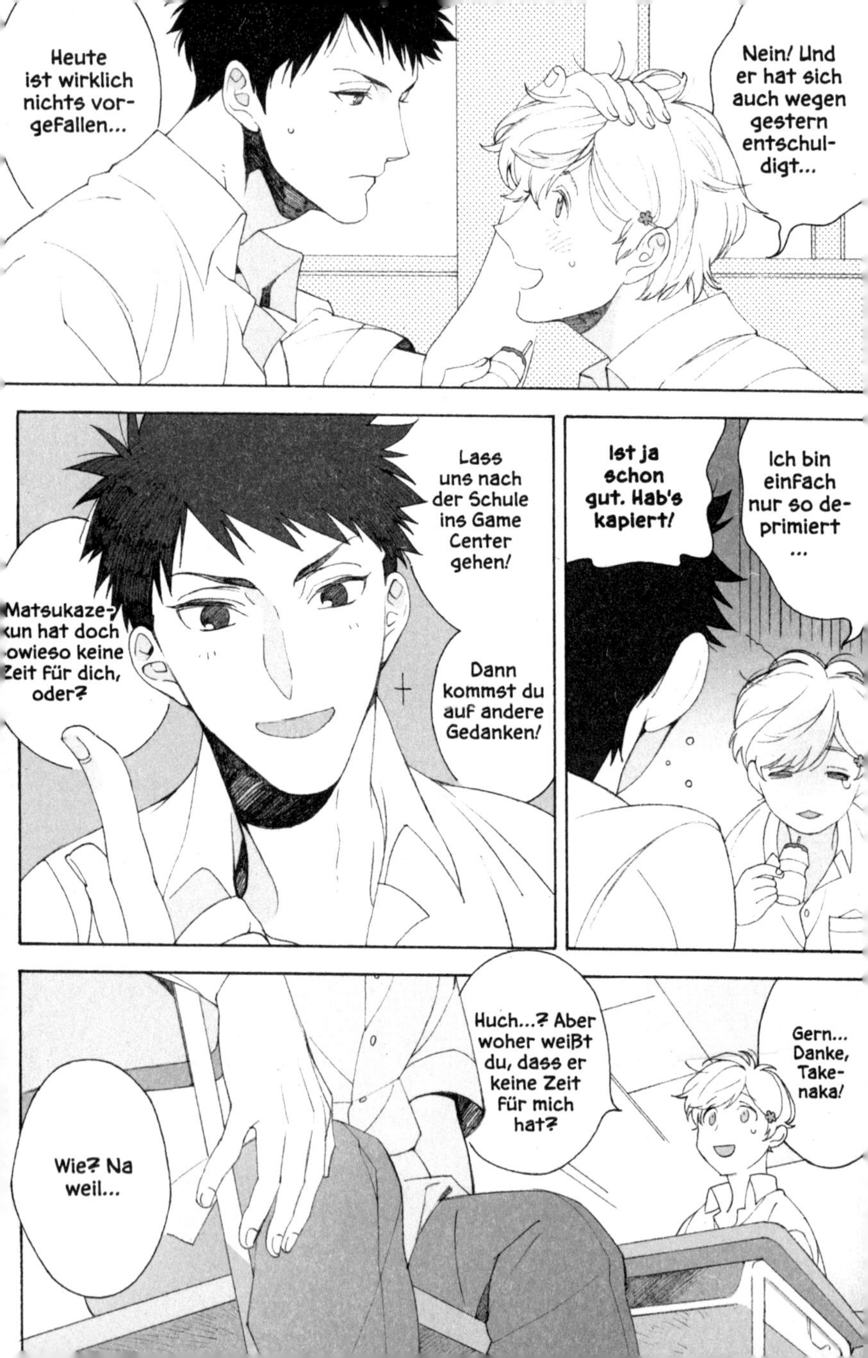

Nein! Und er hat sich auch wegen gestern entschuldigt...
Heute ist wirklich nichts vorgefallen...
Ich bin einfach nur so deprimiert ...
Ist ja schon gut. Hab's kapiert!
Lass uns nach der Schule ins Game Center gehen!
Dann kommst du auf andere Gedanken!
Matsukaze-kun hat doch sowieso keine Zeit für dich, oder?
Gern... Danke, Takenaka!
Huch...? Aber woher weißt du, dass er keine Zeit für mich hat?
Wie? Na weil...

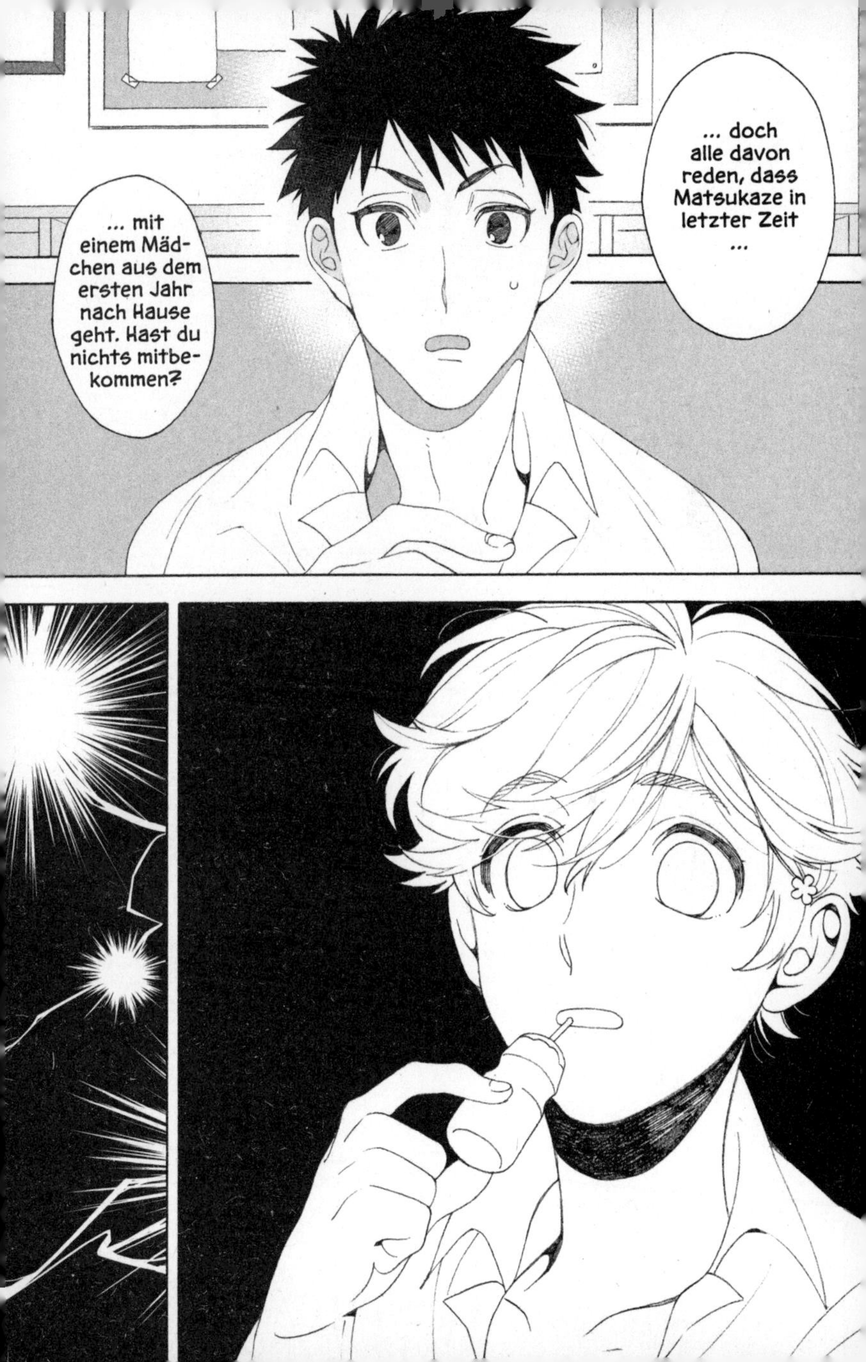
... doch alle davon reden, dass Matsukaze in letzter Zeit ...
... mit einem Mädchen aus dem ersten Jahr nach Hause geht. Hast du nichts mitbekommen?

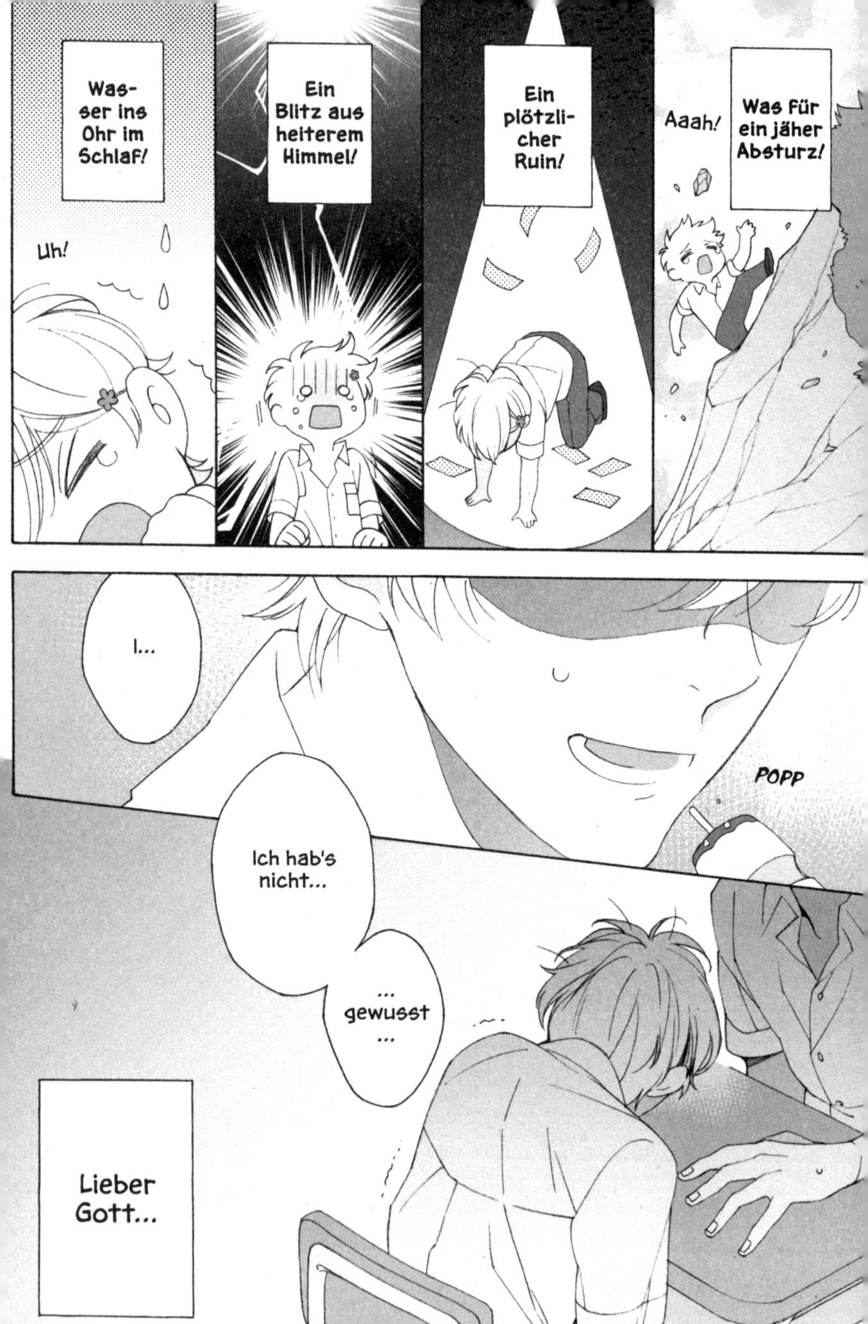
Was für ein jäher Absturz!
Aaah!
Ein plötzlicher Ruin!
Ein Blitz aus heiterem Himmel!
Wasser ins Ohr im Schlaf!
Uh!
POPP
I...
Ich hab's nicht...
... gewusst ...
Lieber Gott...

Ich bin am Boden zerstört.

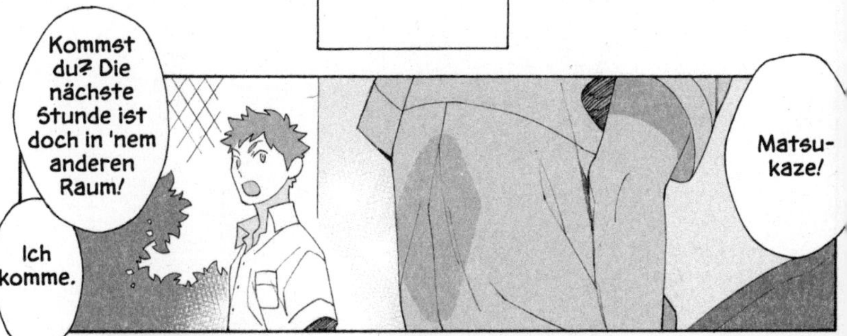

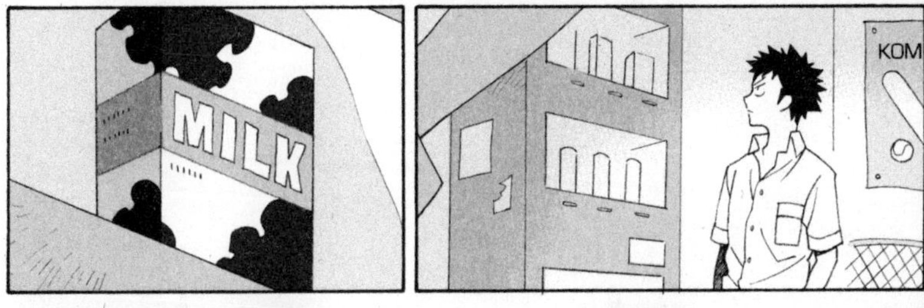

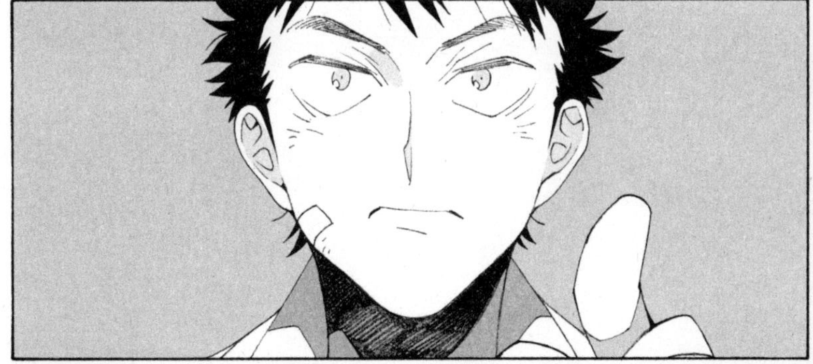

KATSCHONK

KAPITEL 2 - ENDE

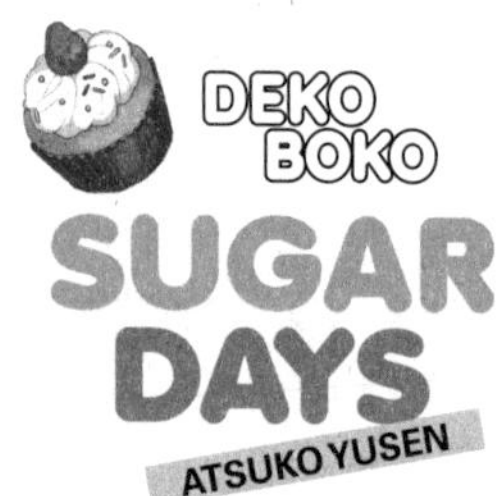
DEKO
BOKO
SUGAR
DAYS
ATSUKO YUSEN

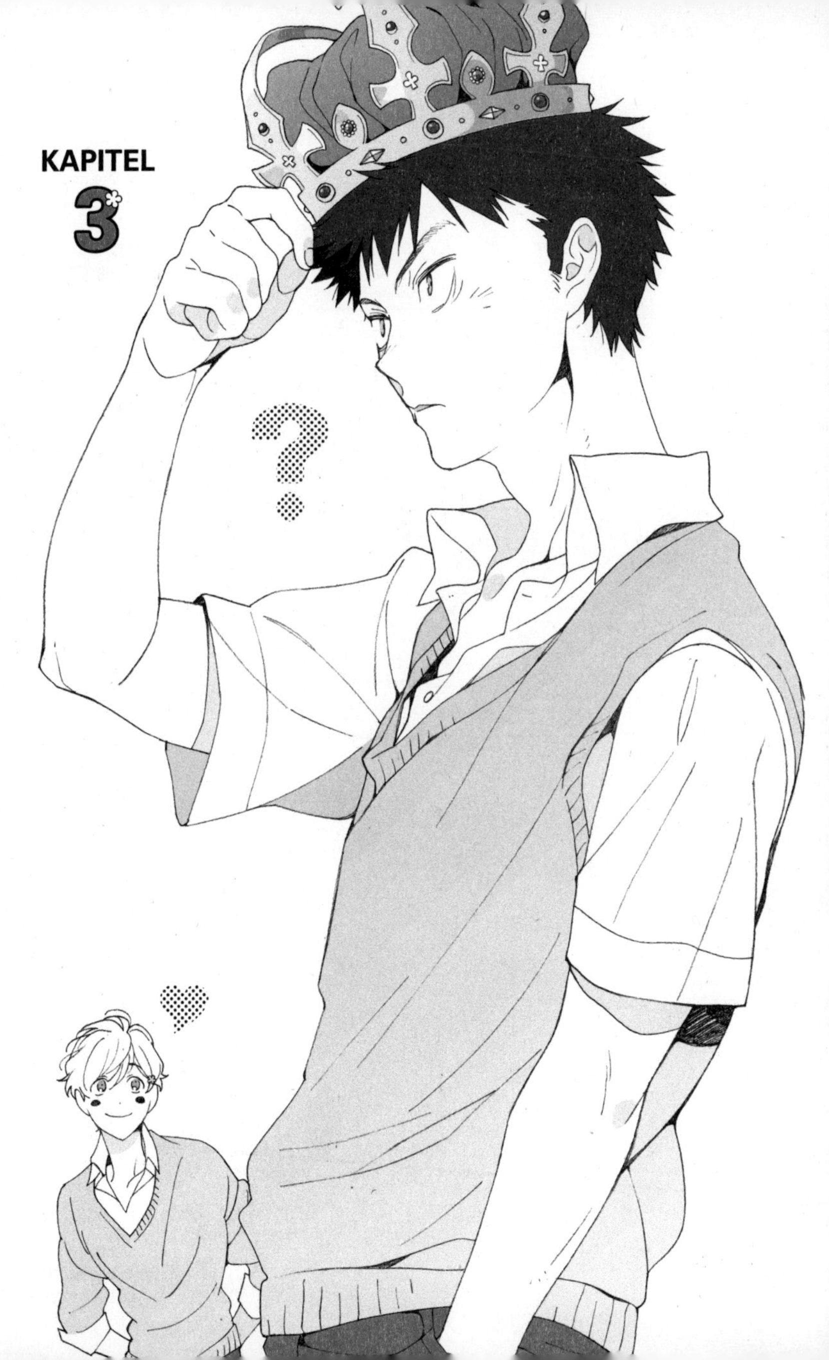
KAPITEL
3

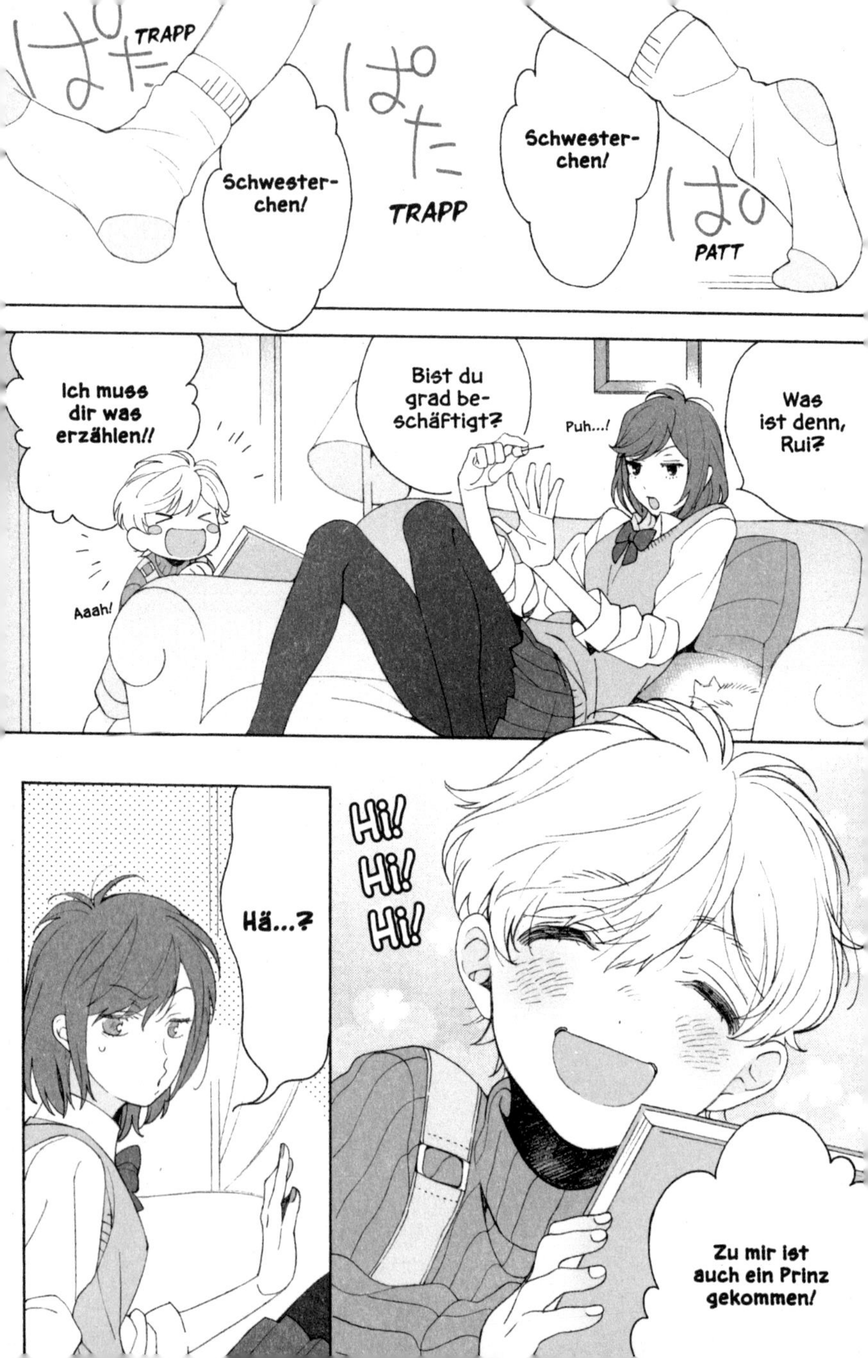

Schwester-chen!
PATT
TRAPP
ぱた
Schwester-chen!
TRAPP
Was ist denn, Rui?
Puh...!
Bist du grad be-schäftigt?
Ich muss dir was erzählen!!
Aaah!
Hi! Hi! Hi!
Zu mir ist auch ein Prinz gekommen!
Hä...?

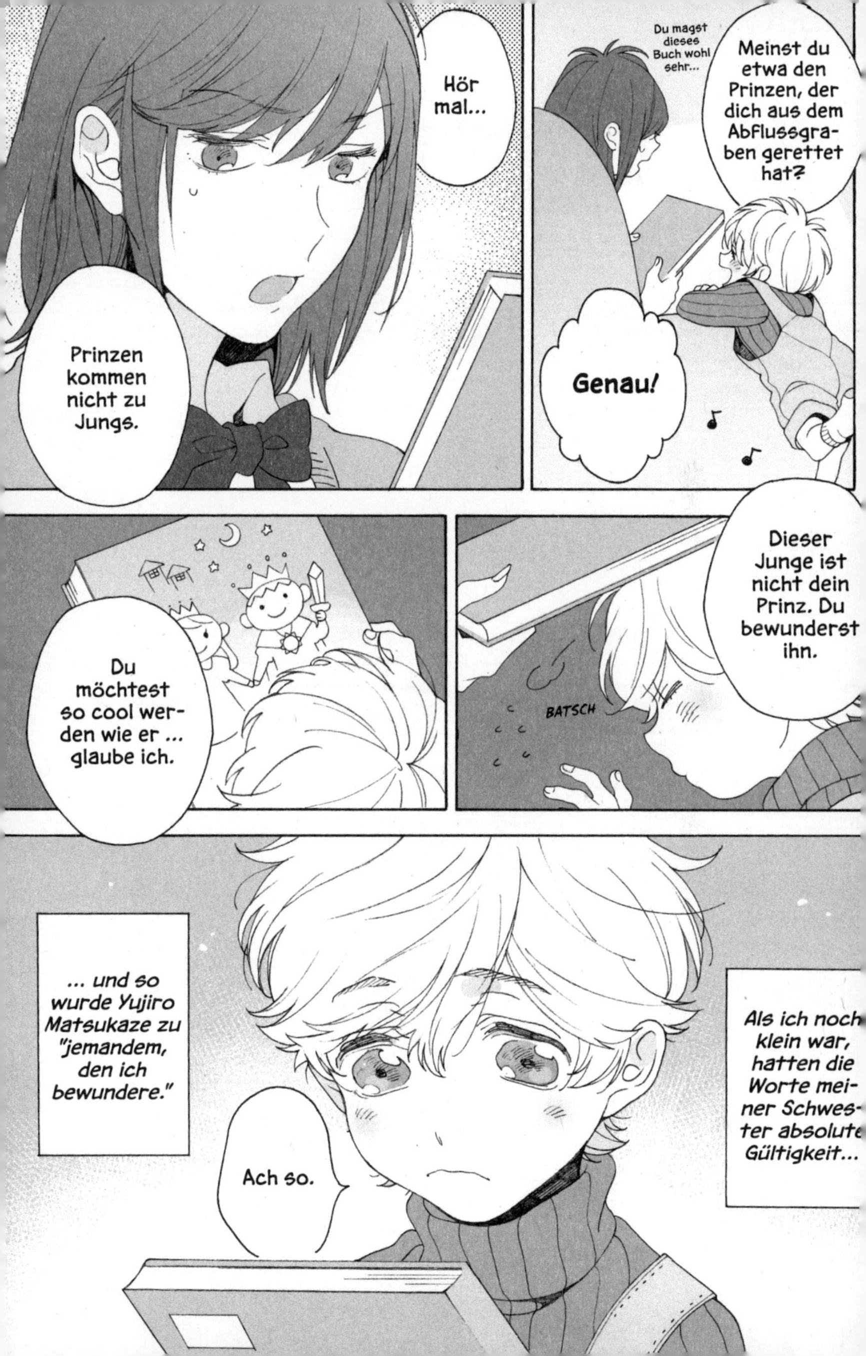
Meinst du etwa den Prinzen, der dich aus dem Abflussgraben gerettet hat?
Du magst dieses Buch wohl sehr...
Genau!
Hör mal...
Prinzen kommen nicht zu Jungs.
Dieser Junge ist nicht dein Prinz. Du bewunderst ihn.
BATSCH
Du möchtest so cool werden wie er ... glaube ich.
Als ich noch klein war, hatten die Worte meiner Schwester absolute Gültigkeit...
Ach so.
... und so wurde Yujiro Matsukaze zu "jemandem, den ich bewundere."

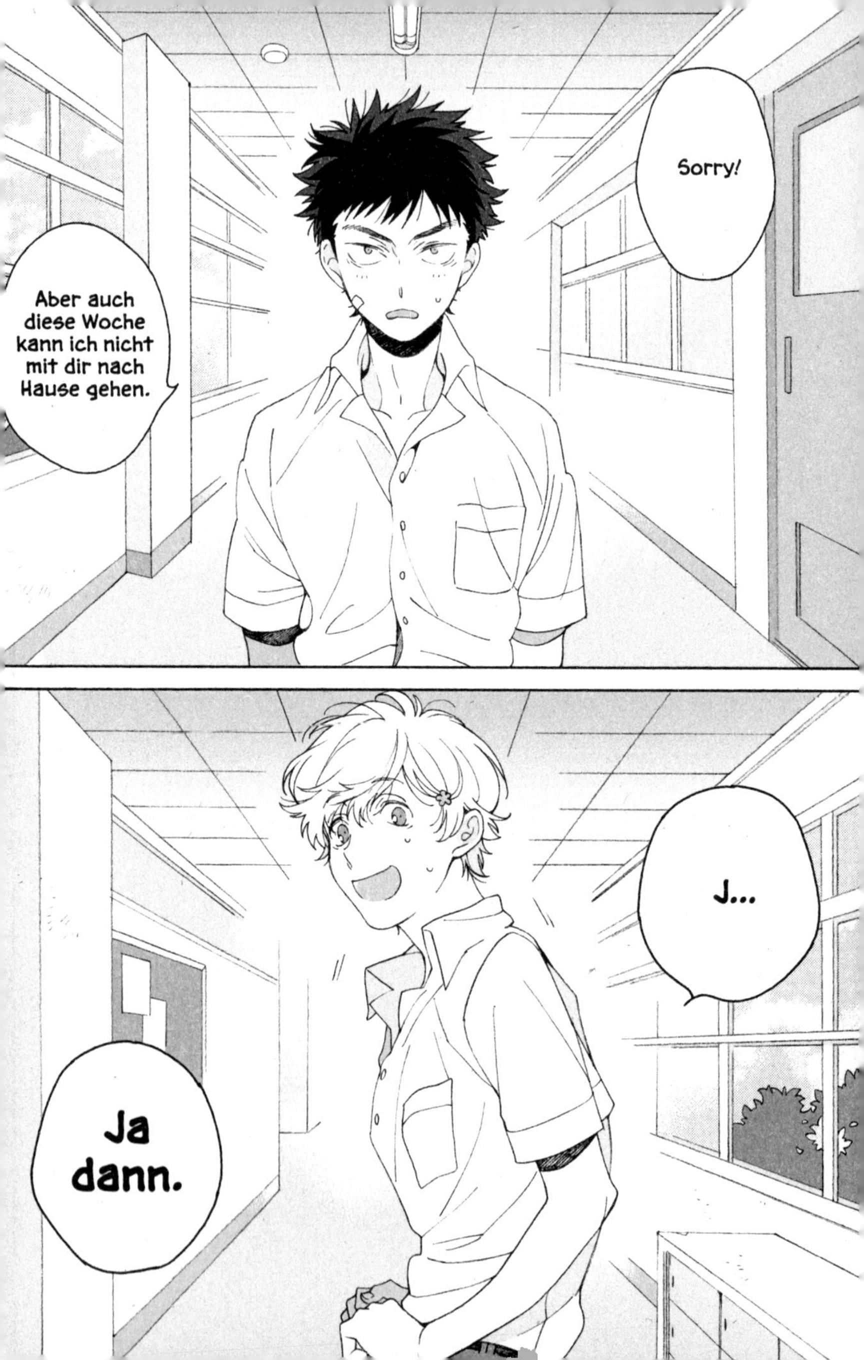
Sorry!
Aber auch diese Woche kann ich nicht mit dir nach Hause gehen.
J...
Ja dann.

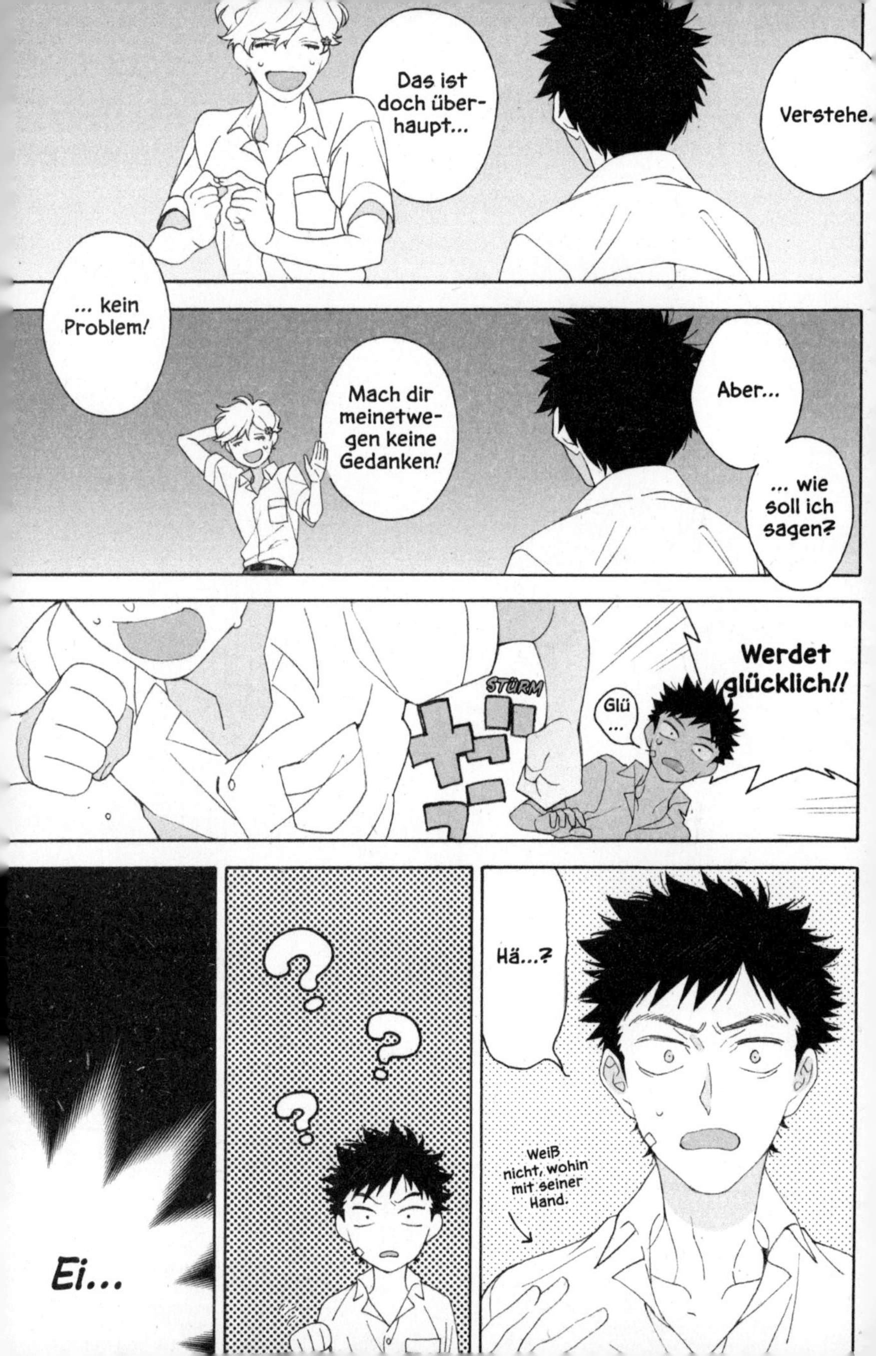

Verstehe.
Das ist doch überhaupt...
... kein Problem!
Aber...
... wie soll ich sagen?
Mach dir meinetwegen keine Gedanken!
Werdet glücklich!!
STÜRM
Glü ...
Hä...?
Weiß nicht, wohin mit seiner Hand.
Ei...

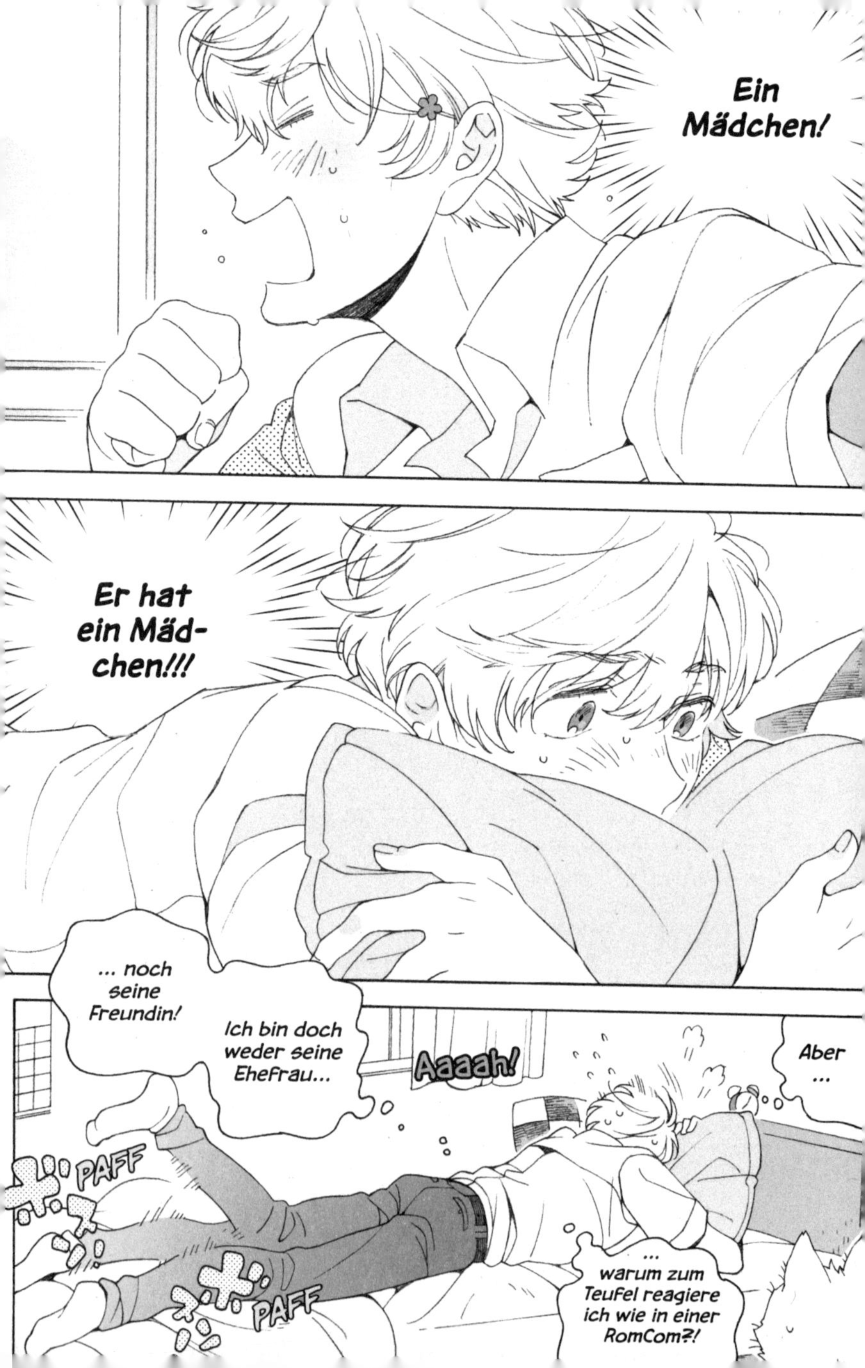
Ein Mädchen!
Er hat ein Mädchen!!!
Aber ...
Aaaah!
Ich bin doch weder seine Ehefrau...
... noch seine Freundin!
... warum zum Teufel reagiere ich wie in einer RomCom?!
PAFF
PAFF

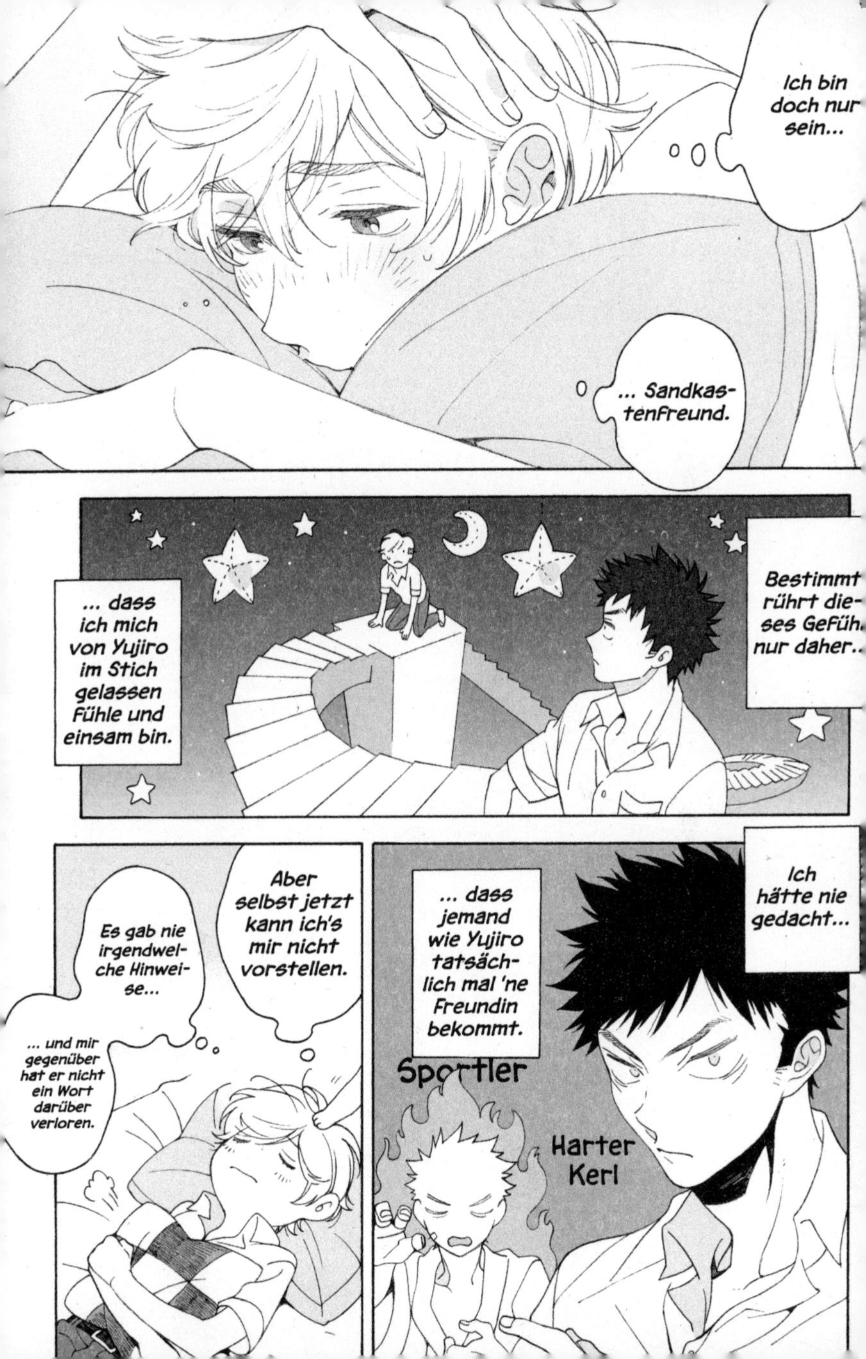
Ich bin doch nur sein...
... Sandkastenfreund.
Bestimmt rührt dieses Gefüh. nur daher..
... dass ich mich von Yujiro im Stich gelassen fühle und einsam bin.
Ich hätte nie gedacht...
... dass jemand wie Yujiro tatsächlich mal 'ne Freundin bekommt.
Sportler
Harter Kerl
Aber selbst jetzt kann ich's mir nicht vorstellen.
Es gab nie irgendwelche Hinweise...
... und mir gegenüber hat er nicht ein Wort darüber verloren.

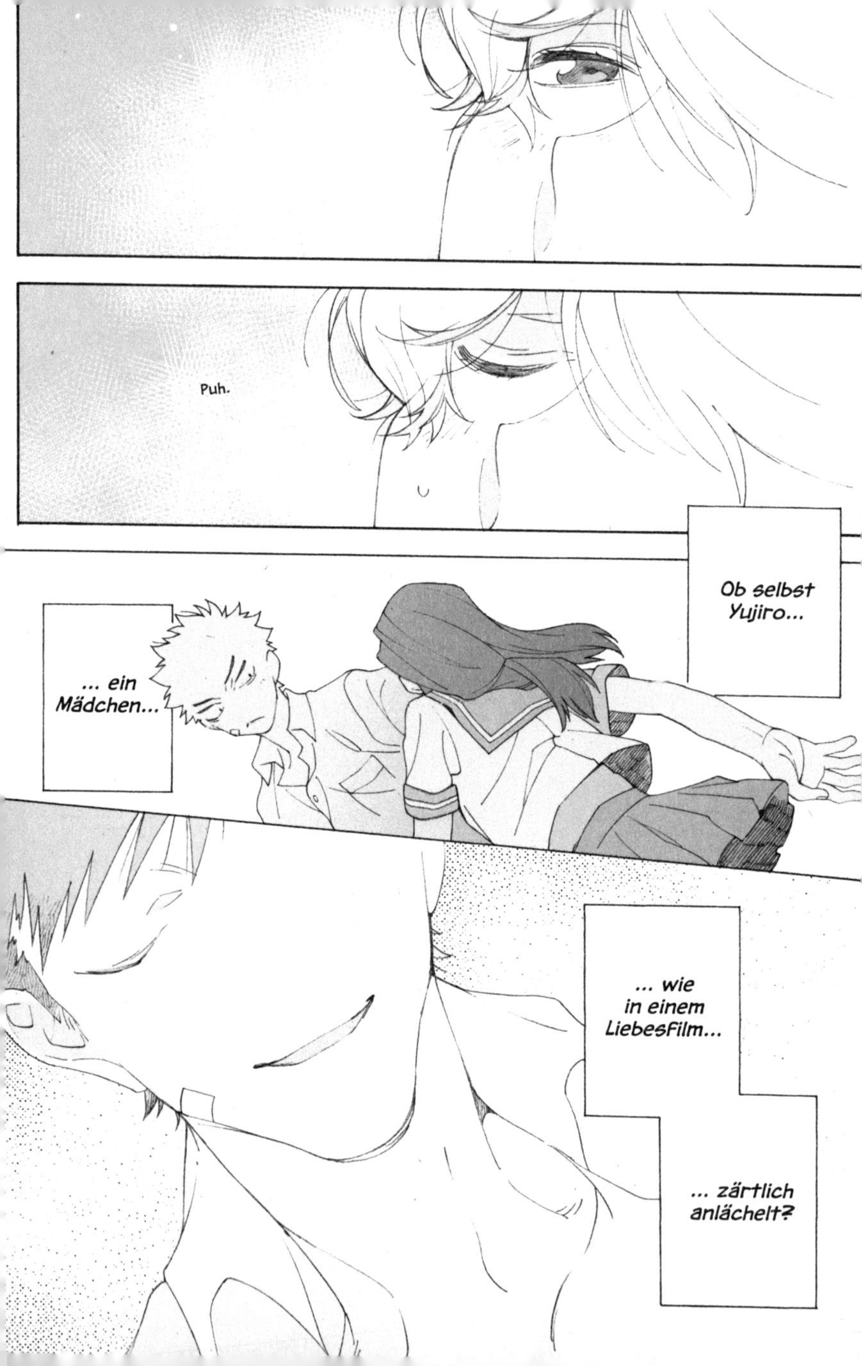
Puh.
Ob selbst Yujiro...
... ein Mädchen...
... wie in einem Liebesfilm...
... zärtlich anlächelt?

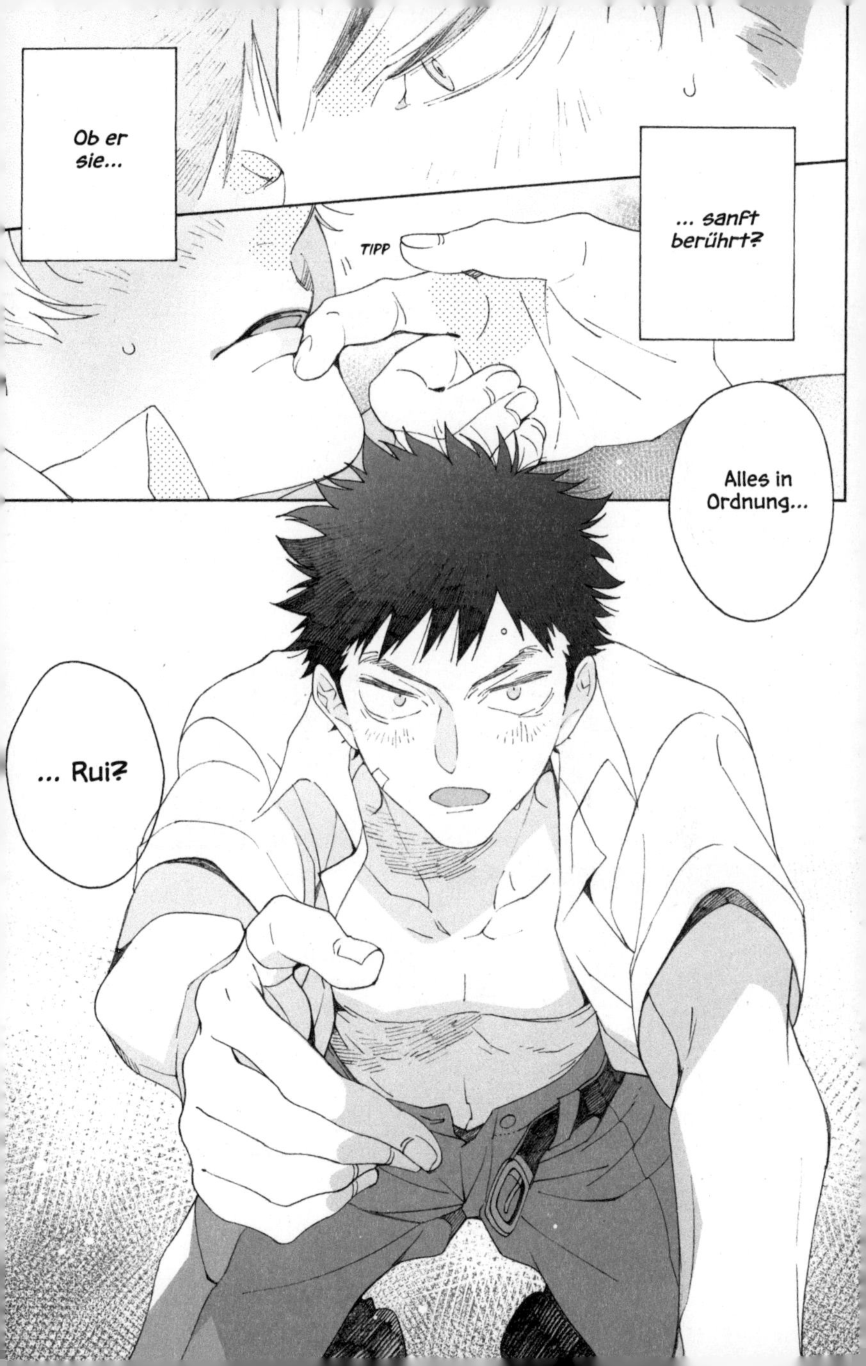

Ob er sie...
TIPP
... sanft berührt?
Alles in Ordnung...
... Rui?

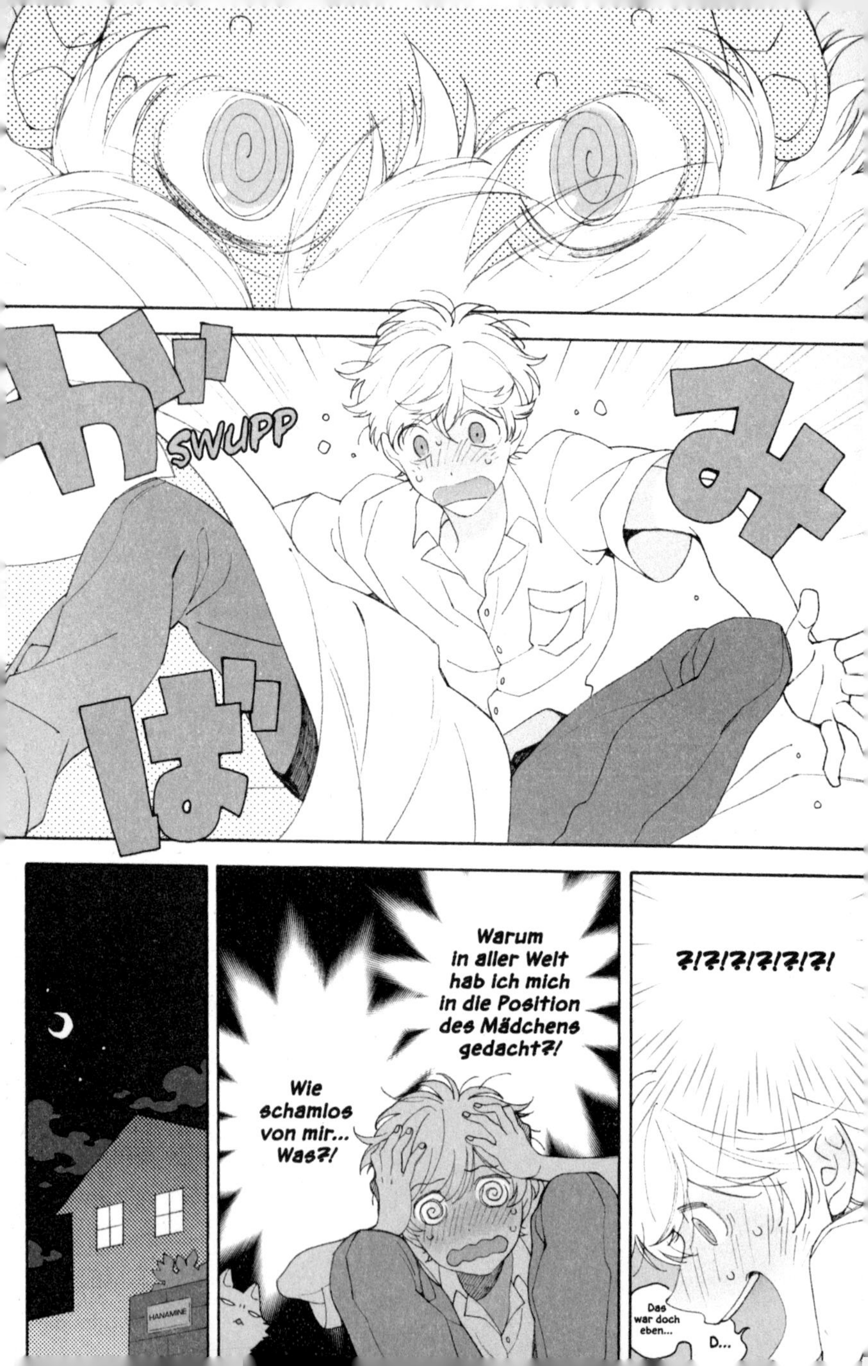
SWUPP
?!?!?!?!?!?!
Das war doch eben...
D...
Warum in aller Welt hab ich mich in die Position des Mädchens gedacht?!
Wie schamlos von mir... Was?!
HANAMINE

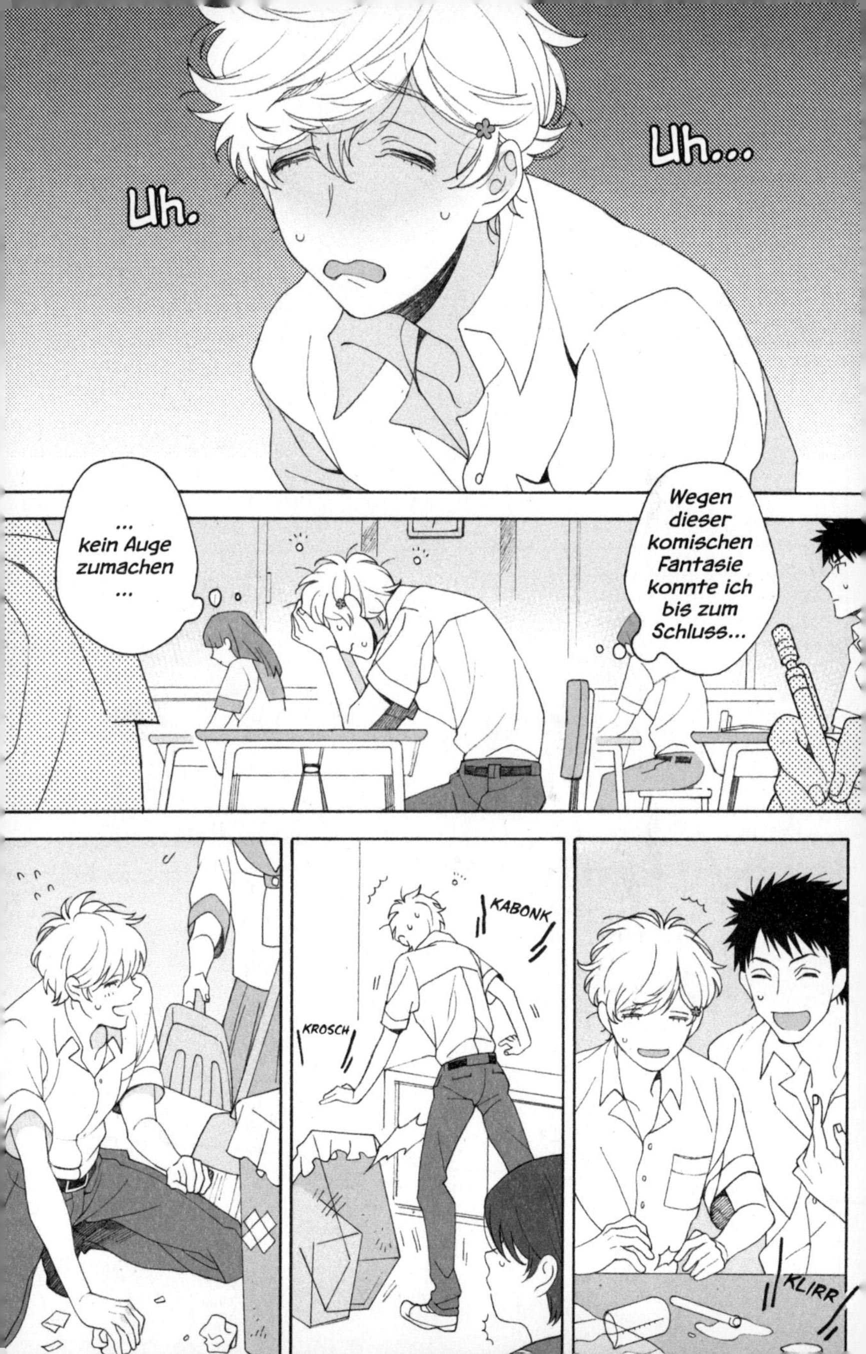
Uh...
Uh.
Wegen dieser komischen Fantasie konnte ich bis zum Schluss...
... kein Auge zumachen ...
KLIRR
KABONK
KROSCH

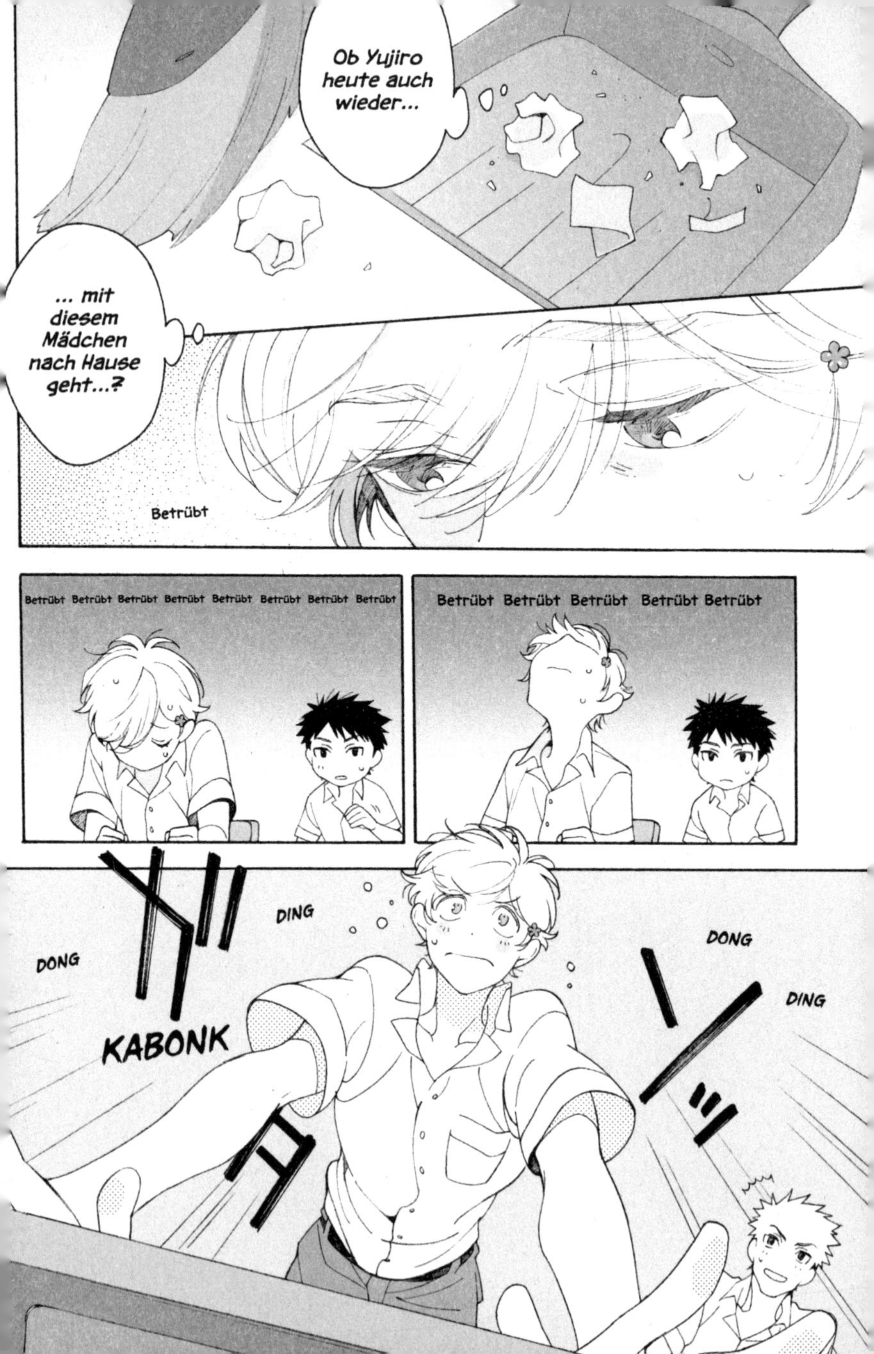
Ob Yujiro heute auch wieder...
... mit diesem Mädchen nach Hause geht...?
Betrübt
Betrübt Betrübt Betrübt Betrübt Betrübt Betrübt Betrübt Betrübt
Betrübt Betrübt Betrübt Betrübt Betrübt
KABONK
DING
DONG
DONG
DING

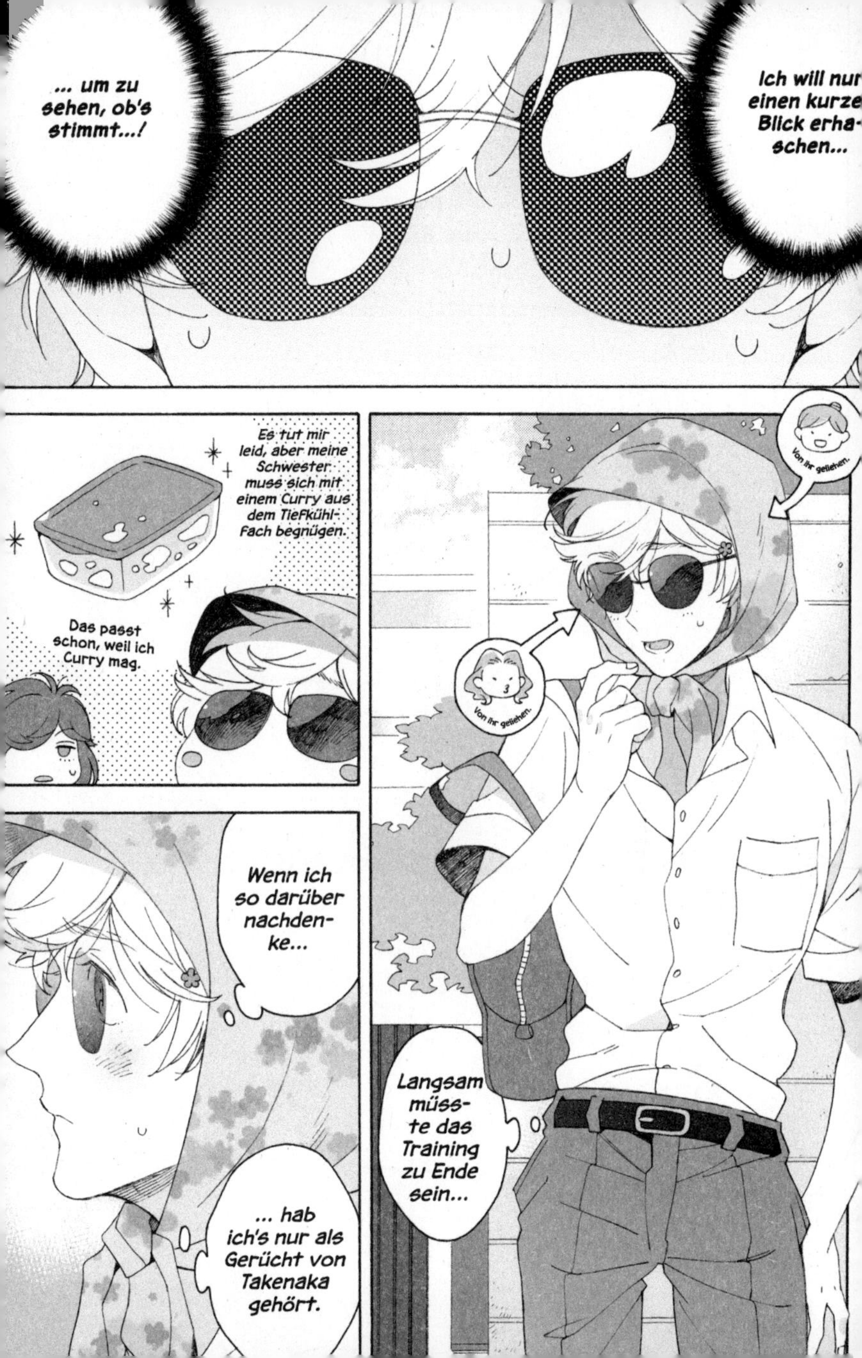
Ich will nur einen kurze Blick erhaschen...
... um zu sehen, ob's stimmt...!
Von ihr geliehen.
Von ihr geliehen.
Langsam müsste das Training zu Ende sein...
Es tut mir leid, aber meine Schwester muss sich mit einem Curry aus dem Tiefkühlfach begnügen.
Das passt schon, weil ich Curry mag.
Wenn ich so darüber nachdenke...
... hab ich's nur als Gerücht von Takenaka gehört.

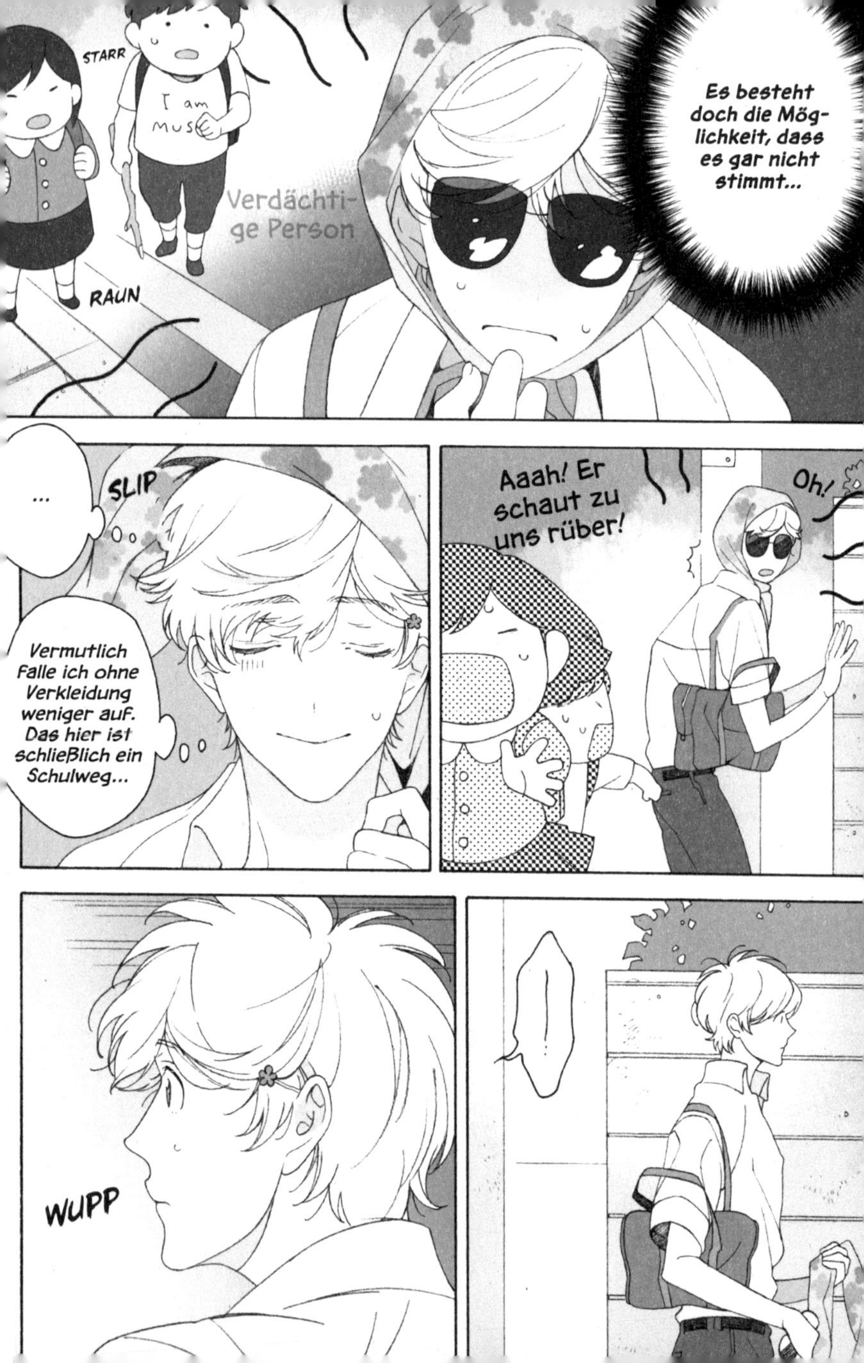
Es besteht doch die Möglichkeit, dass es gar nicht stimmt...
STARR
RAUN
Verdächtige Person
Oh!
Aaah! Er schaut zu uns rüber!
SLIP
...
Vermutlich falle ich ohne Verkleidung weniger auf. Das hier ist schließlich ein Schulweg...
!
WUPP

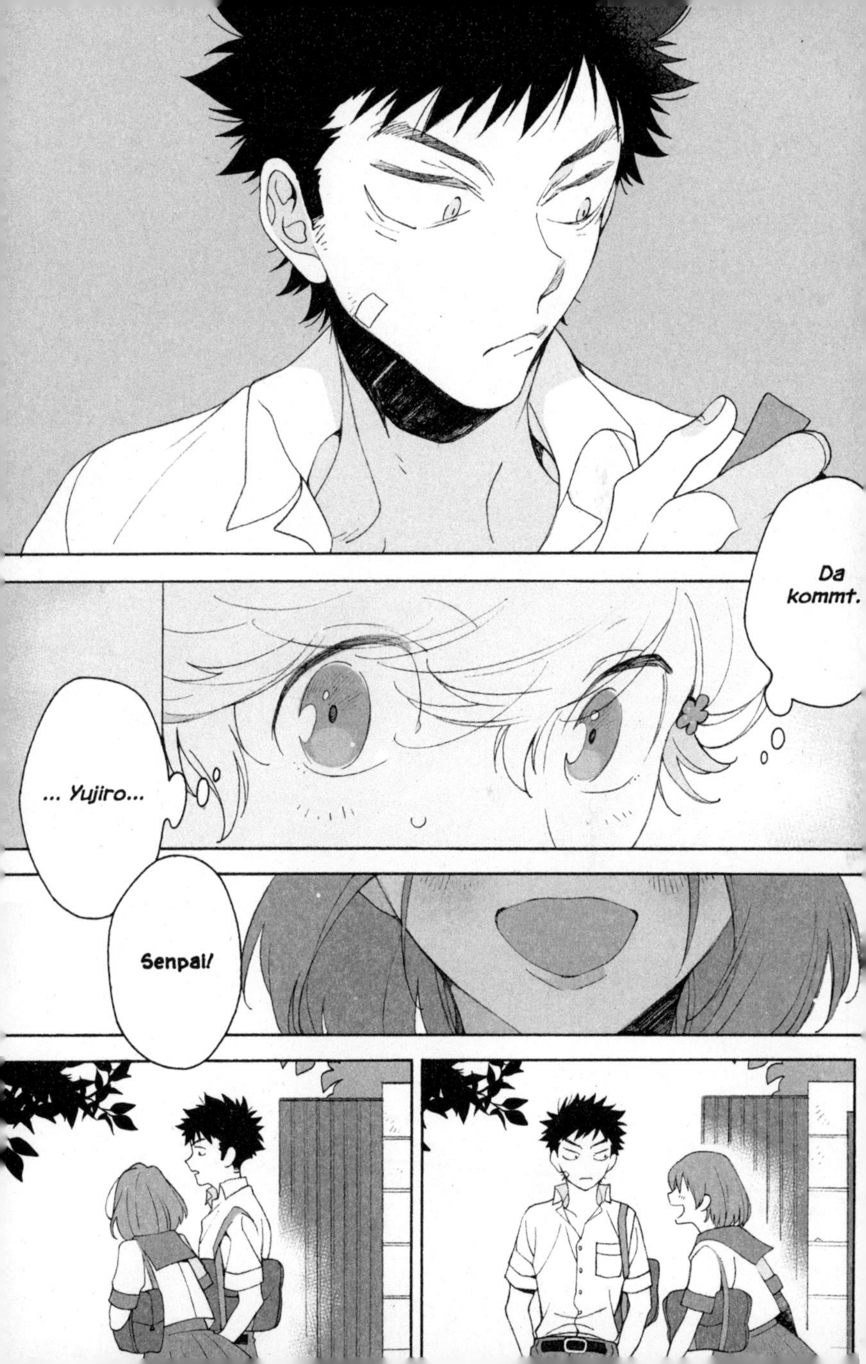
Da kommt.
... Yujiro...
Senpai!

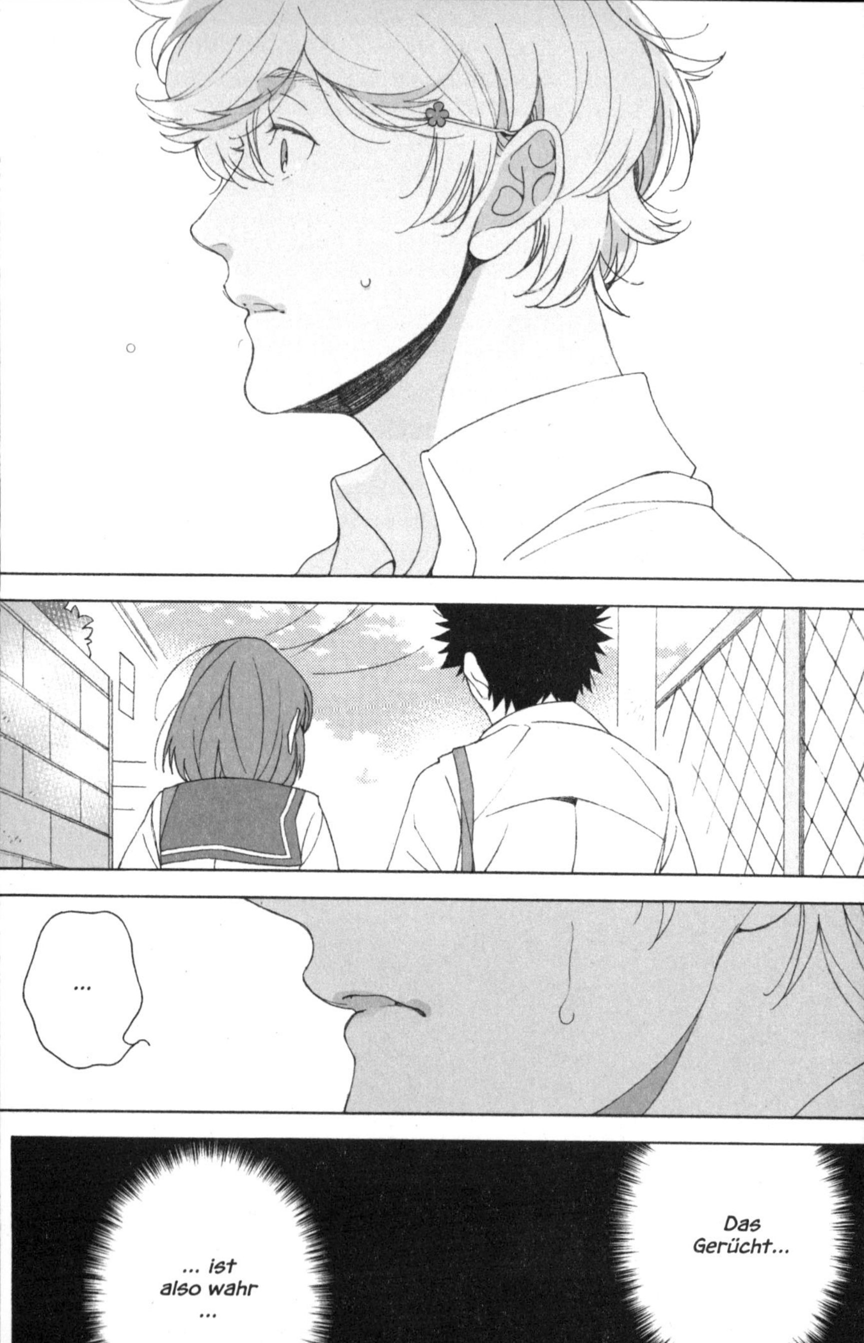
...
Das Gerücht...
... ist also wahr ...

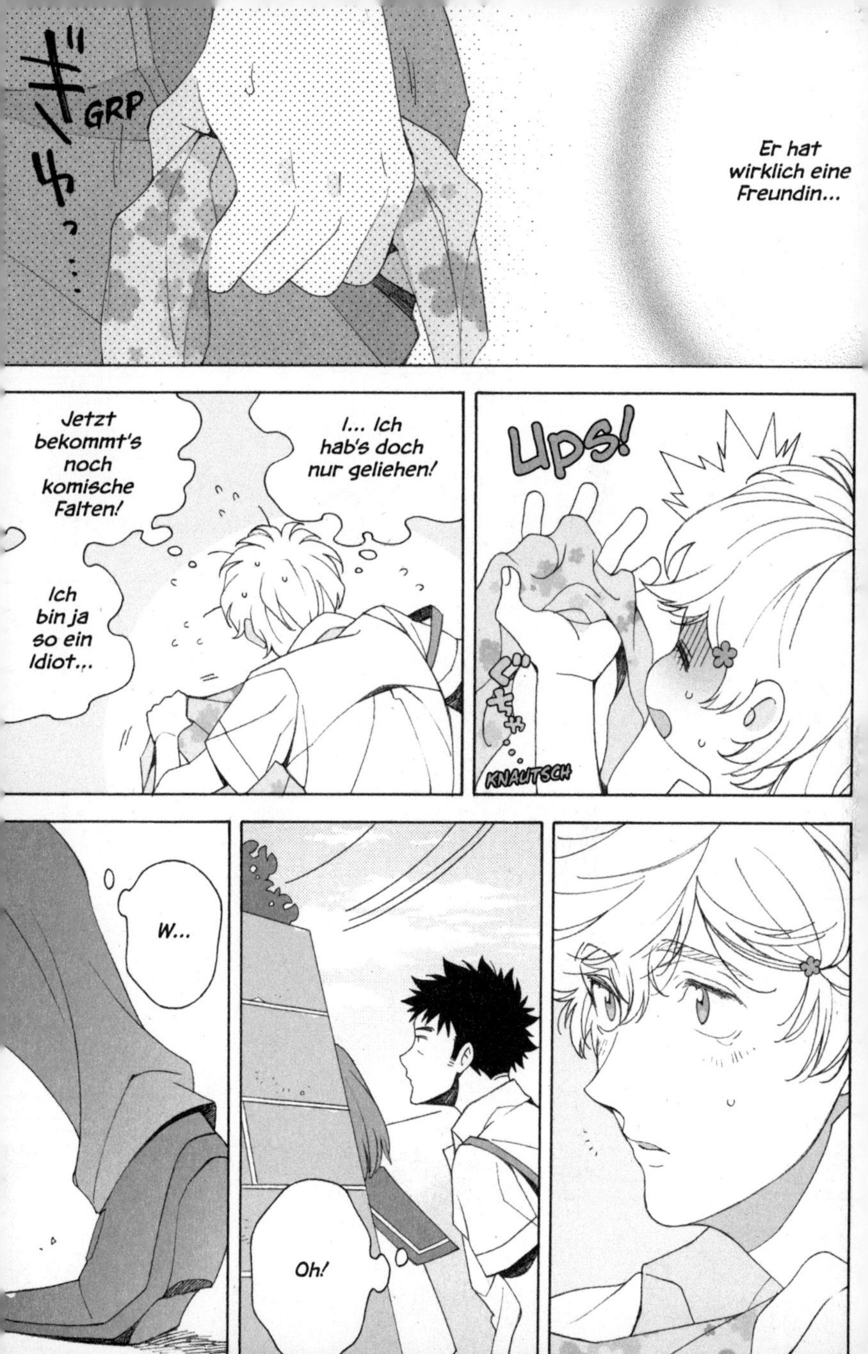
Er hat wirklich eine Freundin...
GRP
Ups!
KNAUTSCH
I... Ich hab's doch nur geliehen!
Jetzt bekommt's noch komische Falten!
Ich bin ja so ein Idiot...
Oh!
W...

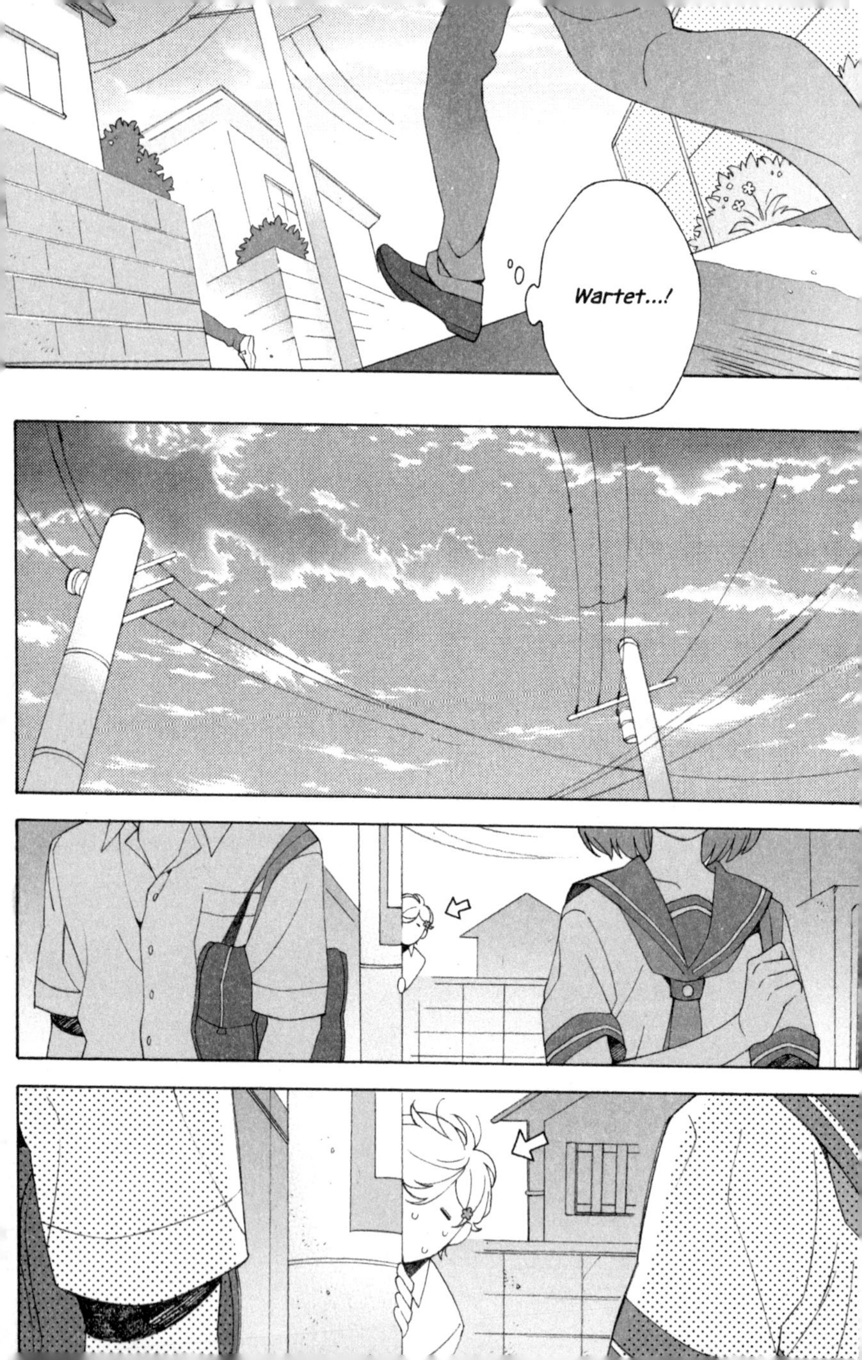
Wartet...!

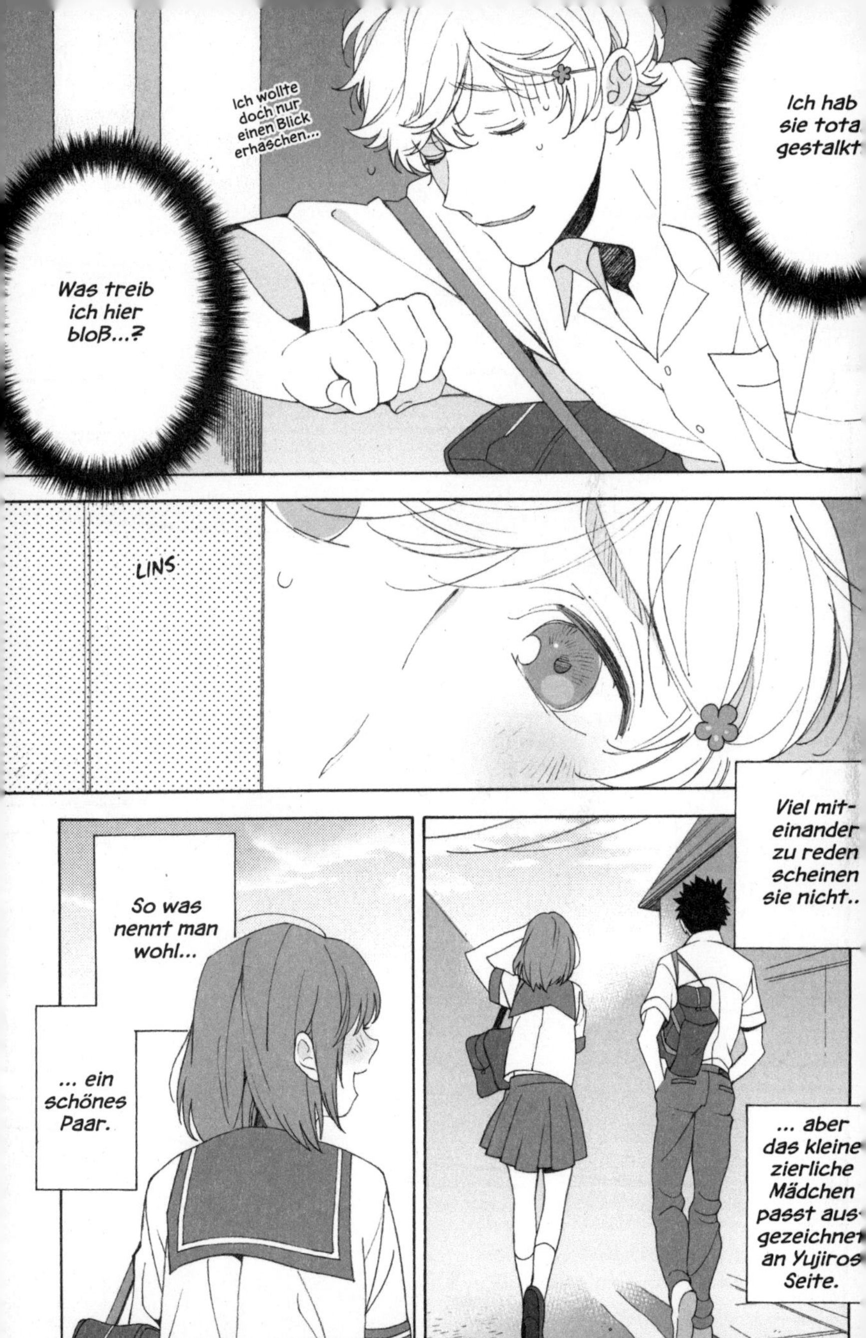
Ich hab sie total gestalkt.
Ich wollte doch nur einen Blick erhaschen...
Was treib ich hier bloß...?
LINS
Viel miteinander zu reden scheinen sie nicht..
... aber das kleine zierliche Mädchen passt ausgezeichnet an Yujiros Seite.
So was nennt man wohl...
... ein schönes Paar.

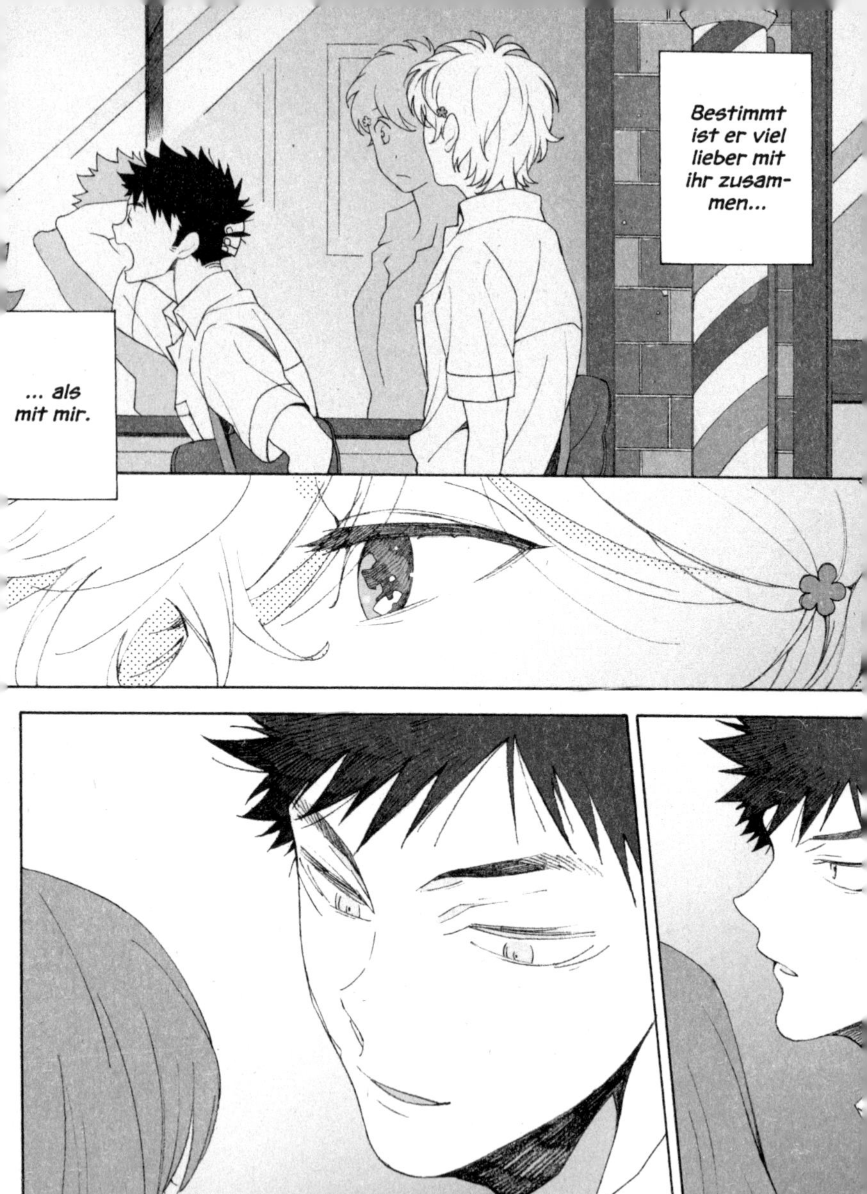
Bestimmt ist er viel lieber mit ihr zusammen...
... als mit mir.

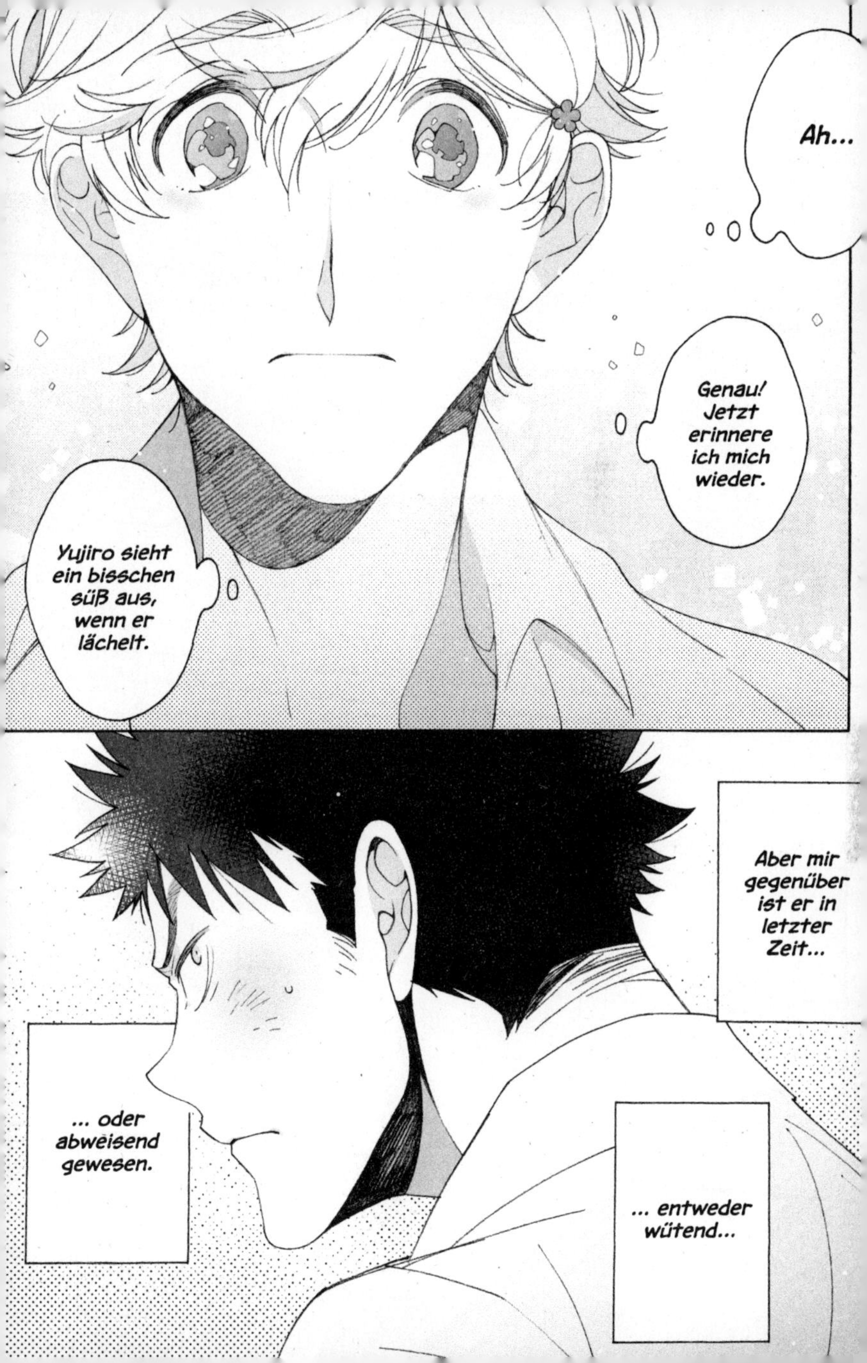
Ah...
Genau! Jetzt erinnere ich mich wieder.
Yujiro sieht ein bisschen süß aus, wenn er lächelt.
Aber mir gegenüber ist er in letzter Zeit...
... entweder wütend...
... oder abweisend gewesen.

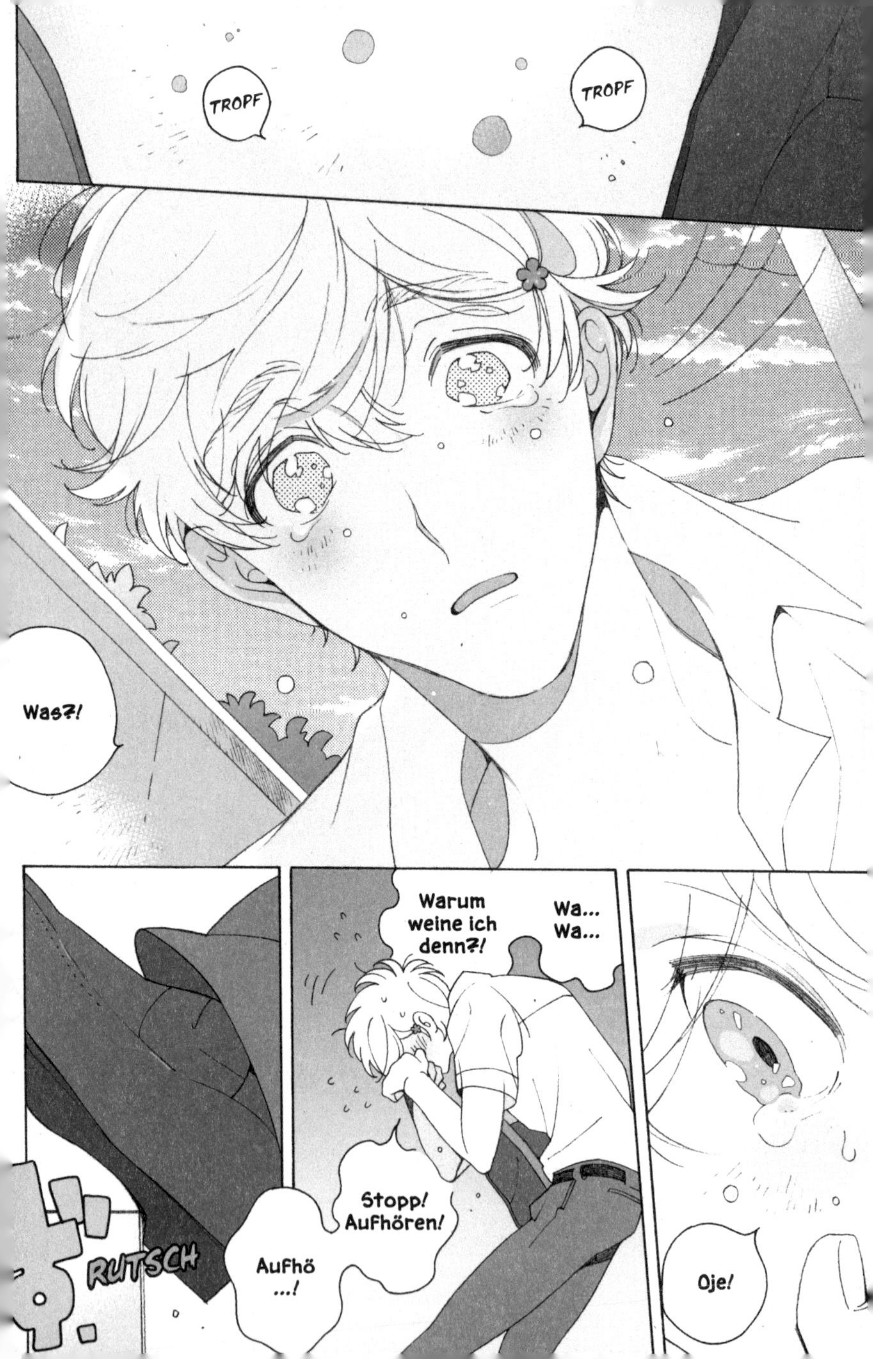
TROPF
TROPF
Was?!
Wa...
Wa...
Warum
weine ich
denn?!
Stopp!
Aufhören!
Aufhö
...!
RUTSCH
Oje!

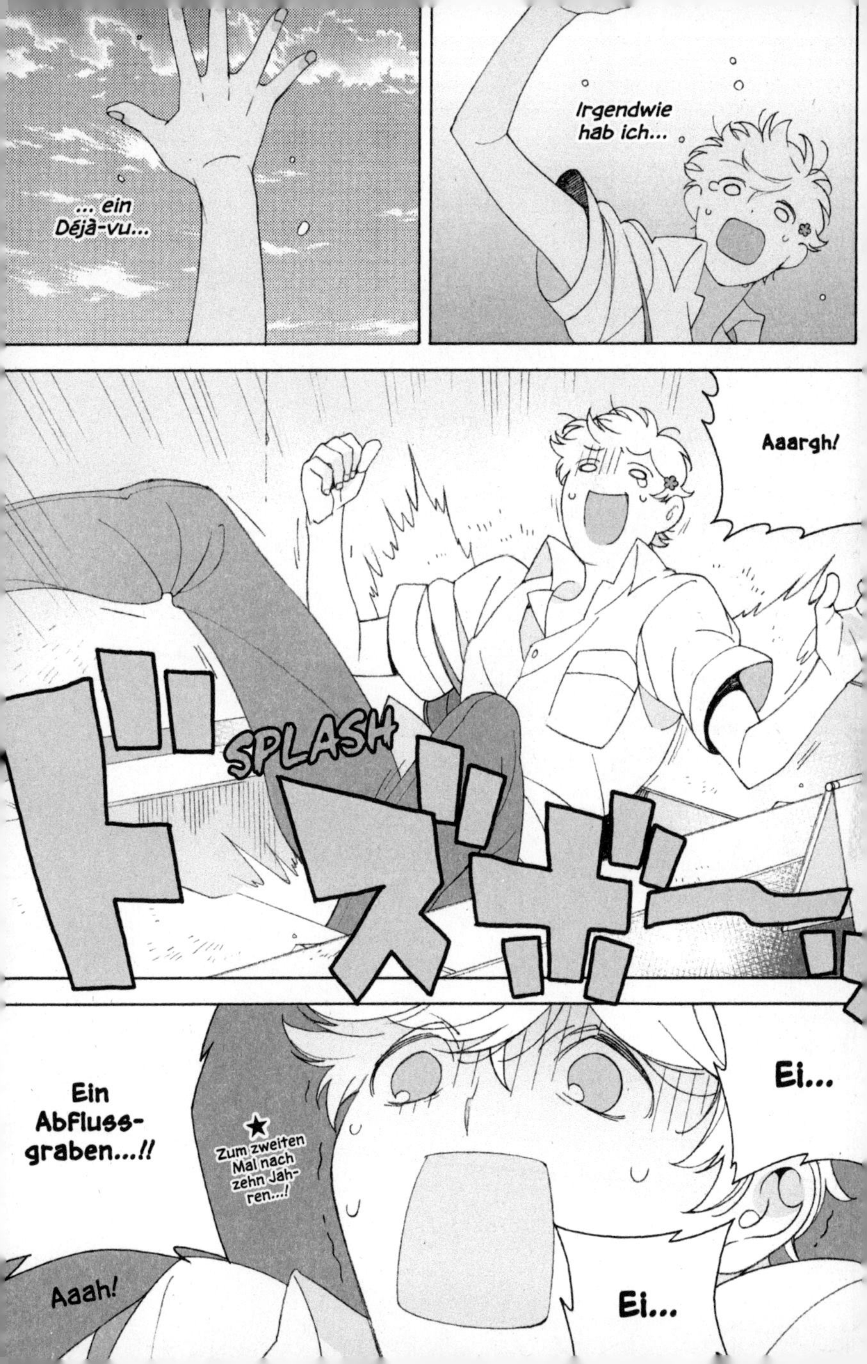
Irgendwie hab ich...
... ein Déjà-vu...
Aaargh!
SPLASH
Ei...
Ei...
Ein Abfluss-graben...!!
★ Zum zweiten Mal nach zehn Jahren...!
Aaah!

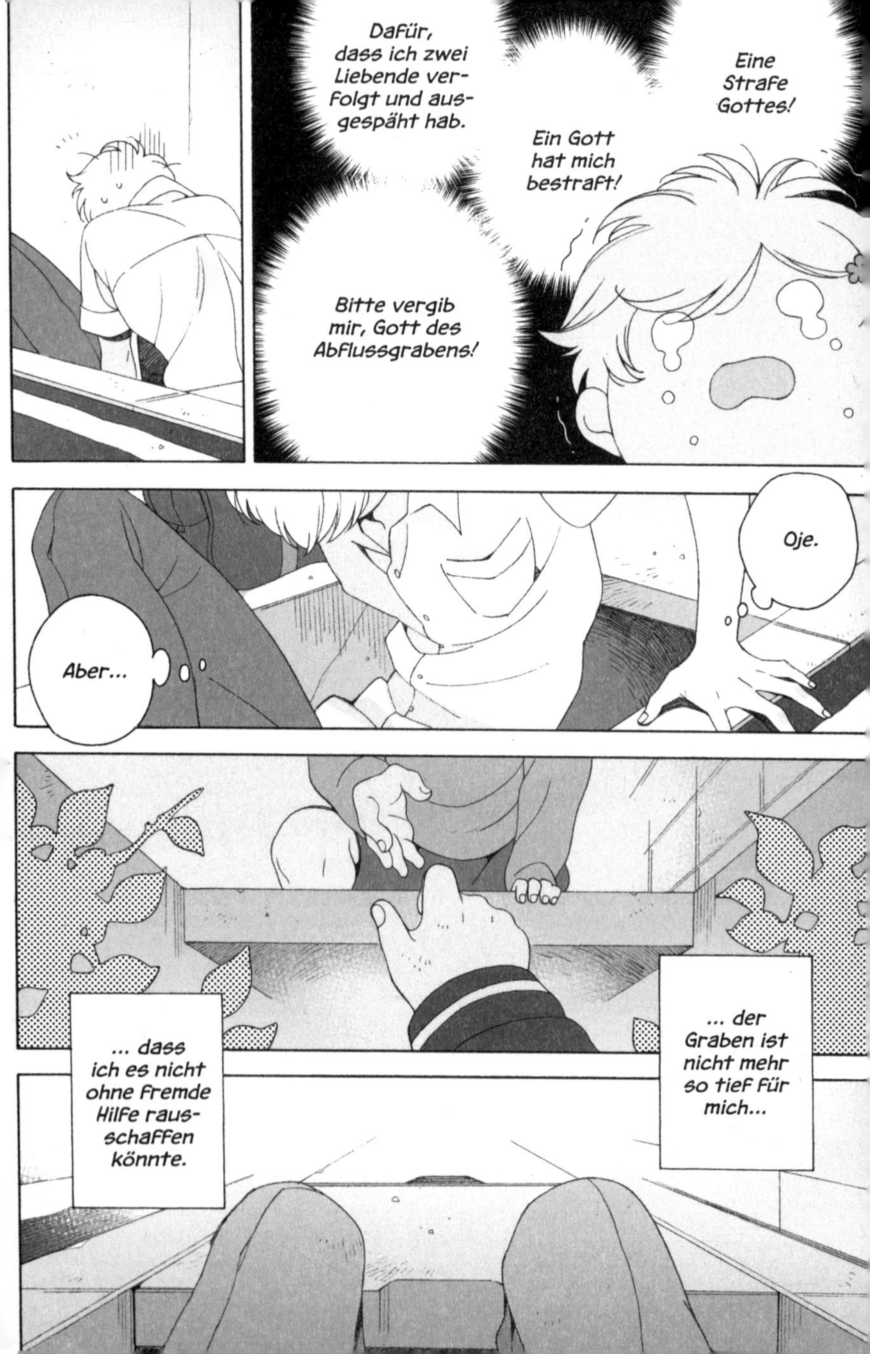
Eine Strafe Gottes!
Ein Gott hat mich bestraft!
Dafür, dass ich zwei Liebende verfolgt und ausgespäht hab.
Bitte vergib mir, Gott des Abflussgrabens!
Oje.
Aber...
... der Graben ist nicht mehr so tief für mich...
... dass ich es nicht ohne fremde Hilfe rausschaffen könnte.

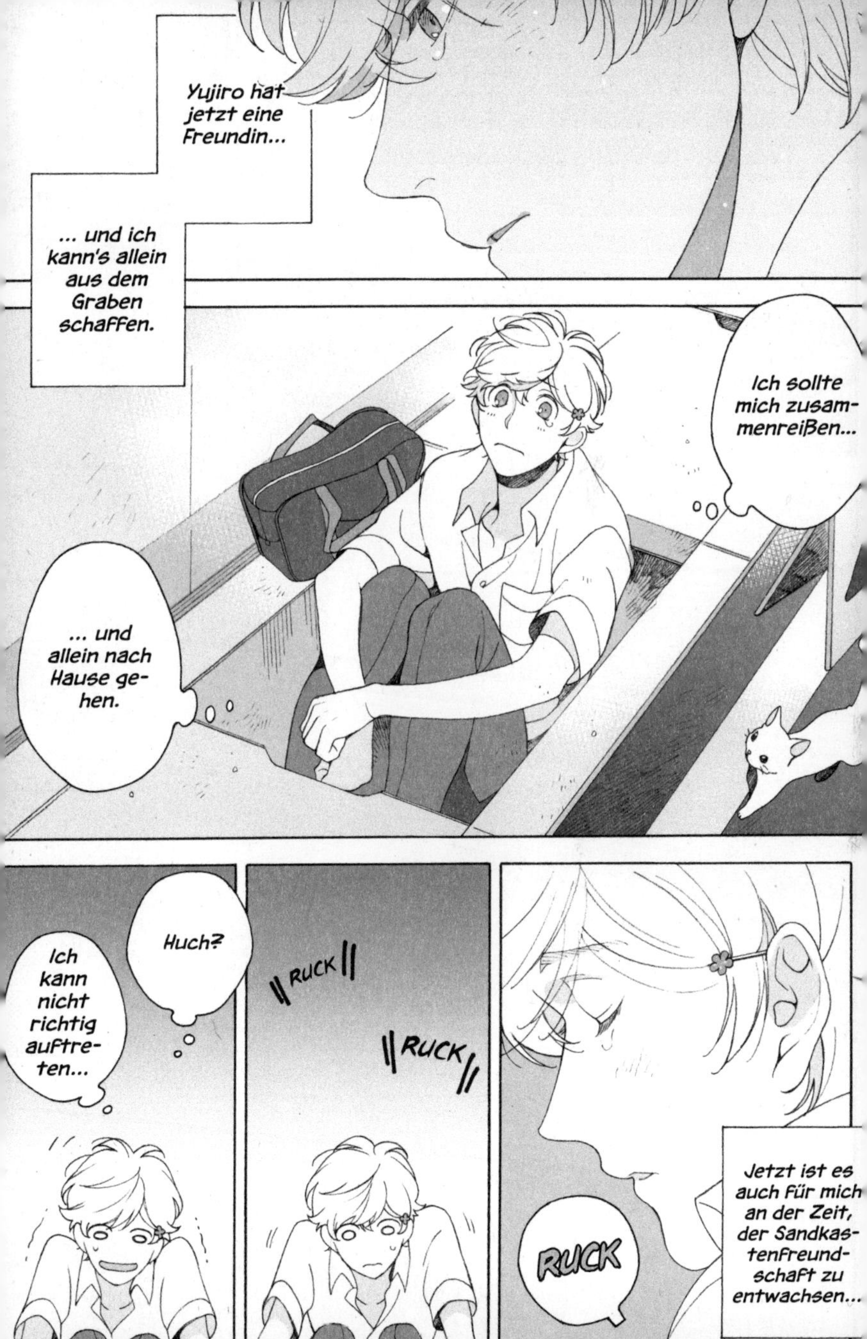
Yujiro hat jetzt eine Freundin...
... und ich kann's allein aus dem Graben schaffen.
Ich sollte mich zusammenreißen...
... und allein nach Hause gehen.
Huch?
Ich kann nicht richtig auftreten...
RUCK
RUCK
RUCK
Jetzt ist es auch für mich an der Zeit, der Sandkastenfreundschaft zu entwachsen...

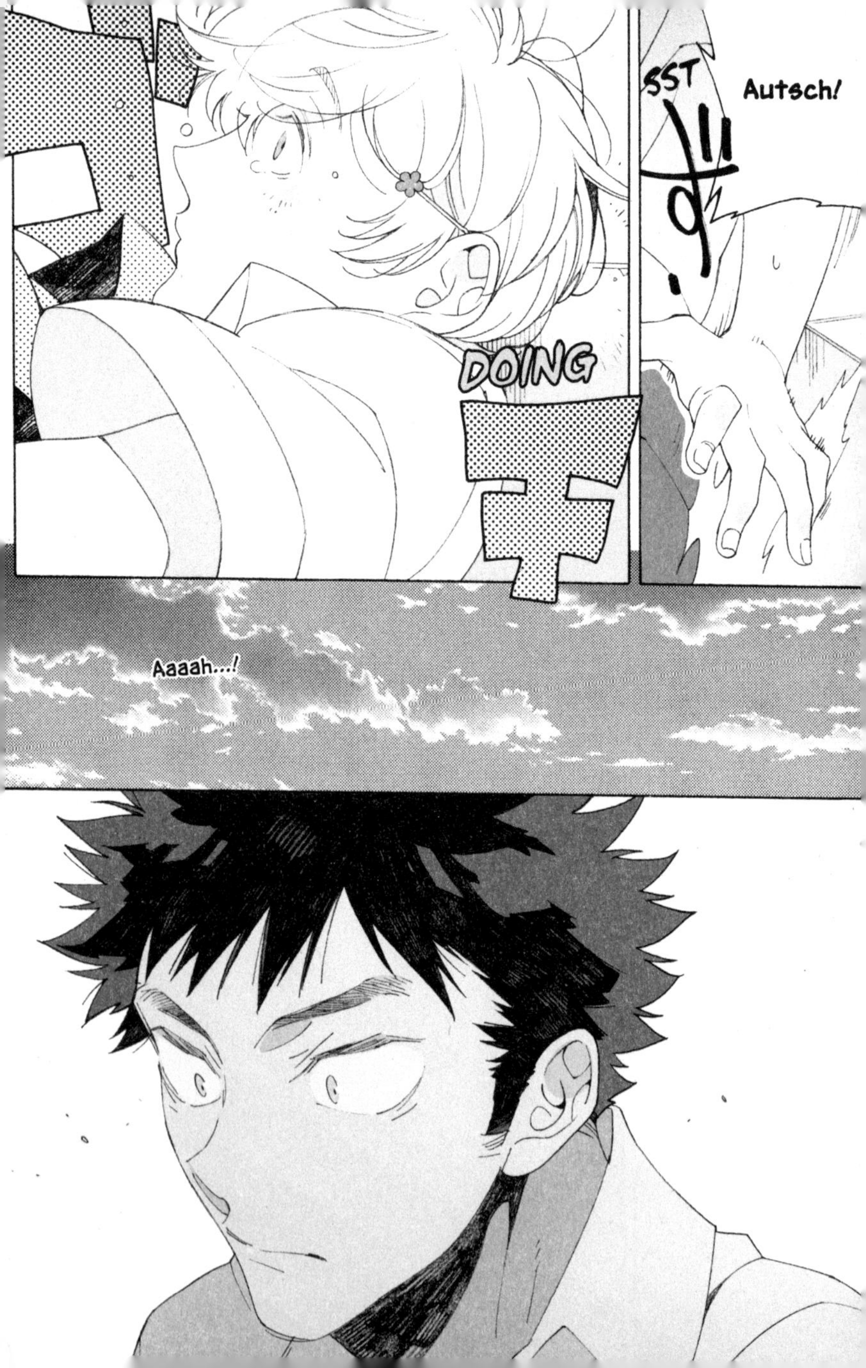
SST
Autsch!
DOING
Aaaah...!

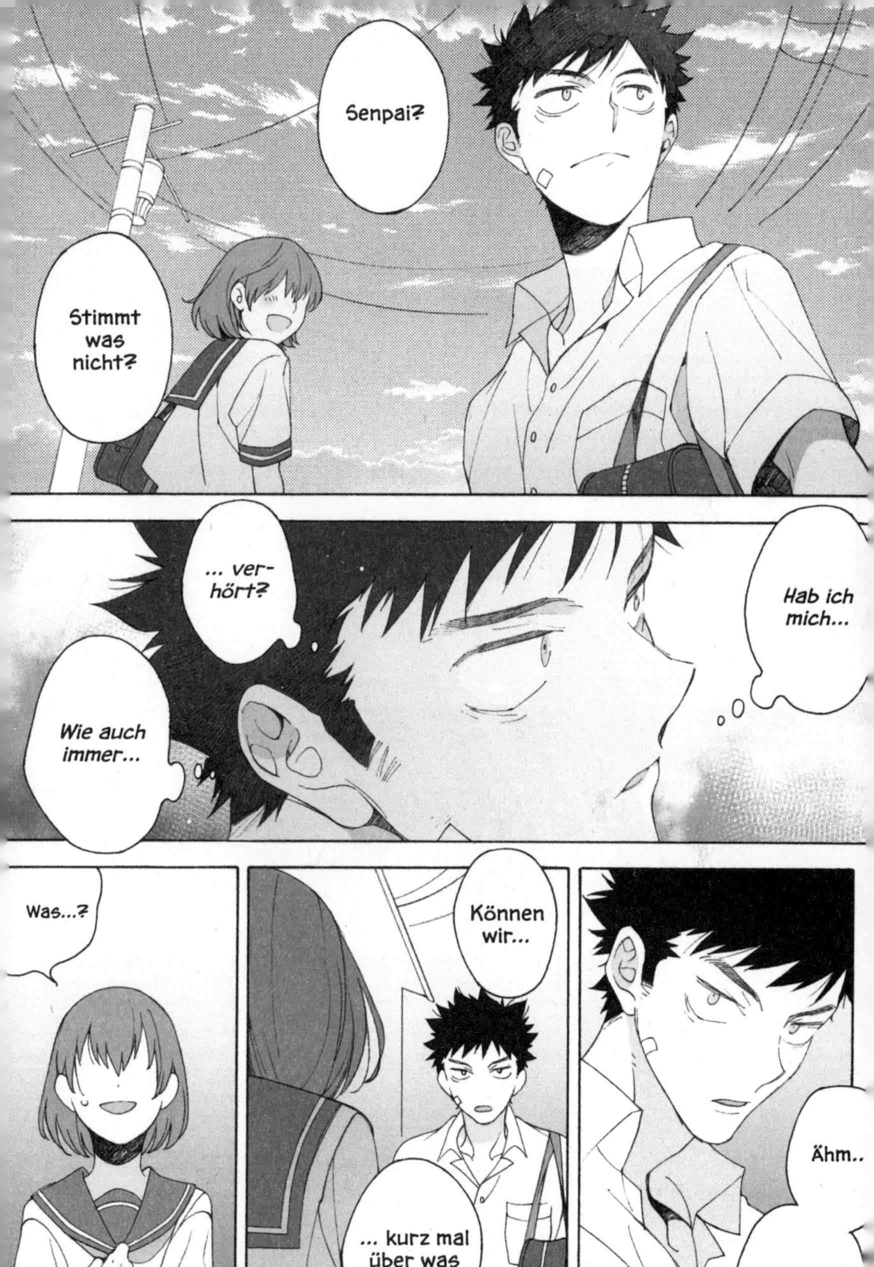
Senpai?
Stimmt was nicht?
Hab ich mich...
... ver-hört?
Wie auch immer...
Ähm..
Iijima-san...
Können wir...
... kurz mal über was reden?
Was...?

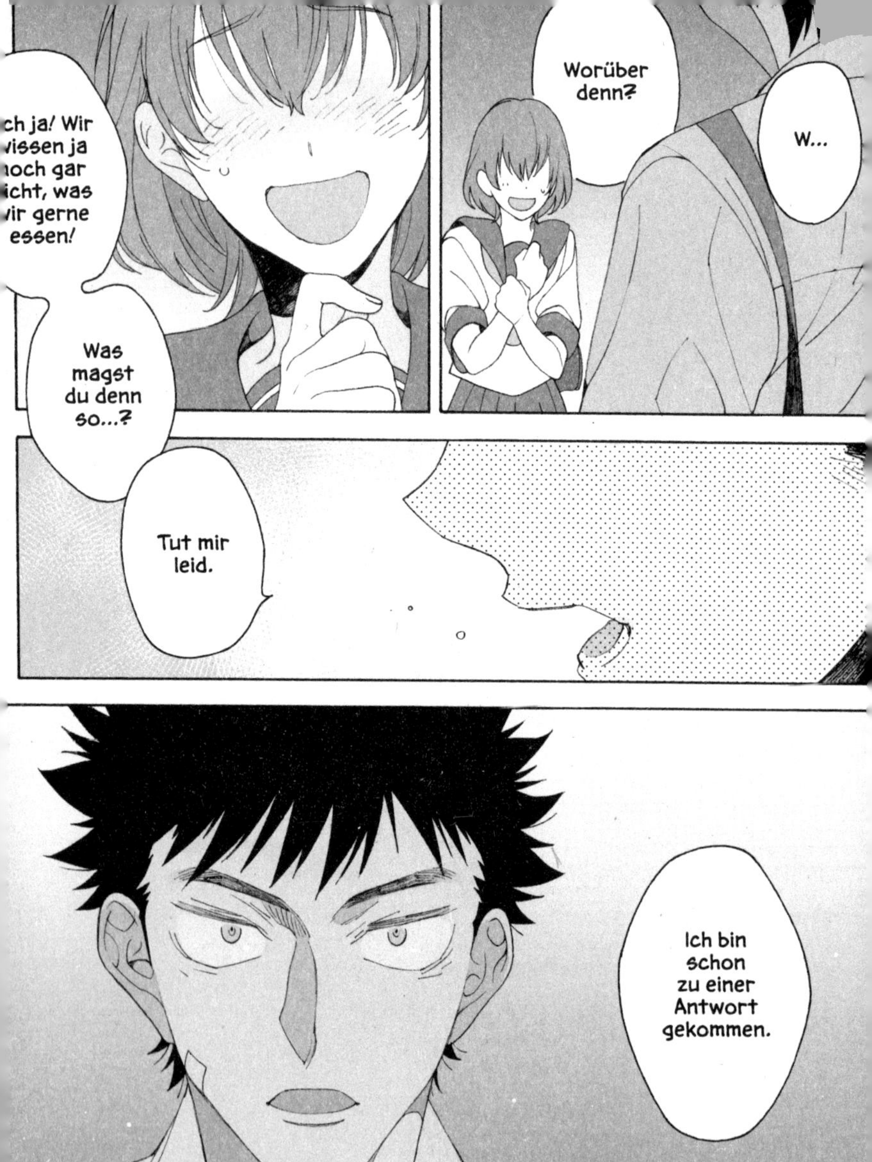
W...
Worüber denn?
ch ja! Wir vissen ja noch gar icht, was vir gerne essen!
Was magst du denn so...?
Tut mir leid.
Ich bin schon zu einer Antwort gekommen.

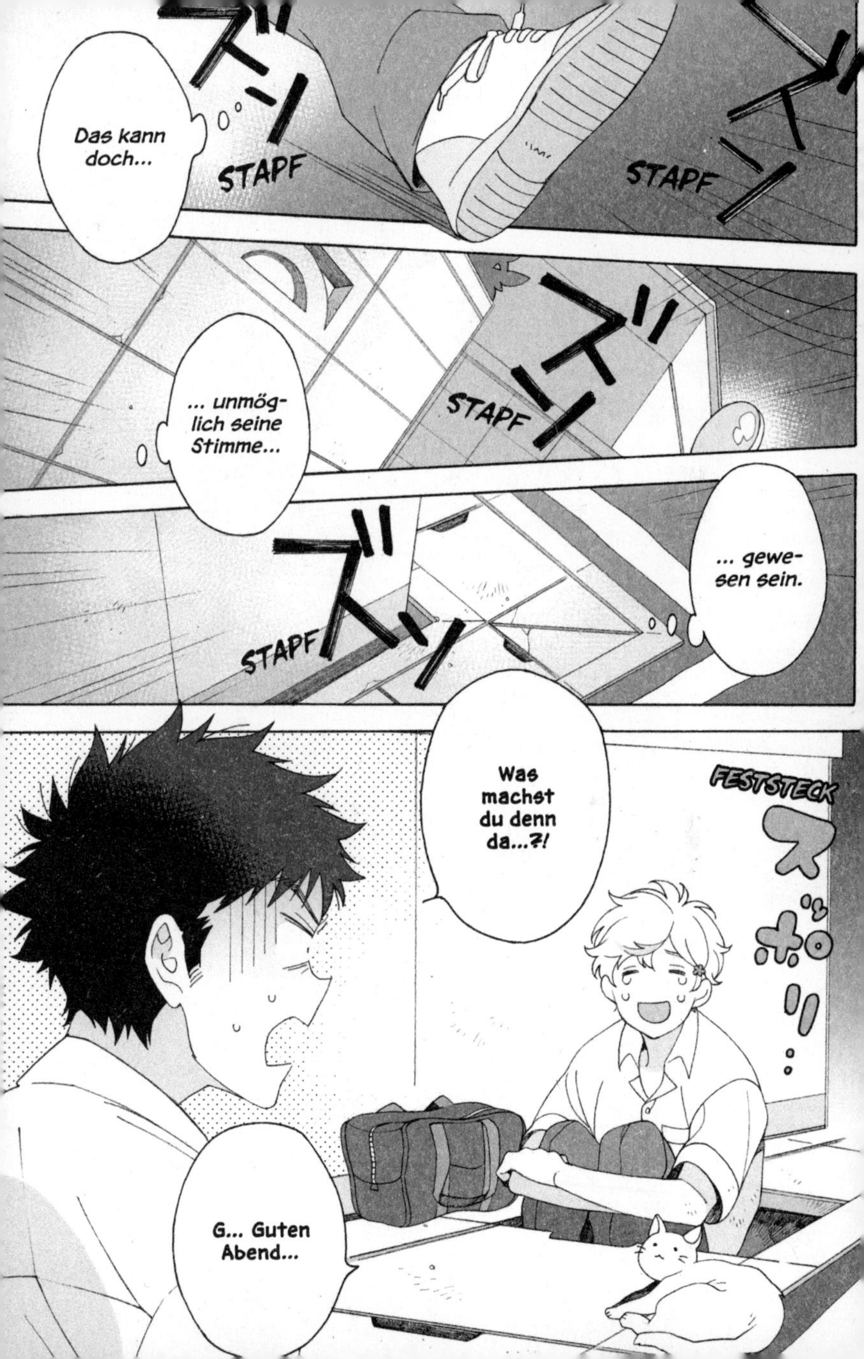
Das kann doch...
STAPF
STAPF
... unmöglich seine Stimme...
STAPF
... gewesen sein.
STAPF
FESTSTECK
Was machst du denn da...?!
G... Guten Abend...

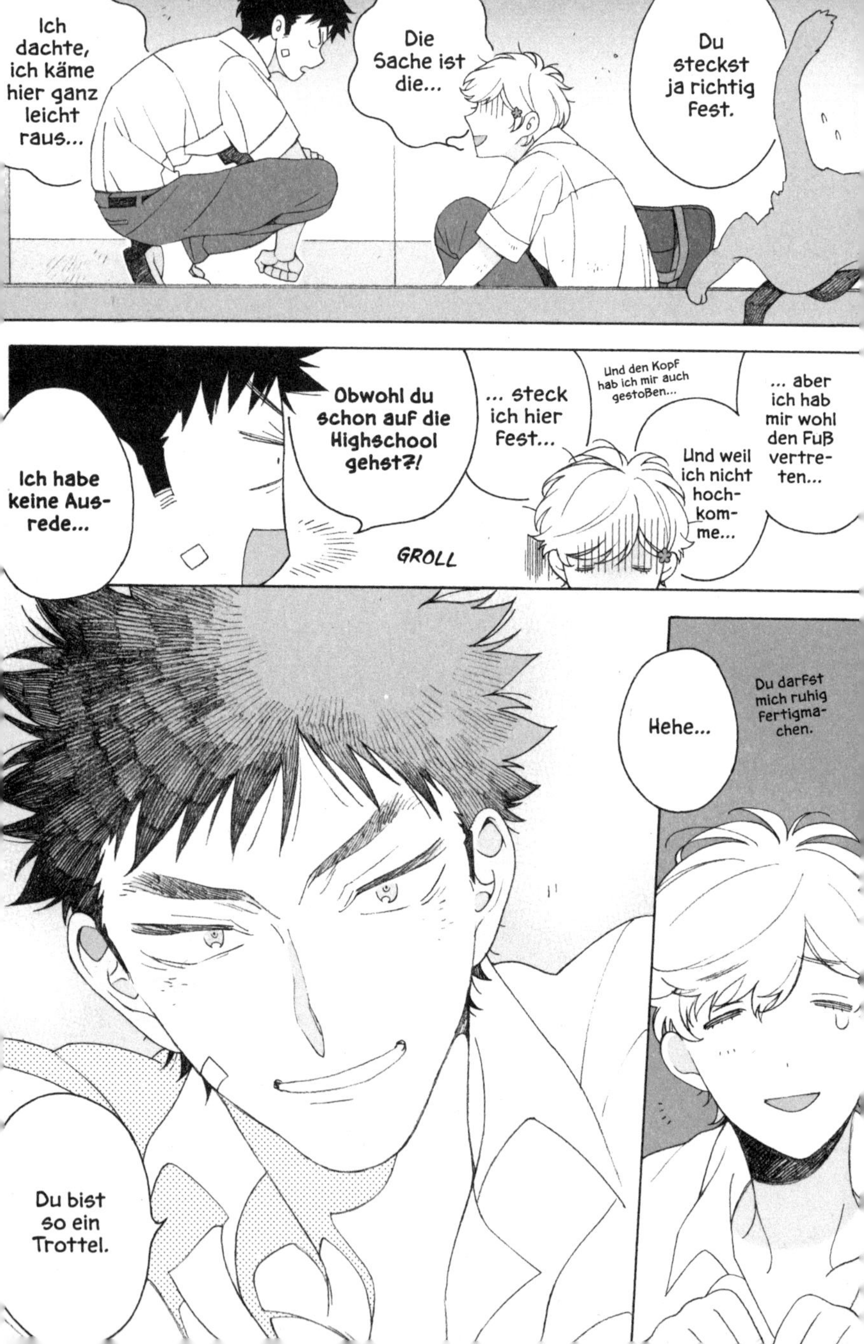
Du steckst ja richtig fest.
Die Sache ist die...
Ich dachte, ich käme hier ganz leicht raus...
... aber ich hab mir wohl den Fuß vertreten...
Und den Kopf hab ich mir auch gestoßen...
Und weil ich nicht hochkomme...
... steck ich hier fest...
Obwohl du schon auf die Highschool gehst?!
GROLL
Ich habe keine Ausrede...
Du darfst mich ruhig fertigmachen.
Hehe...
Du bist so ein Trottel.

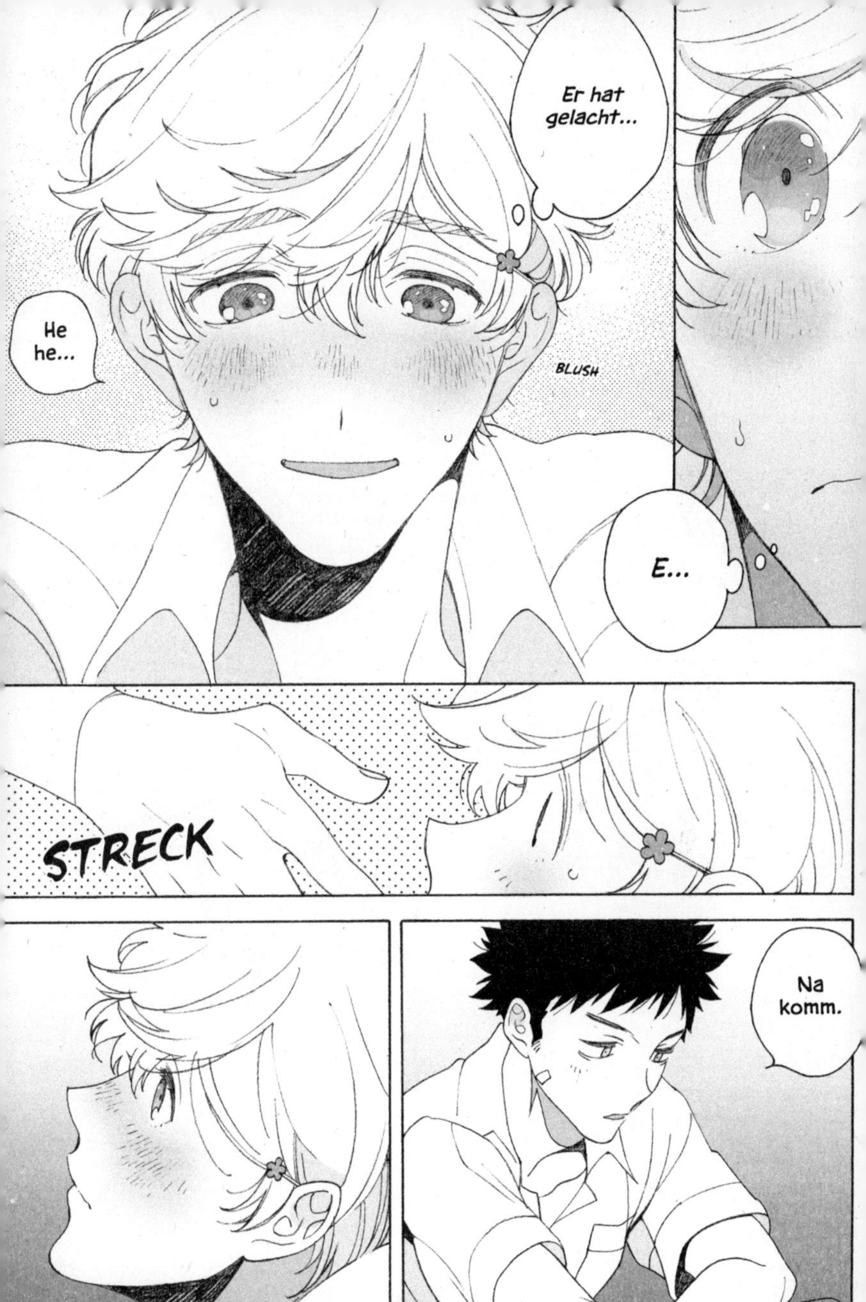
Er hat gelacht...
He he...
BLUSH
E...
STRECK
Na komm.

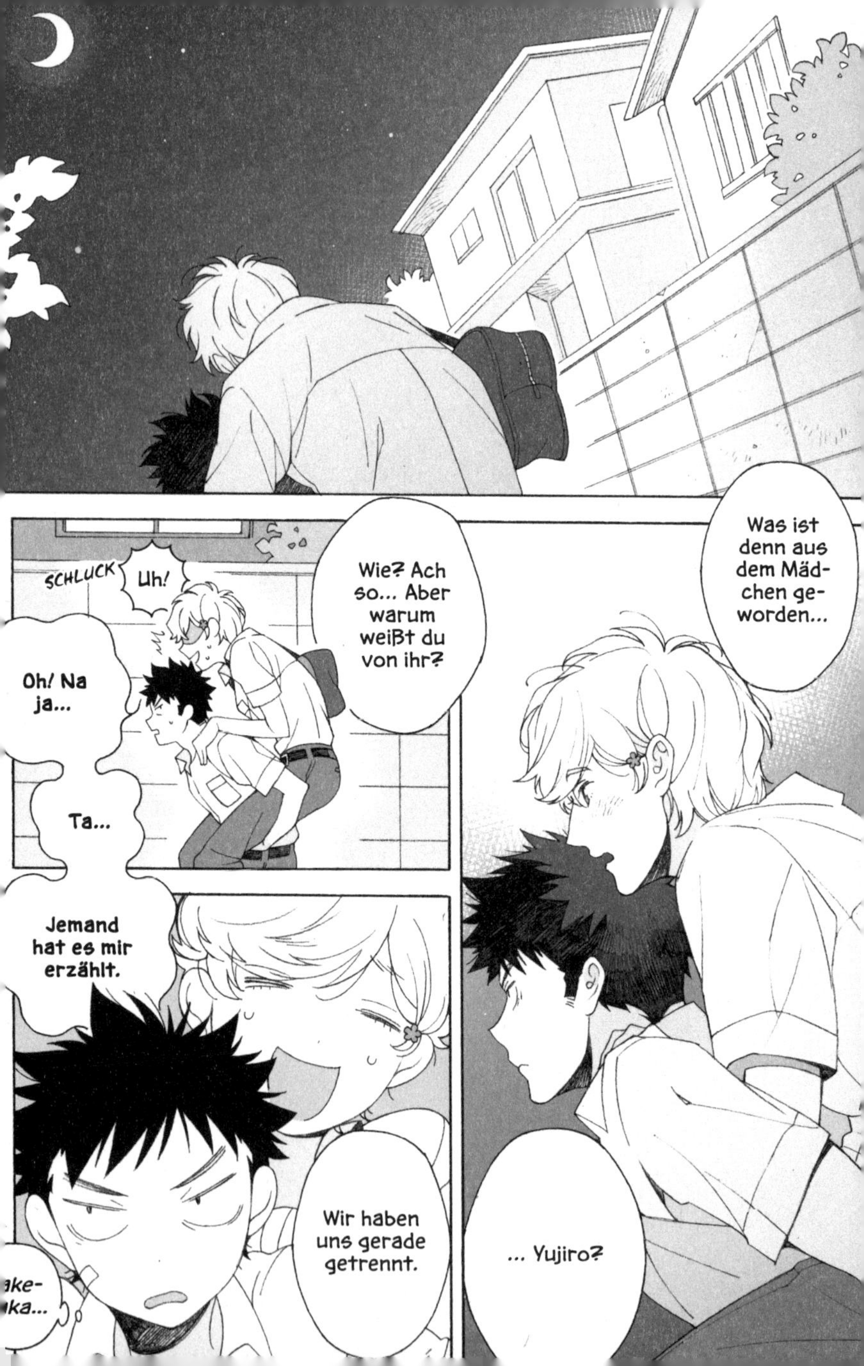
Was ist denn aus dem Mädchen geworden...
Wie? Ach so... Aber warum weißt du von ihr?
Uh!
SCHLUCK
Oh! Na ja...
Ta...
Jemand hat es mir erzählt.
... Yujiro?
Wir haben uns gerade getrennt.

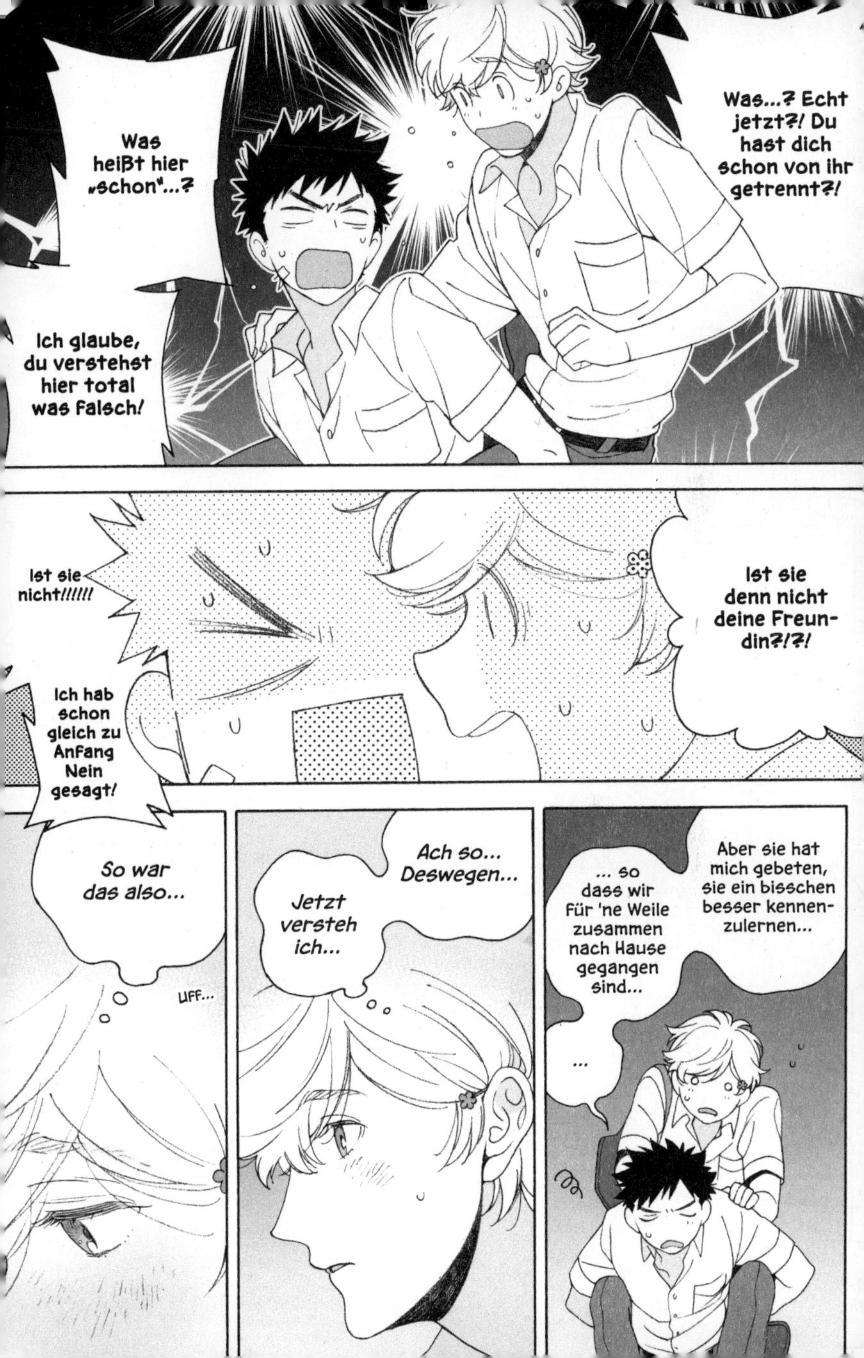

Was...? Echt jetzt?! Du hast dich schon von ihr getrennt?!
Was heißt hier „schon"...?
Ich glaube, du verstehst hier total was falsch!
Ist sie denn nicht deine Freundin?!?!
Ist sie nicht!!!!!!
Ich hab schon gleich zu Anfang Nein gesagt!
Aber sie hat mich gebeten, sie ein bisschen besser kennenzulernen...
... so dass wir für 'ne Weile zusammen nach Hause gegangen sind...
...
Ach so... Deswegen...
Jetzt versteh ich...
So war das also...
UFF...

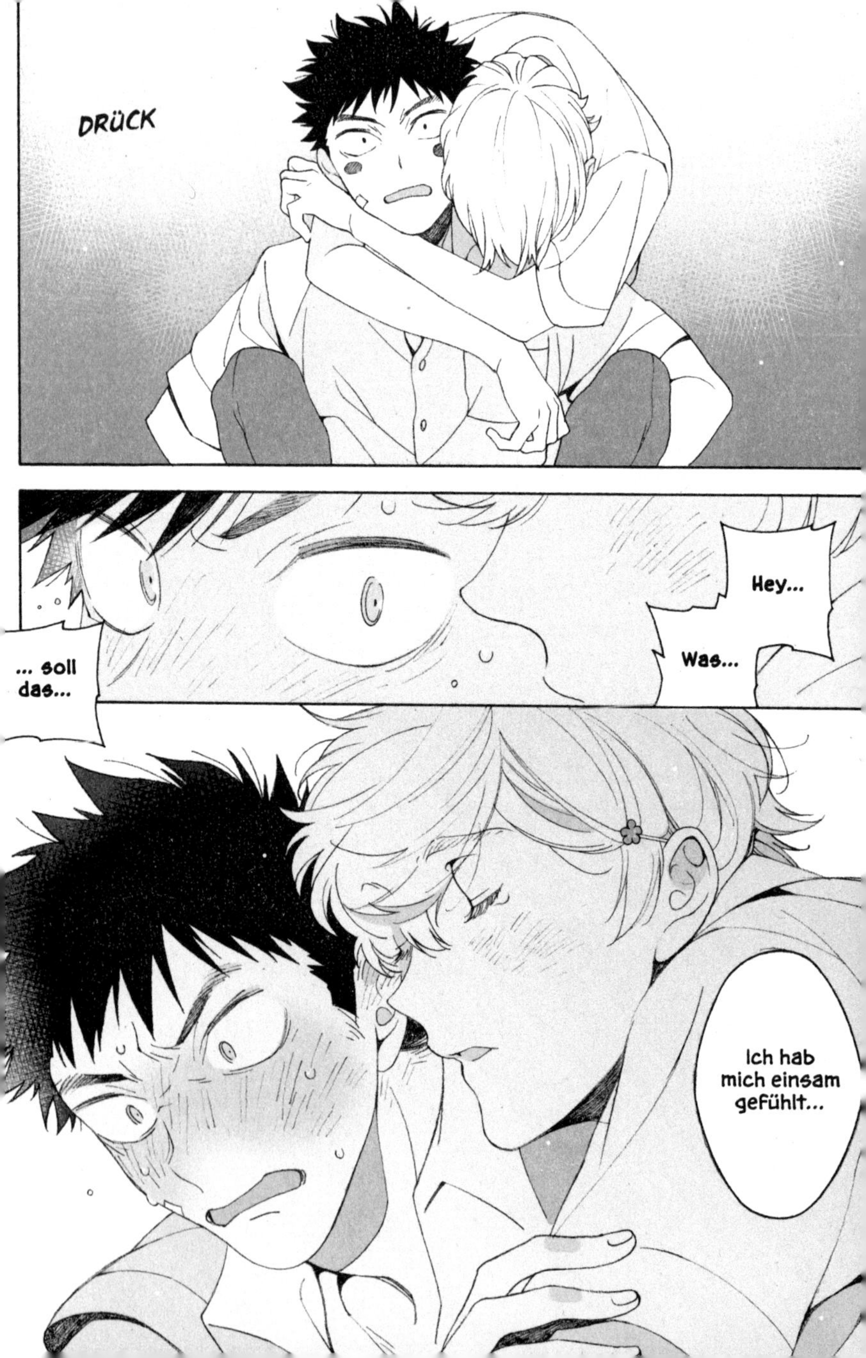
DRÜCK
Hey...
Was...
... soll das...
Ich hab mich einsam gefühlt...

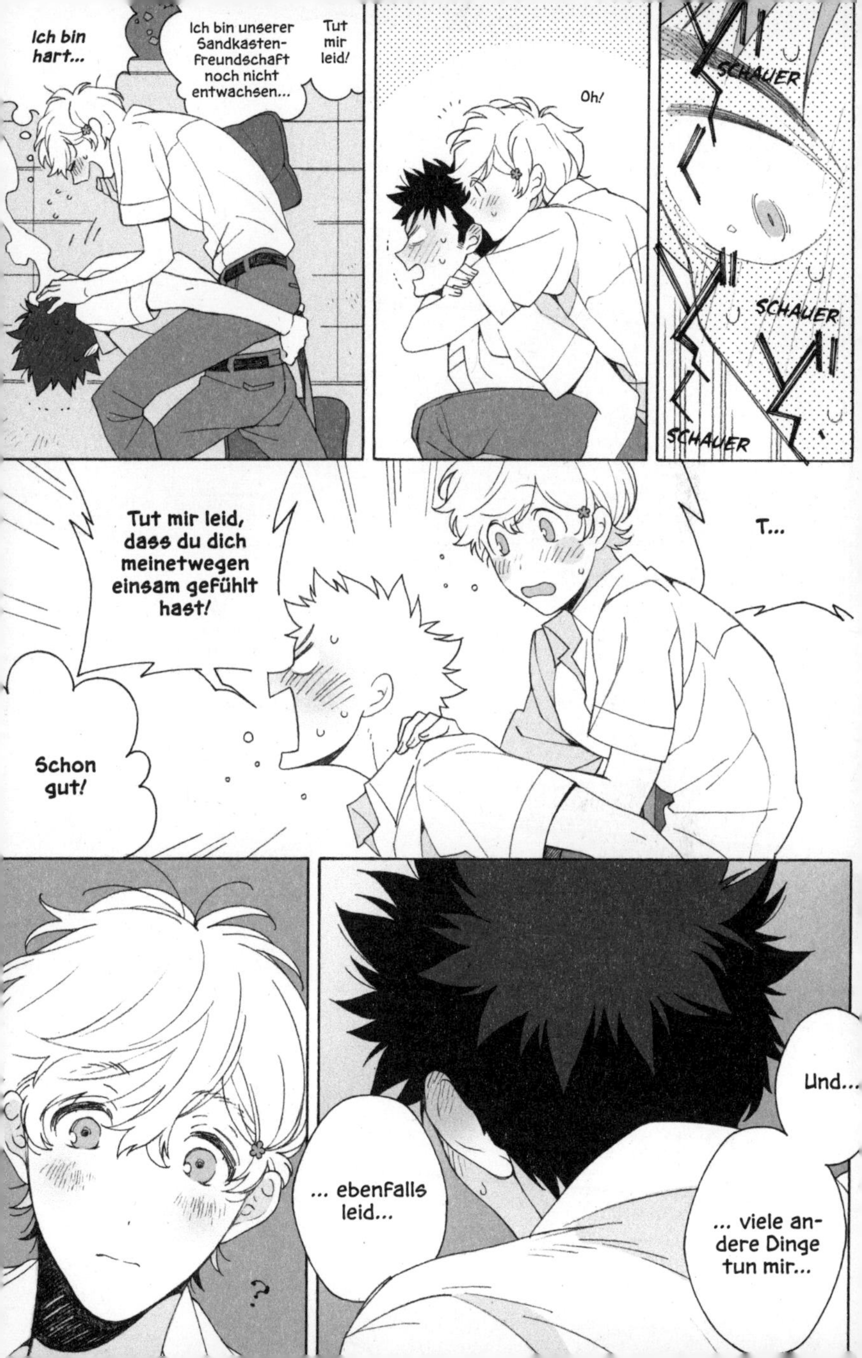
SCHAUER
SCHAUER
SCHAUER
Oh!
Tut mir leid!
Ich bin unserer Sandkasten-freundschaft noch nicht entwachsen...
Ich bin hart...
T...
Tut mir leid, dass du dich meinetwegen einsam gefühlt hast!
Schon gut!
Und...
... viele andere Dinge tun mir...
... ebenfalls leid...
?

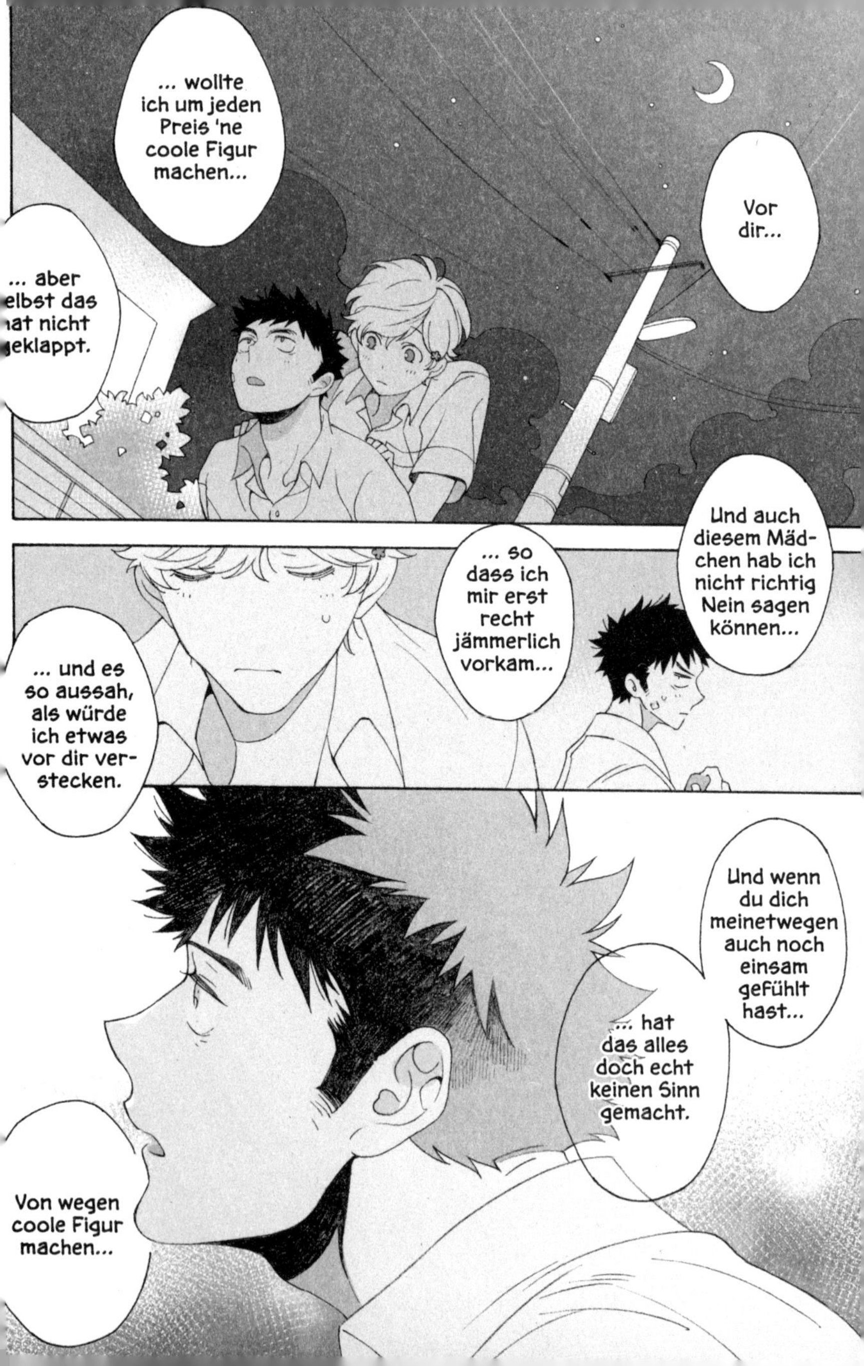
Vor dir...
... wollte ich um jeden Preis 'ne coole Figur machen...
... aber elbst das at nicht eklappt.
Und auch diesem Mäd-chen hab ich nicht richtig Nein sagen können...
... so dass ich mir erst recht jämmerlich vorkam...
... und es so aussah, als würde ich etwas vor dir ver-stecken.
Und wenn du dich meinetwegen auch noch einsam gefühlt hast...
... hat das alles doch echt keinen Sinn gemacht.
Von wegen coole Figur machen...

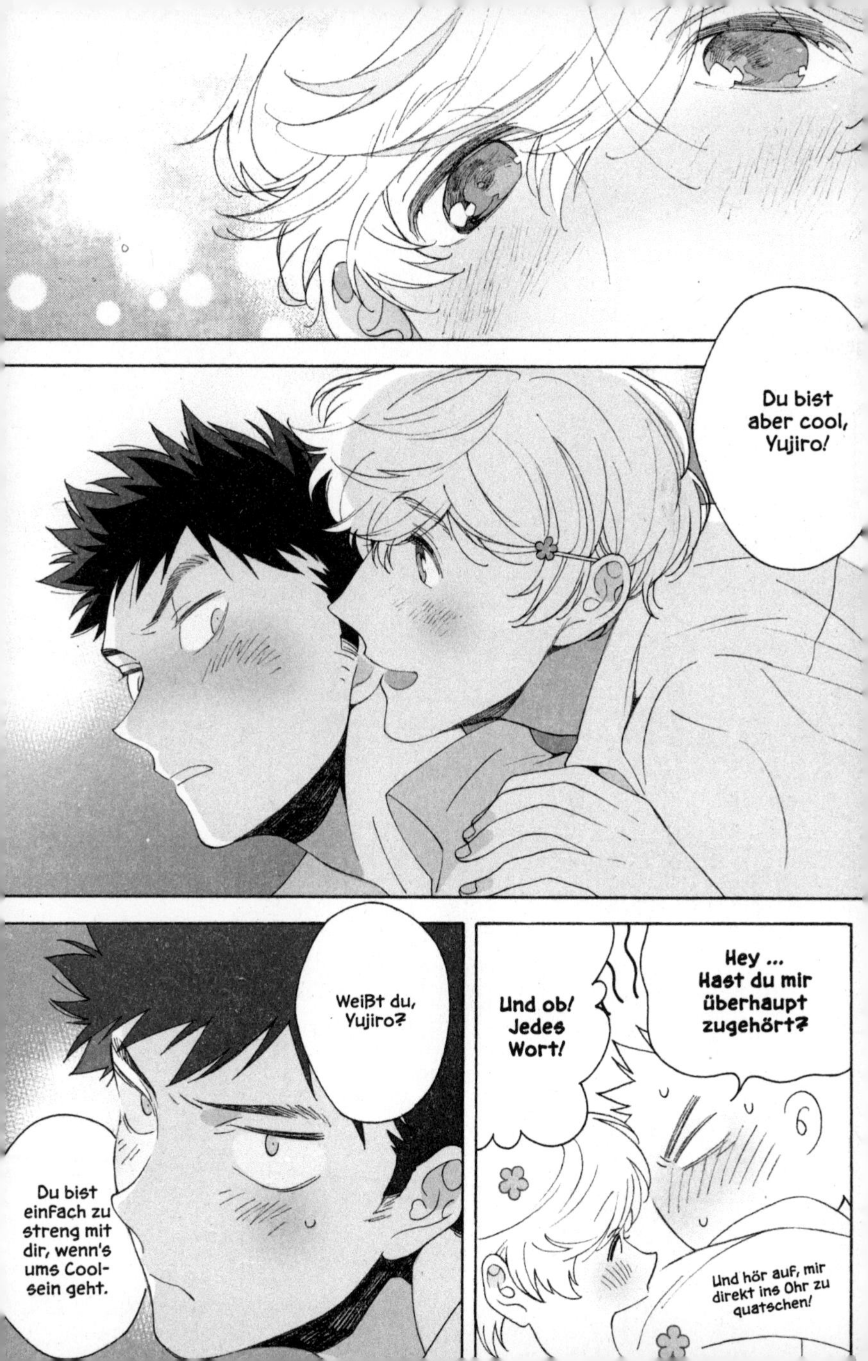

Du bist aber cool, Yujiro!
Hey ... Hast du mir überhaupt zugehört?
Und ob! Jedes Wort!
Und hör auf, mir direkt ins Ohr zu quatschen!
Weißt du, Yujiro?
Du bist einfach zu streng mit dir, wenn's ums Cool-sein geht.

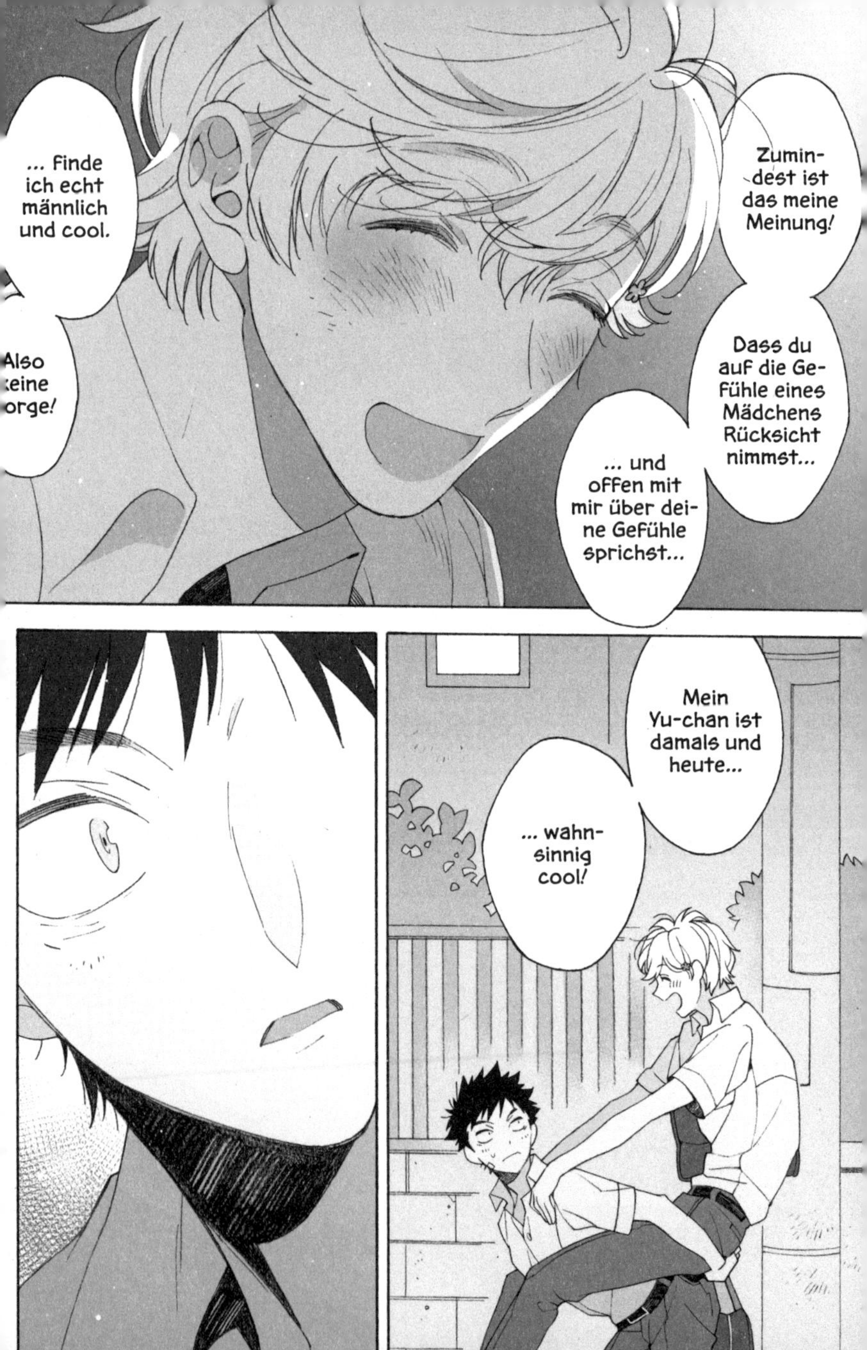
Zumin-dest ist das meine Meinung!
Dass du auf die Gefühle eines Mädchens Rücksicht nimmst...
... und offen mit mir über deine Gefühle sprichst...
... finde ich echt männlich und cool.
Also keine orge!
Mein Yu-chan ist damals und heute...
... wahnsinnig cool!

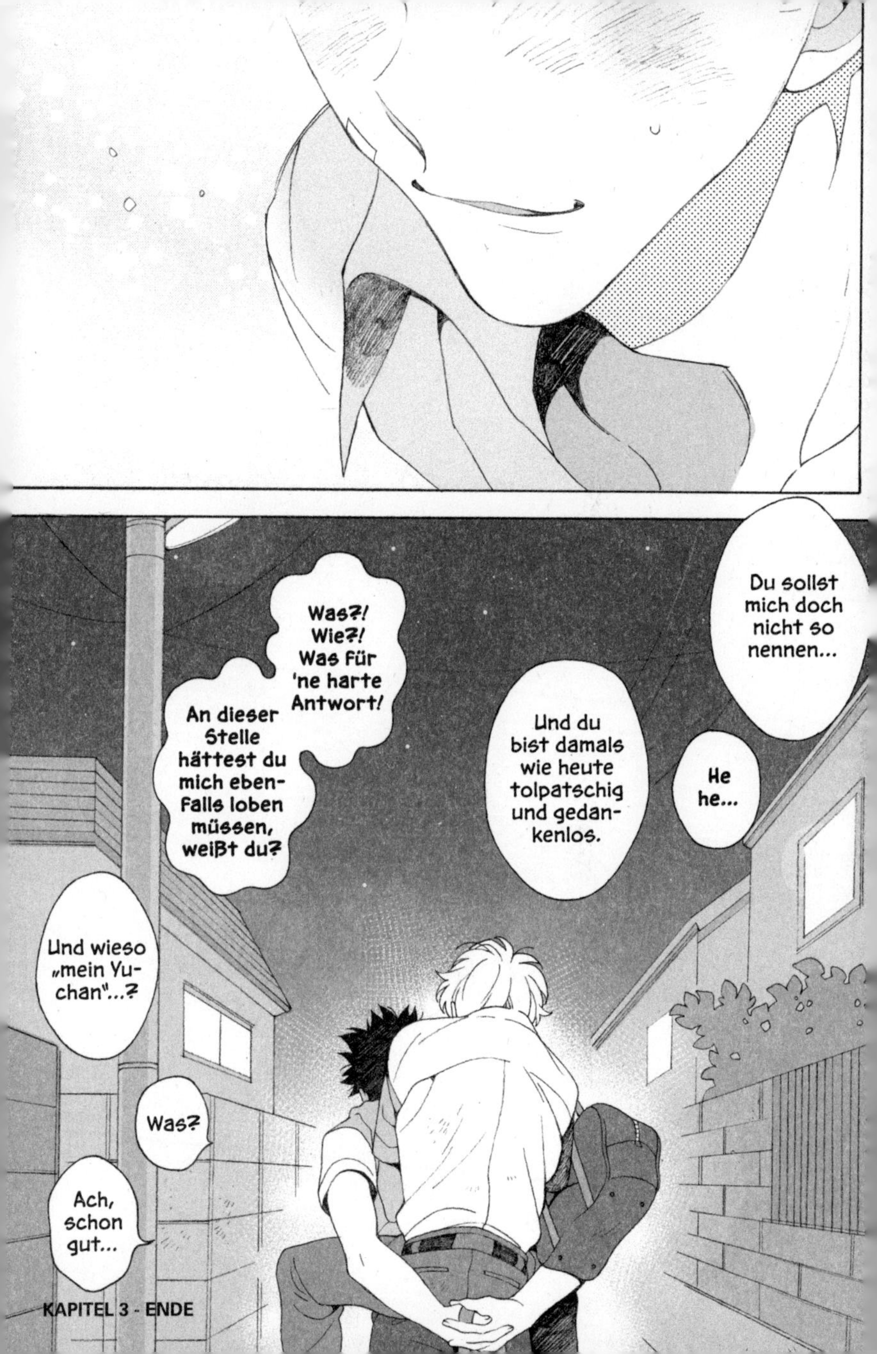
Du sollst mich doch nicht so nennen...
He he...
Und du bist damals wie heute tolpatschig und gedankenlos.
Was?! Wie?! Was für 'ne harte Antwort!
An dieser Stelle hättest du mich ebenfalls loben müssen, weißt du?
Und wieso „mein Yu-chan"...?
Was?
Ach, schon gut...
KAPITEL 3 - ENDE

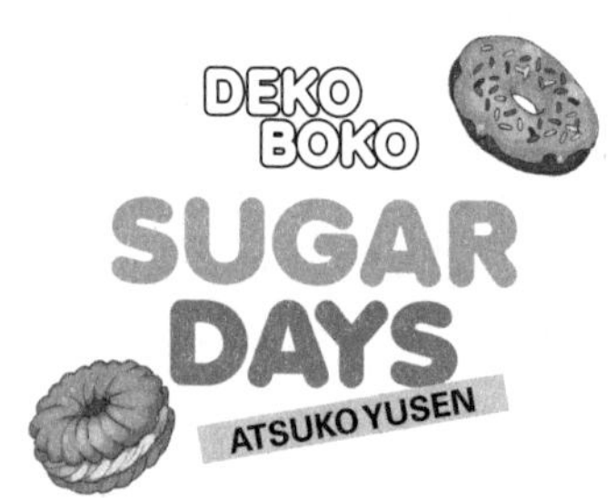
DEKO
BOKO
SUGAR
DAYS
ATSUKO YUSEN

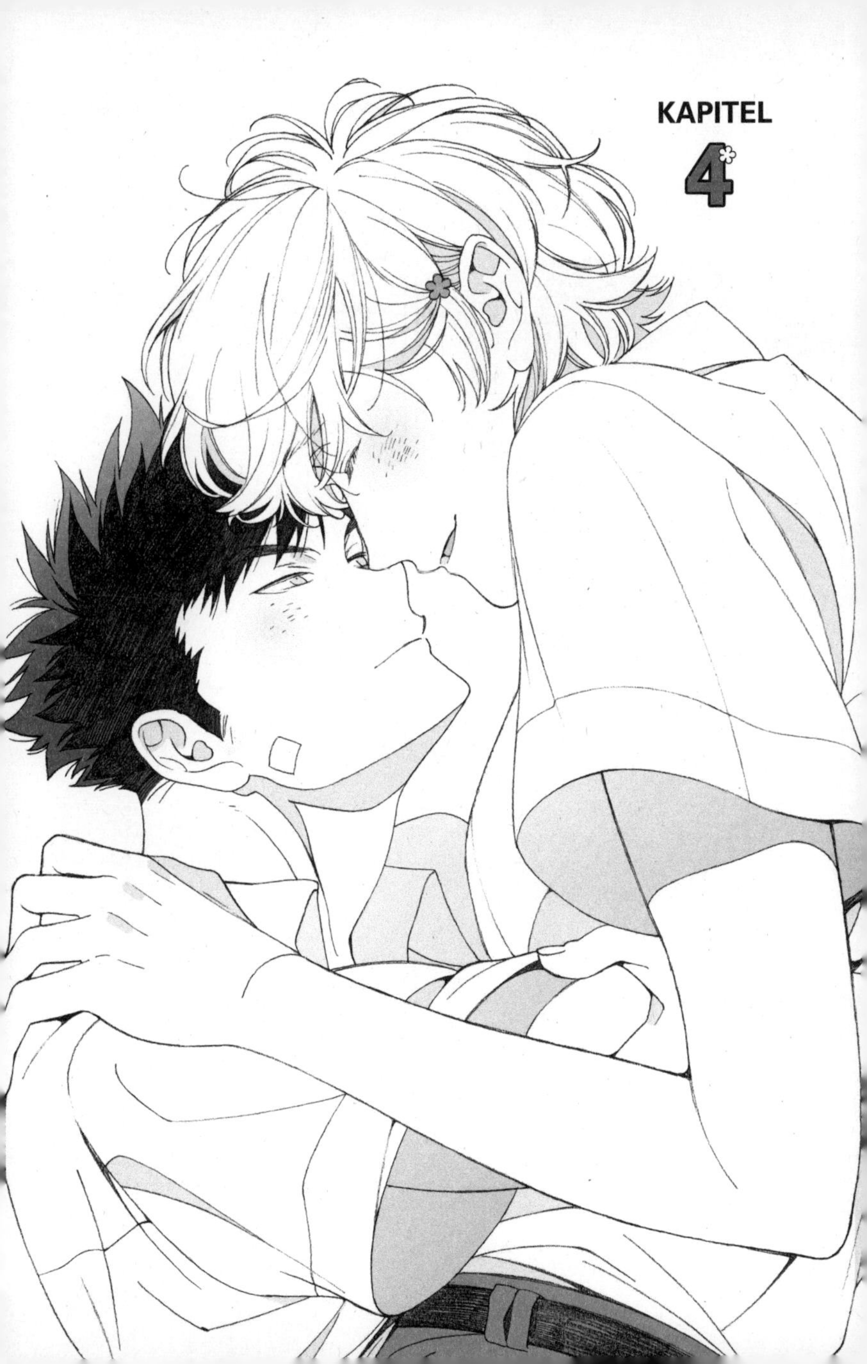
KAPITEL
4

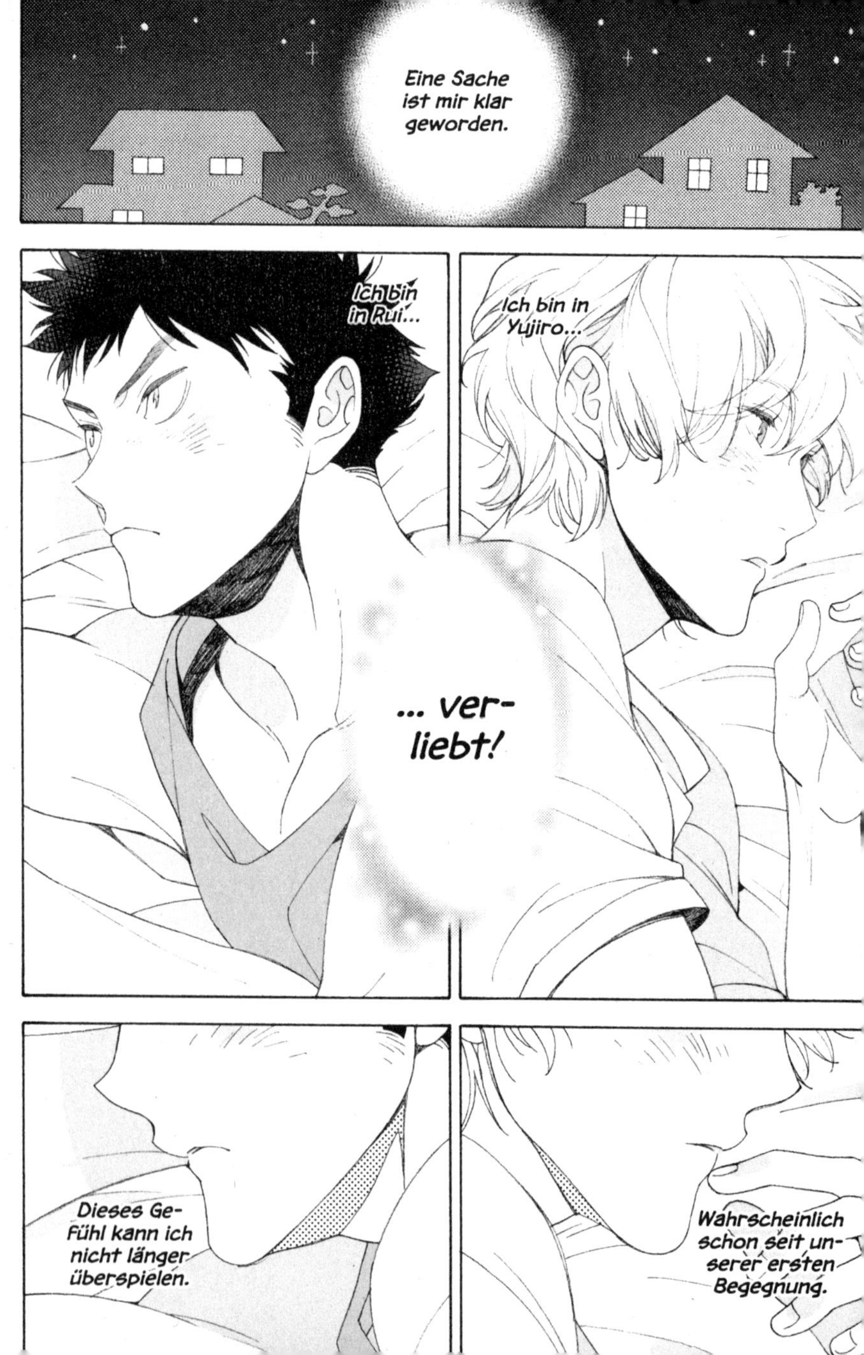
Eine Sache ist mir klar geworden.
Ich bin in Yujiro...
Ich bin in Rui...
... verliebt!
Wahrscheinlich schon seit unserer ersten Begegnung.
Dieses Gefühl kann ich nicht länger überspielen.

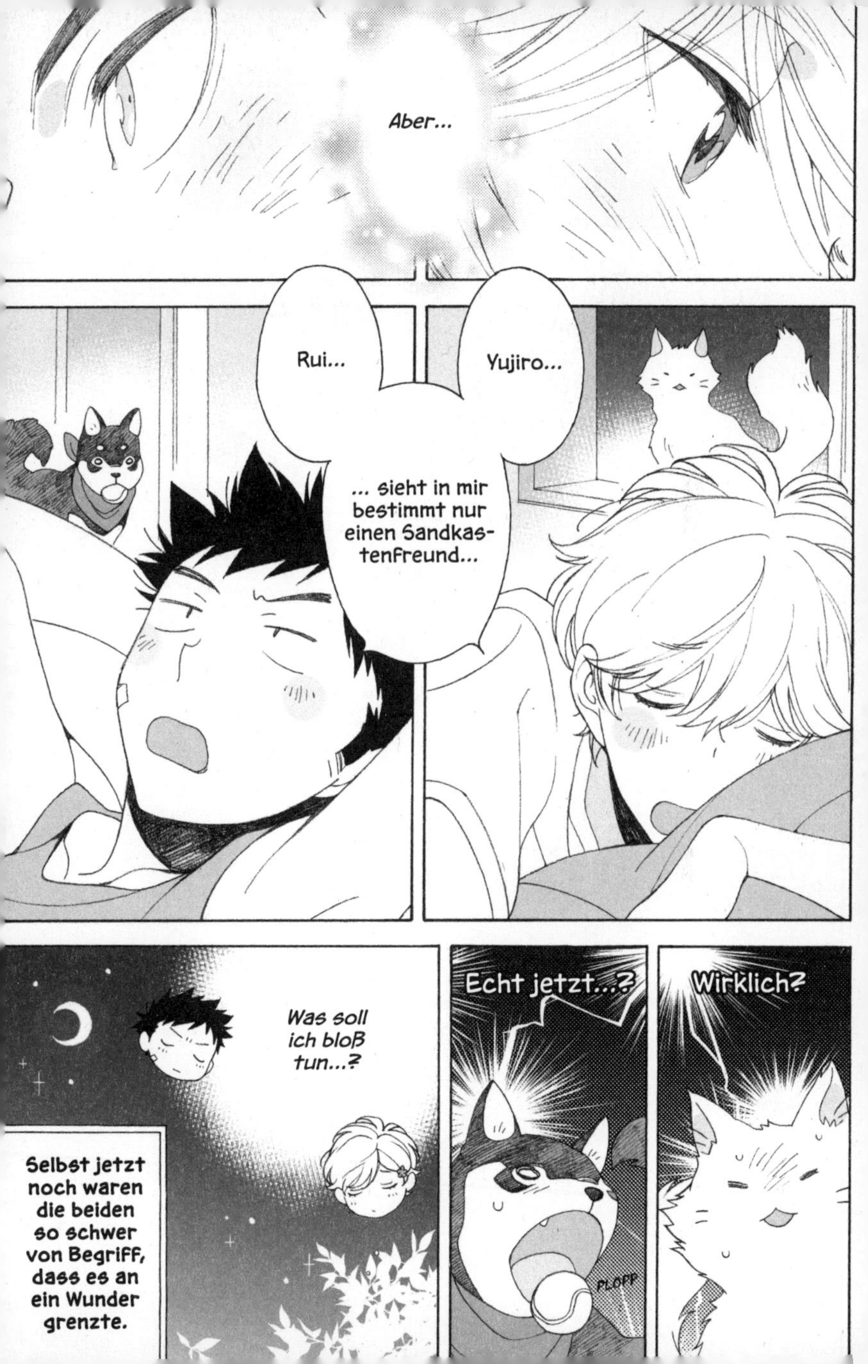

Aber...

Yujiro...

Rui...

... sieht in mir bestimmt nur einen Sandkastenfreund...

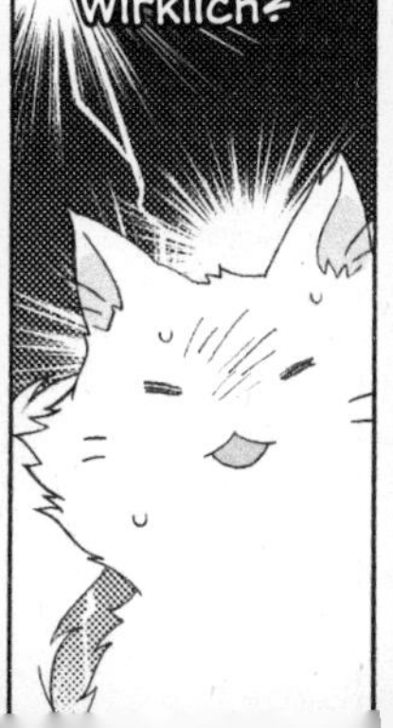

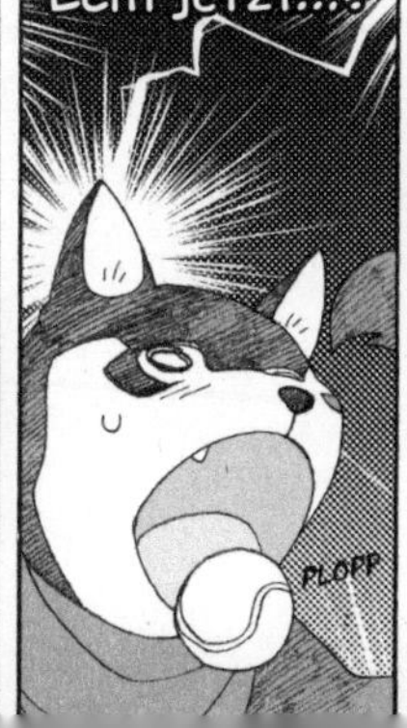

Was soll ich bloß tun...?

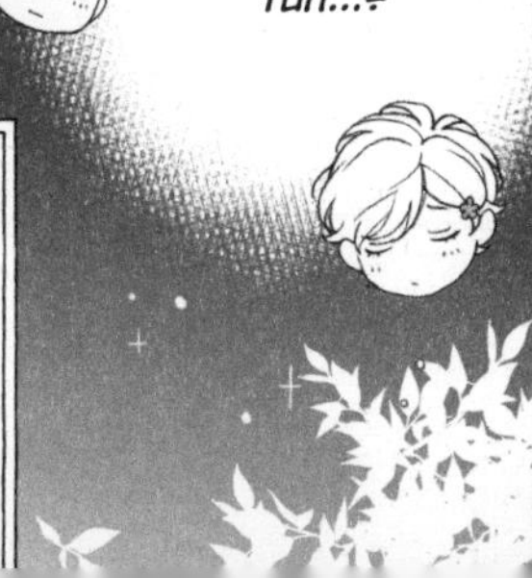

Selbst jetzt noch waren die beiden so schwer von Begriff, dass es an ein Wunder grenzte.

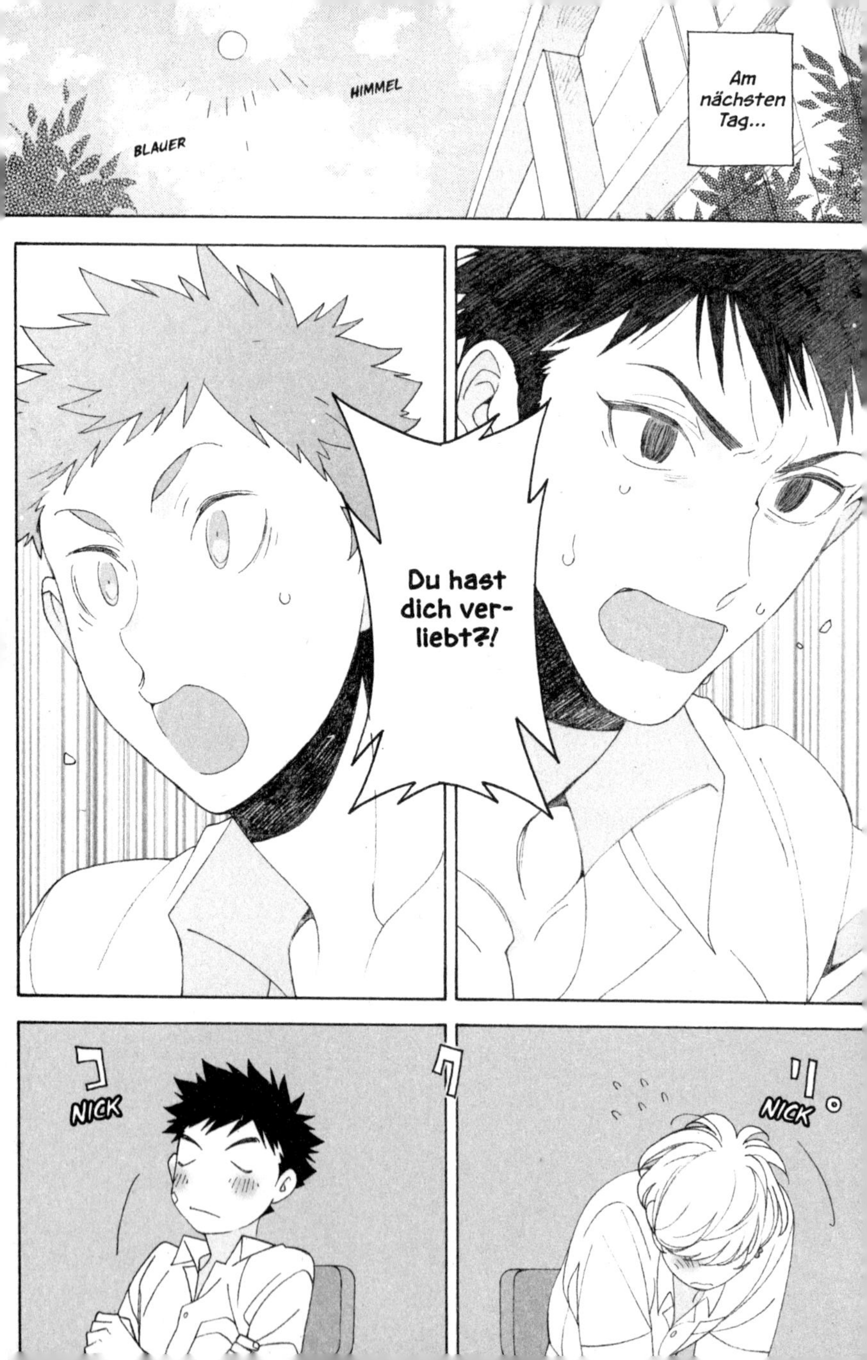
Am nächsten Tag...
BLAUER
HIMMEL
Du hast dich ver-liebt?!
コ
ク
NICK
リ。
NICK

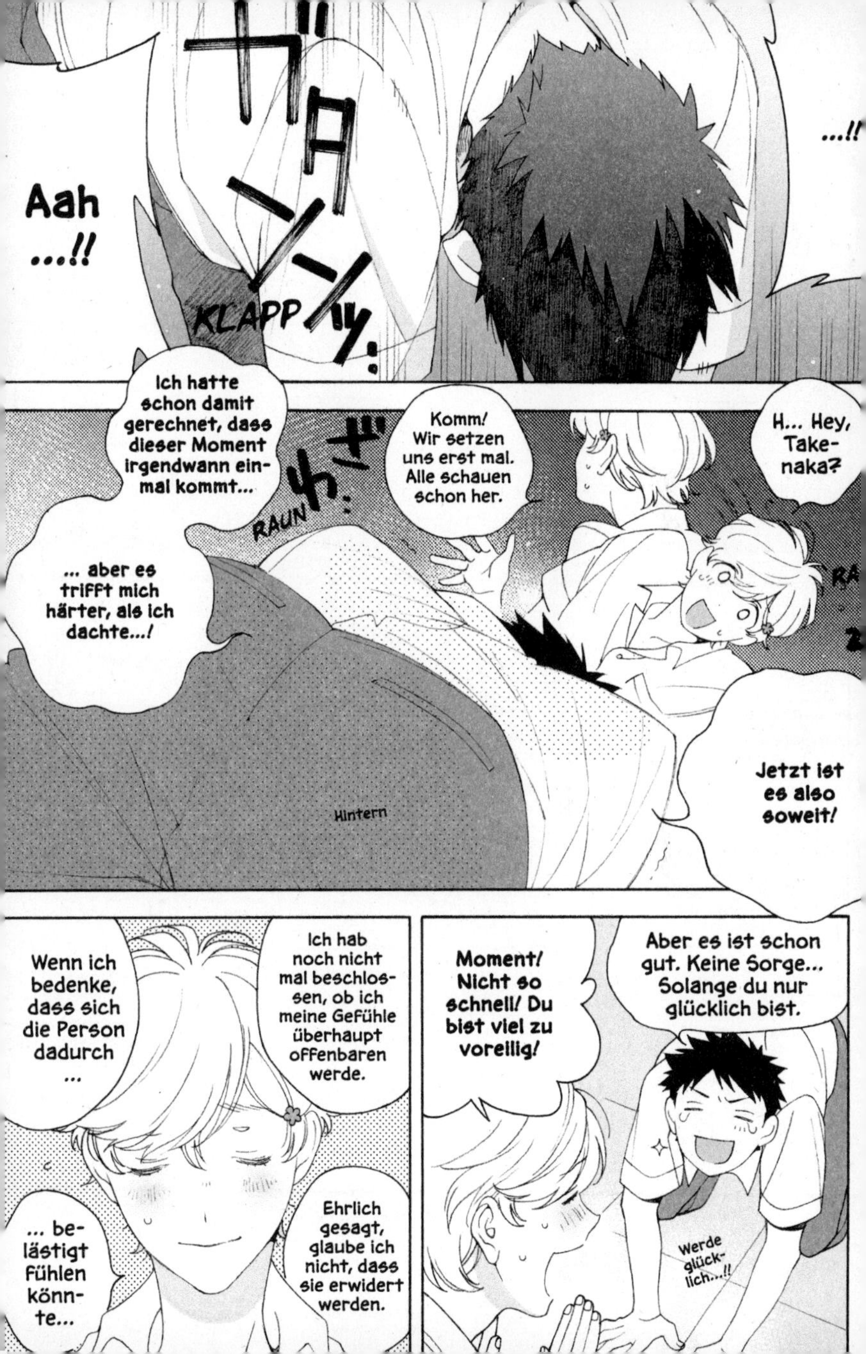
...!!
KLAPP
Aah ...!!
H... Hey, Takenaka?
Komm! Wir setzen uns erst mal. Alle schauen schon her.
RAUN
Ich hatte schon damit gerechnet, dass dieser Moment irgendwann einmal kommt...
... aber es trifft mich härter, als ich dachte...!
Jetzt ist es also soweit!
Hintern
Aber es ist schon gut. Keine Sorge... Solange du nur glücklich bist.
Moment! Nicht so schnell! Du bist viel zu voreilig!
Werde glücklich...!!
Ich hab noch nicht mal beschlossen, ob ich meine Gefühle überhaupt offenbaren werde.
Wenn ich bedenke, dass sich die Person dadurch ...
Ehrlich gesagt, glaube ich nicht, dass sie erwidert werden.
... belästigt fühlen könnte...

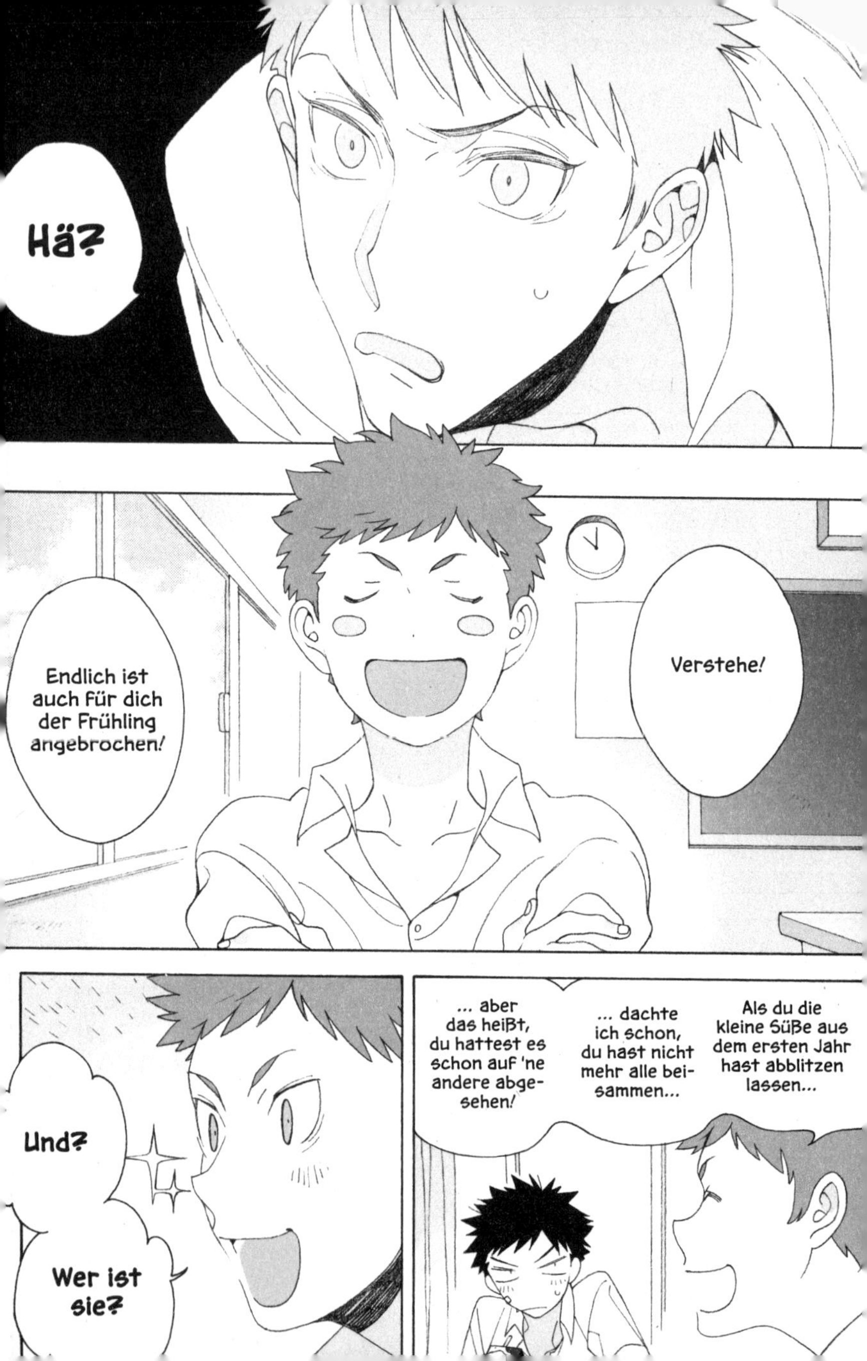
Hä?
Verstehe!
Endlich ist auch für dich der Frühling angebrochen!
Als du die kleine Süße aus dem ersten Jahr hast abblitzen lassen...
... dachte ich schon, du hast nicht mehr alle bei-sammen...
... aber das heißt, du hattest es schon auf 'ne andere abge-sehen!
Und?
Wer ist sie?

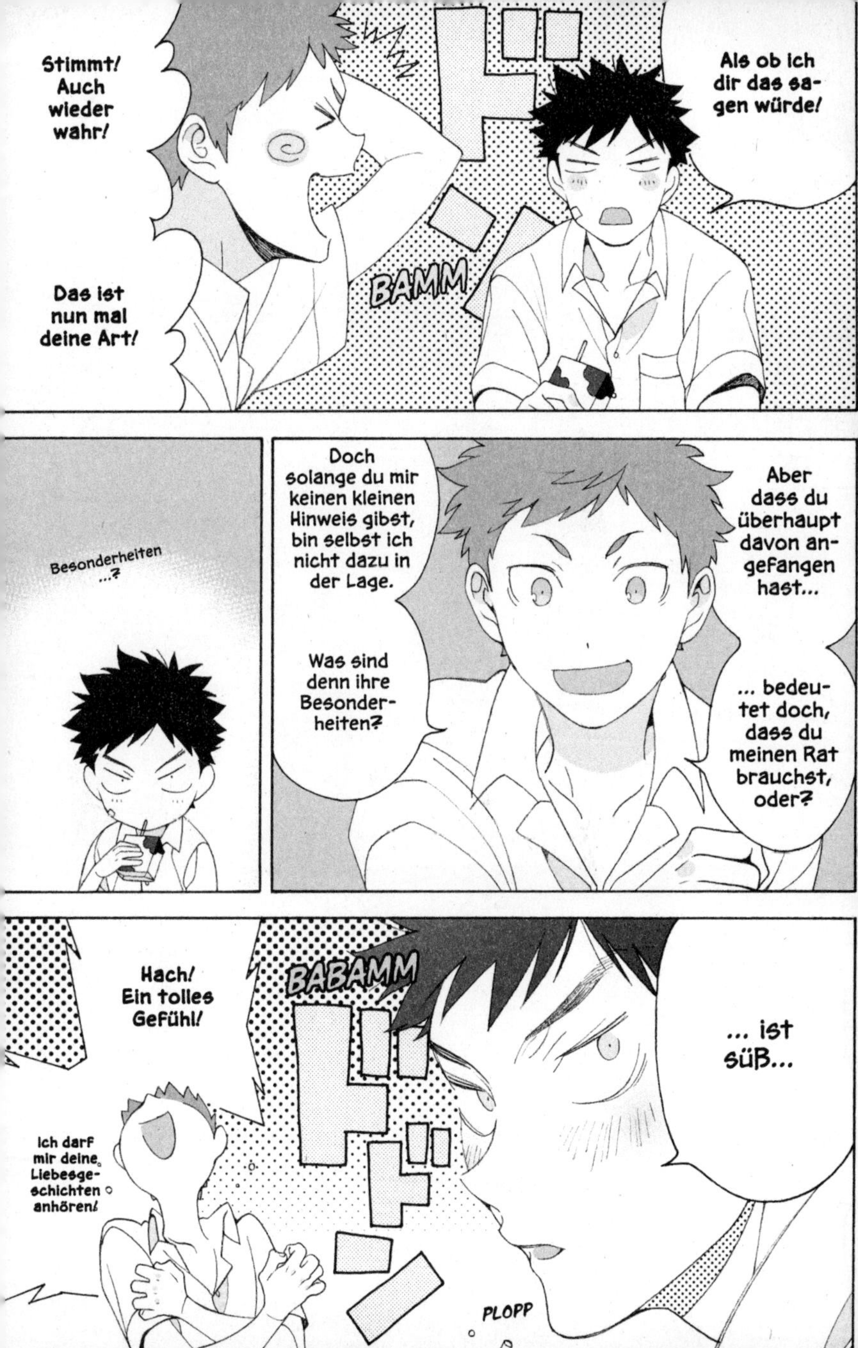
Als ob ich dir das sagen würde!
Stimmt! Auch wieder wahr!
BAMM
Das ist nun mal deine Art!
Aber dass du überhaupt davon angefangen hast...
... bedeutet doch, dass du meinen Rat brauchst, oder?
Doch solange du mir keinen kleinen Hinweis gibst, bin selbst ich nicht dazu in der Lage.
Was sind denn ihre Besonderheiten?
Besonderheiten ...?
... ist süß...
BABAMM
PLOPP
Hach! Ein tolles Gefühl!
Ich darf mir deine Liebesgeschichten anhören!

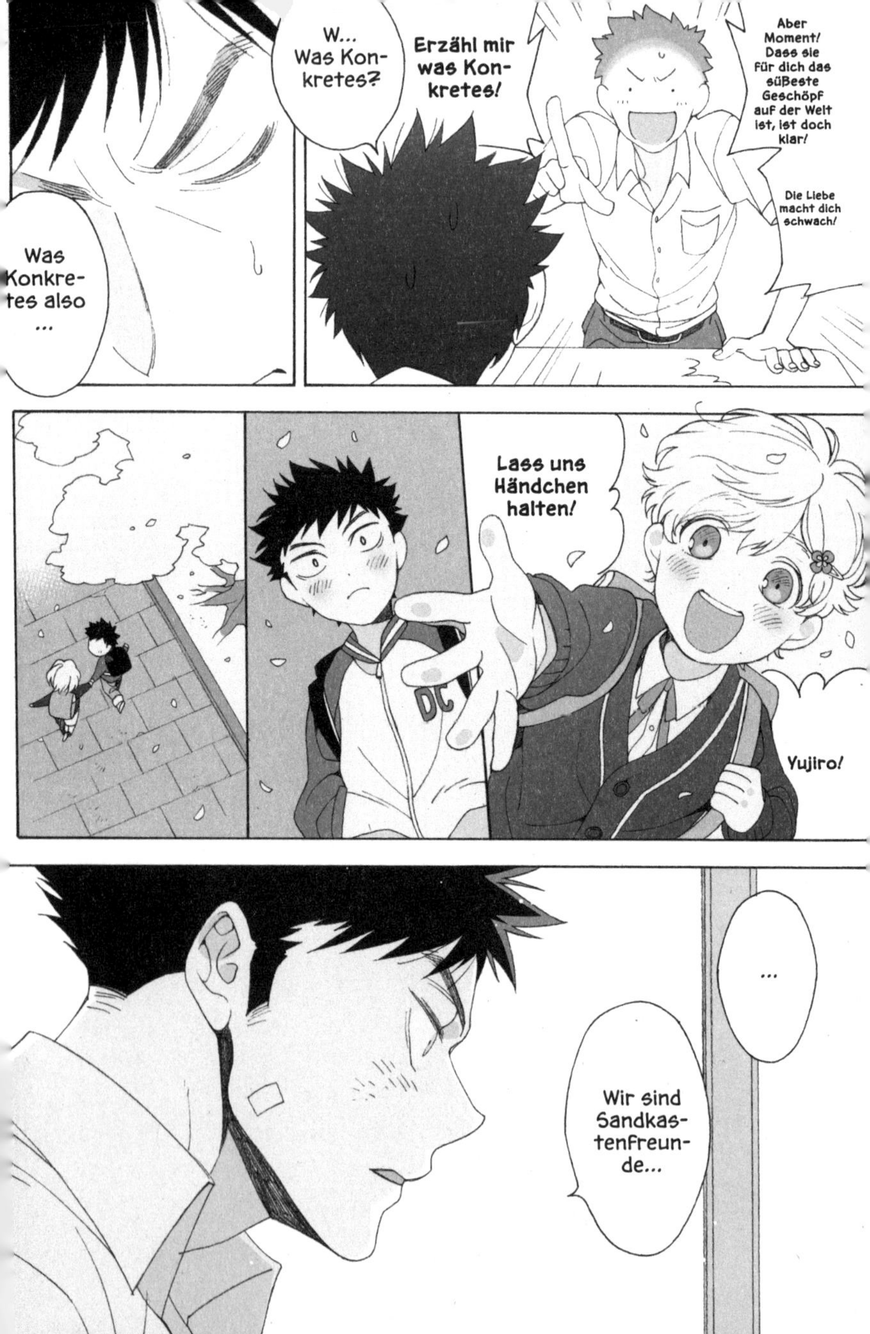
Aber Moment! Dass sie für dich das süßeste Geschöpf auf der Welt ist, ist doch klar!
Die Liebe macht dich schwach!
Erzähl mir was Konkretes!
W... Was Konkretes?
Was Konkretes also ...
Lass uns Händchen halten!
Yujiro!
...
Wir sind Sandkastenfreunde...

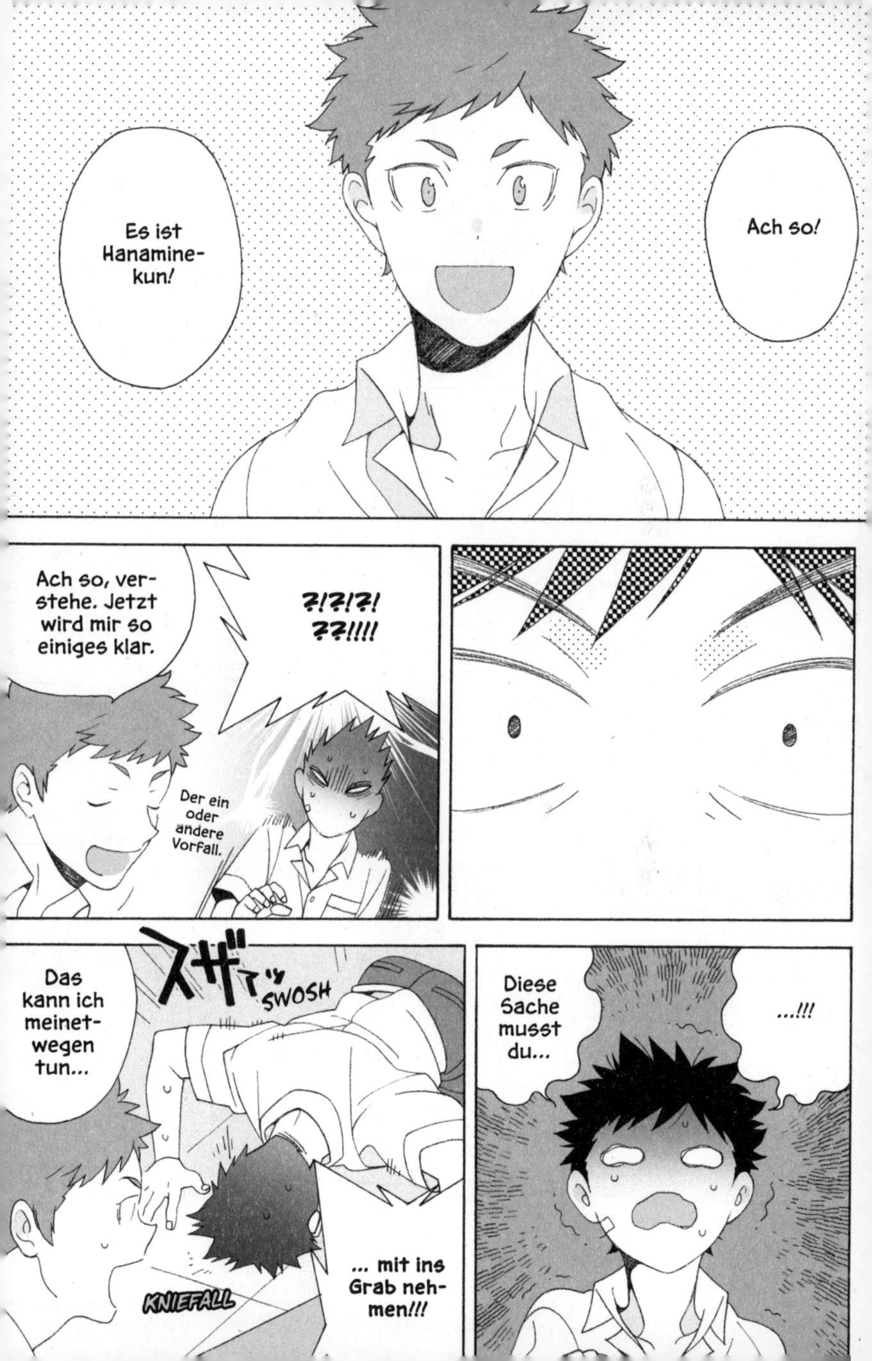

Ach so!

Es ist Hanamine-kun!

?!?!?!
??!!!!

Ach so, verstehe. Jetzt wird mir so einiges klar.

Der ein oder andere Vorfall.

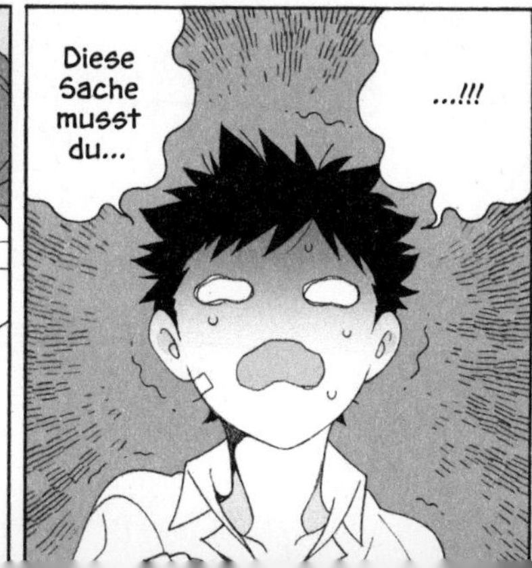

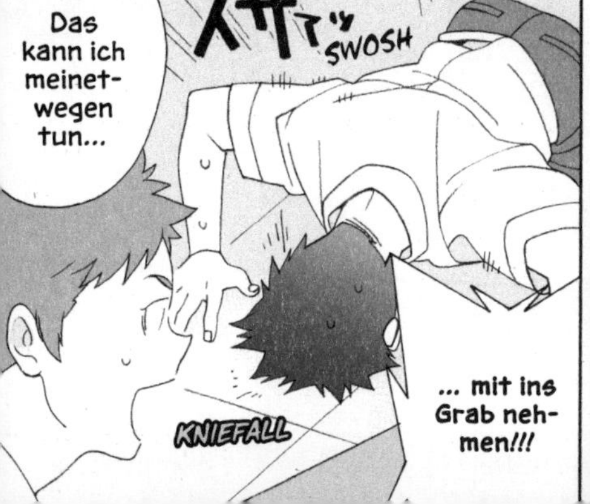

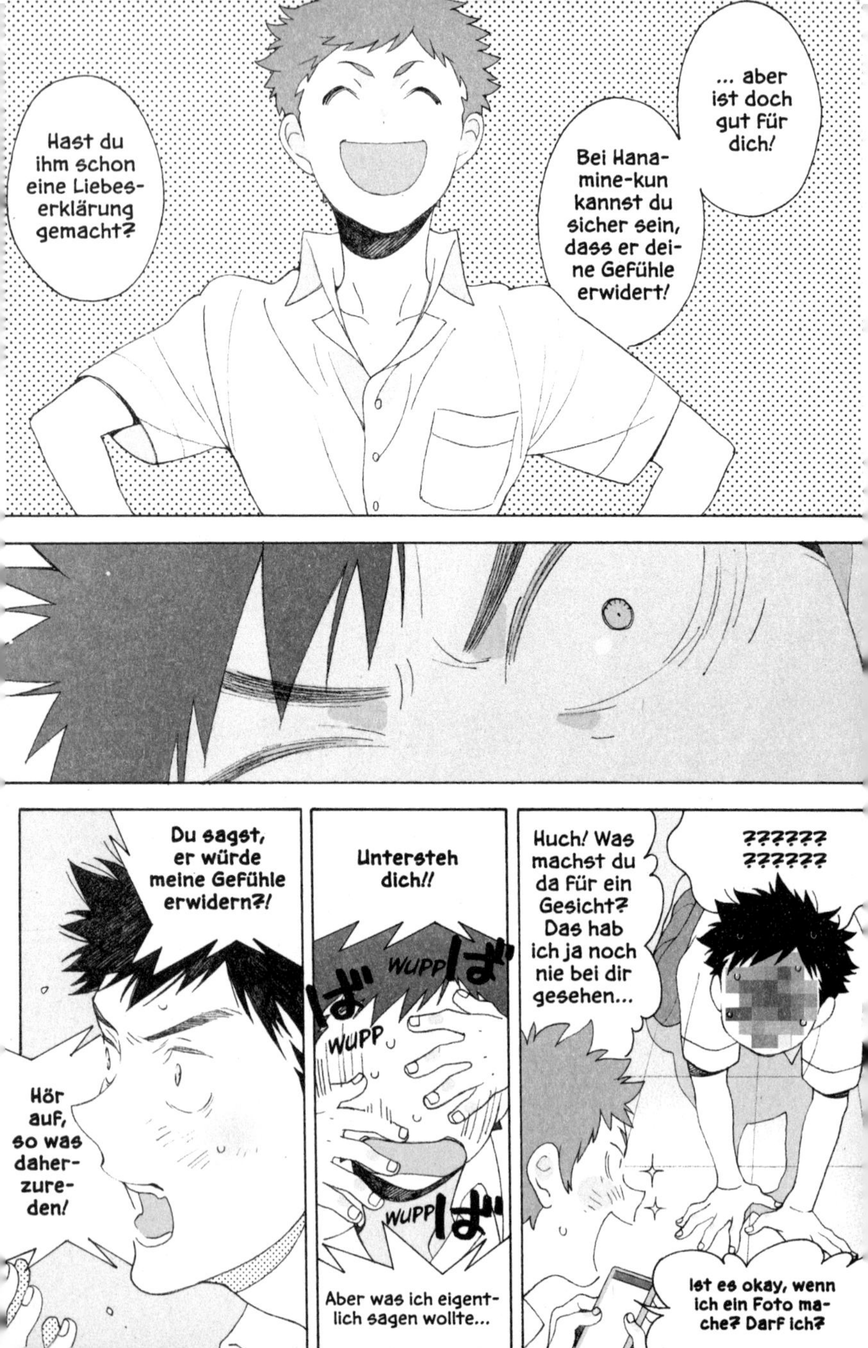
... aber ist doch gut für dich!
Bei Hanamine-kun kannst du sicher sein, dass er deine Gefühle erwidert!
Hast du ihm schon eine Liebeserklärung gemacht?
??????
??????
Huch! Was machst du da für ein Gesicht? Das hab ich ja noch nie bei dir gesehen...
Ist es okay, wenn ich ein Foto mache? Darf ich?
Untersteh dich!!
WUPP
ば
WUPP
ば
WUPP
ば
Aber was ich eigentlich sagen wollte...
Du sagst, er würde meine Gefühle erwidern?!
Hör auf, so was daherzureden!

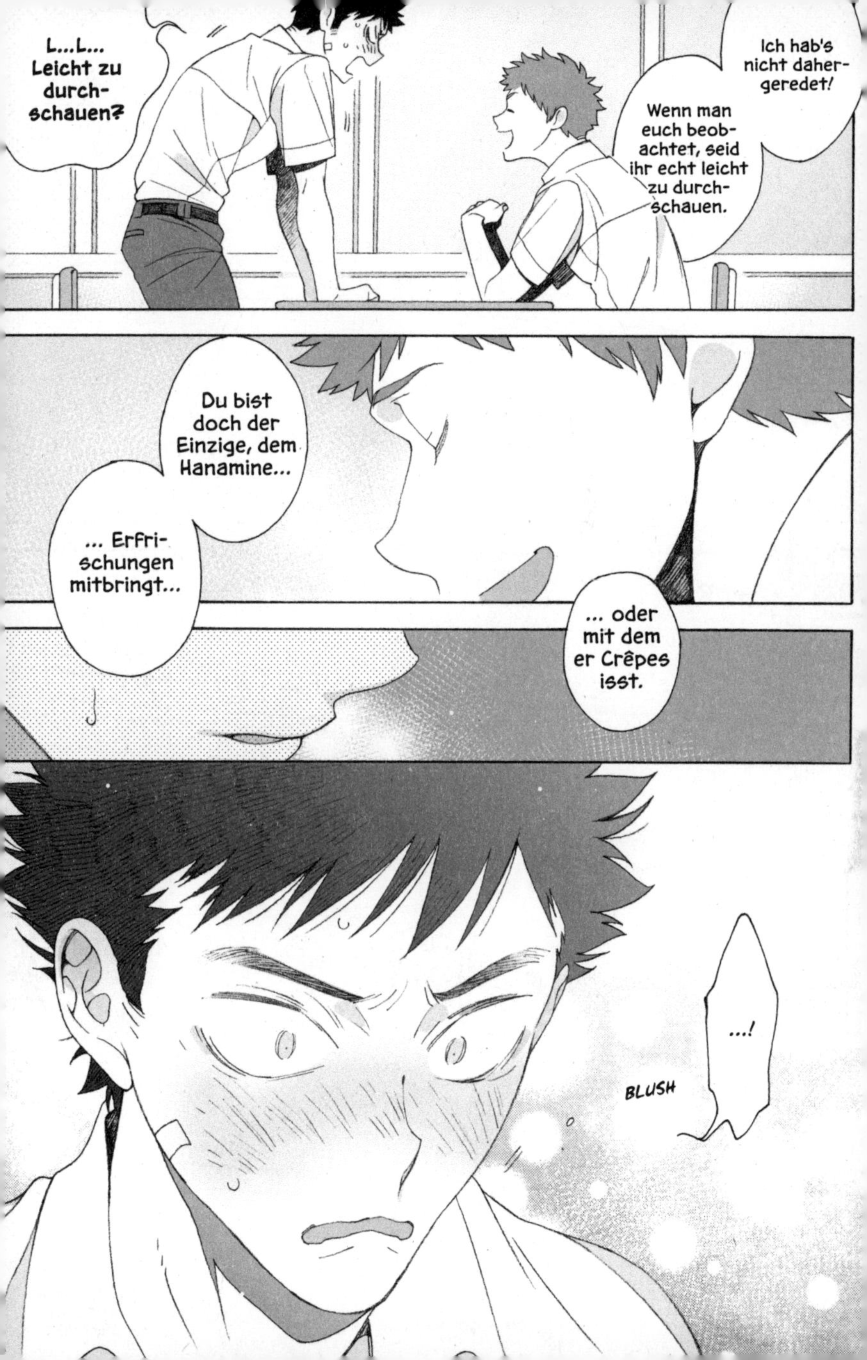
Ich hab's nicht daher-geredet!
Wenn man euch beob-achtet, seid ihr echt leicht zu durch-schauen.
L...L... Leicht zu durch-schauen?
Du bist doch der Einzige, dem Hanamine...
... Erfri-schungen mitbringt...
... oder mit dem er Crêpes isst.
...!
BLUSH

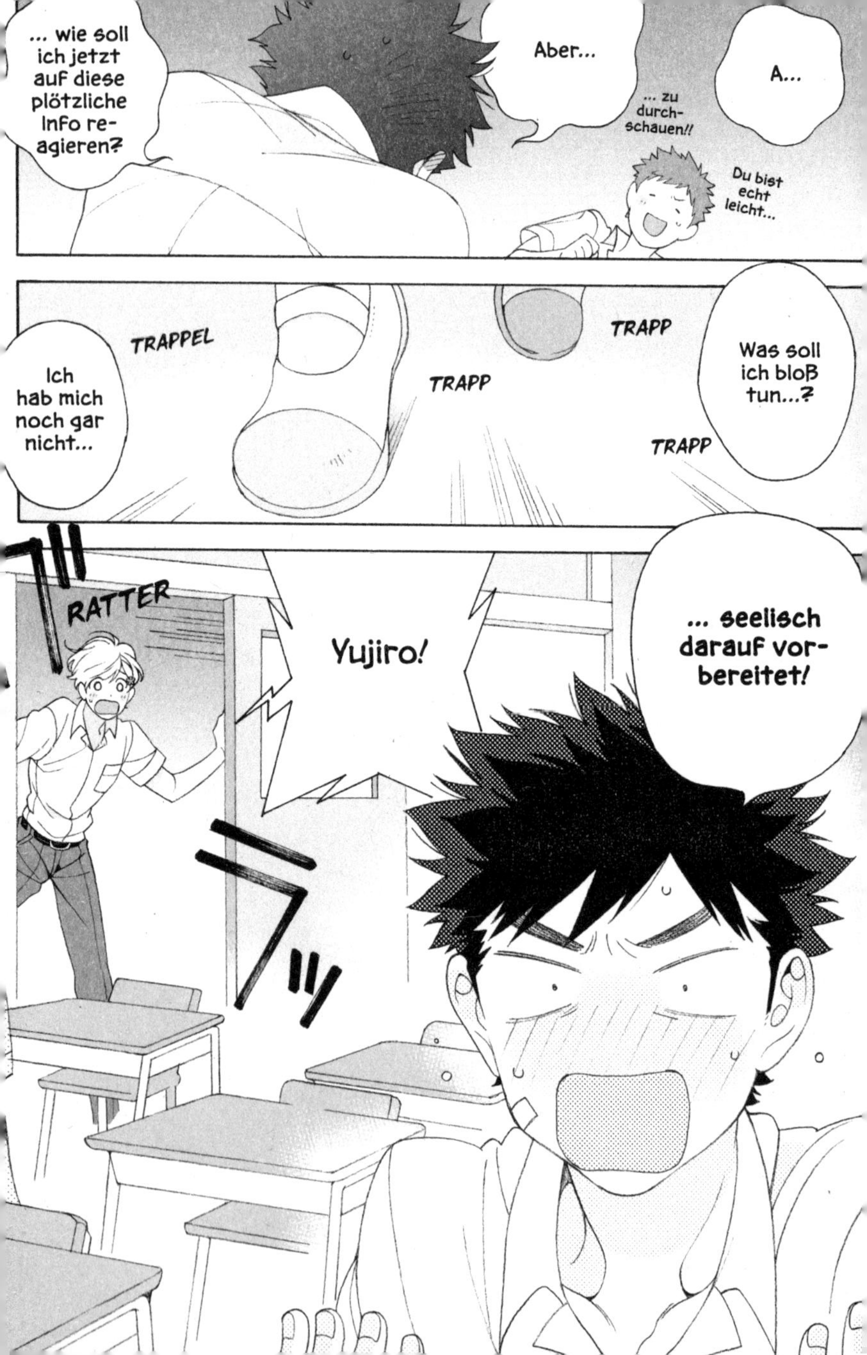
A...
Du bist echt leicht...
... zu durchschauen!!
Aber...
... wie soll ich jetzt auf diese plötzliche Info reagieren?
Was soll ich bloß tun...?
TRAPP
TRAPP
TRAPP
TRAPPEL
Ich hab mich noch gar nicht...
... seelisch darauf vorbereitet!
Yujiro!
RATTER

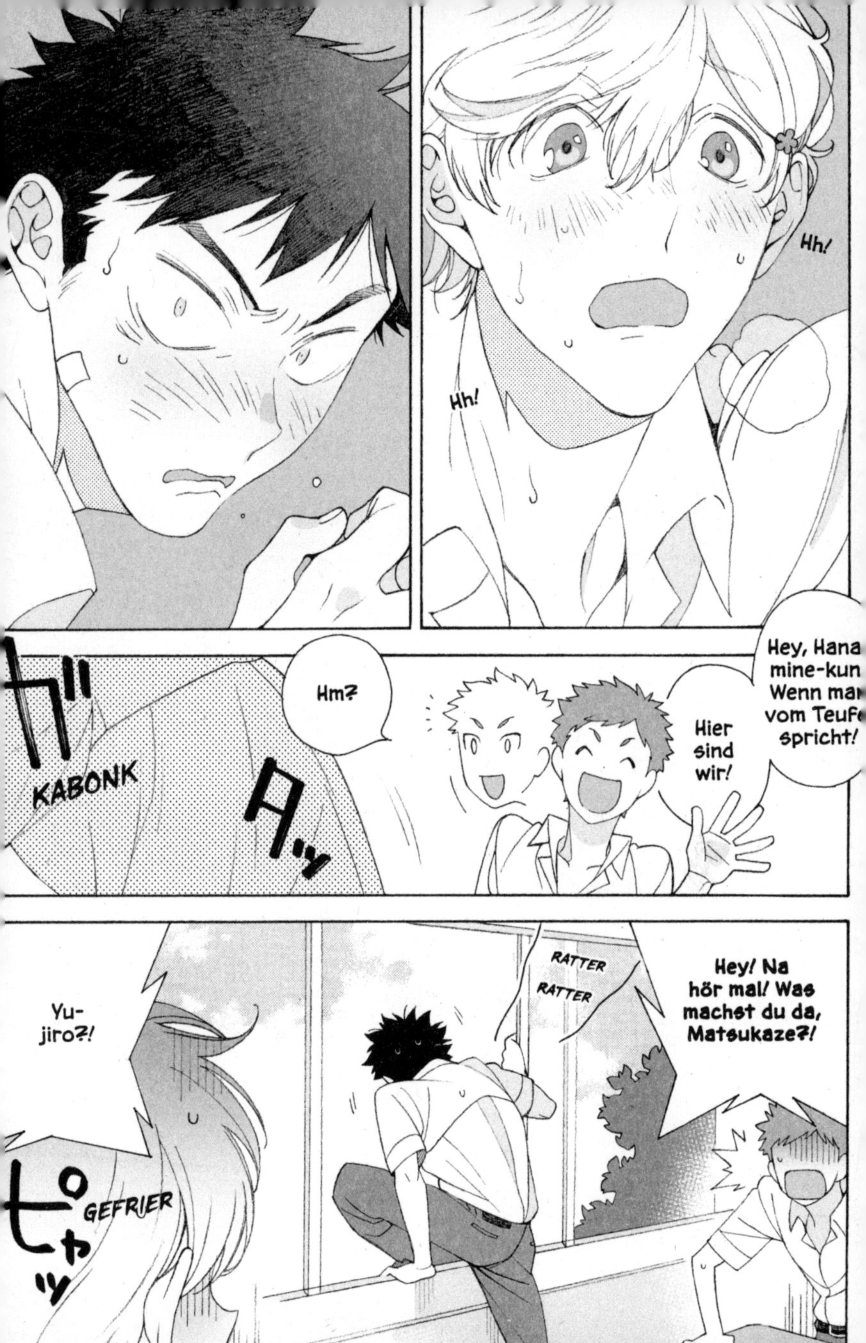
Hh!
Hh!
Hey, Hana
mine-kun
Wenn ma
vom Teuf
spricht!
Hier sind wir!
Hm?
KABONK
Hey! Na hör mal! Was machst du da, Matsukaze?!
RATTER
RATTER
Yu-jiro?!
GEFRIER

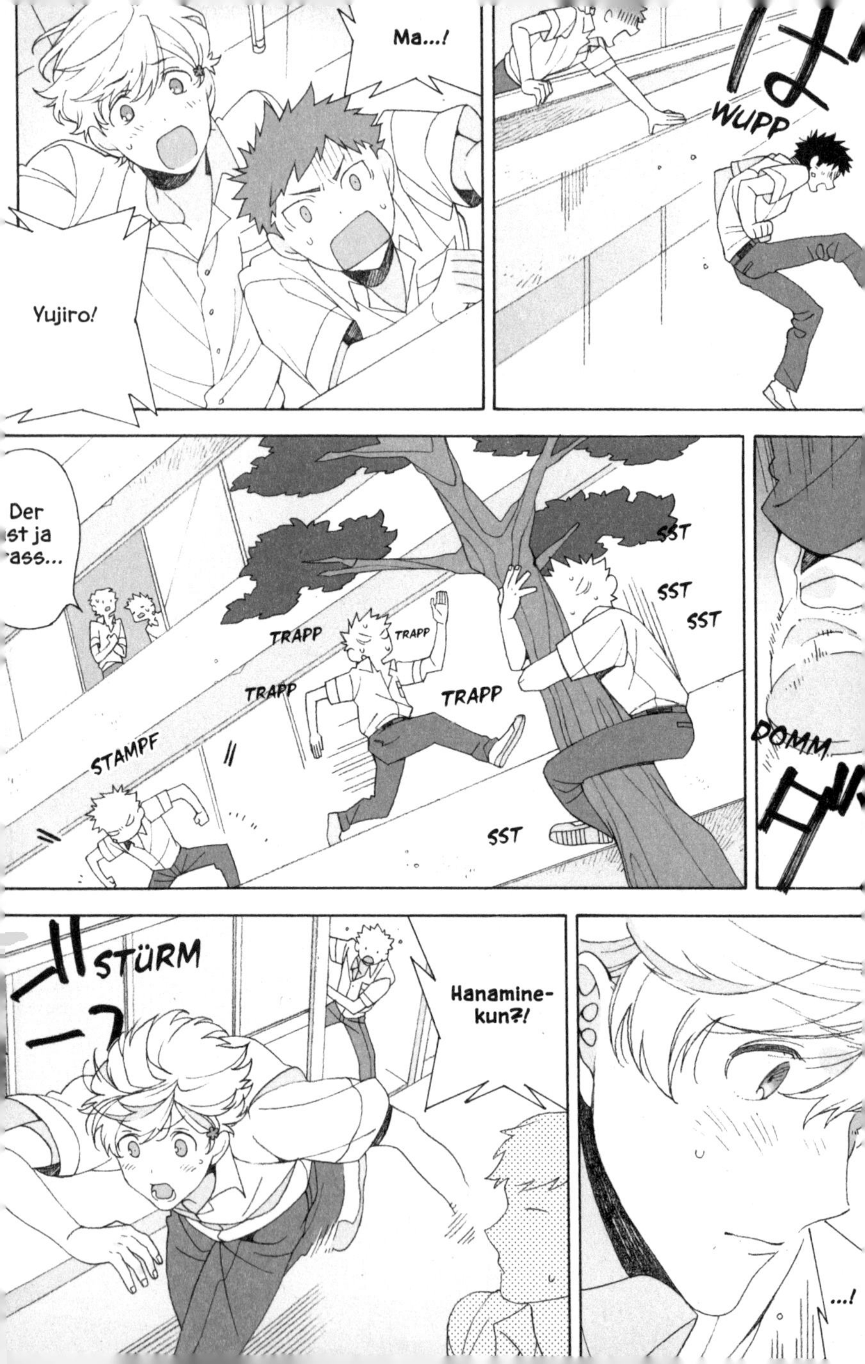
WUPP
Ma...!
Yujiro!
DOMM
SST
SST
SST
SST
TRAPP
TRAPP
TRAPP
TRAPP
STAMPF
Der
st ja
rass...
...!
Hanamine-
kun?!
STÜRM

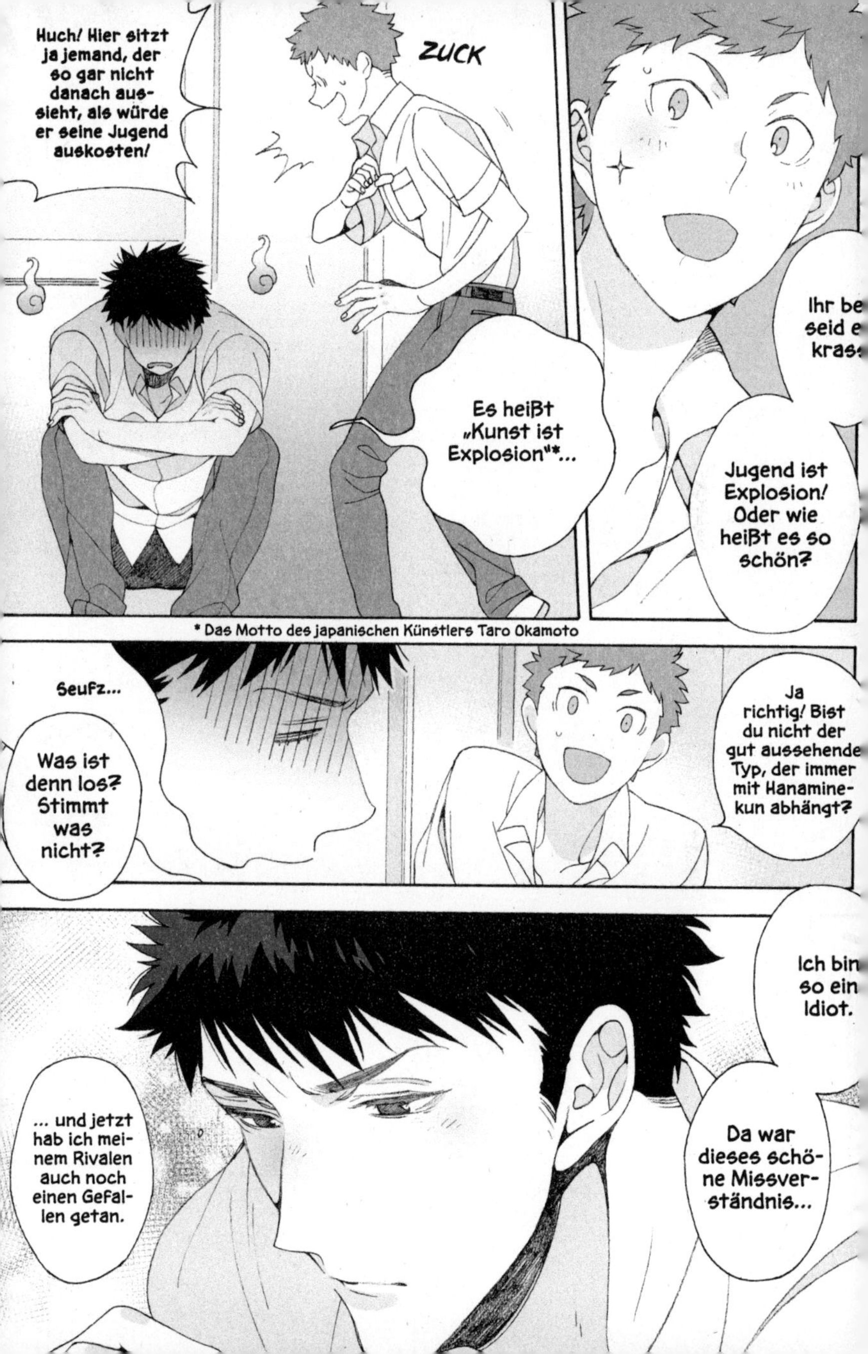

* Das Motto des japanischen Künstlers Taro Okamoto

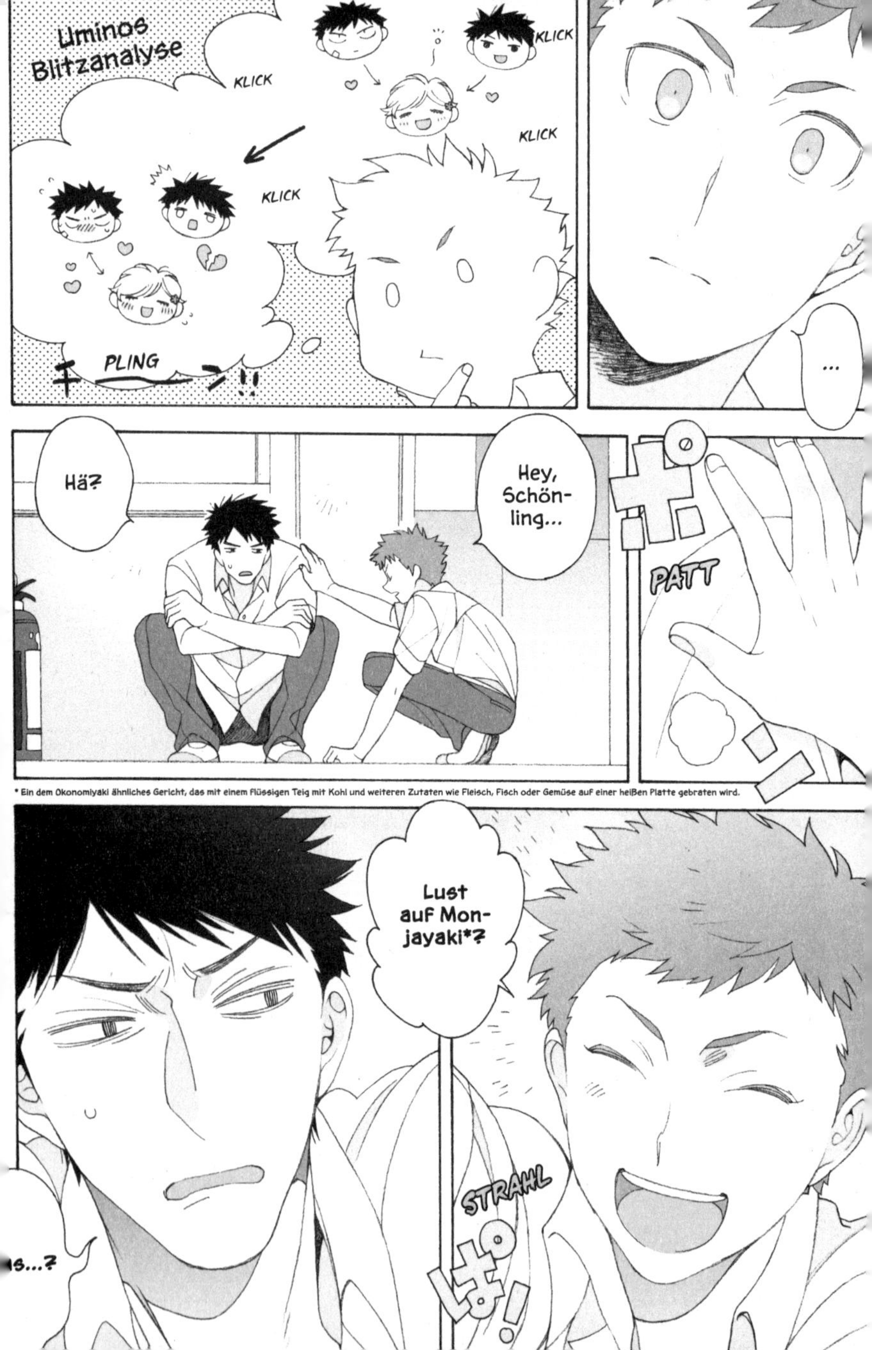

* Ein dem Okonomiyaki ähnliches Gericht, das mit einem flüssigen Teig mit Kohl und weiteren Zutaten wie Fleisch, Fisch oder Gemüse auf einer heißen Platte gebraten wird.

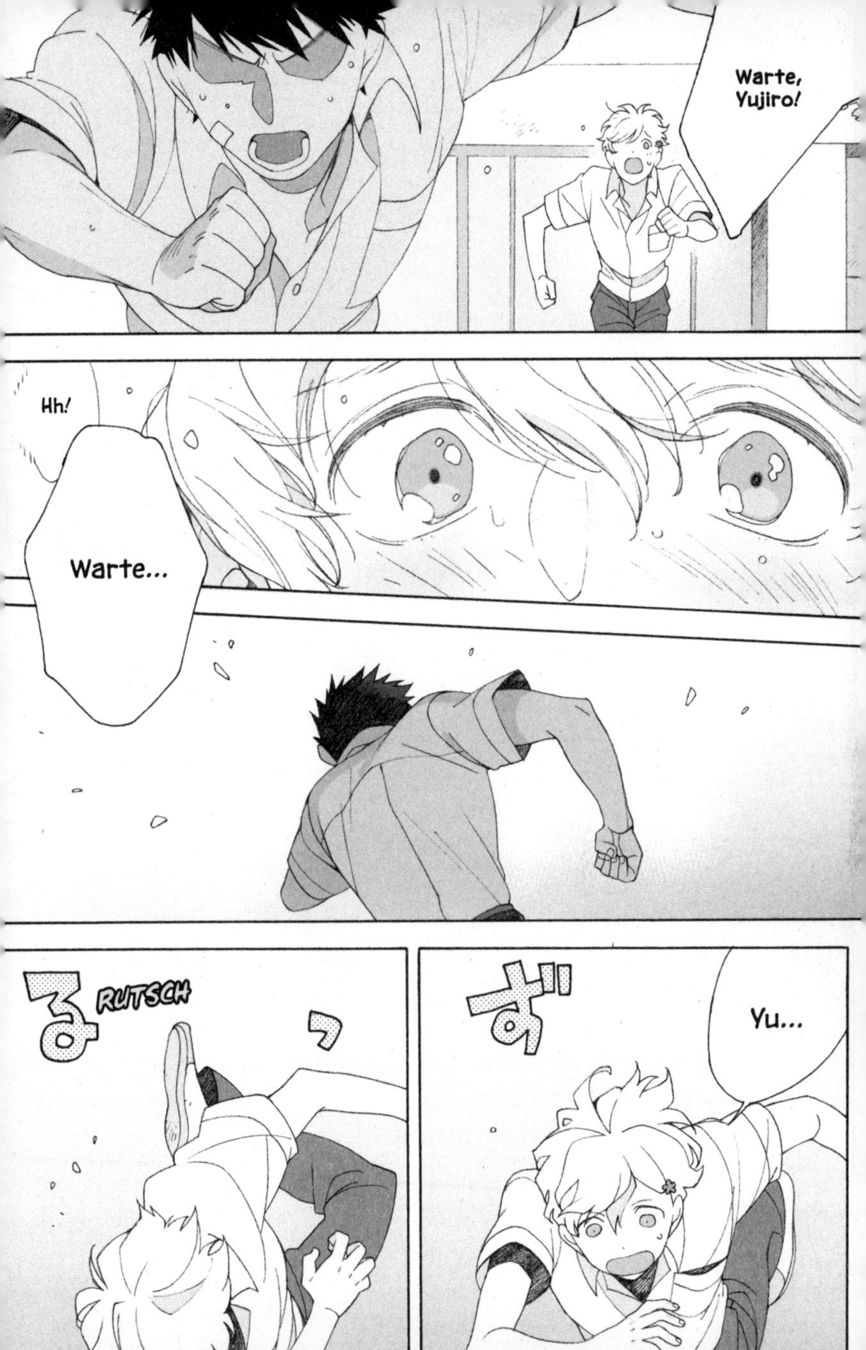

Warte, Yujiro!
Hh!
Warte...
Yu...
ず
る
RUTSCH
っ

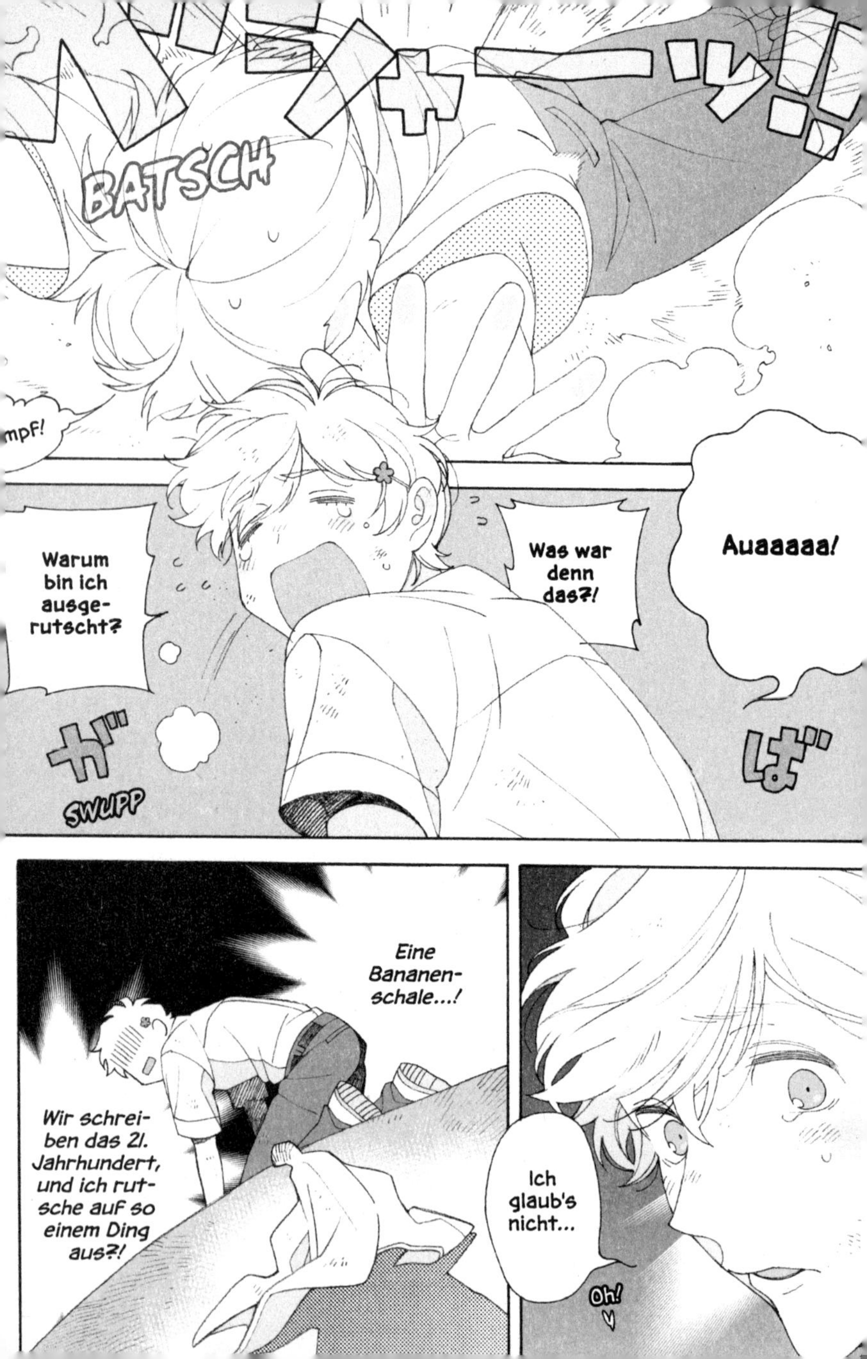
BATSCH
mpf!
Auaaaaa!
Was war denn das?!
Warum bin ich ausgerutscht?
ば
ガ
SWUPP
Ich glaub's nicht...
Oh!
Eine Bananenschale...!
Wir schreiben das 21. Jahrhundert, und ich rutsche auf so einem Ding aus?!

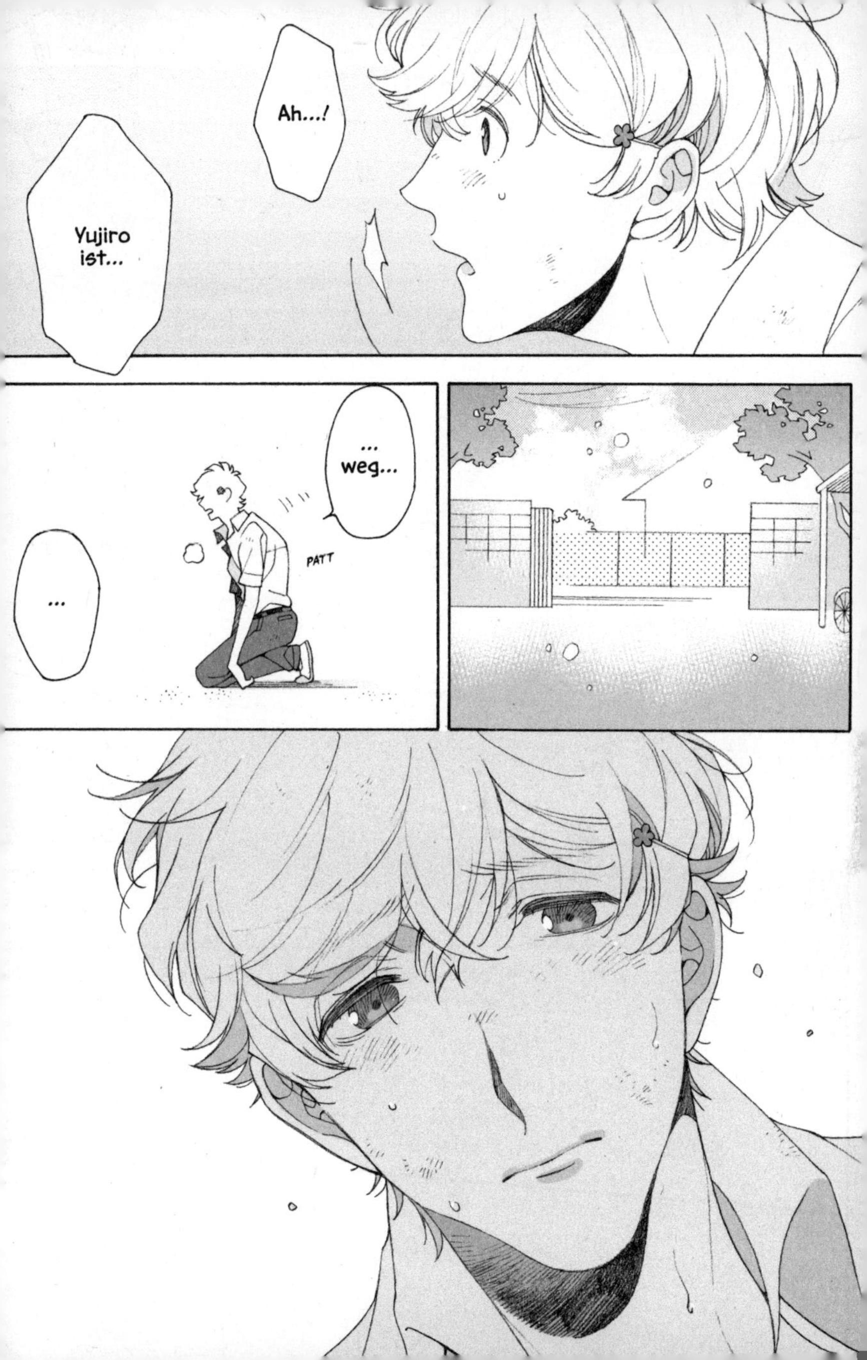
Ah...!
Yujiro ist...
... weg...
PATT
...

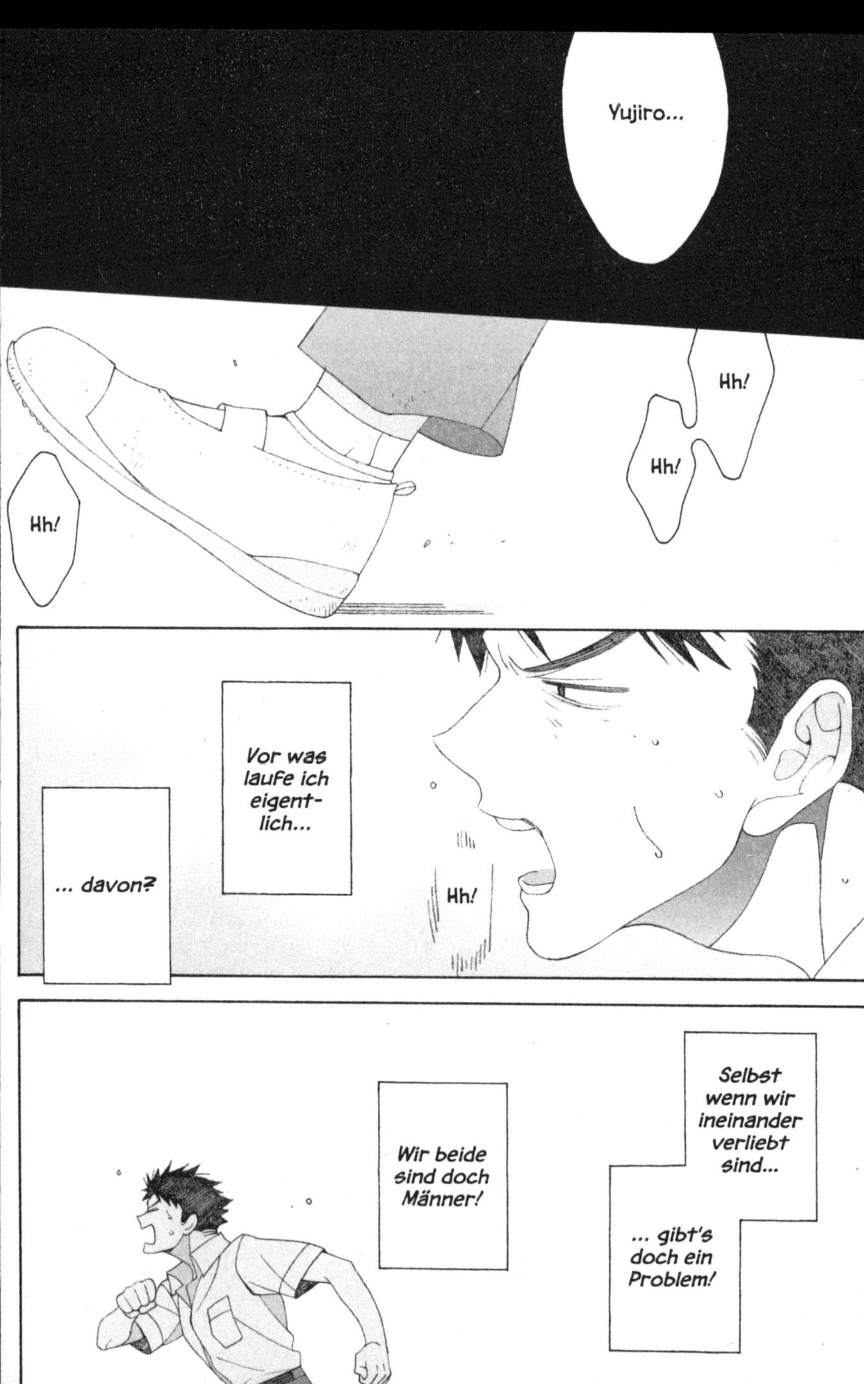
Yujiro...
Hh!
Hh!
Hh!
Vor was laufe ich eigentlich...
... davon?
Hh!
Selbst wenn wir ineinander verliebt sind...
... gibt's doch ein Problem!
Wir beide sind doch Männer!

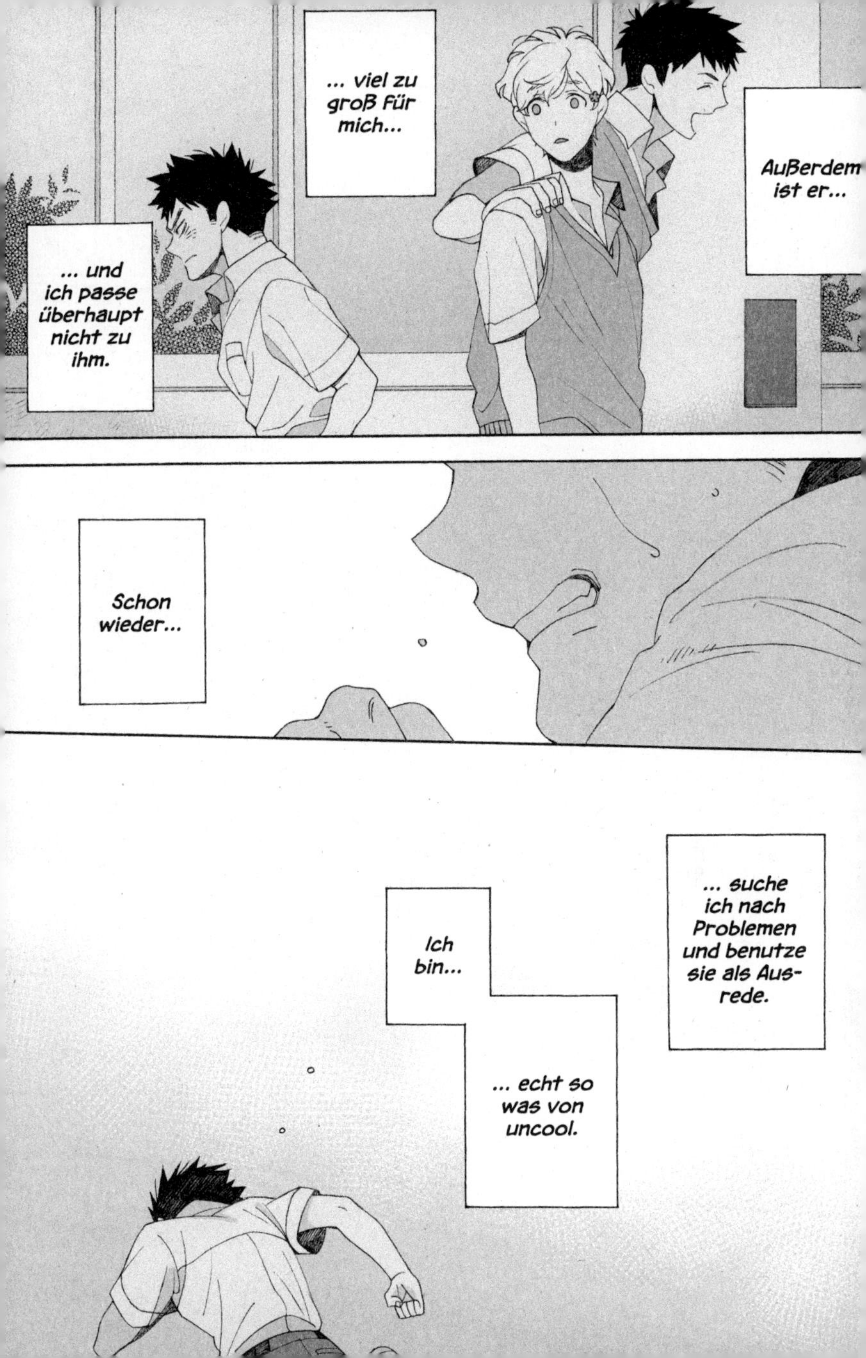
Außerdem ist er...
... viel zu groß für mich...
... und ich passe überhaupt nicht zu ihm.
Schon wieder...
... suche ich nach Problemen und benutze sie als Aus- rede.
Ich bin...
... echt so was von uncool.

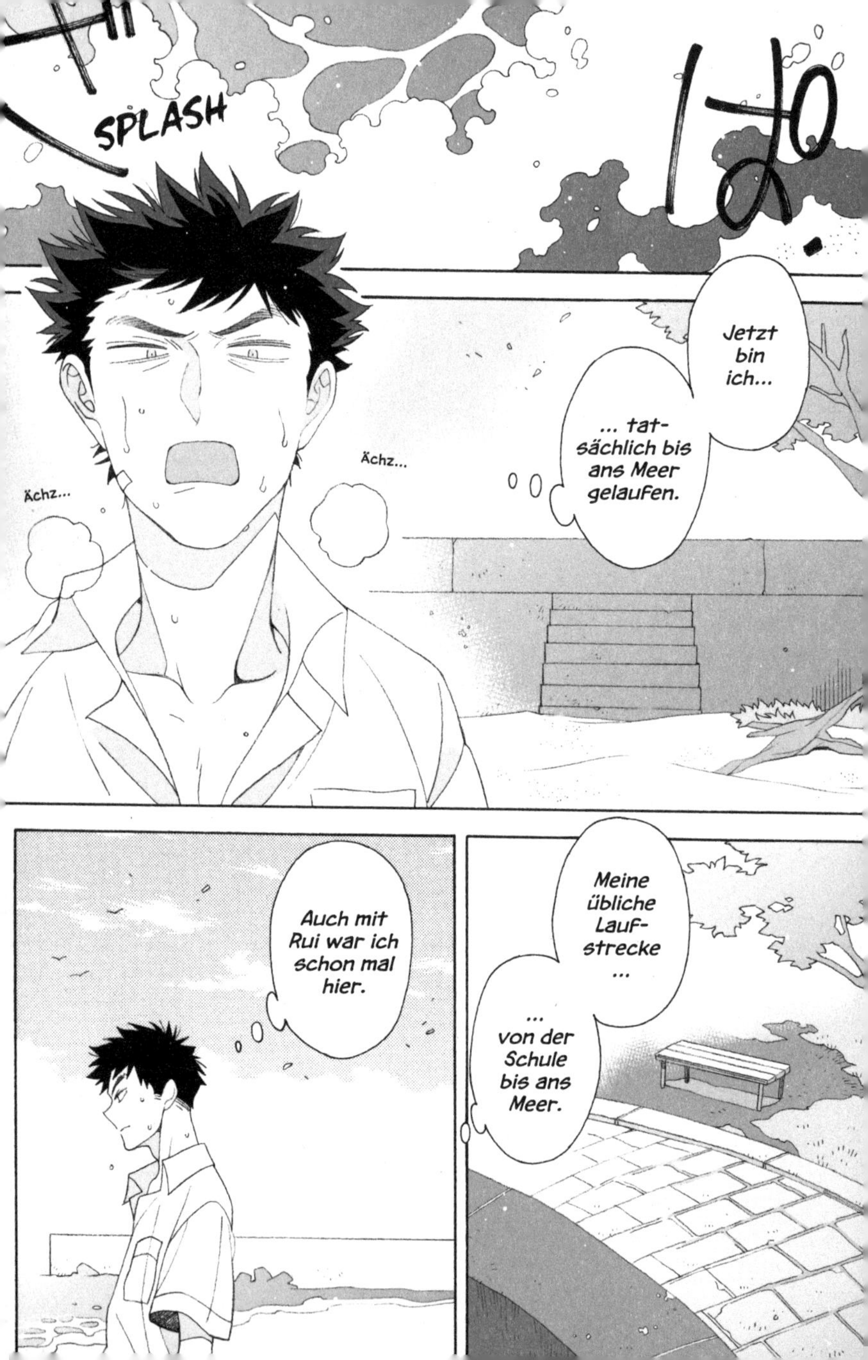
SPLASH
Jetzt bin ich...
... tatsächlich bis ans Meer gelaufen.
Ächz...
Ächz...
Meine übliche Laufstrecke ...
... von der Schule bis ans Meer.
Auch mit Rui war ich schon mal hier.

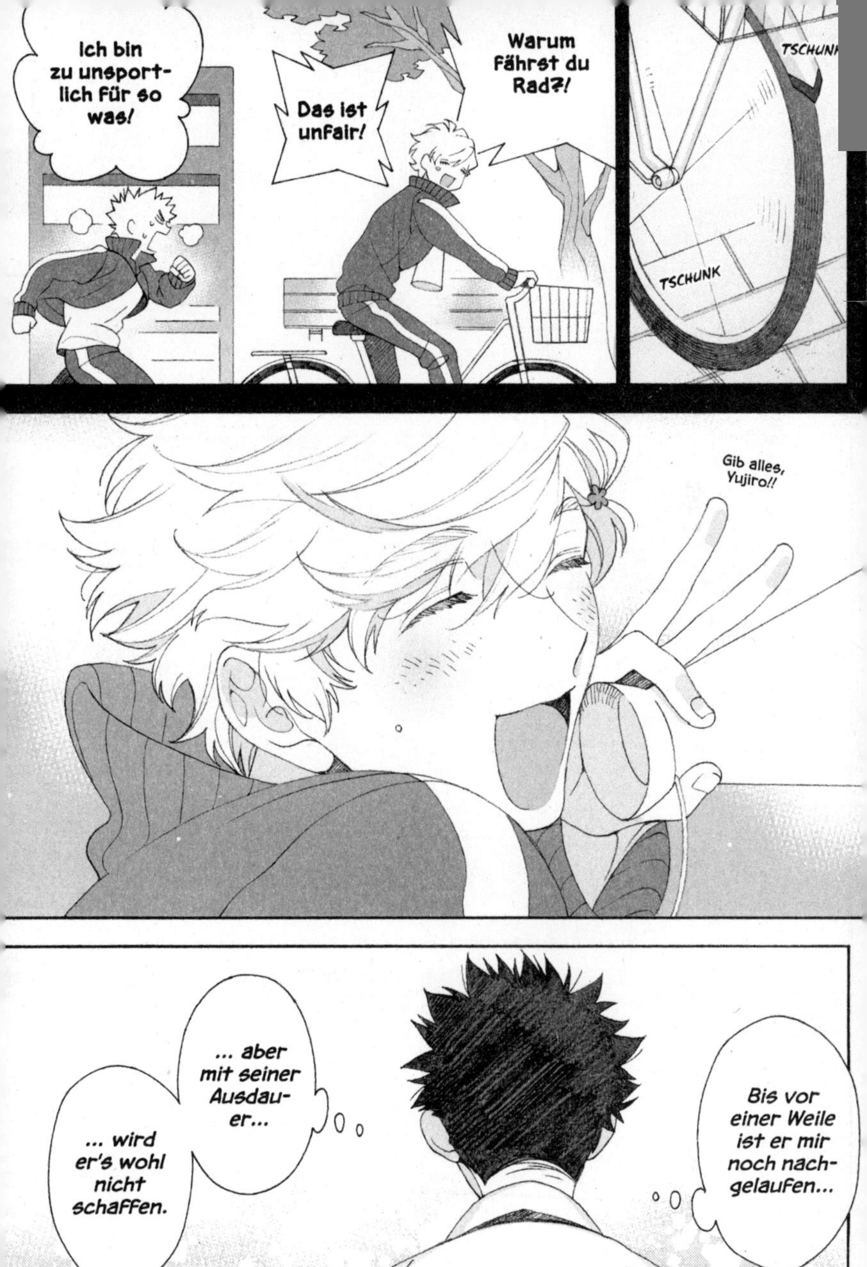
TSCHUNK
TSCHUNK
Warum fährst du Rad?!
Das ist unfair!
Ich bin zu unsportlich für so was!
Gib alles, Yujiro!!
Bis vor einer Weile ist er mir noch nachgelaufen...
... aber mit seiner Ausdauer...
... wird er's wohl nicht schaffen.

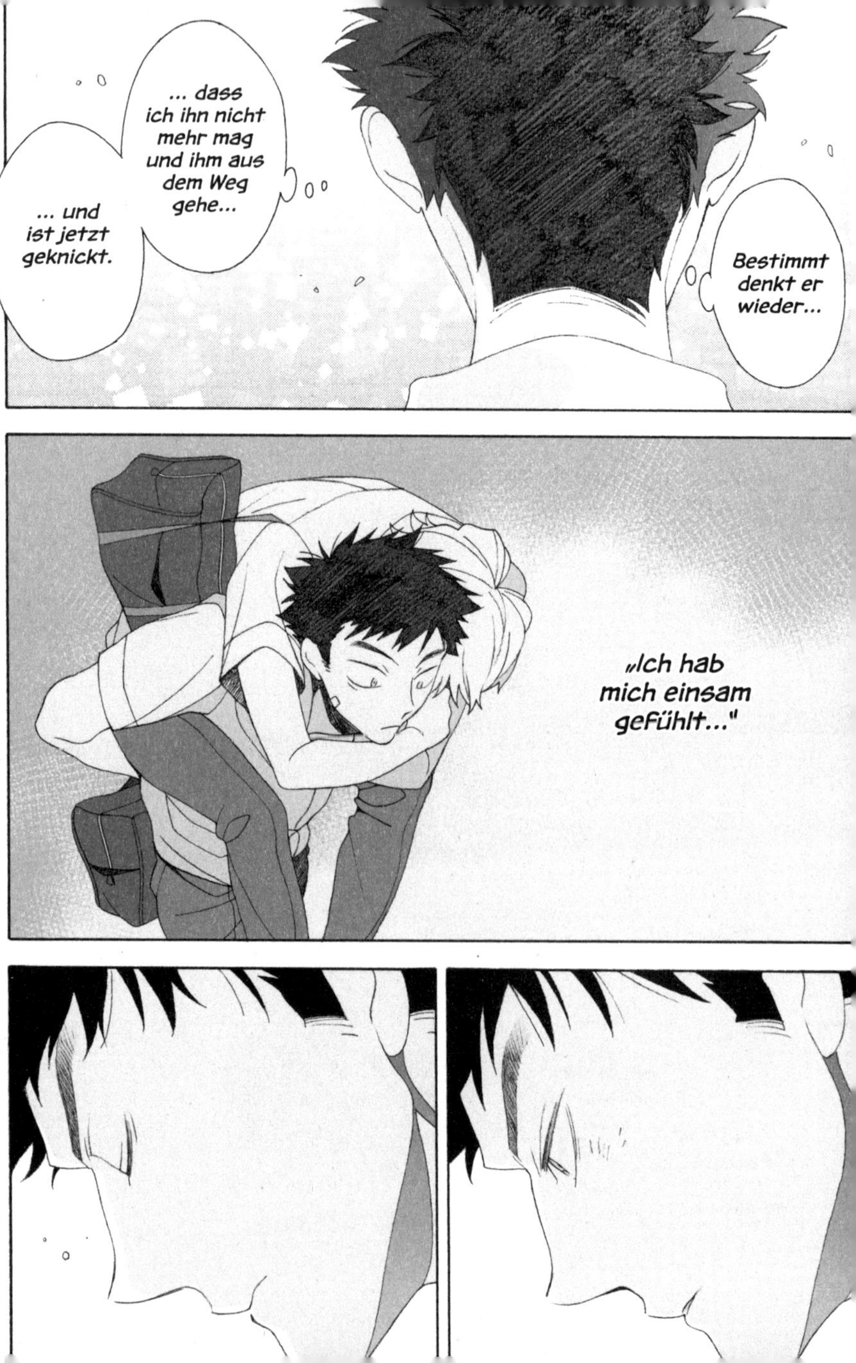

Bestimmt denkt er wieder...

... dass ich ihn nicht mehr mag und ihm aus dem Weg gehe...

... und ist jetzt geknickt.

„Ich hab mich einsam gefühlt..."

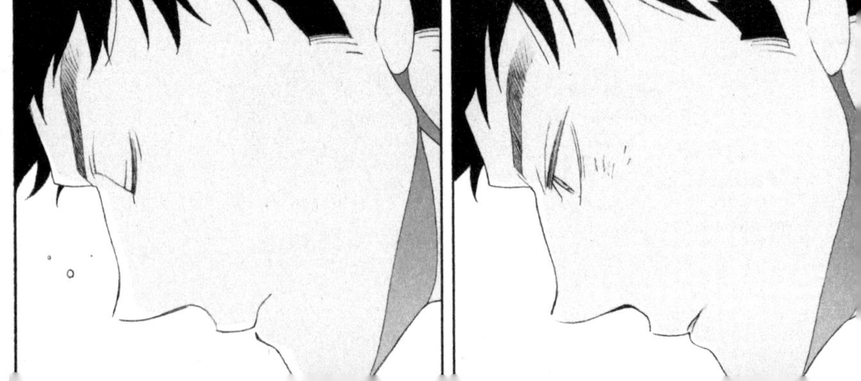

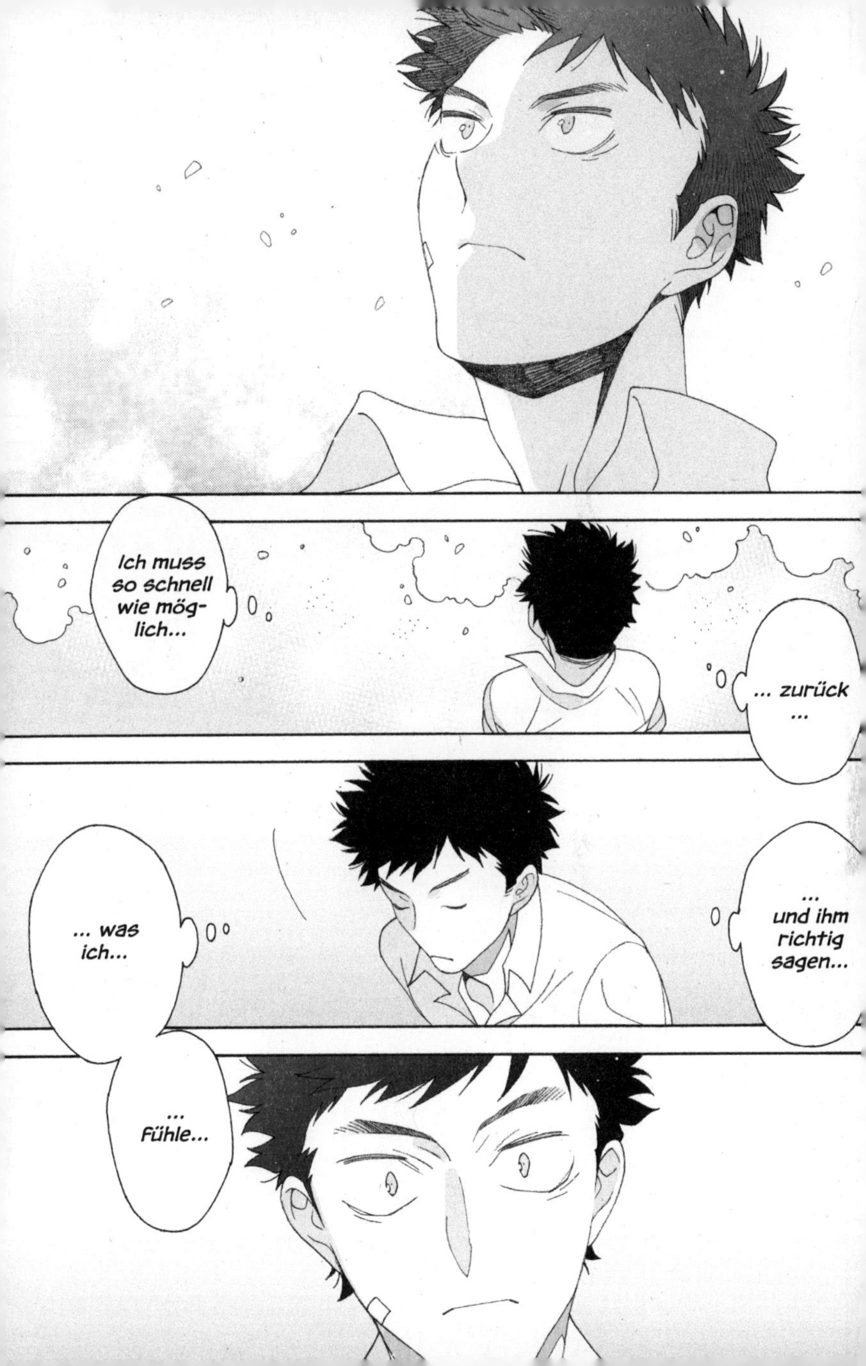

Ich muss so schnell wie mög-lich...
... zurück ...
... und ihm richtig sagen...
... was ich...
... Fühle...

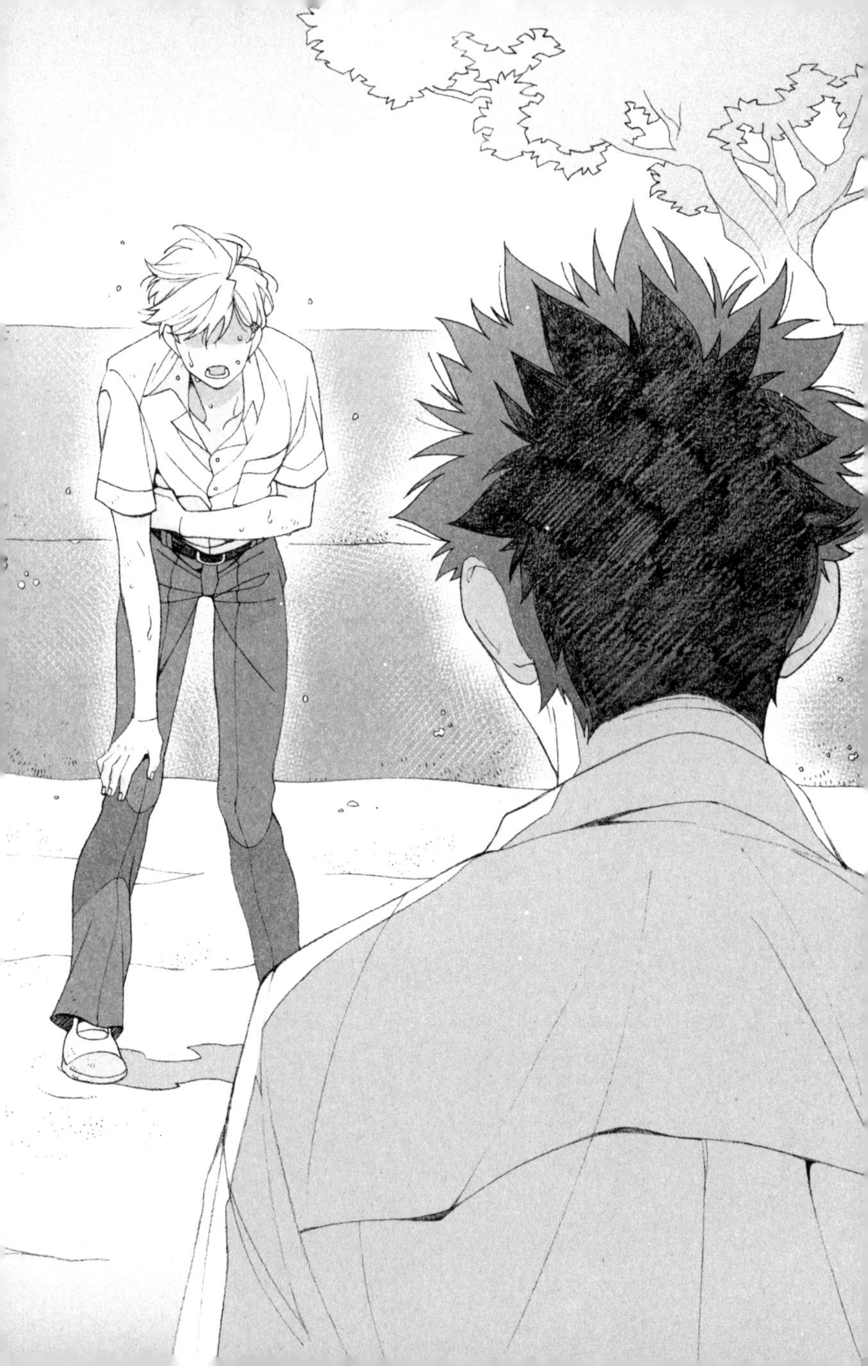

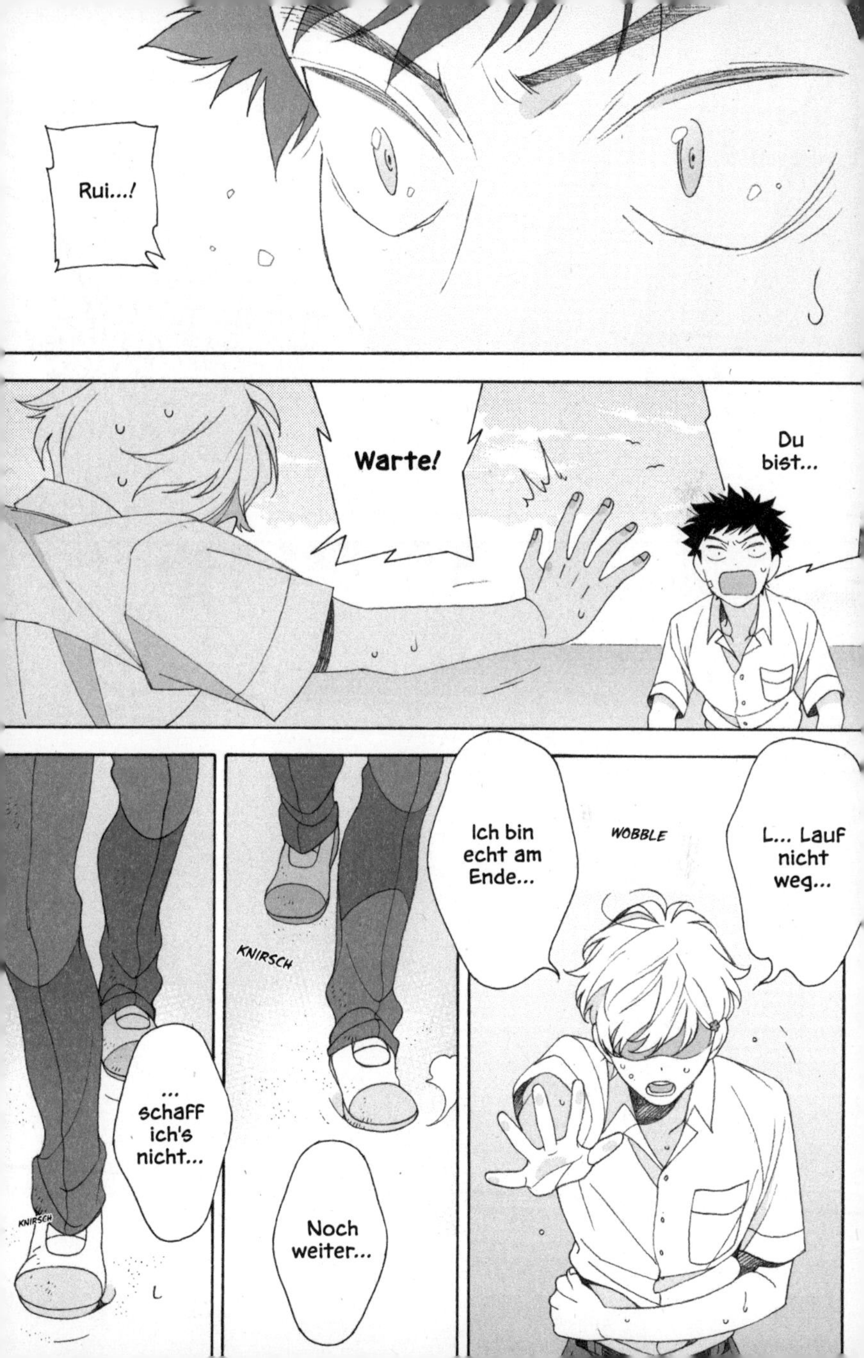
Rui...!
Du bist...
Warte!
L... Lauf nicht weg...
WOBBLE
Ich bin echt am Ende...
Noch weiter...
KNIRSCH
... schaff ich's nicht...
KNIRSCH

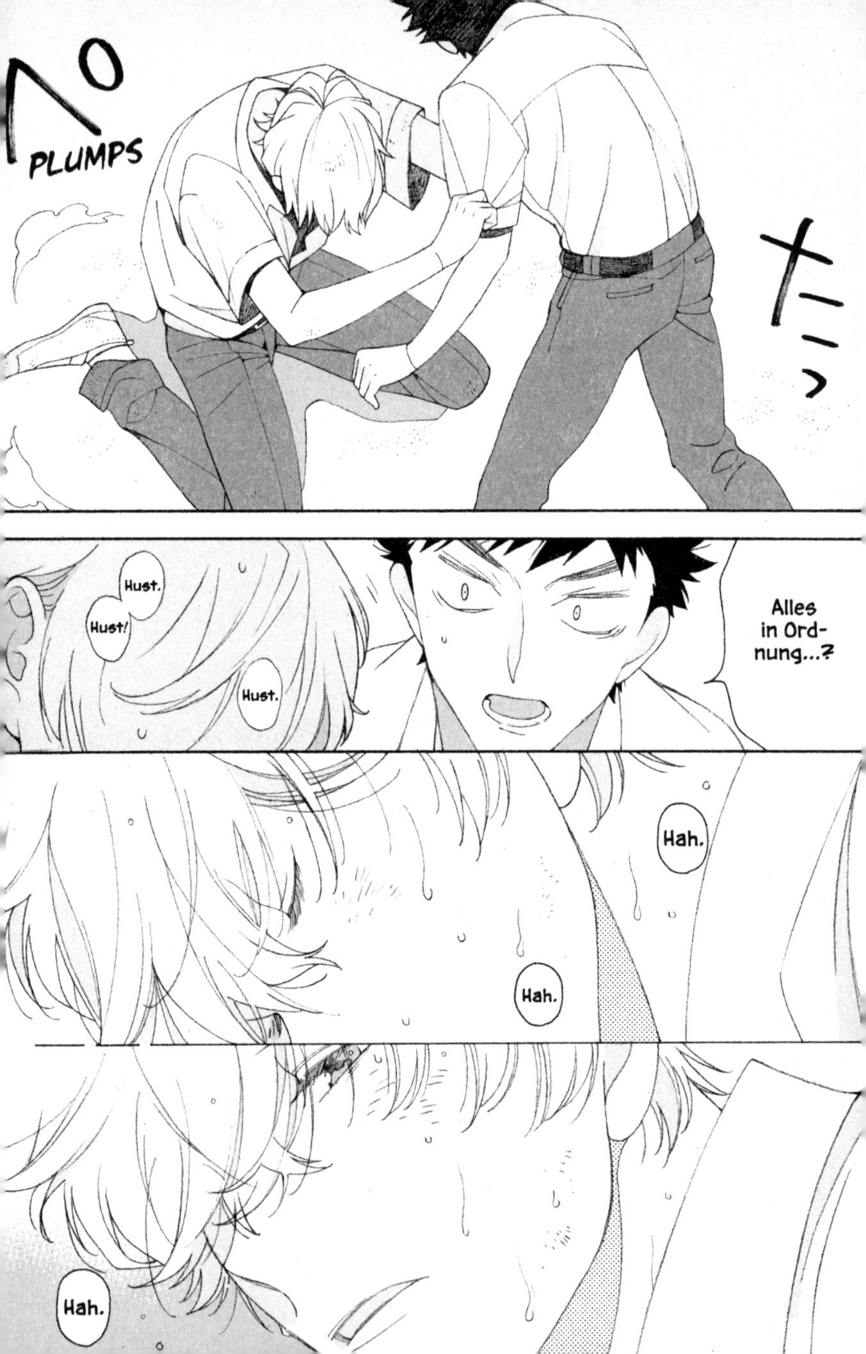
PLUMPS
Alles in Ord-nung...?
Hust.
Hust!
Hust.
Hah.
Hah.
Hah.

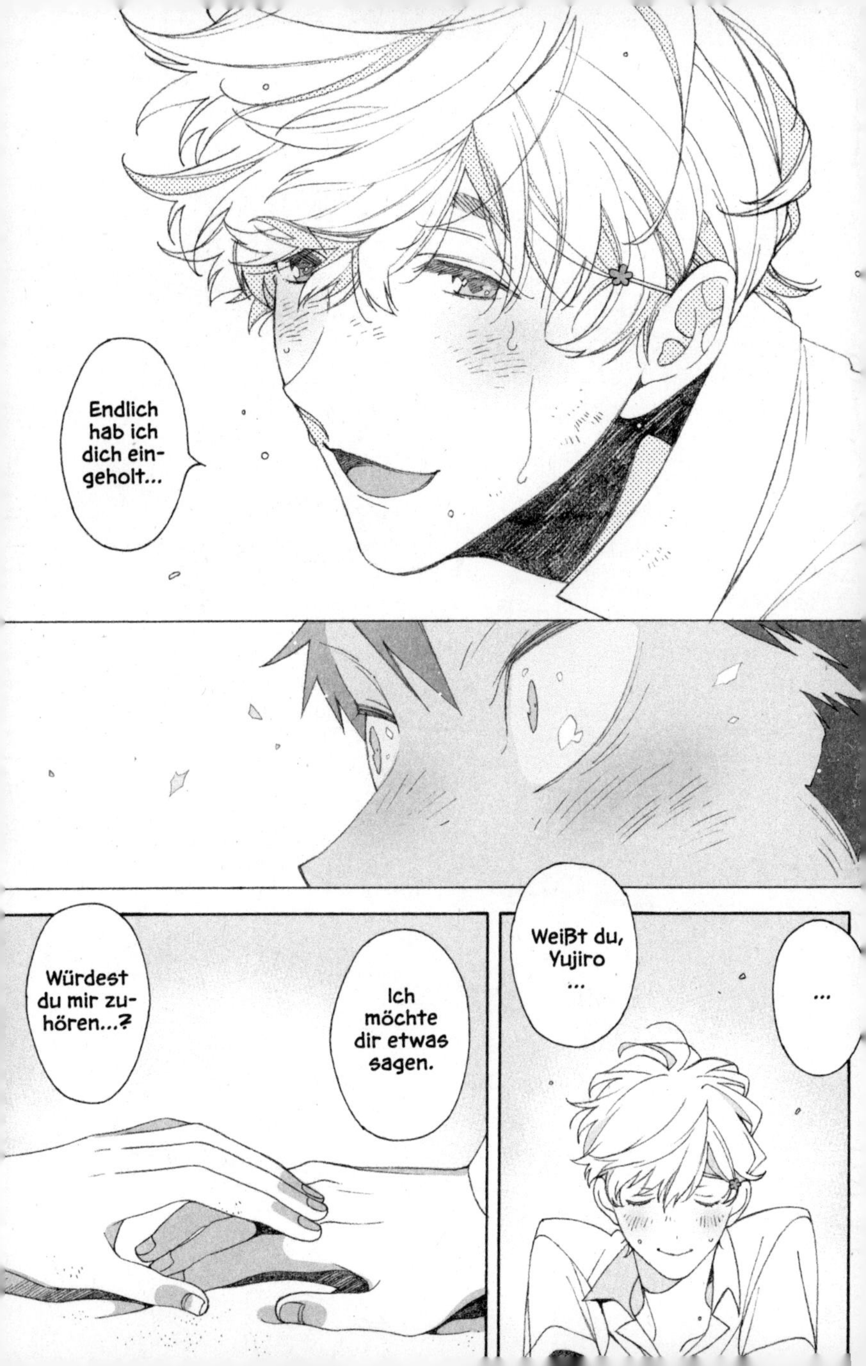
Endlich hab ich dich eingeholt...
...
Weißt du, Yujiro ...
Ich möchte dir etwas sagen.
Würdest du mir zuhören...?

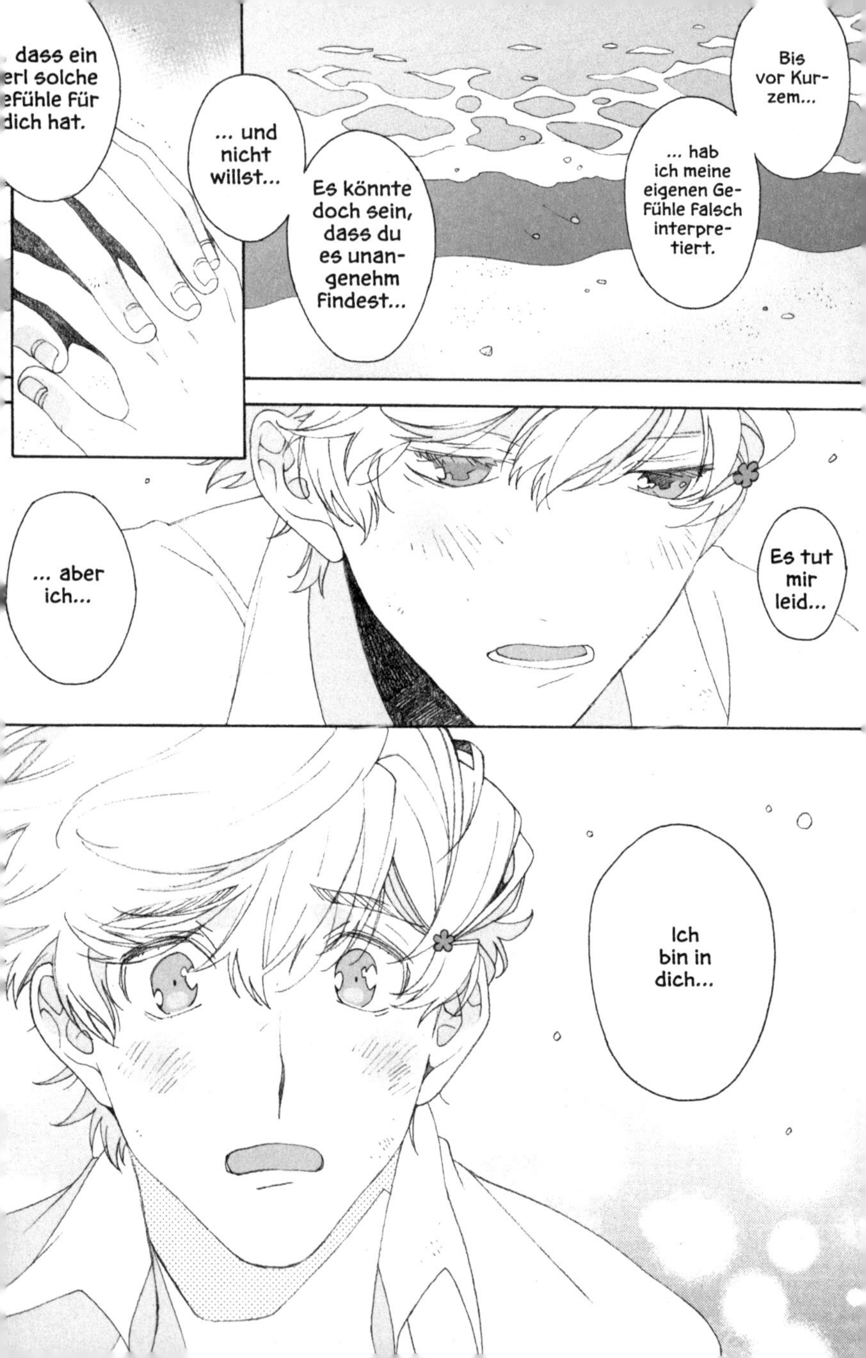
Bis vor Kurzem...
... hab ich meine eigenen Gefühle falsch interpretiert.
Es könnte doch sein, dass du es unangenehm findest...
... und nicht willst...
dass ein erl solche efühle für dich hat.
Es tut mir leid...
... aber ich...
Ich bin in dich...

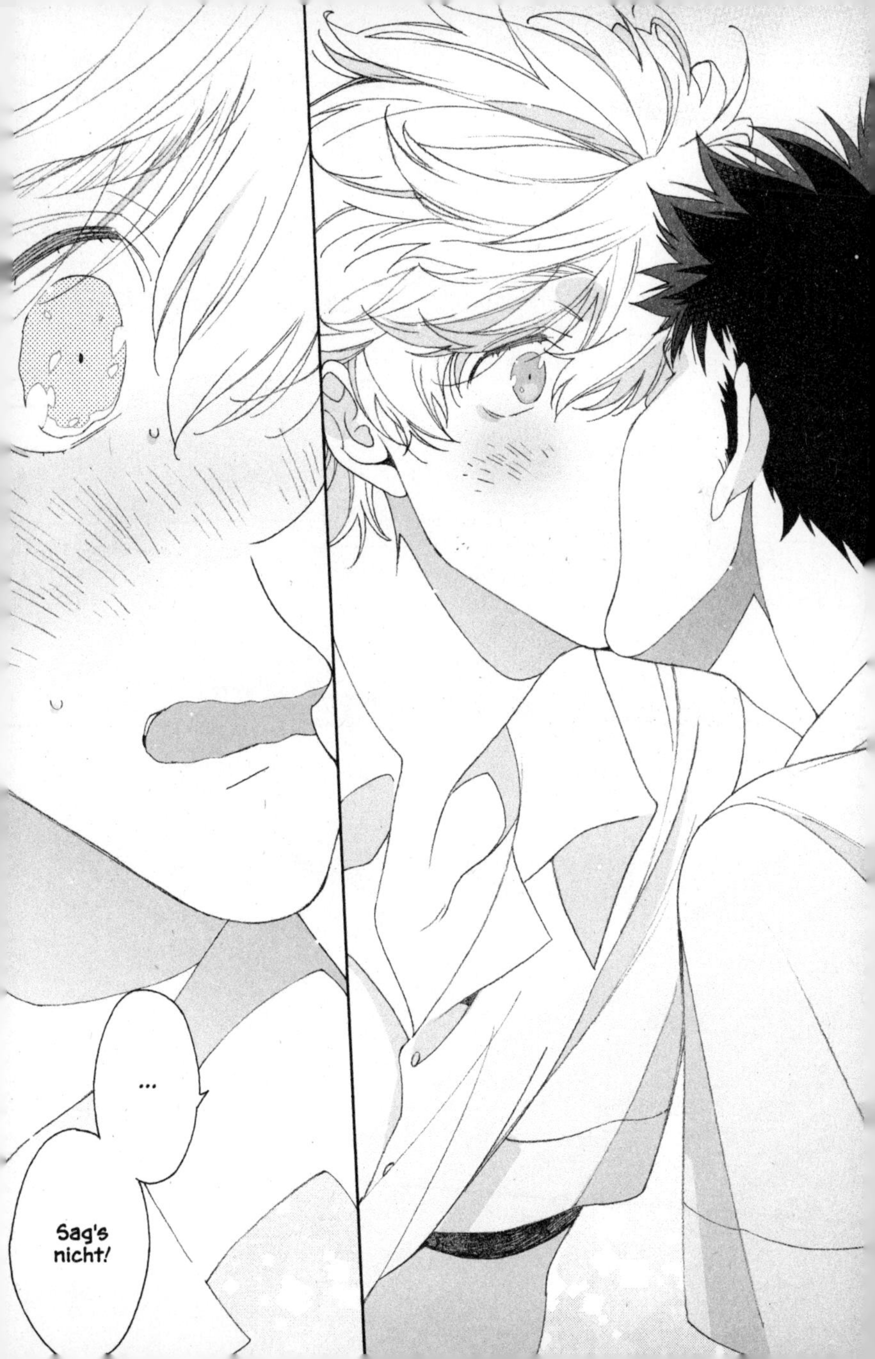
...
Sag's nicht!

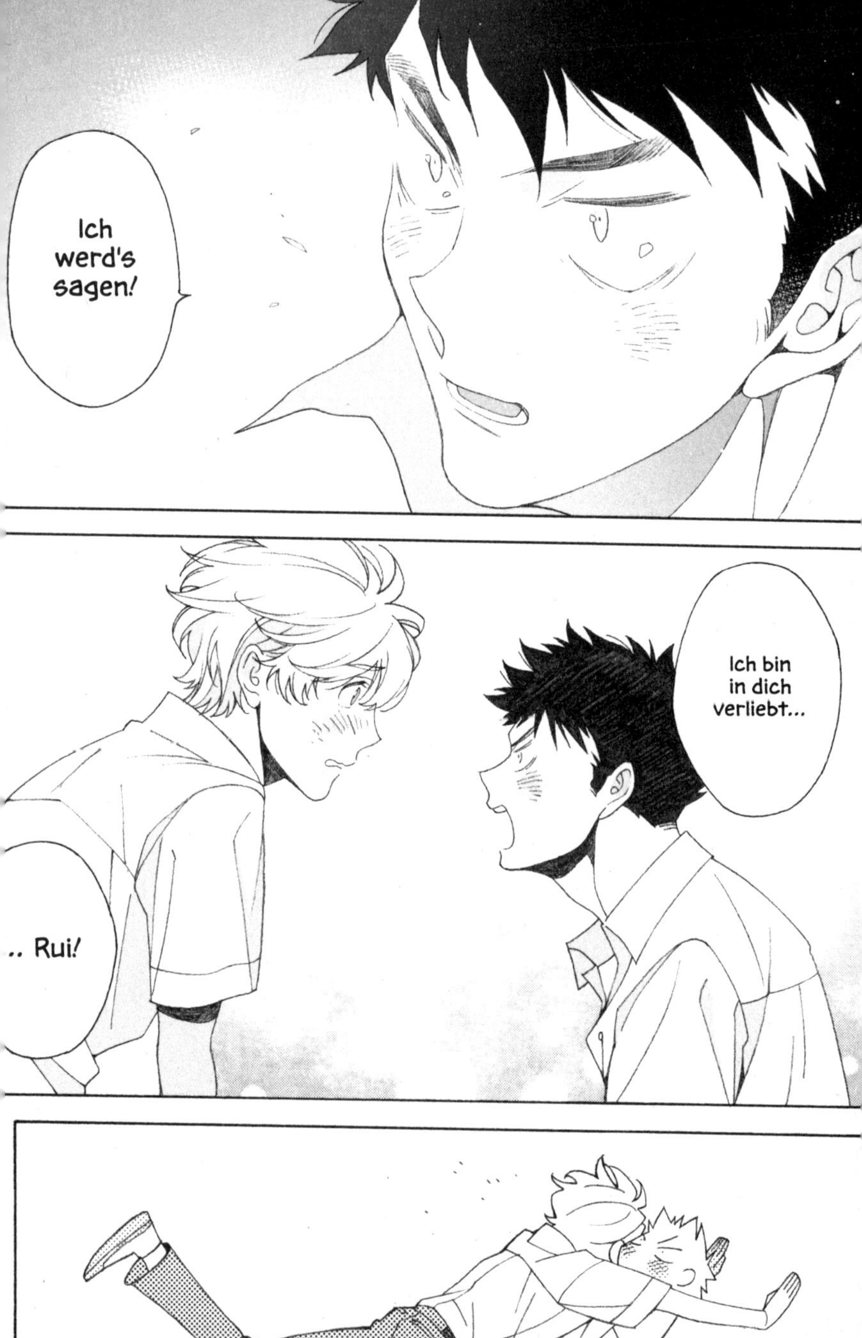
Ich werd's sagen!
Ich bin in dich verliebt...
.. Rui!

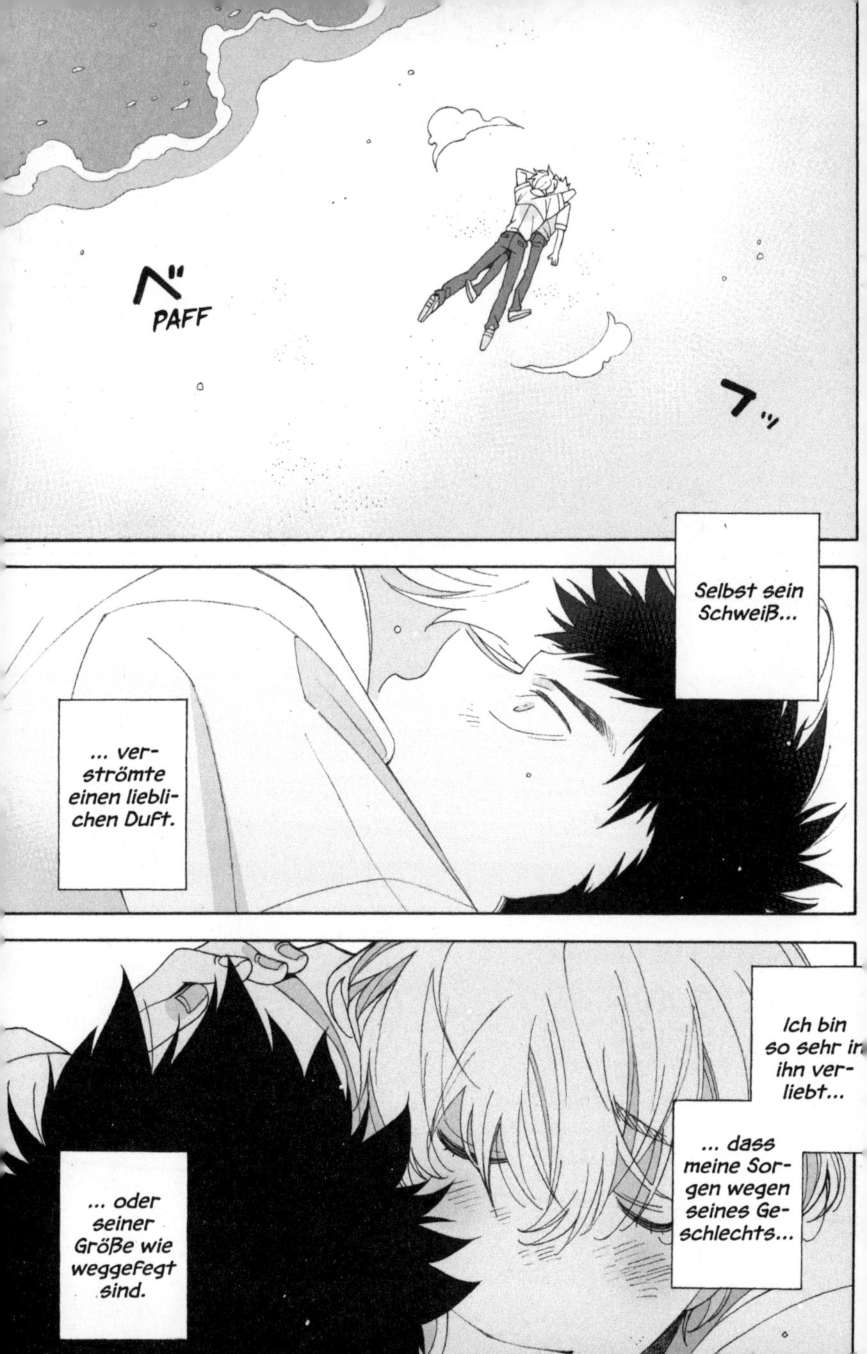
ベ
PAFF
フッ
Selbst sein Schweiß...
... verströmte einen lieblichen Duft.
Ich bin so sehr in ihn verliebt...
... dass meine Sorgen wegen seines Geschlechts...
... oder seiner Größe wie weggefegt sind.

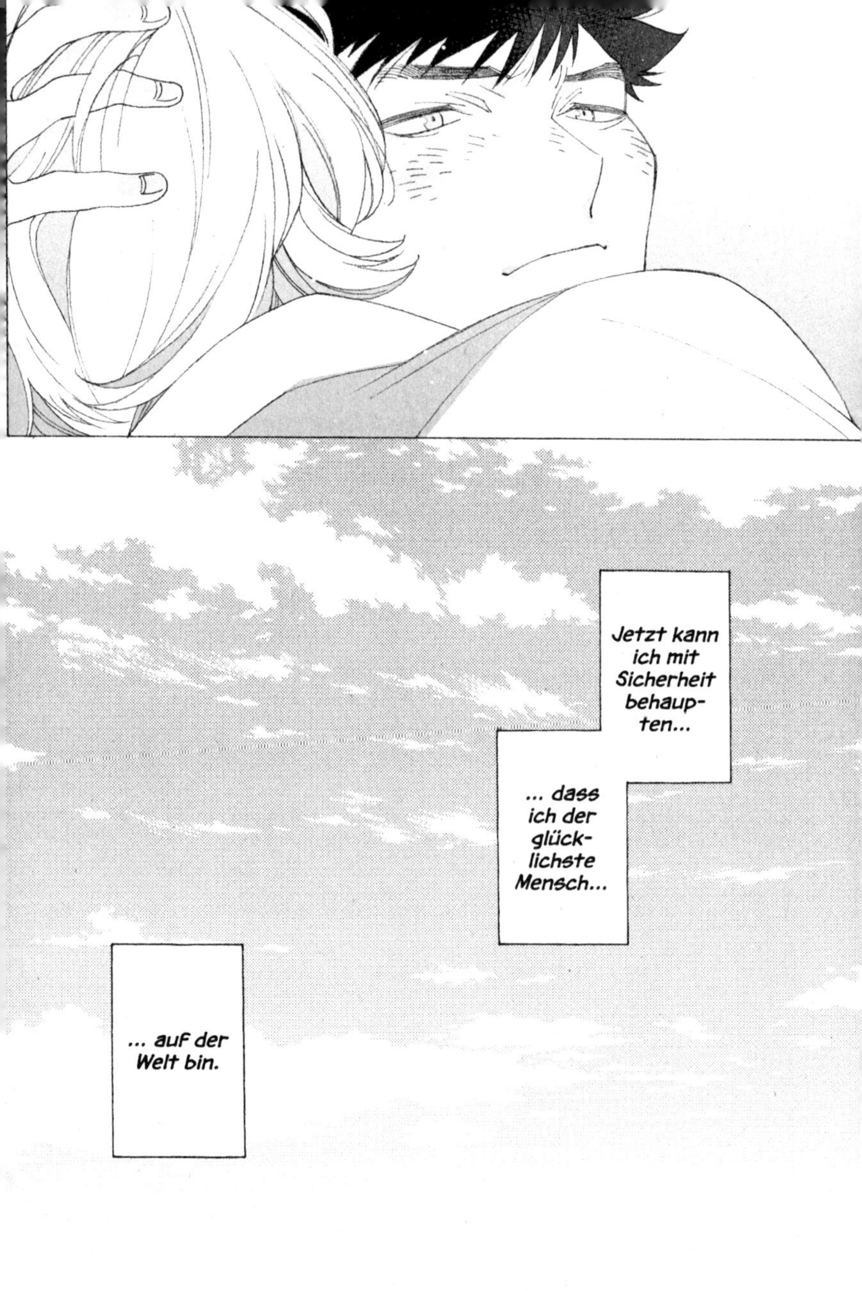
Jetzt kann ich mit Sicherheit behaupten...
... dass ich der glücklichste Mensch...
... auf der Welt bin.

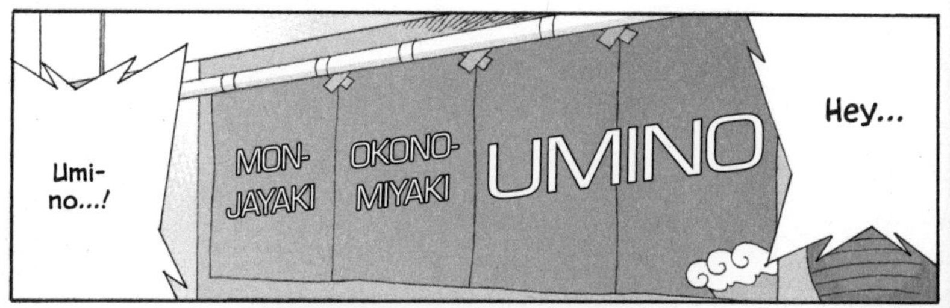

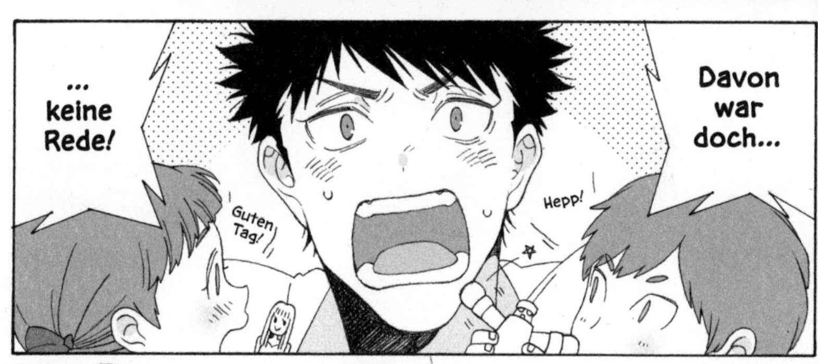

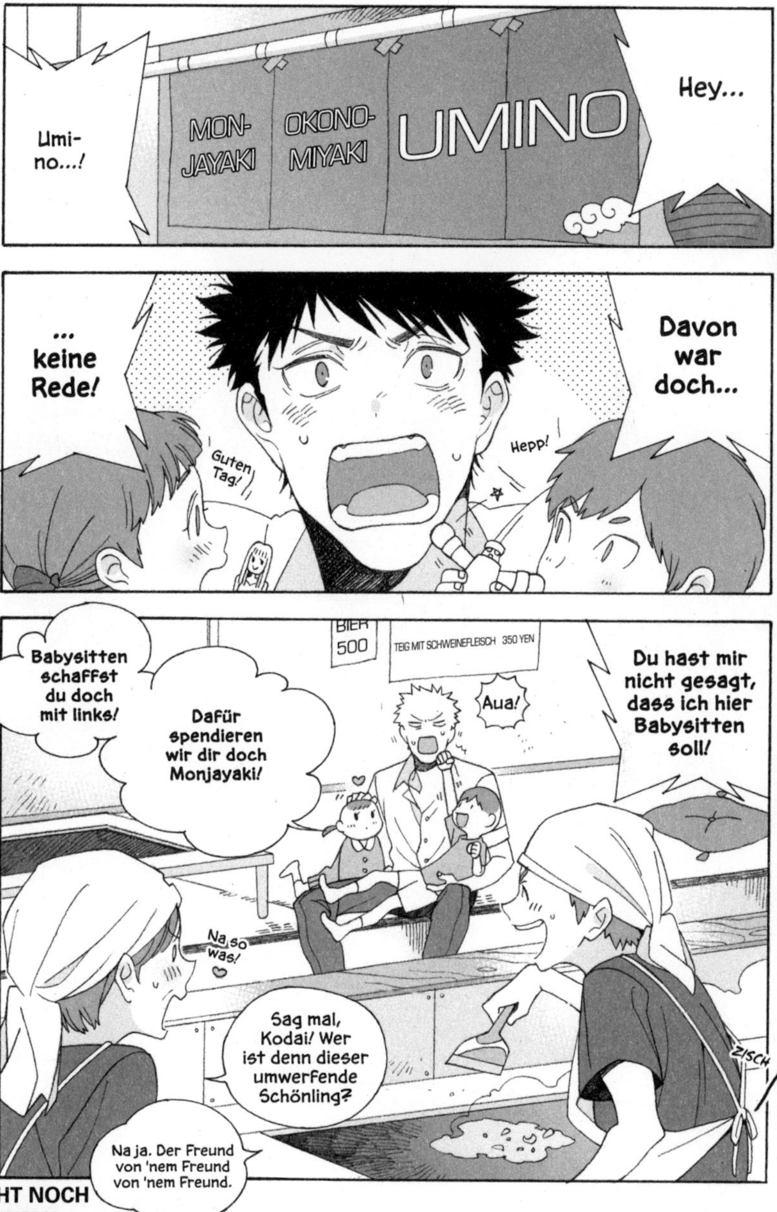

TEIG MIT SCHWEINEFLEISCH 350 YEN

BIER
500

Du hast mir nicht gesagt, dass ich hier Babysitten soll!

Aua!

Babysitten schaffst du doch mit links!

Dafür spendieren wir dir doch Monjayaki!

Na, so was!

ZISCH

Sag mal, Kodai! Wer ist denn dieser umwerfende Schönling?

Na ja. Der Freund von 'nem Freund von 'nem Freund.

ES GEHT NOCH WEITER!!

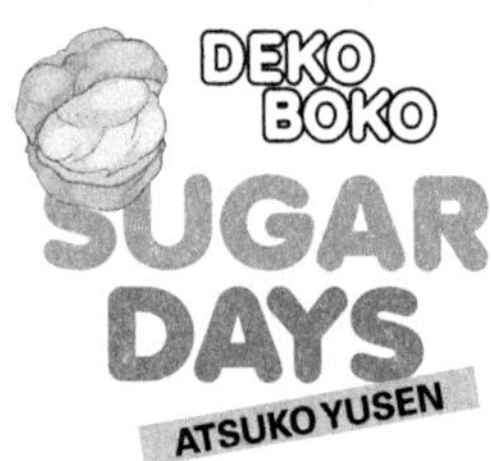
DEKO BOKO
SUGAR DAYS
ATSUKO YUSEN

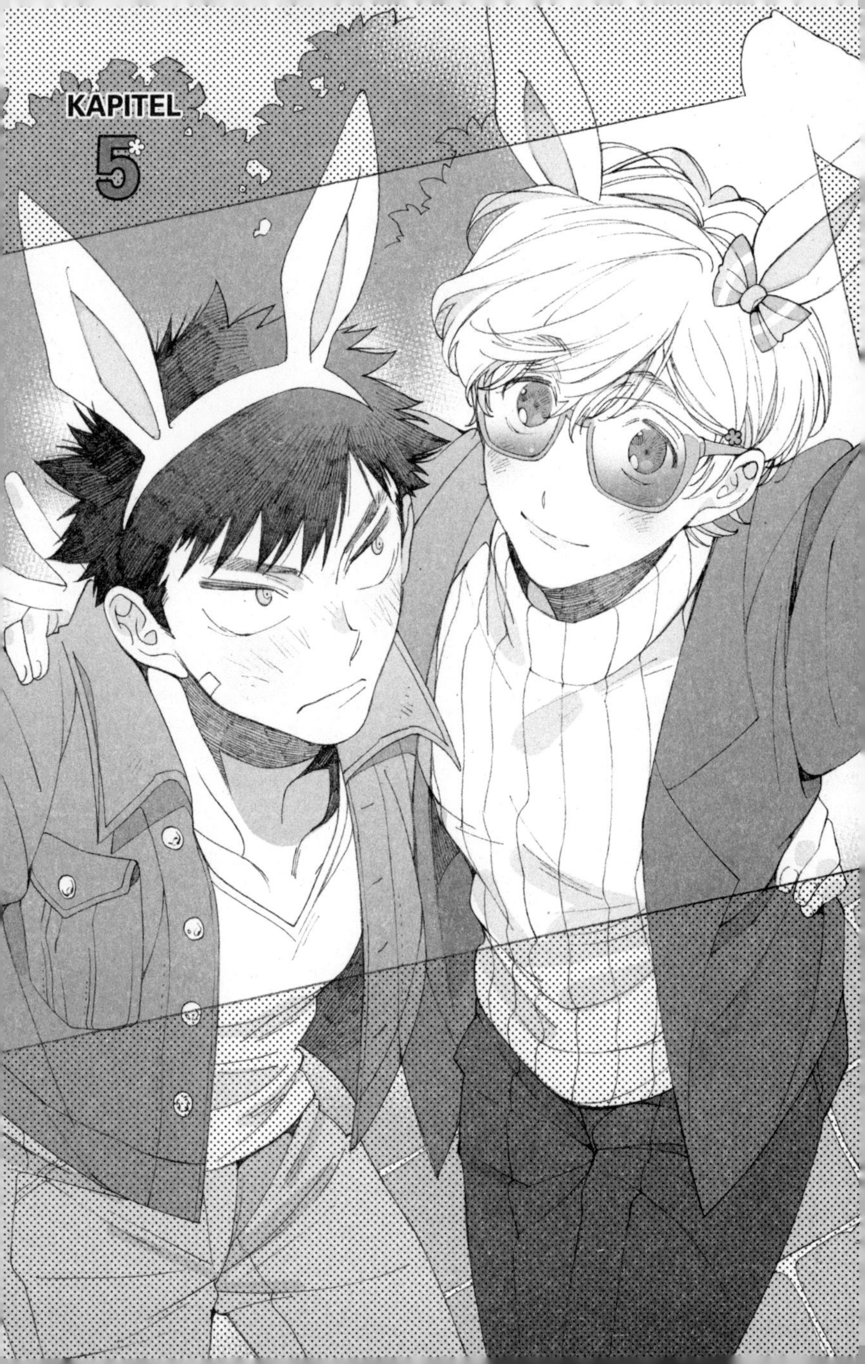
KAPITEL
5

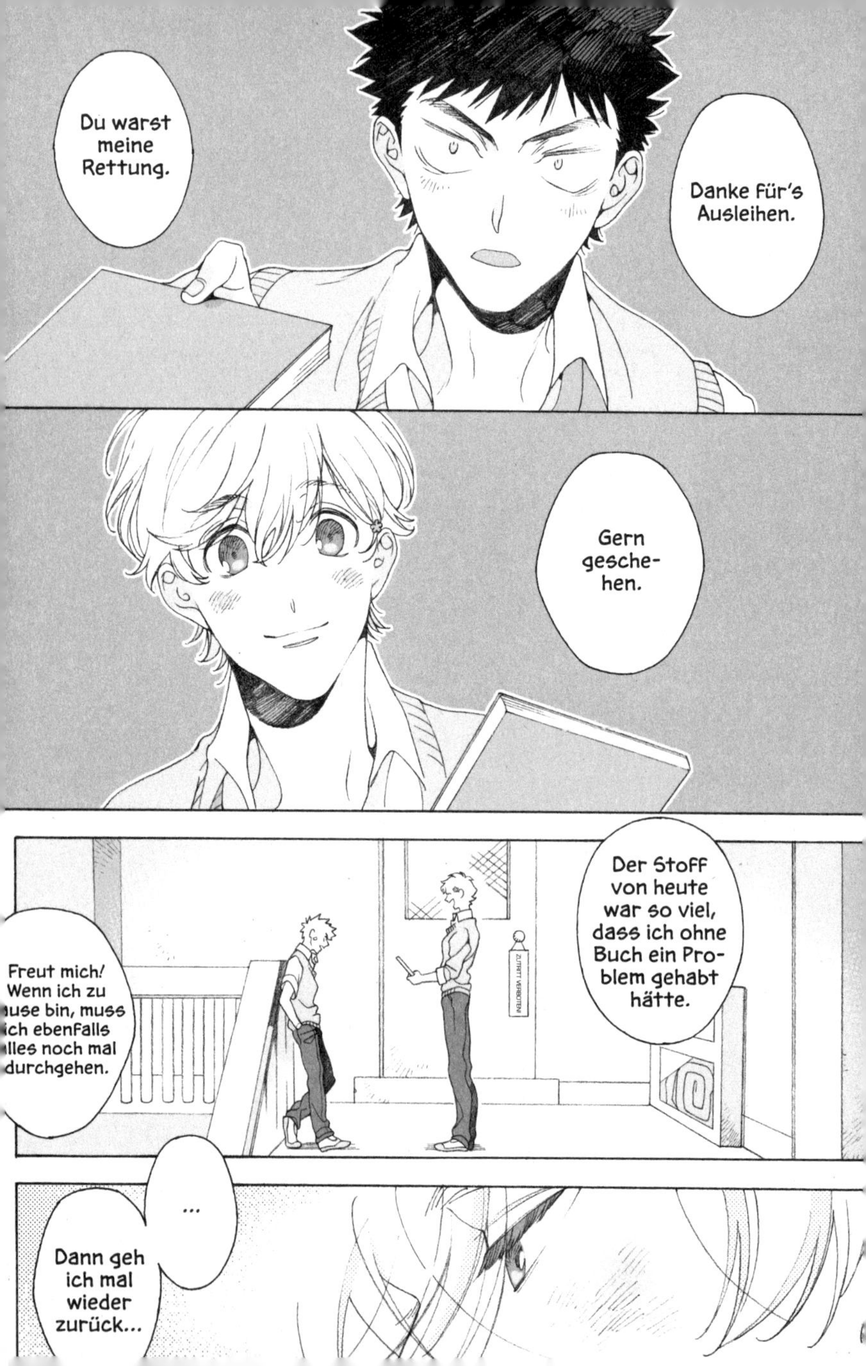
Danke für's Ausleihen.
Du warst meine Rettung.
Gern gesche-hen.
Der Stoff von heute war so viel, dass ich ohne Buch ein Pro-blem gehabt hätte.
Freut mich! Wenn ich zu use bin, muss ich ebenfalls lles noch mal durchgehen.
ZUTRITT VERBOTEN!
...
Dann geh ich mal wieder zurück...

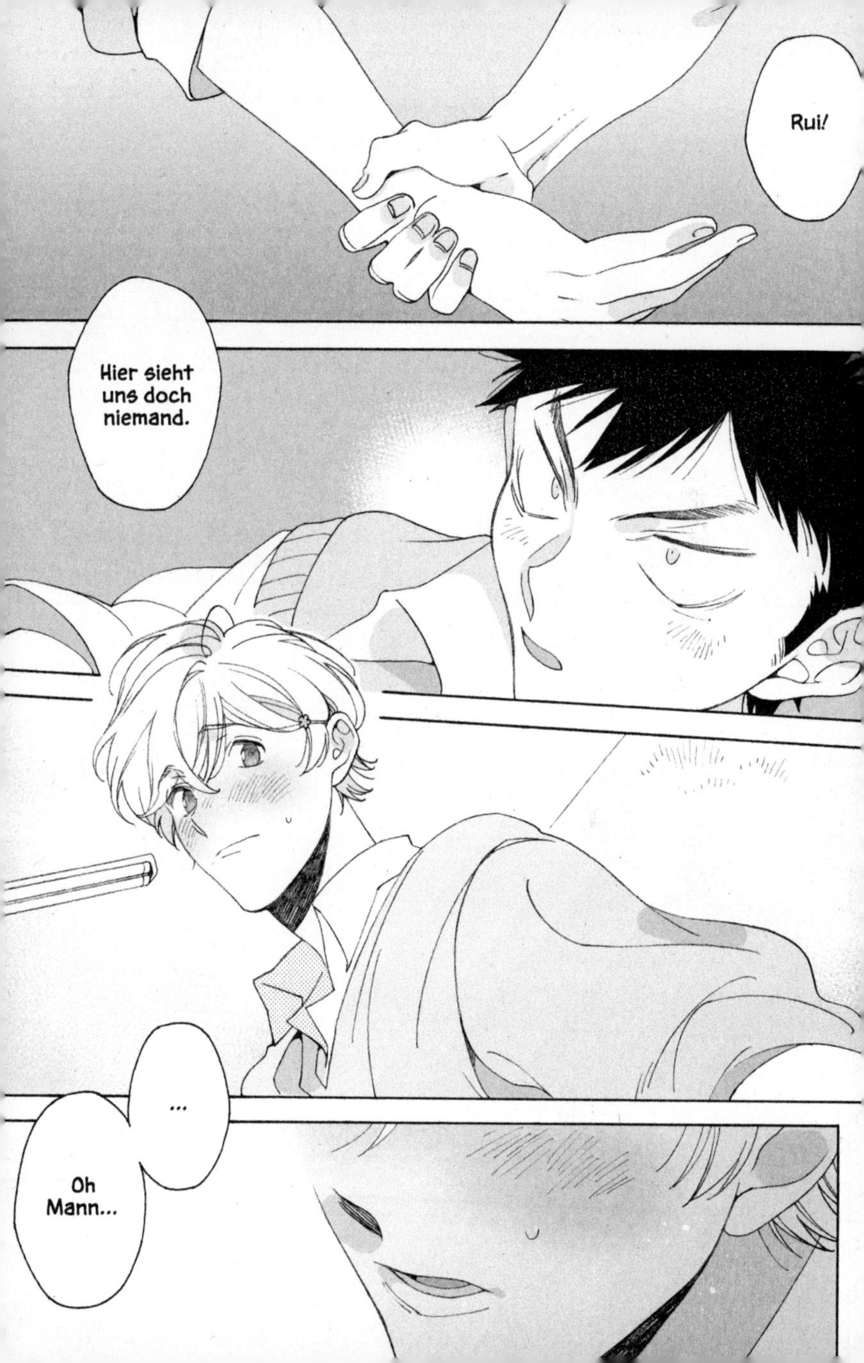
Rui!
Hier sieht uns doch niemand.
...
Oh Mann...

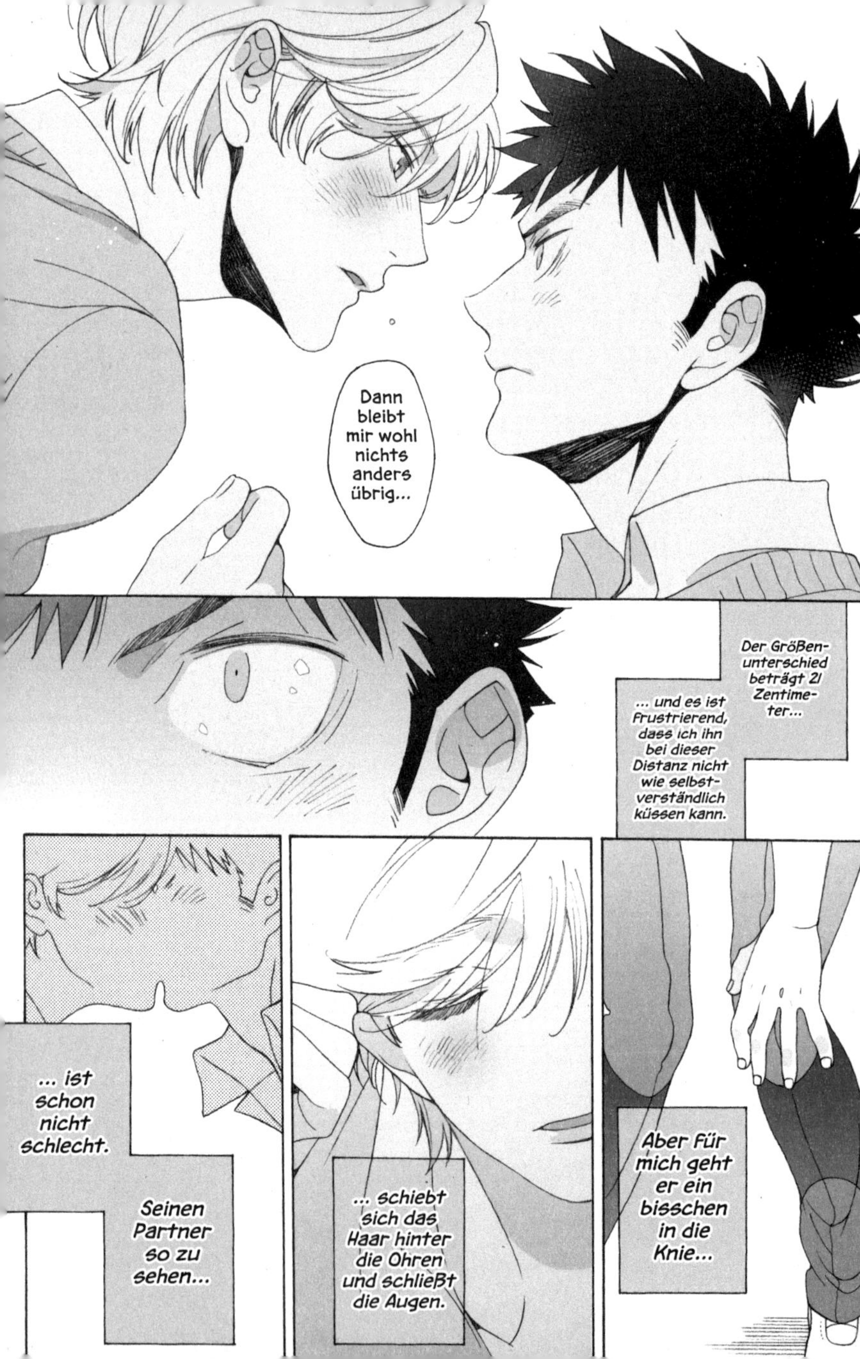
Dann bleibt mir wohl nichts anders übrig...
Der Größen-unterschied beträgt 21 Zentime-ter...
... und es ist Frustrierend, dass ich ihn bei dieser Distanz nicht wie selbst-verständlich küssen kann.
Aber Für mich geht er ein bisschen in die Knie...
... schiebt sich das Haar hinter die Ohren und schließt die Augen.
Seinen Partner so zu sehen...
... ist schon nicht schlecht.

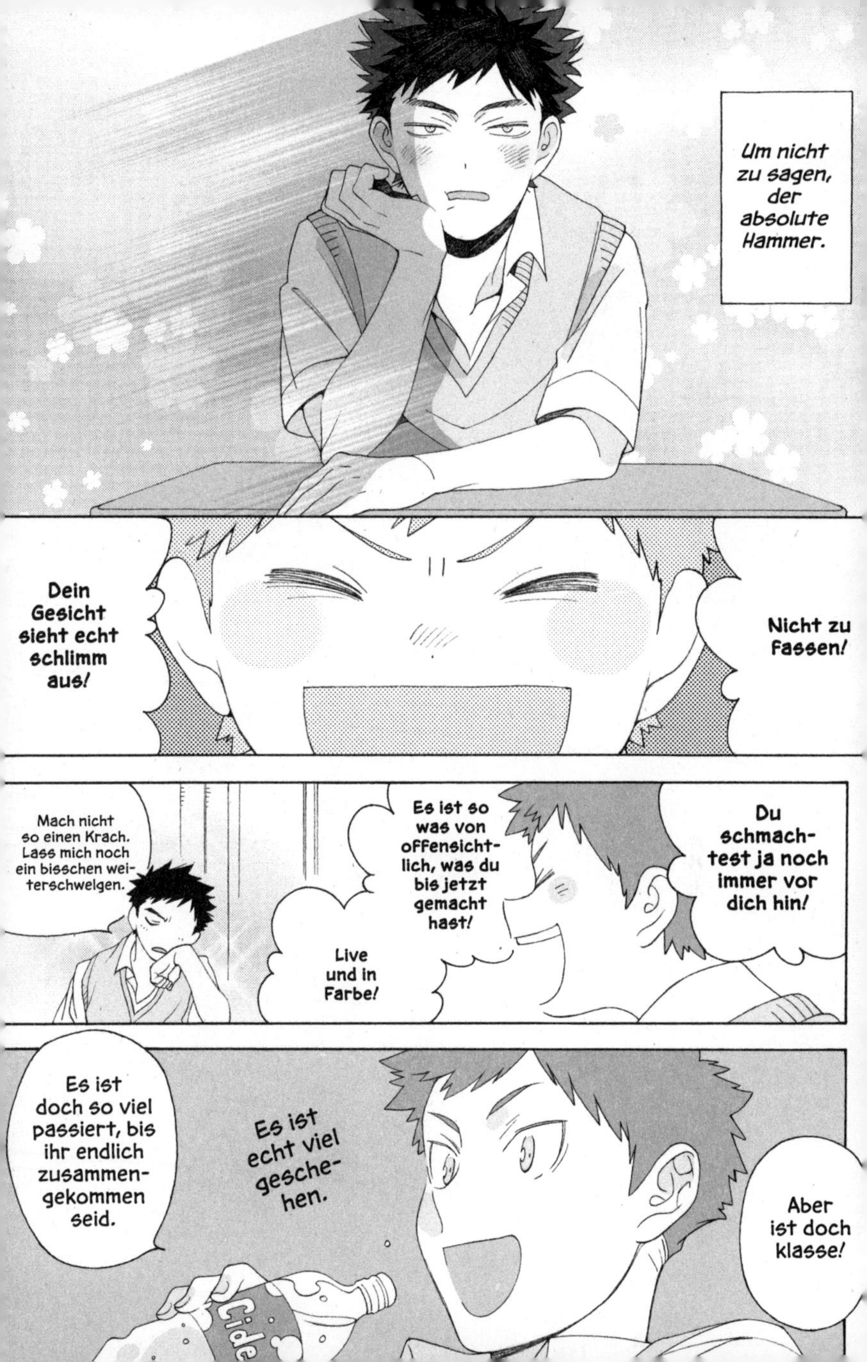

Um nicht zu sagen, der absolute Hammer.
Nicht zu fassen!
Dein Gesicht sieht echt schlimm aus!
Du schmachtest ja noch immer vor dich hin!
Es ist so was von offensichtlich, was du bis jetzt gemacht hast!
Live und in Farbe!
Mach nicht so einen Krach. Lass mich noch ein bisschen weiterschwelgen.
Aber ist doch klasse!
Es ist echt viel geschehen.
Es ist doch so viel passiert, bis ihr endlich zusammengekommen seid.

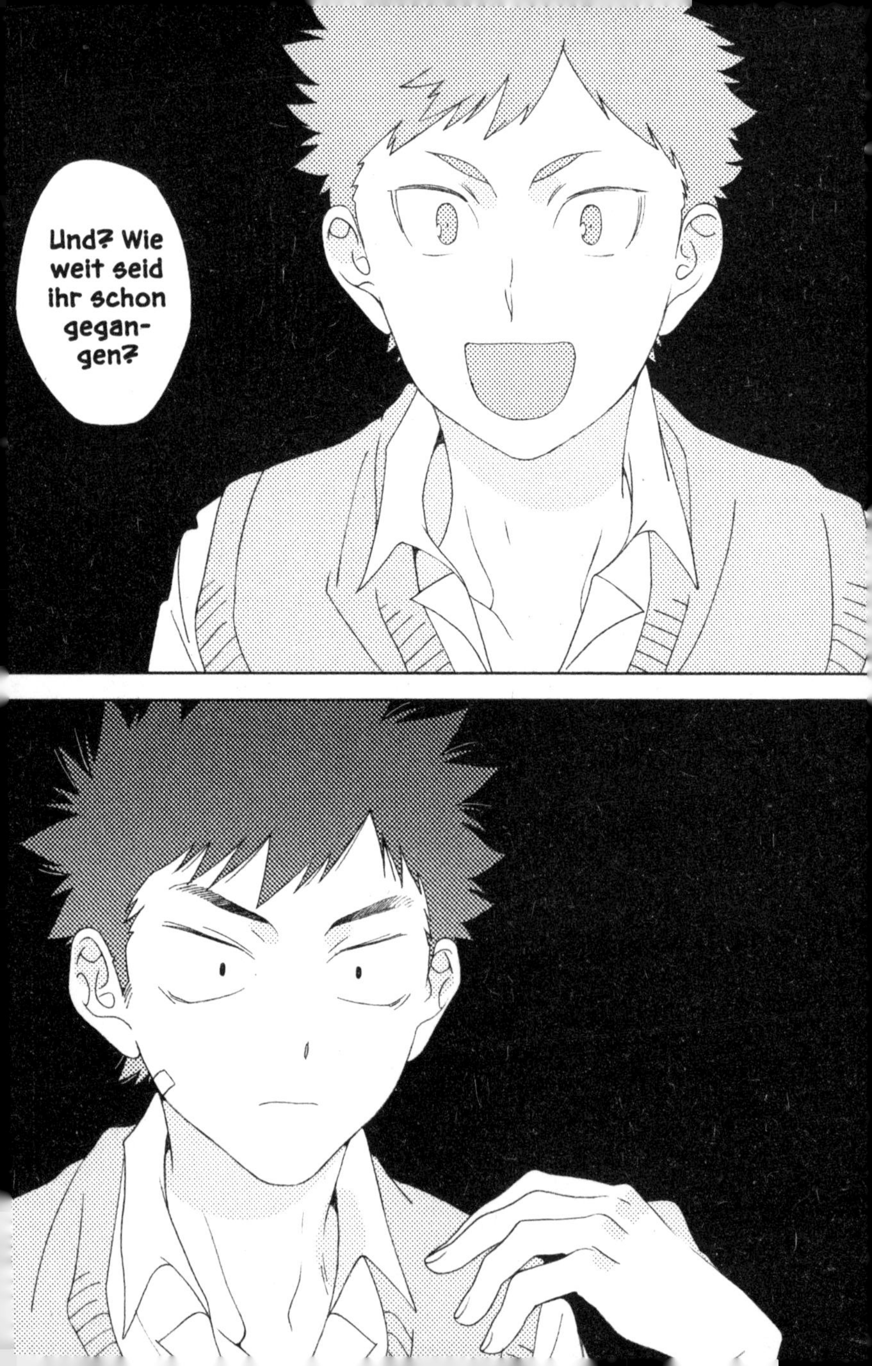

Und? Wie weit seid ihr schon gegan-gen?

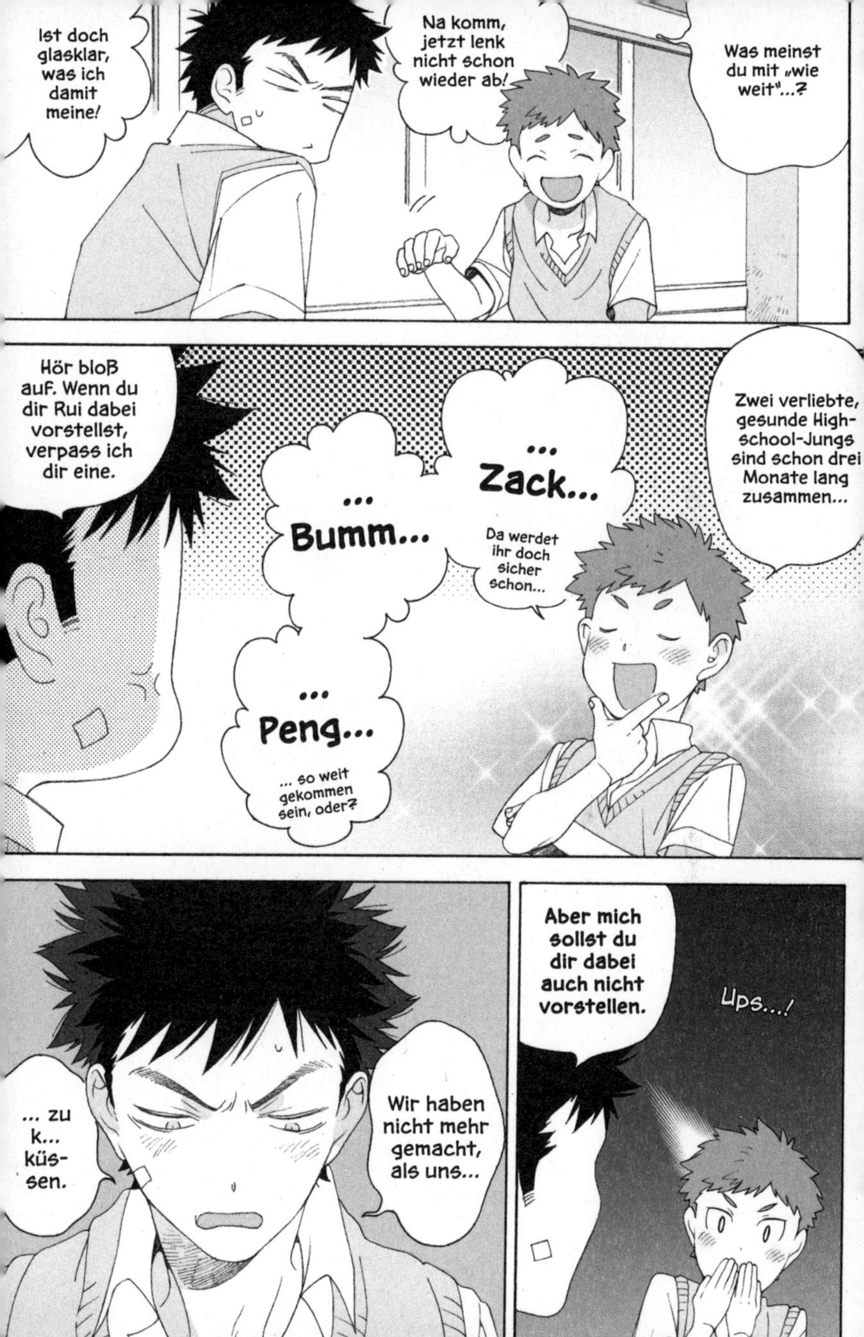
Was meinst du mit „wie weit"...?
Na komm, jetzt lenk nicht schon wieder ab!
Ist doch glasklar, was ich damit meine!
Zwei verliebte, gesunde High-school-Jungs sind schon drei Monate lang zusammen...
Da werdet ihr doch sicher schon...
... Zack...
... Bumm...
... Peng...
... so weit gekommen sein, oder?
Hör bloß auf. Wenn du dir Rui dabei vorstellst, verpass ich dir eine.
Aber mich sollst du dir dabei auch nicht vorstellen.
Ups...!
Wir haben nicht mehr gemacht, als uns...
... zu k... küs-sen.

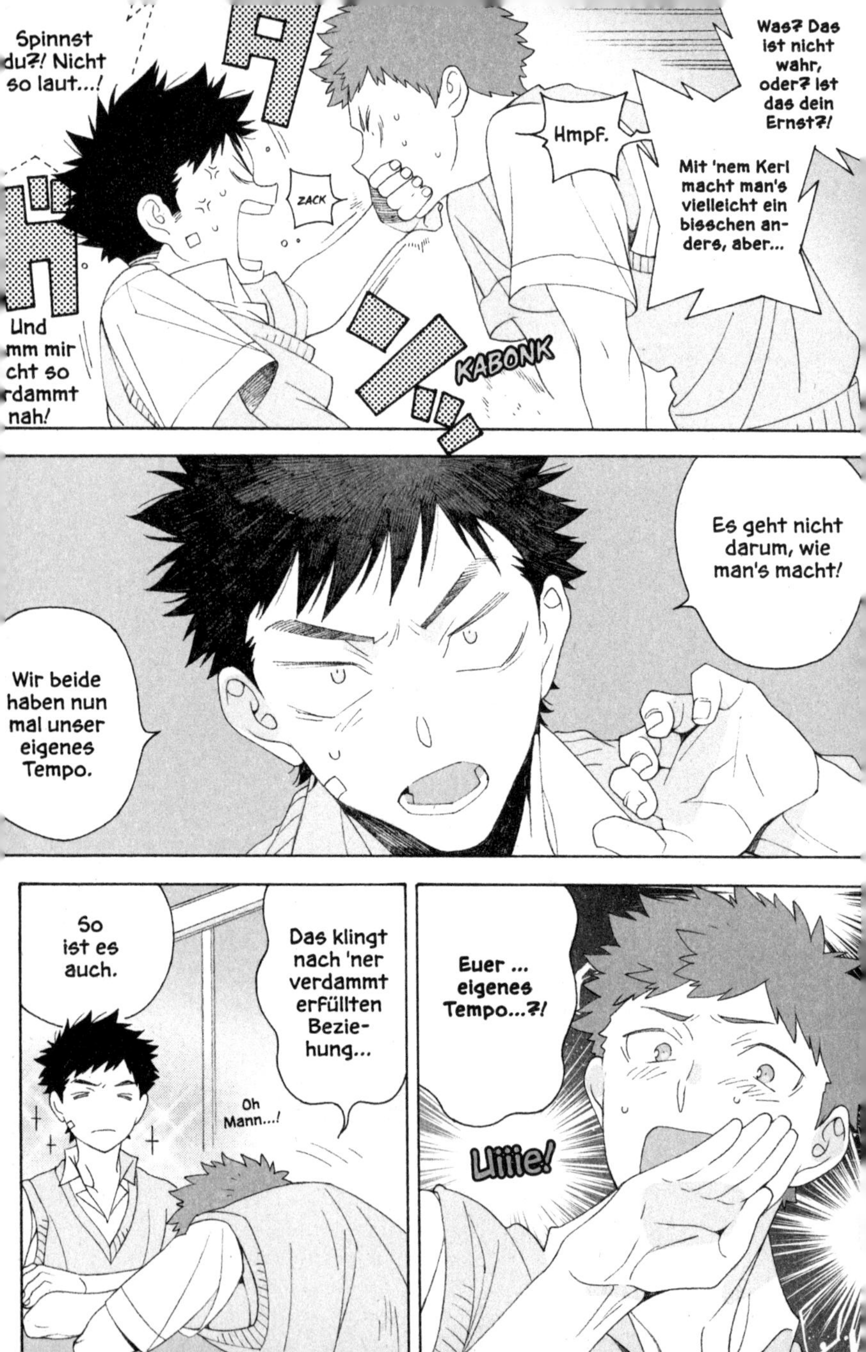
Was? Das ist nicht wahr, oder? Ist das dein Ernst?!
Mit 'nem Kerl macht man's vielleicht ein bisschen anders, aber...
Hmpf.
ZACK
Spinnst du?! Nicht so laut...!
Und mm mir cht so rdammt nah!
KABONK
Es geht nicht darum, wie man's macht!
Wir beide haben nun mal unser eigenes Tempo.
Euer ... eigenes Tempo...?!
Uiiie!
Das klingt nach 'ner verdammt erfüllten Beziehung...
Oh Mann...!
So ist es auch.

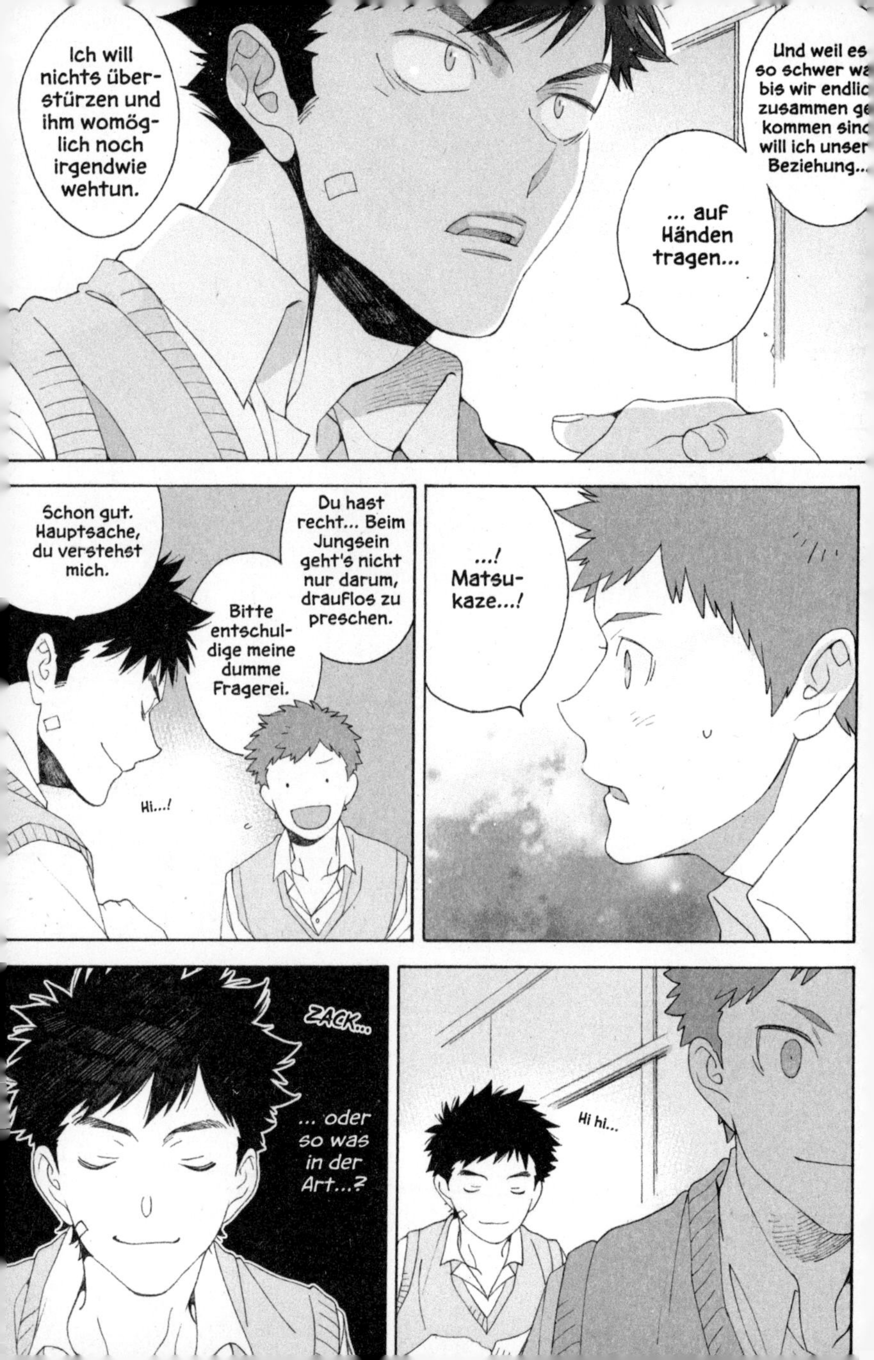

Und weil es so schwer wa bis wir endlic zusammen ge kommen sinc will ich unser Beziehung...

... auf Händen tragen...

Ich will nichts überstürzen und ihm womöglich noch irgendwie wehtun.

...! Matsukaze...!

Du hast recht... Beim Jungsein geht's nicht nur darum, drauflos zu preschen.

Bitte entschuldige meine dumme Fragerei.

Schon gut. Hauptsache, du verstehst mich.

Hi...!

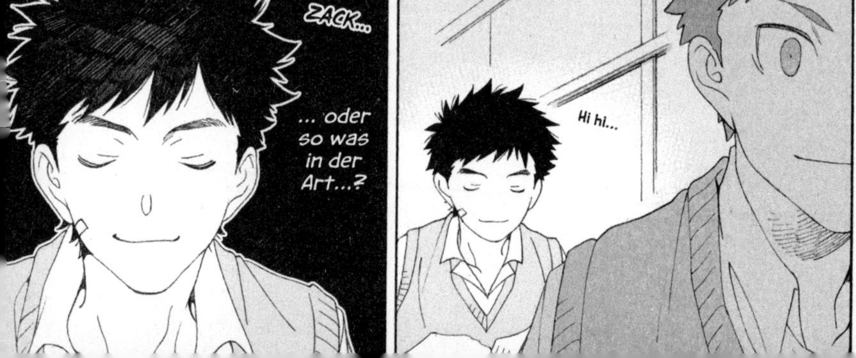

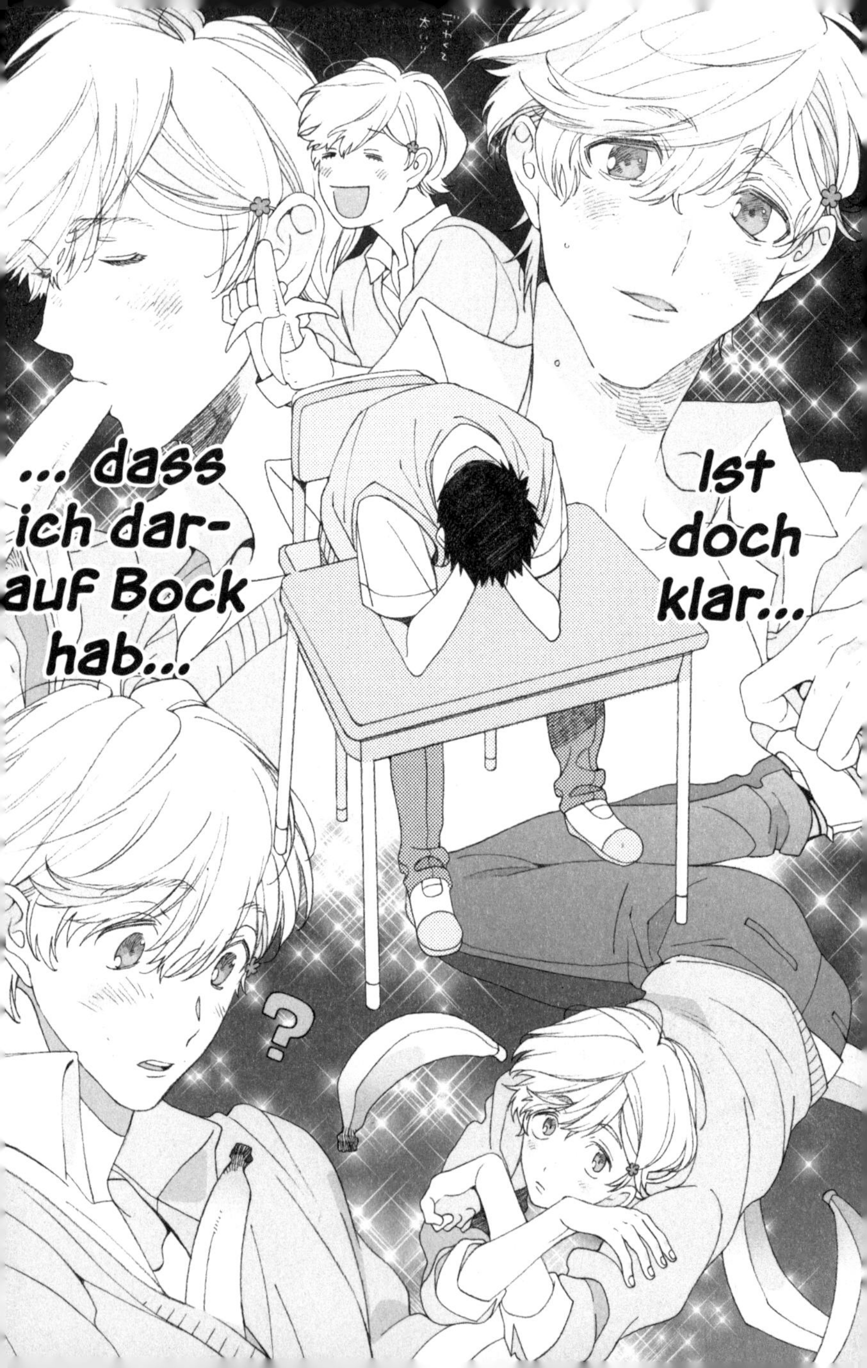
Ist doch klar...
... dass ich darauf Bock hab...
?

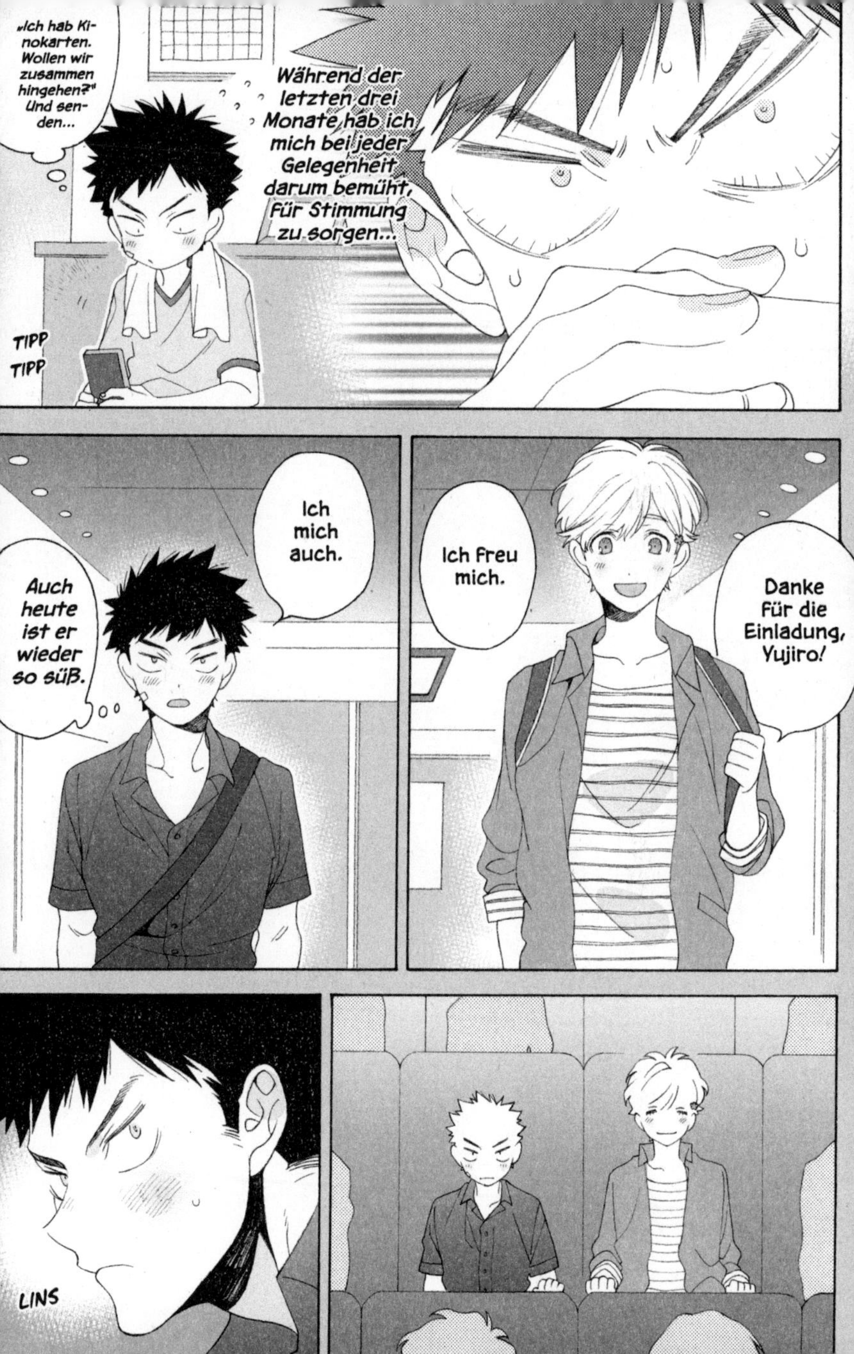
Während der letzten drei Monate hab ich mich bei jeder Gelegenheit darum bemüht, für Stimmung zu sorgen...
„Ich hab Kinokarten. Wollen wir zusammen hingehen?" Und senden...
TIPP
TIPP
Danke für die Einladung, Yujiro!
Ich freu mich.
Ich mich auch.
Auch heute ist er wieder so süß.
LINS

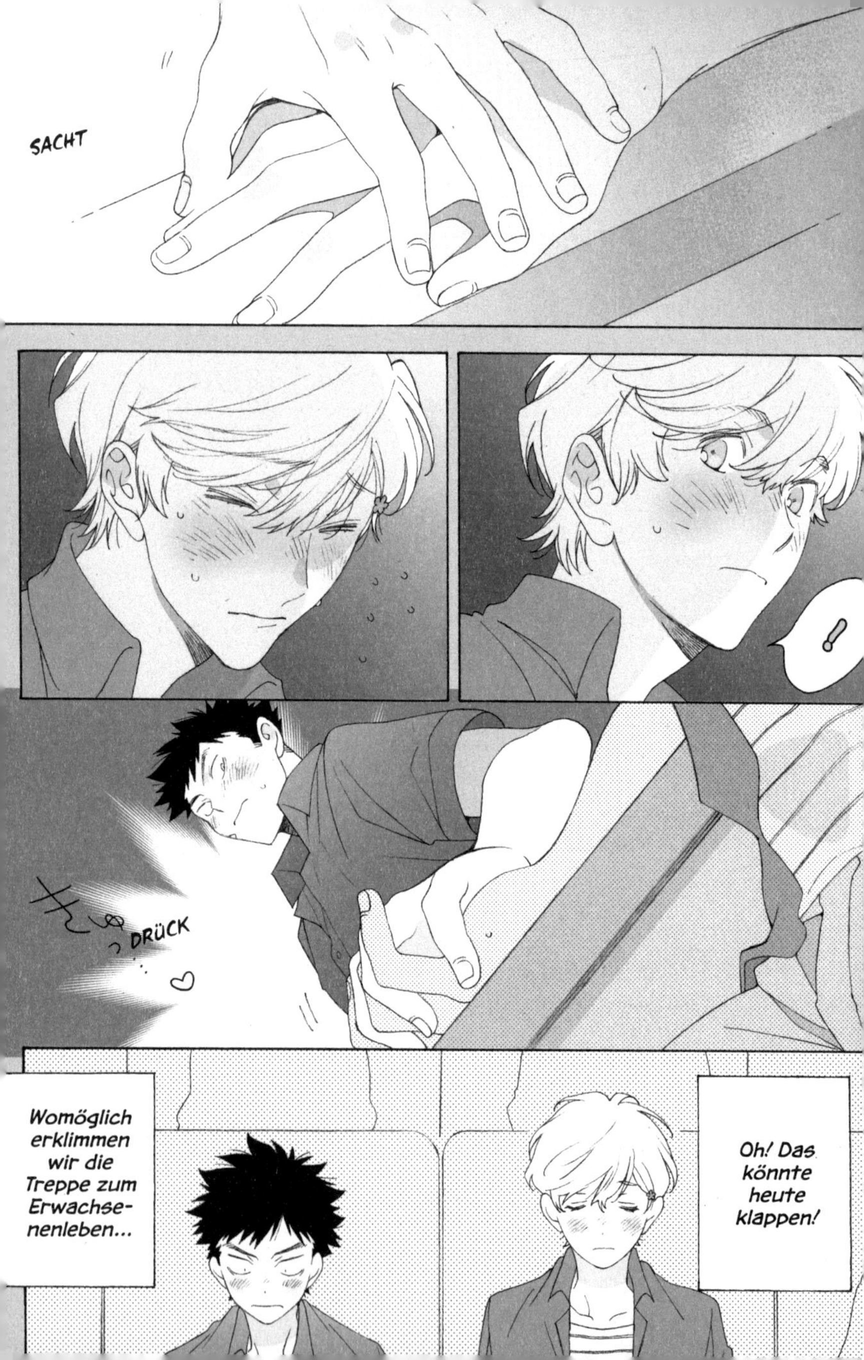
SACHT
!
DRÜCK
Oh! Das könnte heute klappen!
Womöglich erklimmen wir die Treppe zum Erwachse-nenleben...

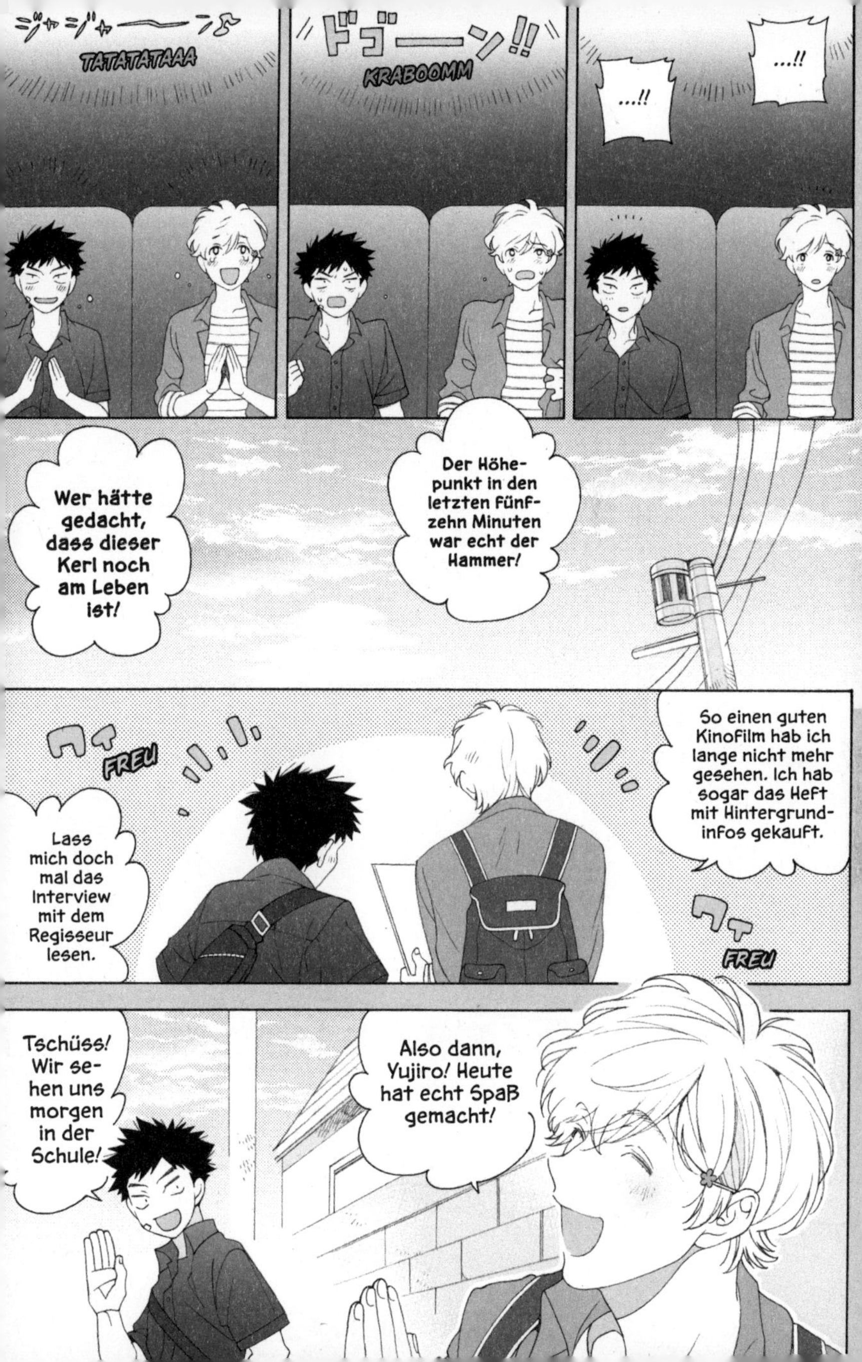
ジャジャーン♪
TATATATAAA
ドゴーン!!
KRABOOMM
...!!
...!!
Der Höhepunkt in den letzten fünfzehn Minuten war echt der Hammer!
Wer hätte gedacht, dass dieser Kerl noch am Leben ist!
So einen guten Kinofilm hab ich lange nicht mehr gesehen. Ich hab sogar das Heft mit Hintergrundinfos gekauft.
ワイ
FREU
Lass mich doch mal das Interview mit dem Regisseur lesen.
ワイ
FREU
Also dann, Yujiro! Heute hat echt Spaß gemacht!
Tschüss! Wir sehen uns morgen in der Schule!

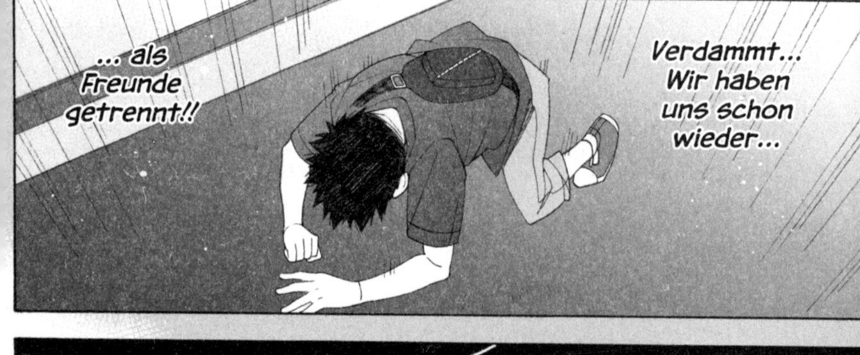
Verdammt... Wir haben uns schon wieder...
... als Freunde getrennt!!

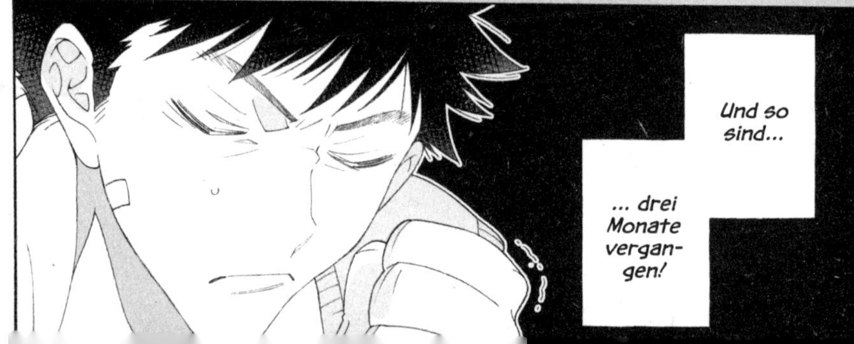
Und so sind...
... drei Monate vergan-gen!

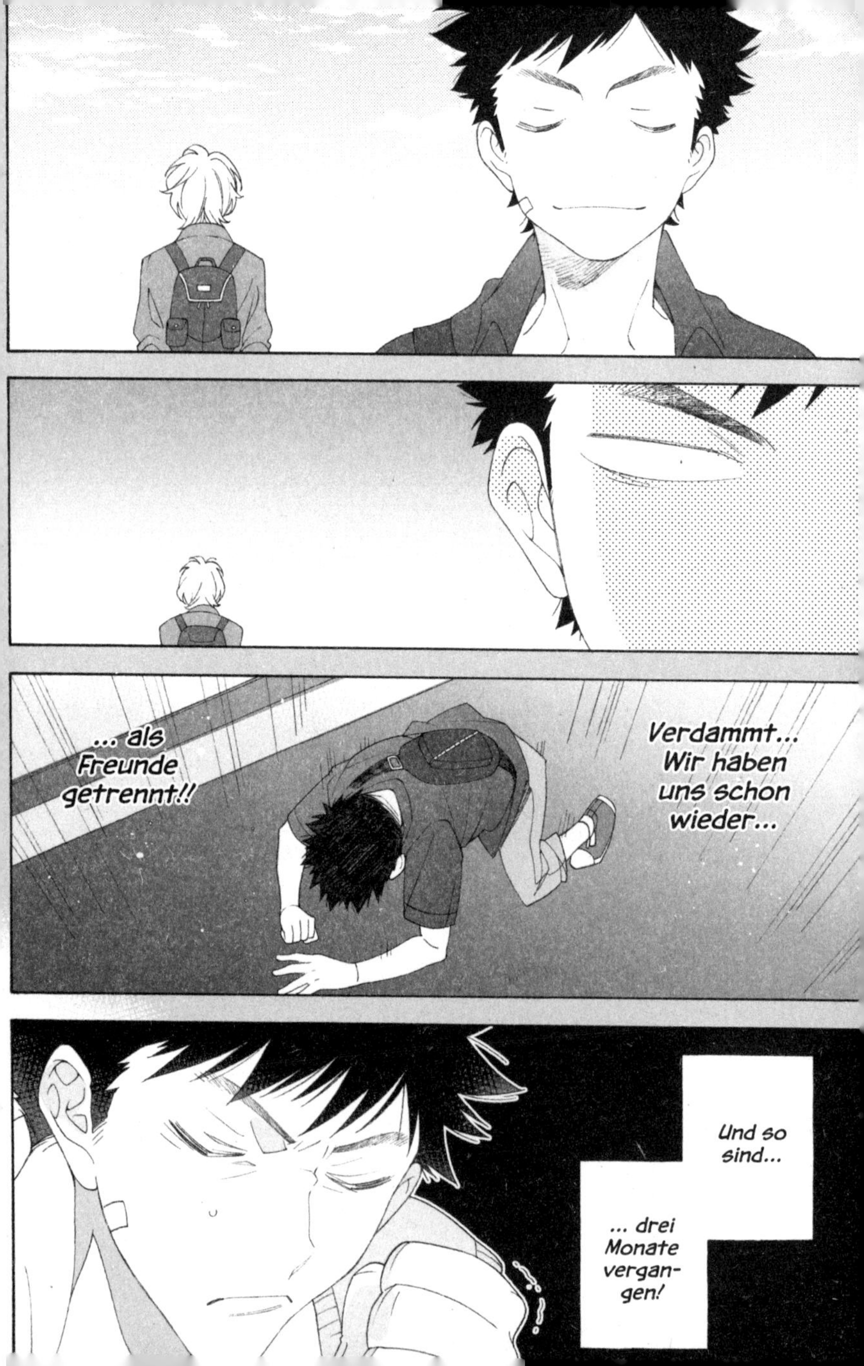

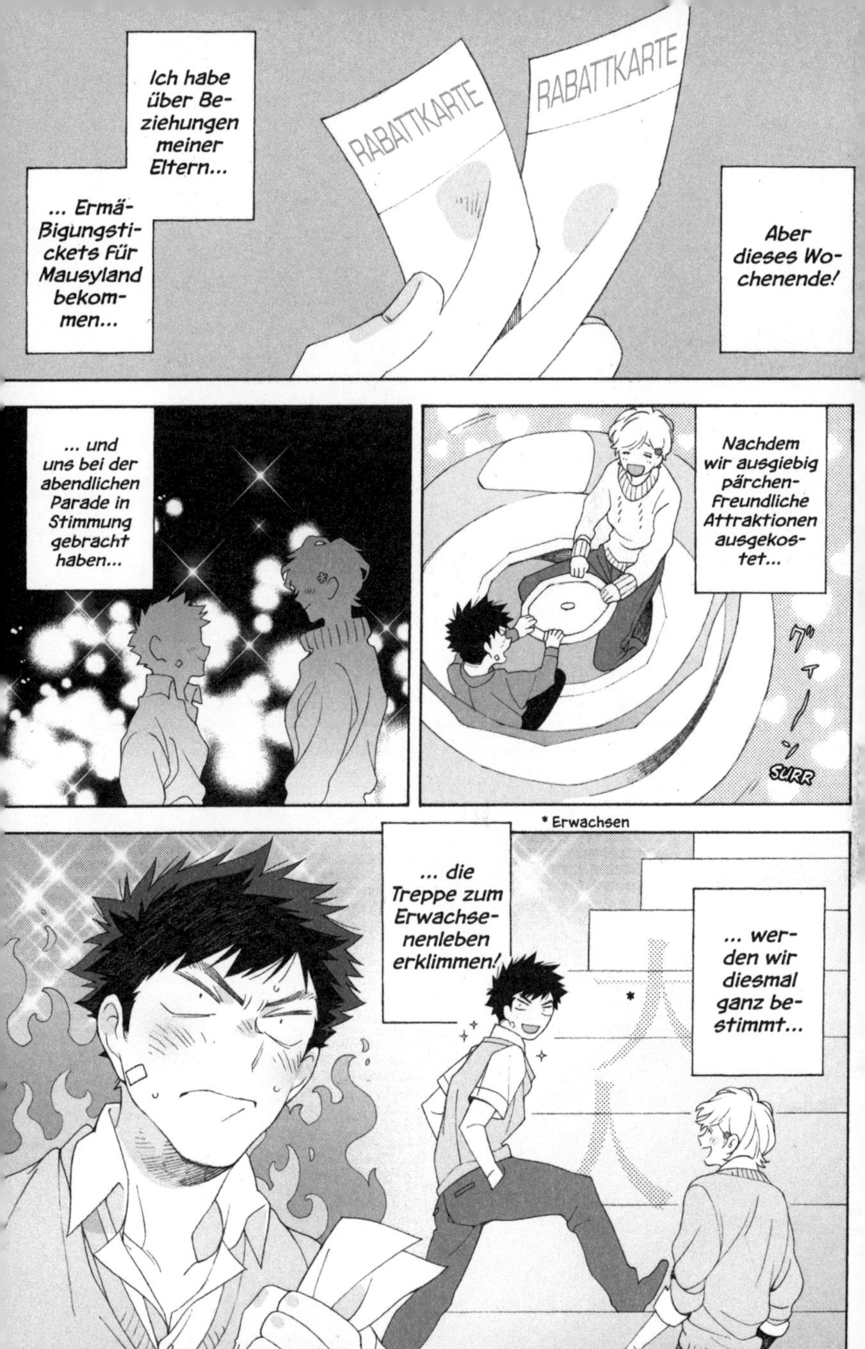
Aber dieses Wochenende!
RABATTKARTE
RABATTKARTE
Ich habe über Beziehungen meiner Eltern...
... Ermäßigungstickets für Mausyland bekommen...
Nachdem wir ausgiebig pärchenfreundliche Attraktionen ausgekostet...
SURR
... und uns bei der abendlichen Parade in Stimmung gebracht haben...
... werden wir diesmal ganz bestimmt...
... die Treppe zum Erwachsenenleben erklimmen!
* Erwachsen

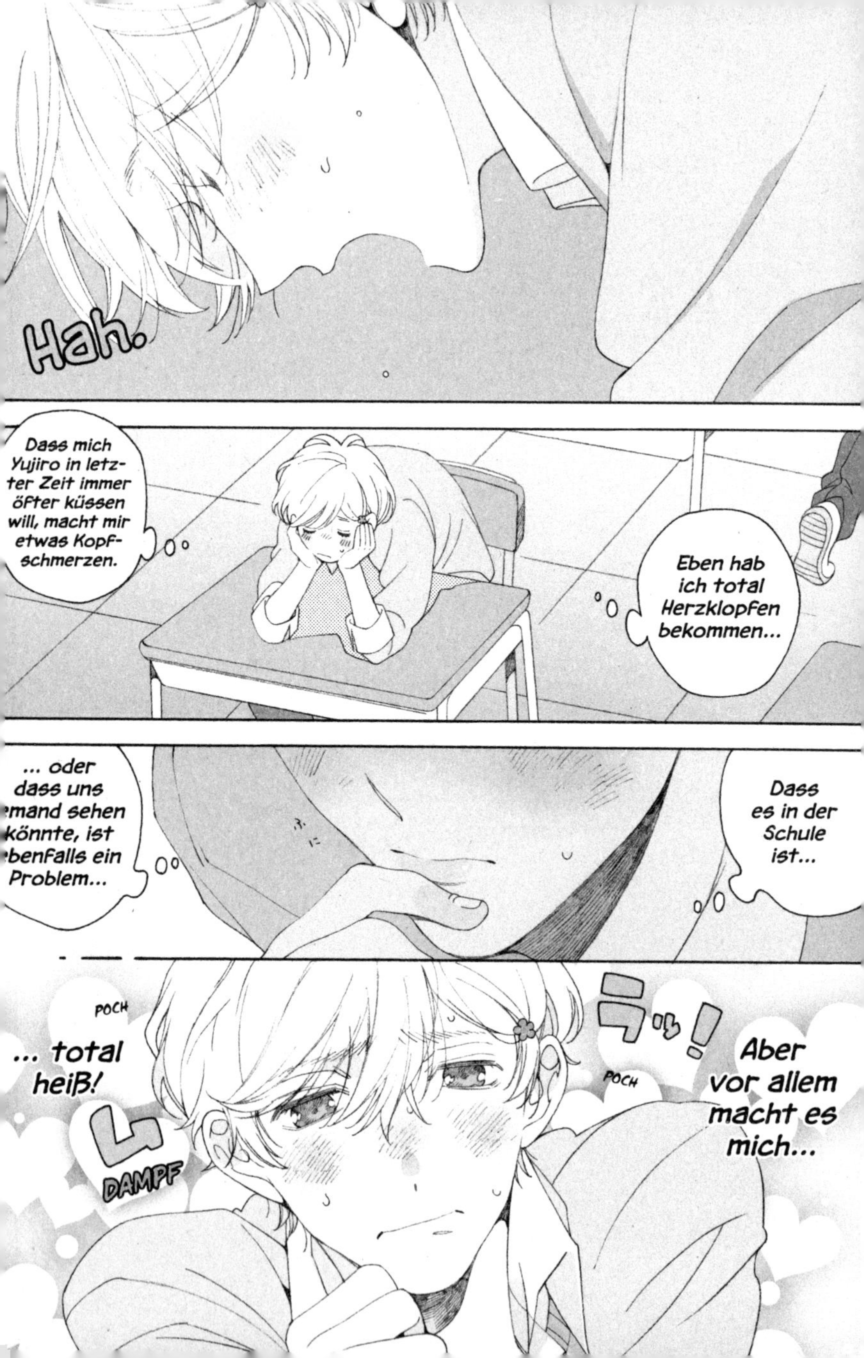

Hah.
Eben hab ich total Herzklopfen bekommen...
Dass mich Yujiro in letzter Zeit immer öfter küssen will, macht mir etwas Kopfschmerzen.
Dass es in der Schule ist...
... oder dass uns emand sehen könnte, ist benfalls ein Problem...
Aber vor allem macht es mich...
POCH
... total heiß!
POCH
DAMPF

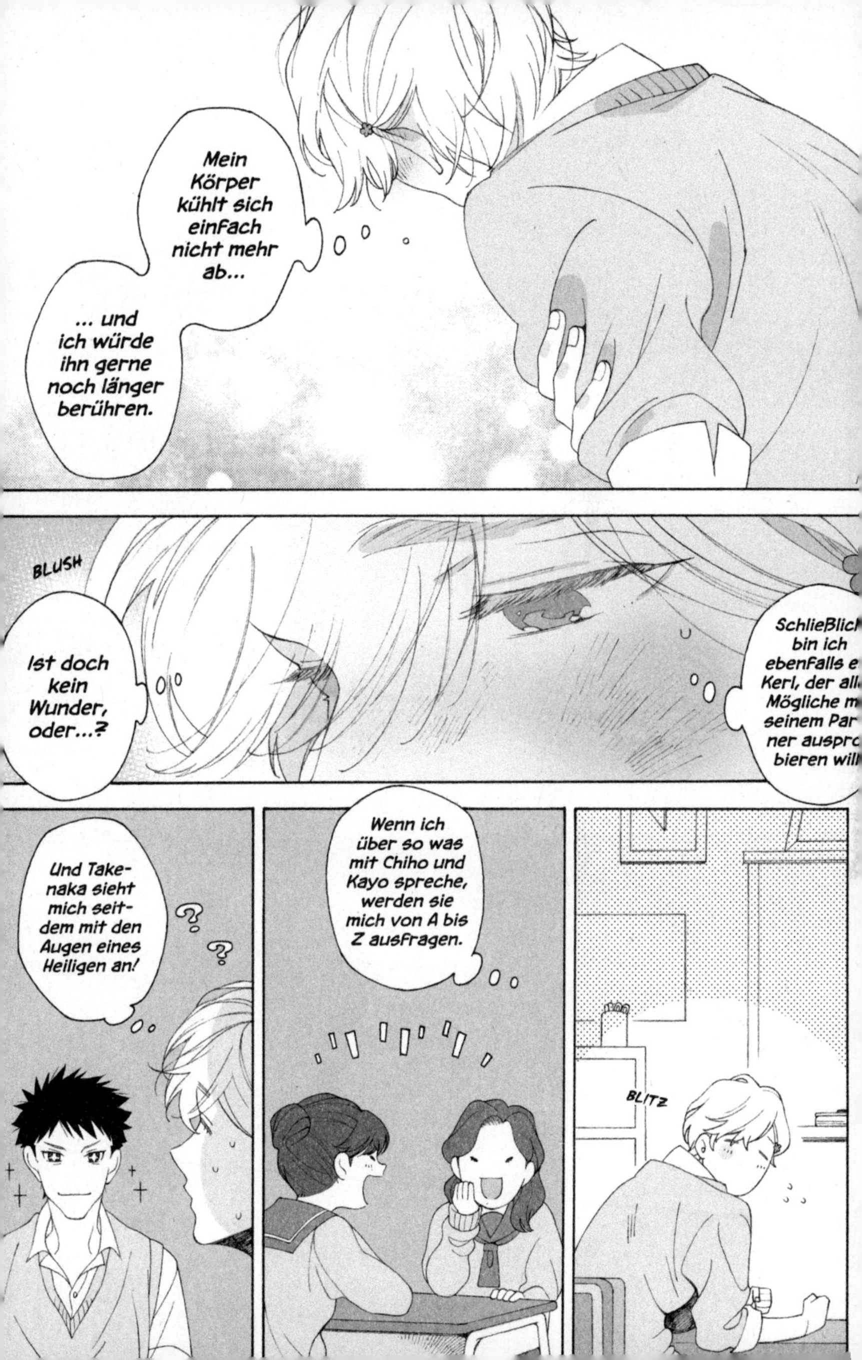

Mein Körper kühlt sich einfach nicht mehr ab...
... und ich würde ihn gerne noch länger berühren.
BLUSH
Schließlich bin ich ebenfalls e Kerl, der all Mögliche m seinem Par ner auspro bieren wil
Ist doch kein Wunder, oder...?
BLITZ
Wenn ich über so was mit Chiho und Kayo spreche, werden sie mich von A bis Z ausfragen.
Und Takenaka sieht mich seitdem mit den Augen eines Heiligen an!

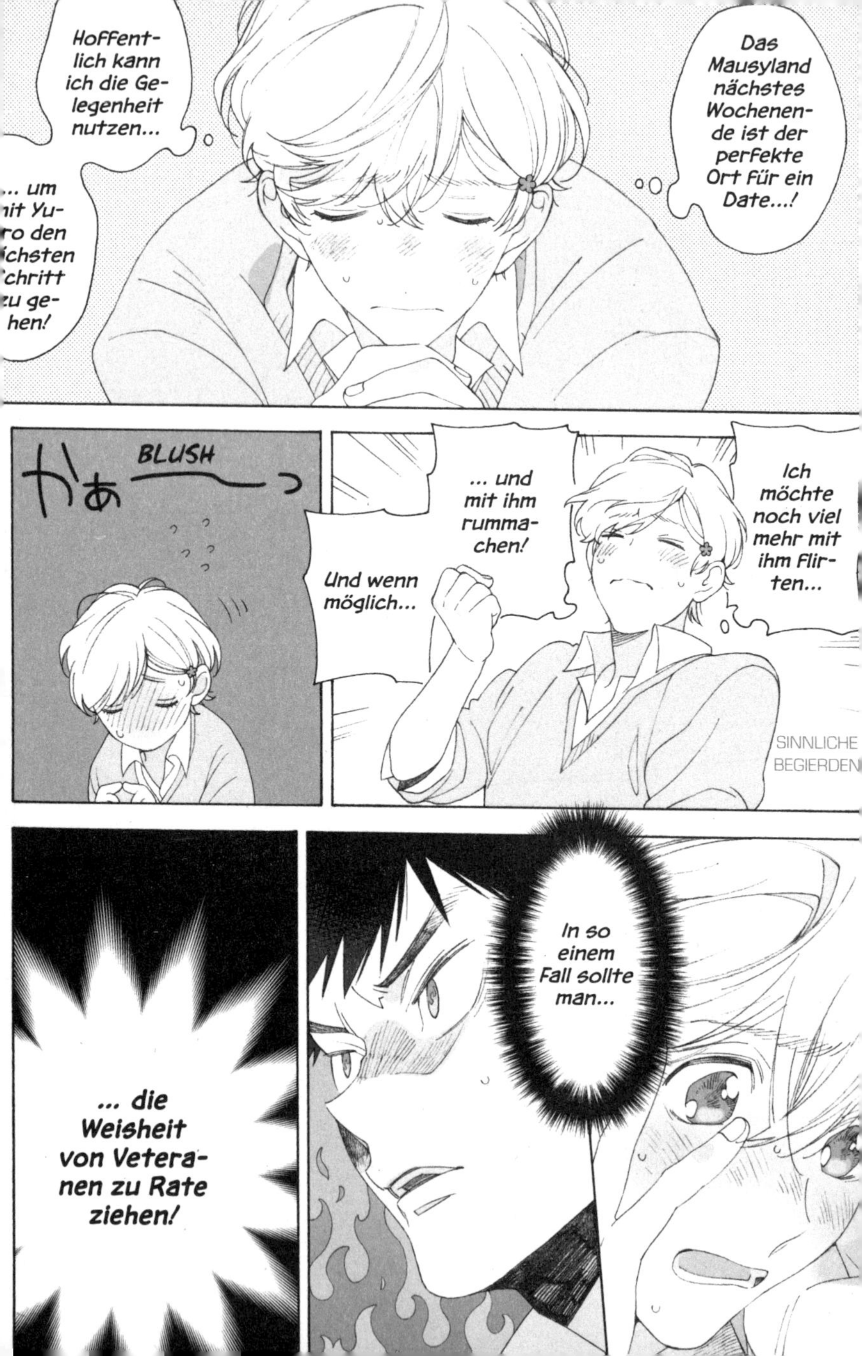
Das Mausyland nächstes Wochenende ist der perfekte Ort für ein Date...!
Hoffentlich kann ich die Gelegenheit nutzen...
... um
nit Yuro den
ichsten
chritt
zu gehen!
Ich möchte noch viel mehr mit ihm flirten...
Und wenn möglich...
... und mit ihm rummachen!
SINNLICHE BEGIERDEN
かぁ〜っ
BLUSH
In so einem Fall sollte man...
... die Weisheit von Veteranen zu Rate ziehen!

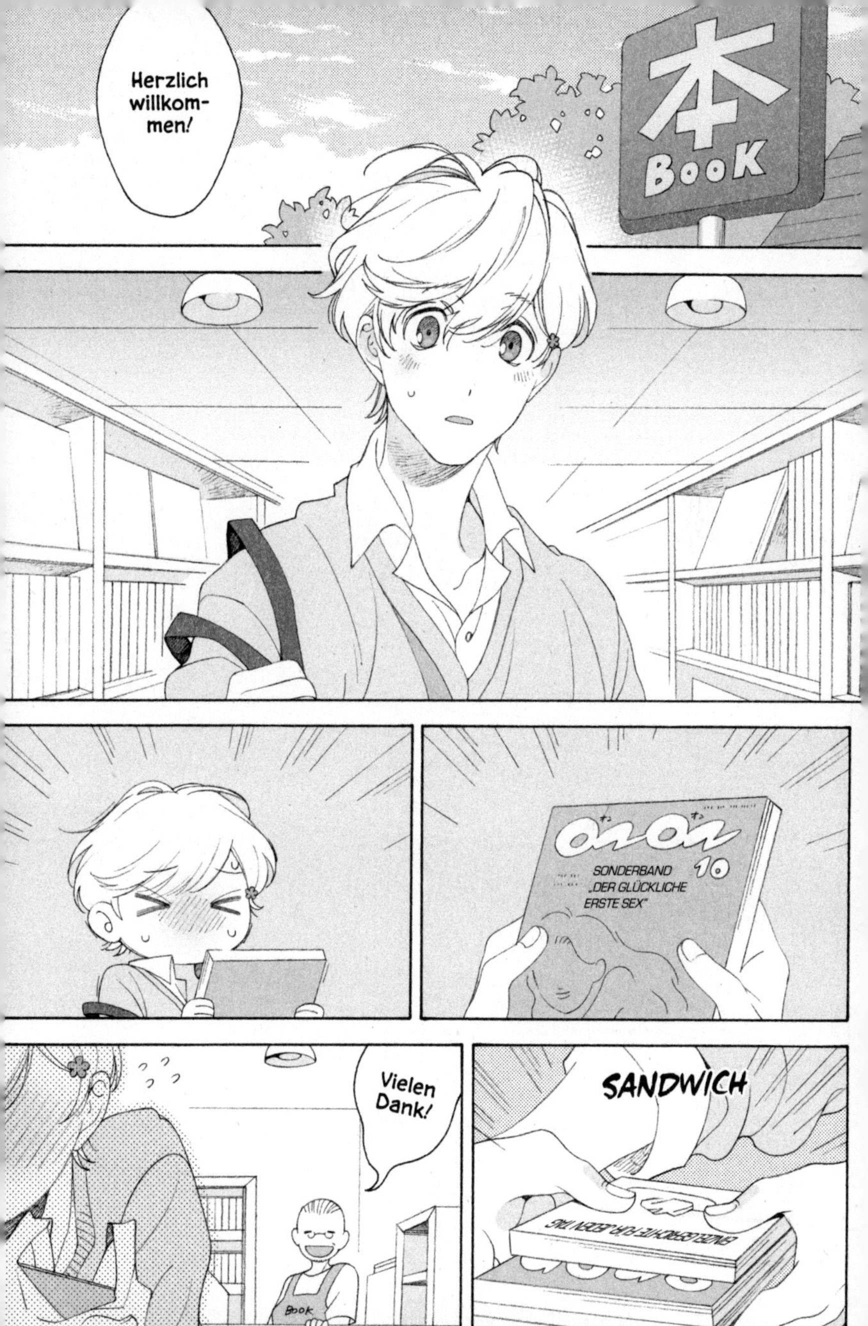
本
BOOK
Herzlich willkommen!
10
SONDERBAND „DER GLÜCKLICHE ERSTE SEX“
SANDWICH
Vielen Dank!
BOOK

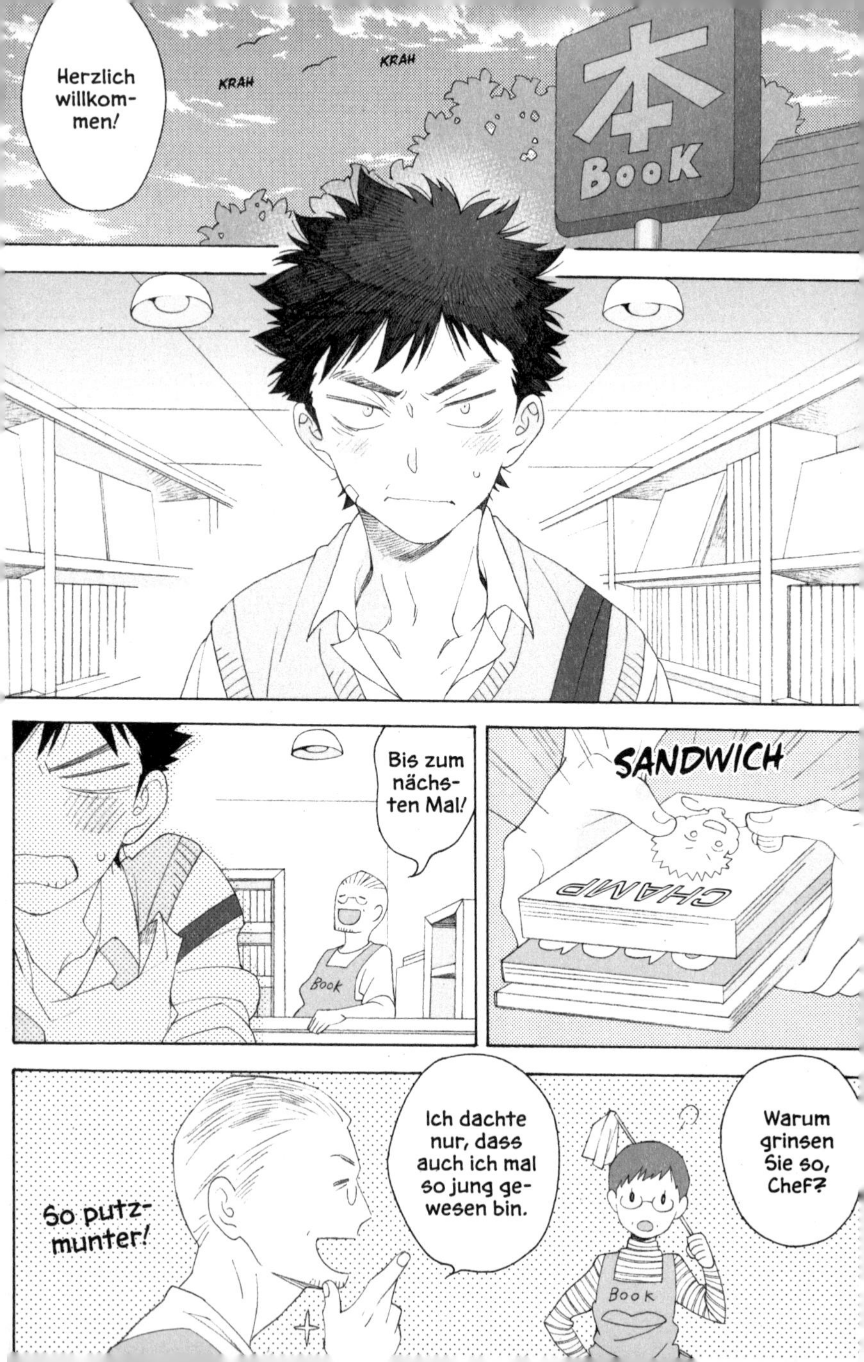
Herzlich willkommen!
KRAH
KRAH
本
Book
Bis zum nächsten Mal!
Book
SANDWICH
CHAMP
Warum grinsen Sie so, Chef?
Ich dachte nur, dass auch ich mal so jung gewesen bin.
So putzmunter!
Book

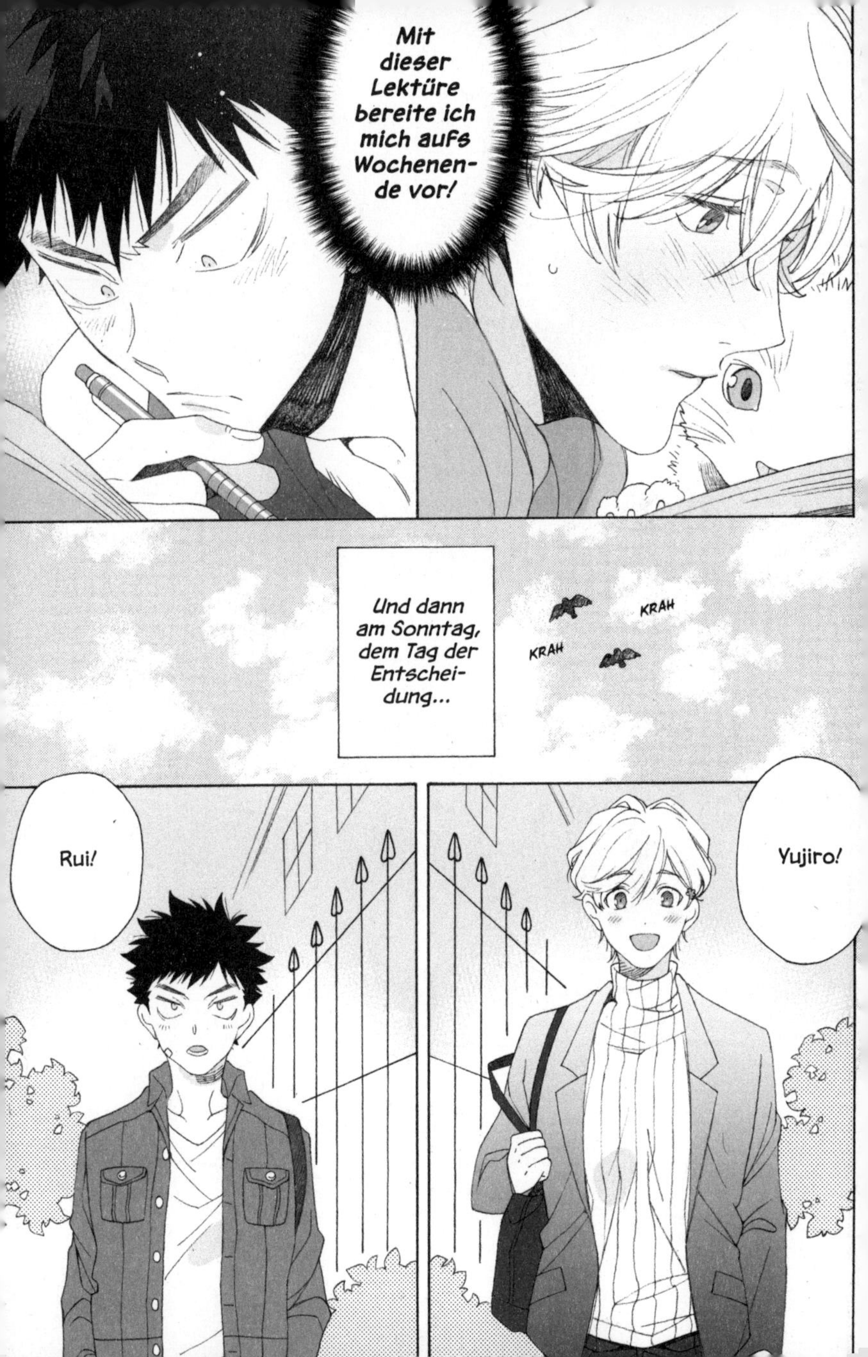
Mit dieser Lektüre bereite ich mich aufs Wochenen-de vor!
Und dann am Sonntag, dem Tag der Entschei-dung...
KRAH
KRAH
Yujiro!
Rui!

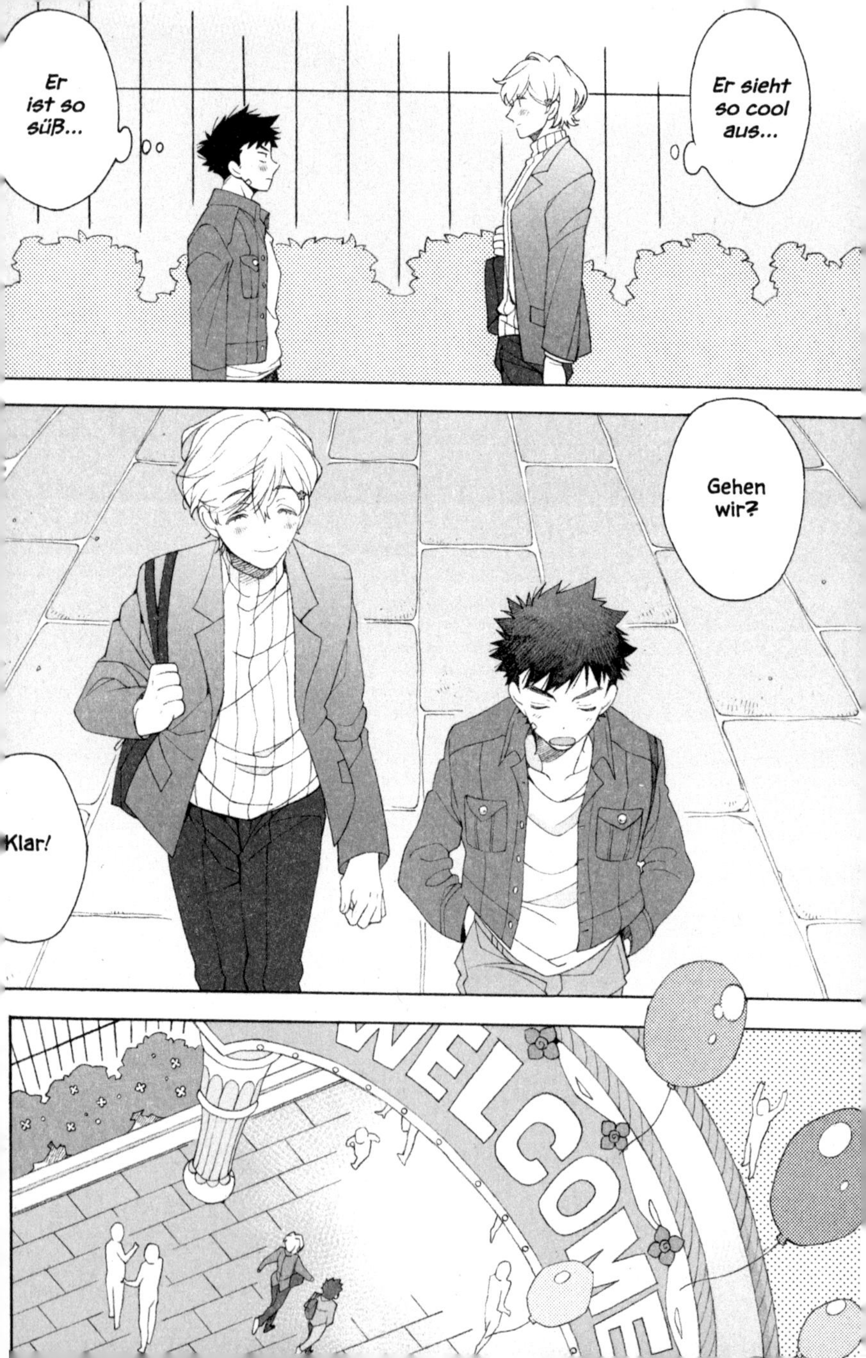
Er sieht so cool aus...
Er ist so süß...
Gehen wir?
Klar!
WELCOME

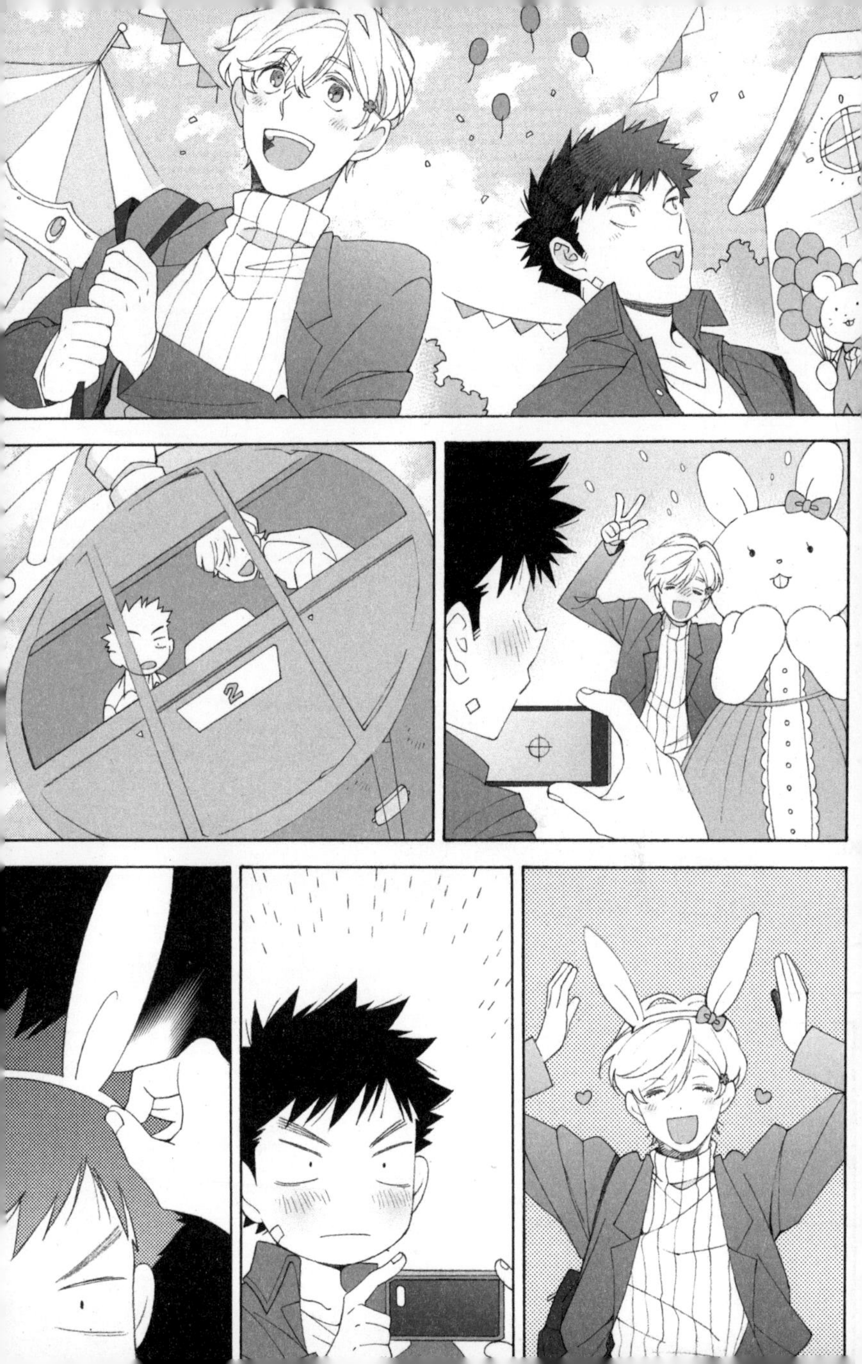
2

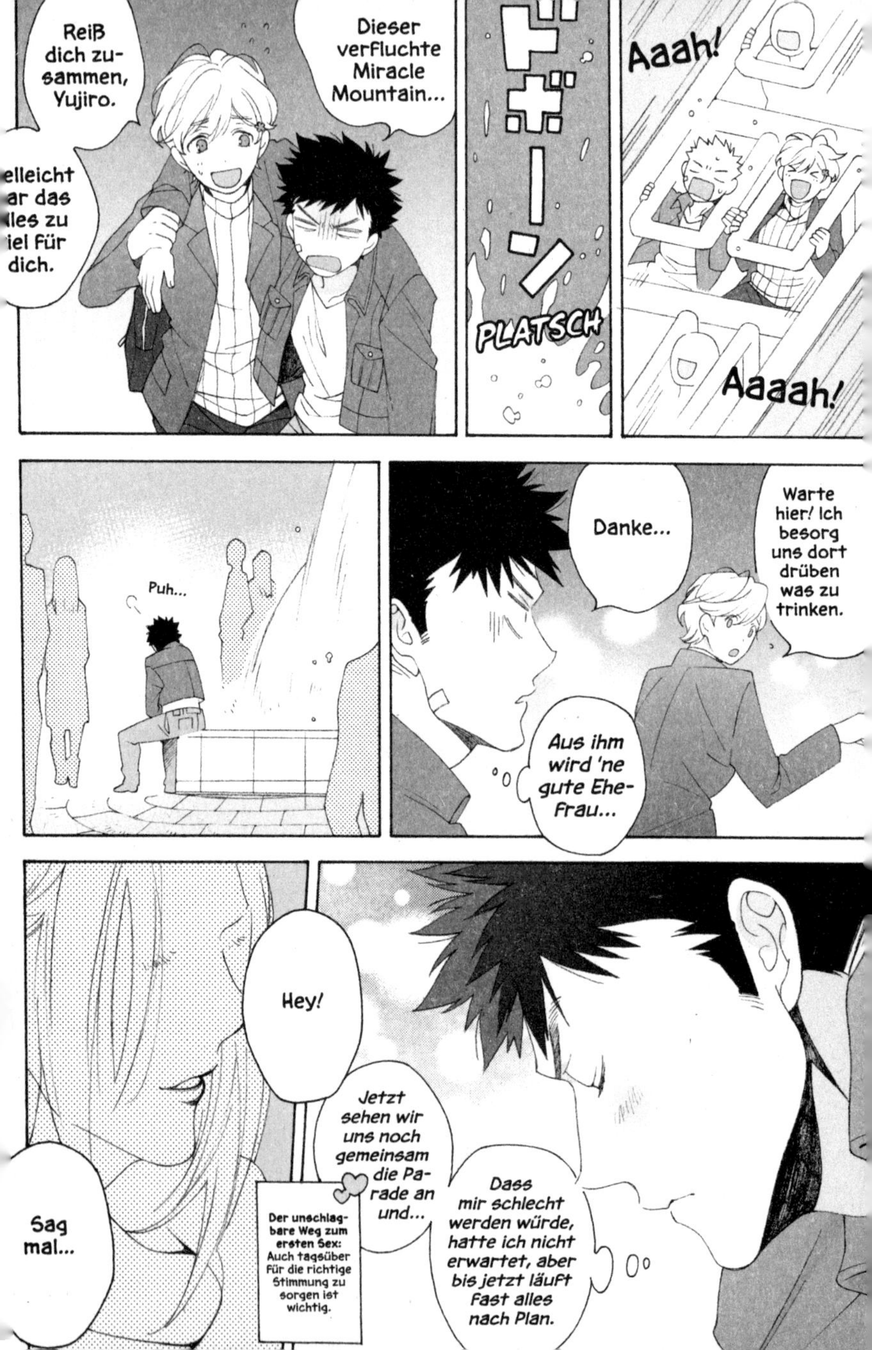
Aaah!
Aaaah!
PLATSCH
Dieser verfluchte Miracle Mountain...
Reiß dich zusammen, Yujiro.
elleicht ar das lles zu iel für dich.
Warte hier! Ich besorg uns dort drüben was zu trinken.
Danke...
Aus ihm wird 'ne gute Ehe-Frau...
Puh...
Dass mir schlecht werden würde, hatte ich nicht erwartet, aber bis jetzt läuft fast alles nach Plan.
Jetzt sehen wir uns noch gemeinsam die Parade an und...
Hey!
Der unschlagbare Weg zum ersten Sex: Auch tagsüber für die richtige Stimmung zu sorgen ist wichtig.
Sag mal...

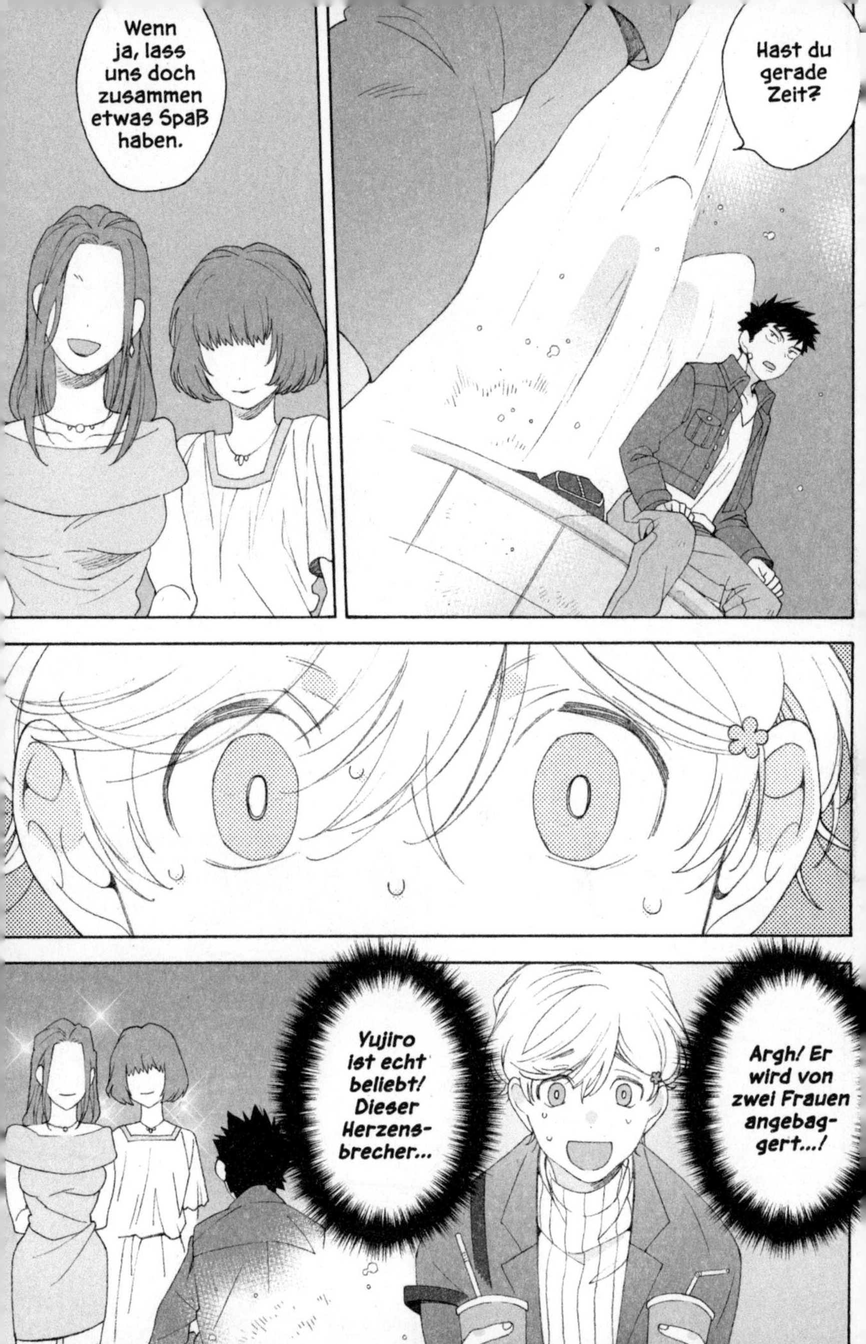
Hast du gerade Zeit?
Wenn ja, lass uns doch zusammen etwas Spaß haben.
Argh! Er wird von zwei Frauen angebaggert...!
Yujiro ist echt beliebt! Dieser Herzensbrecher...

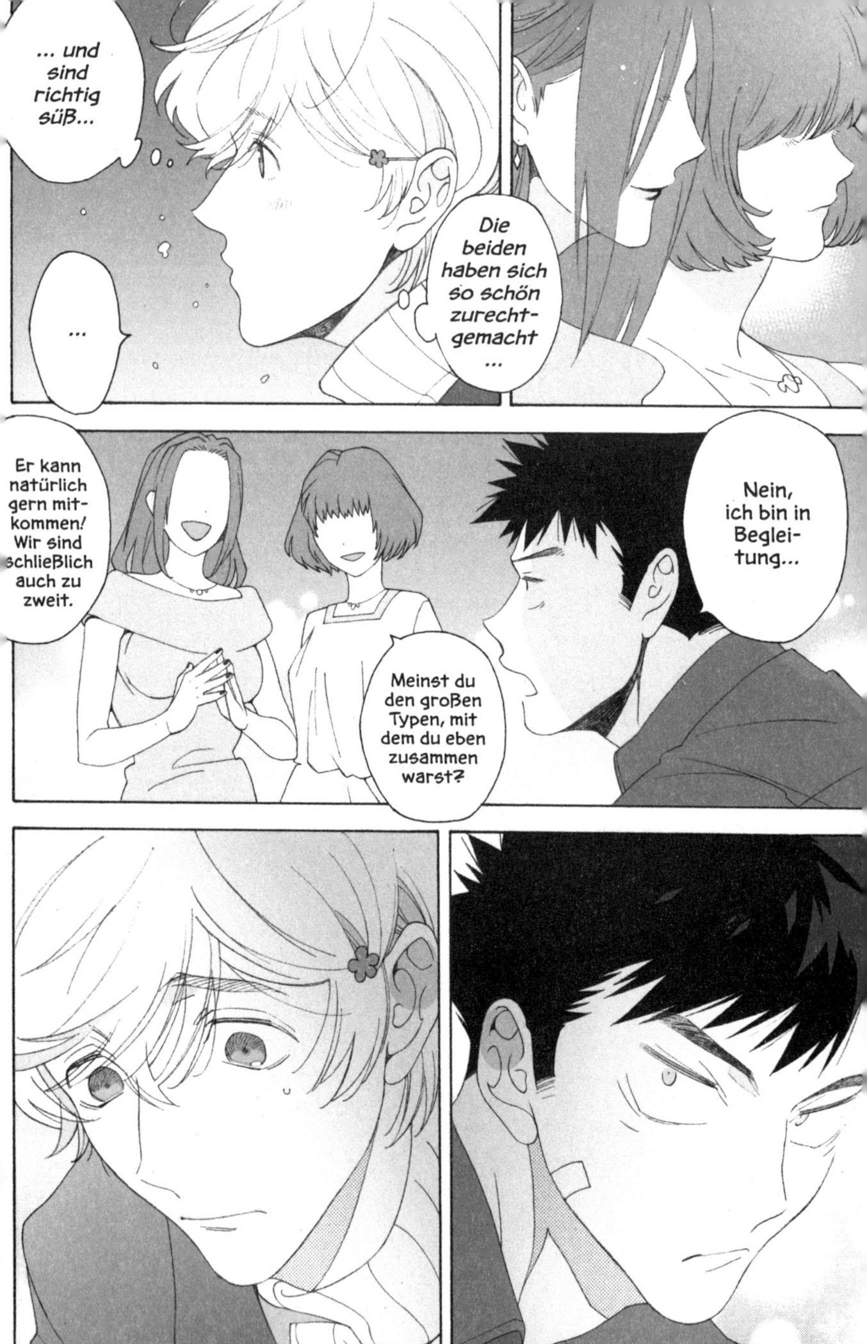
Die beiden haben sich so schön zurecht-gemacht ...
... und sind richtig süß...
...
Nein, ich bin in Beglei-tung...
Meinst du den großen Typen, mit dem du eben zusammen warst?
Er kann natürlich gern mit-kommen! Wir sind schließlich auch zu zweit.

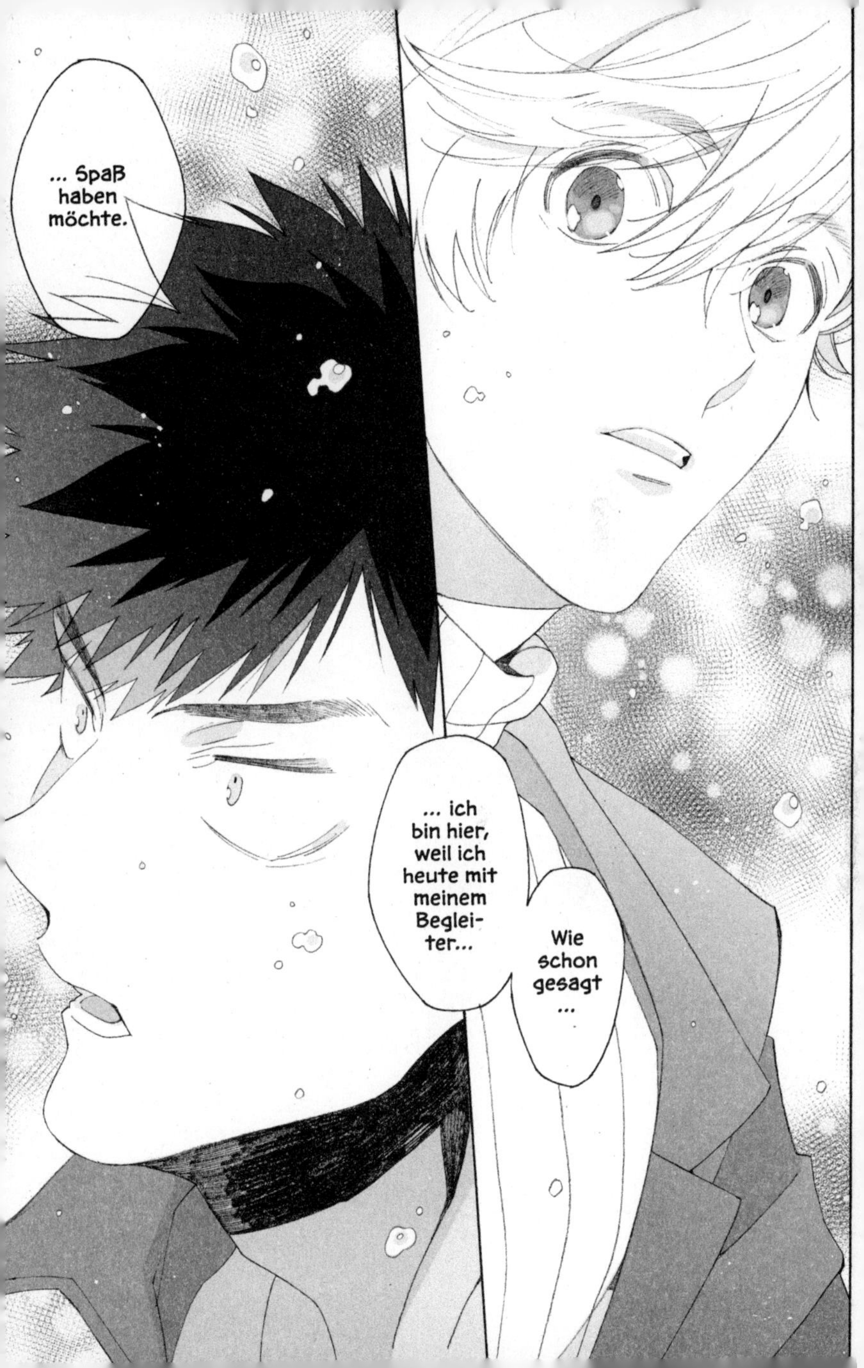
Wie schon gesagt ...
... ich bin hier, weil ich heute mit meinem Beglei-ter...
... Spaß haben möchte.

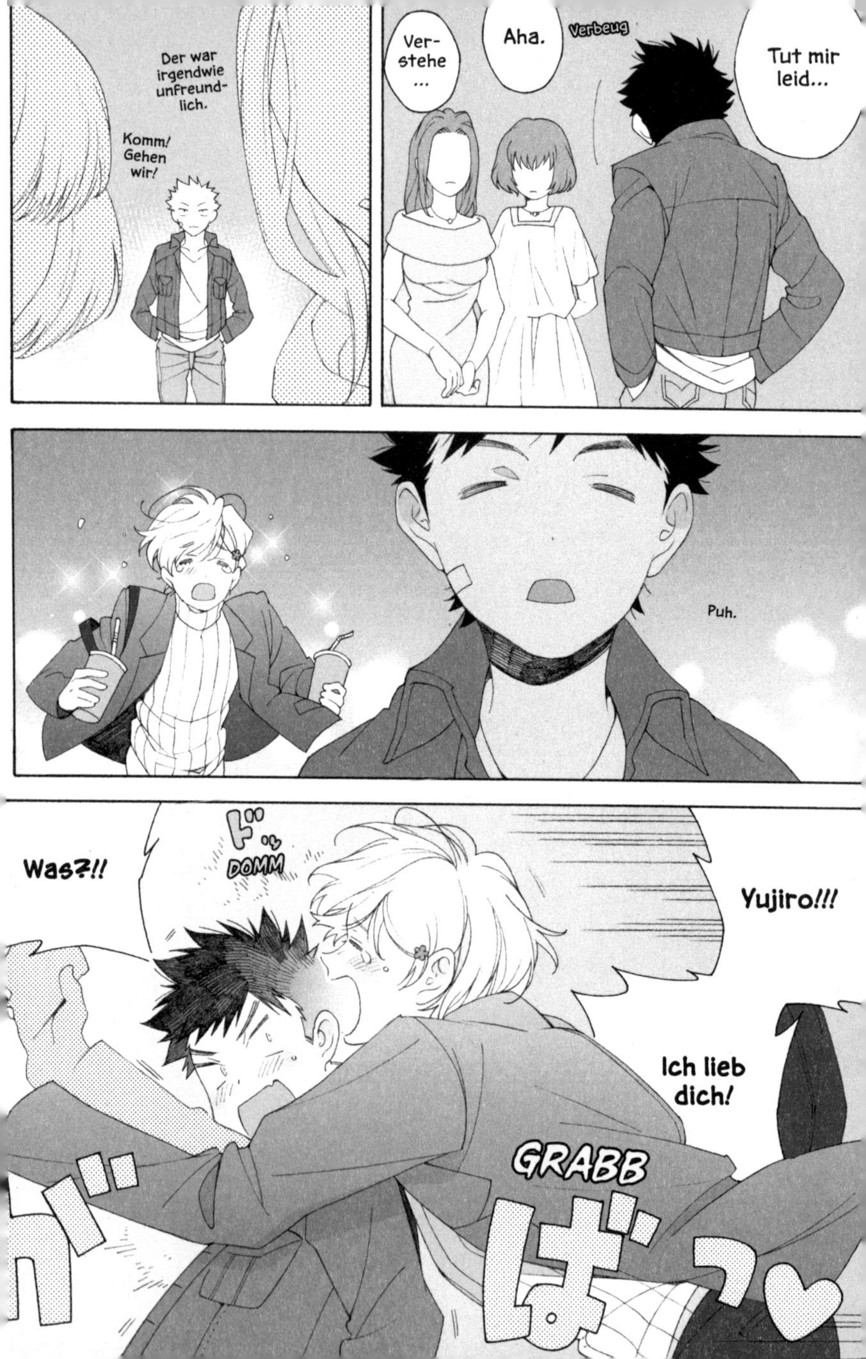
Tut mir leid...
Verbeug
Aha.
Ver-stehe ...
Der war irgendwie unfreund-lich.
Komm! Gehen wir!
Puh.
Yujiro!!!
DOMM
Was?!!
Ich lieb dich!
GRABB

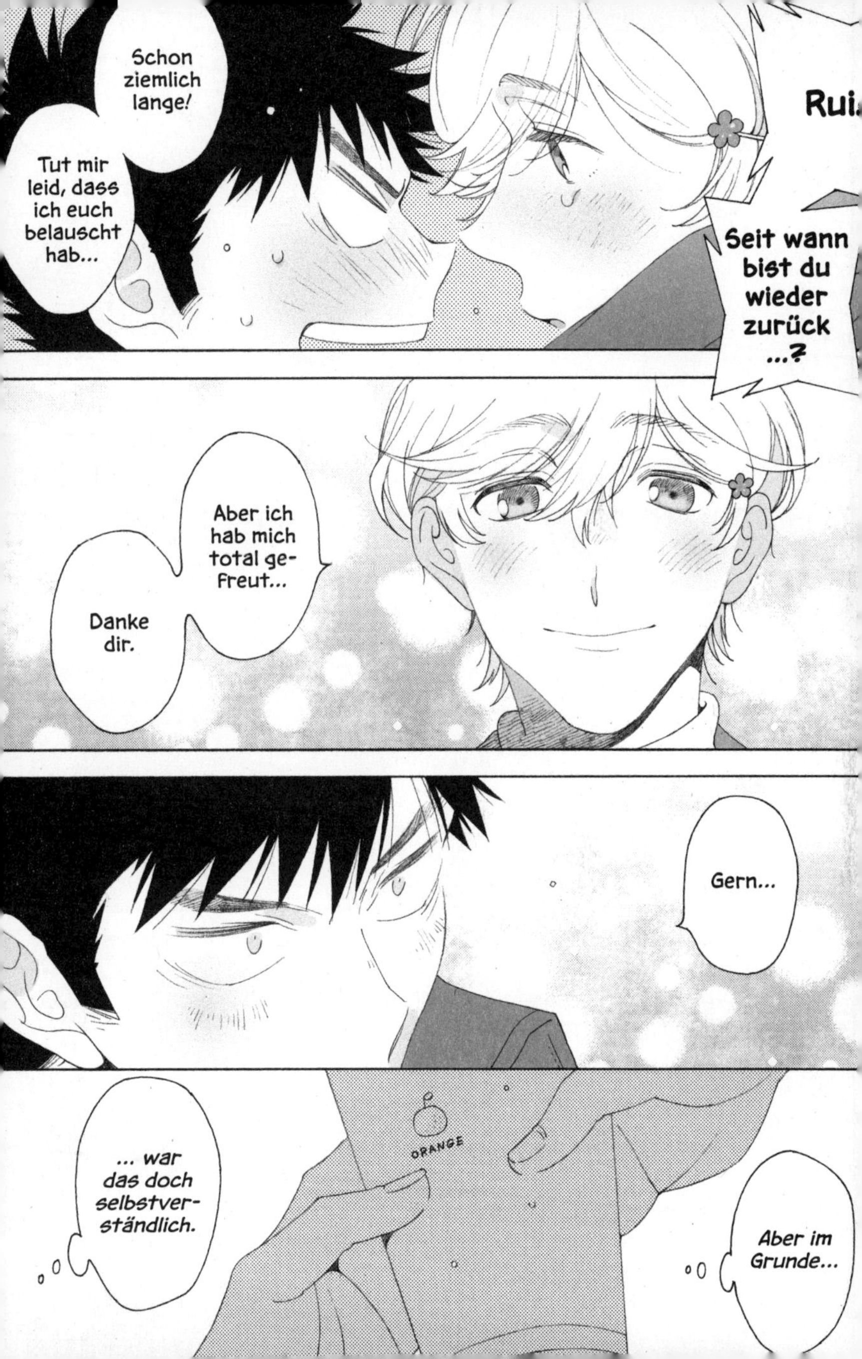
Rui.
Seit wann bist du wieder zurück ...?
Schon ziemlich lange!
Tut mir leid, dass ich euch belauscht hab...
Aber ich hab mich total gefreut...
Danke dir.
Gern...
Aber im Grunde...
ORANGE
... war das doch selbstverständlich.

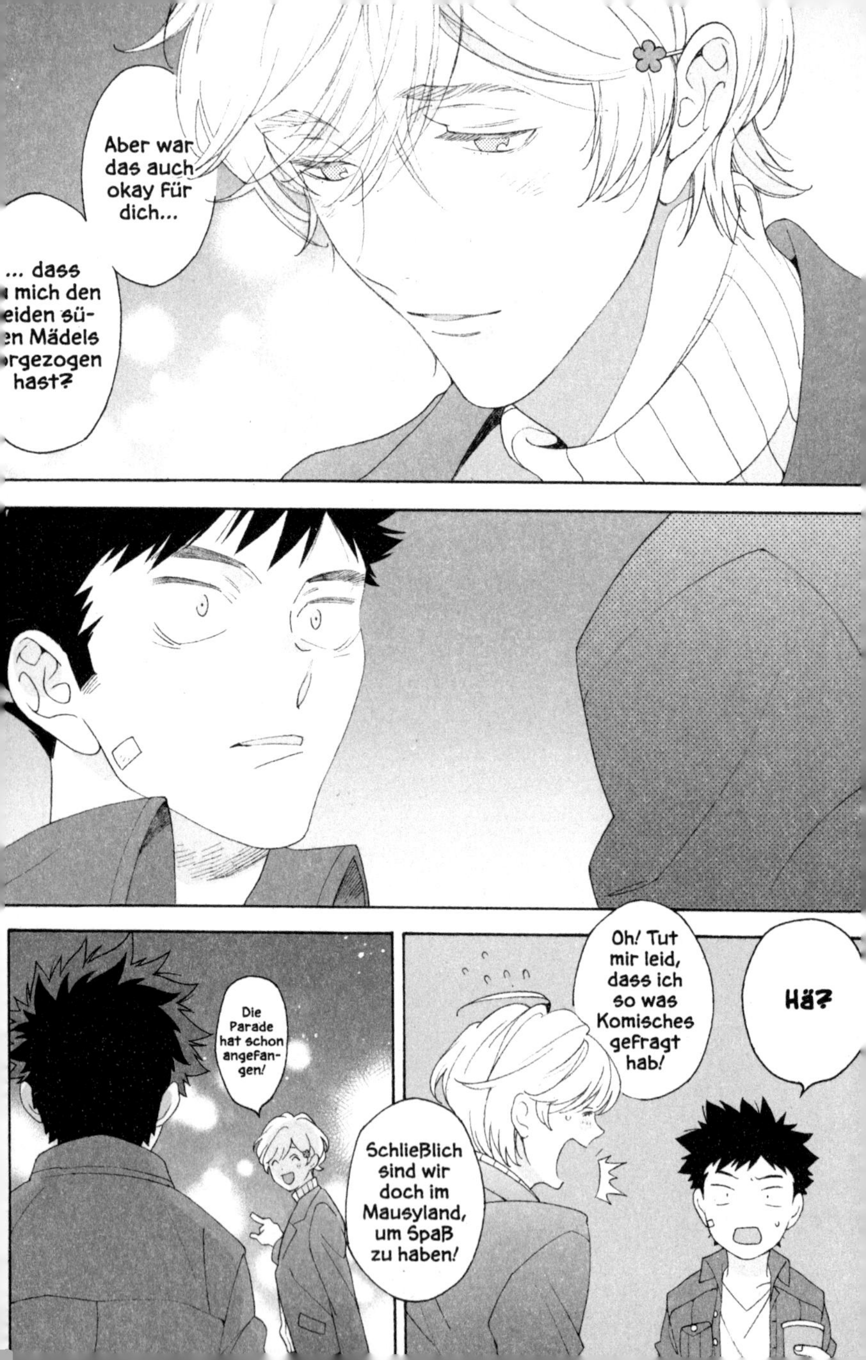
Aber war das auch okay für dich...
... dass mich den eiden sü- en Mädels rgezogen hast?
Hä?
Oh! Tut mir leid, dass ich so was Komisches gefragt hab!
Schließlich sind wir doch im Mausyland, um Spaß zu haben!
Die Parade hat schon angefan- gen!

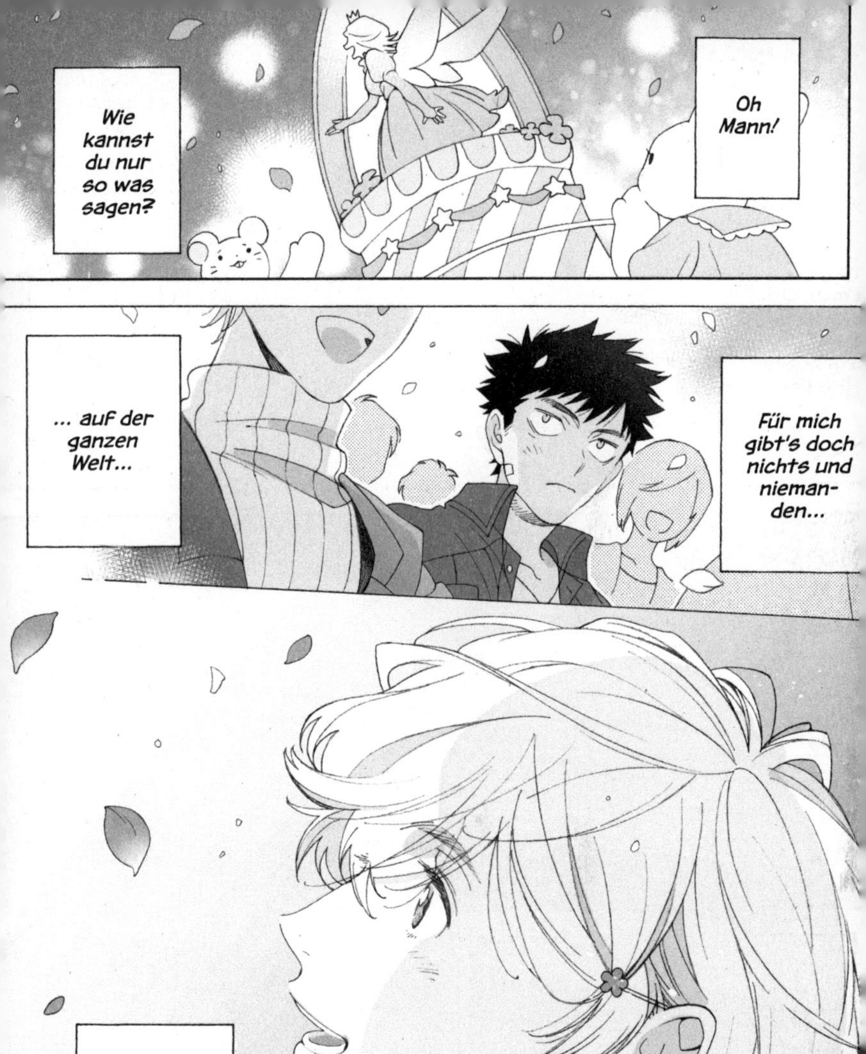
Oh Mann!
Wie kannst du nur so was sagen?
Für mich gibt's doch nichts und nieman-den...
... auf der ganzen Welt...
... der so süß ist wie du!

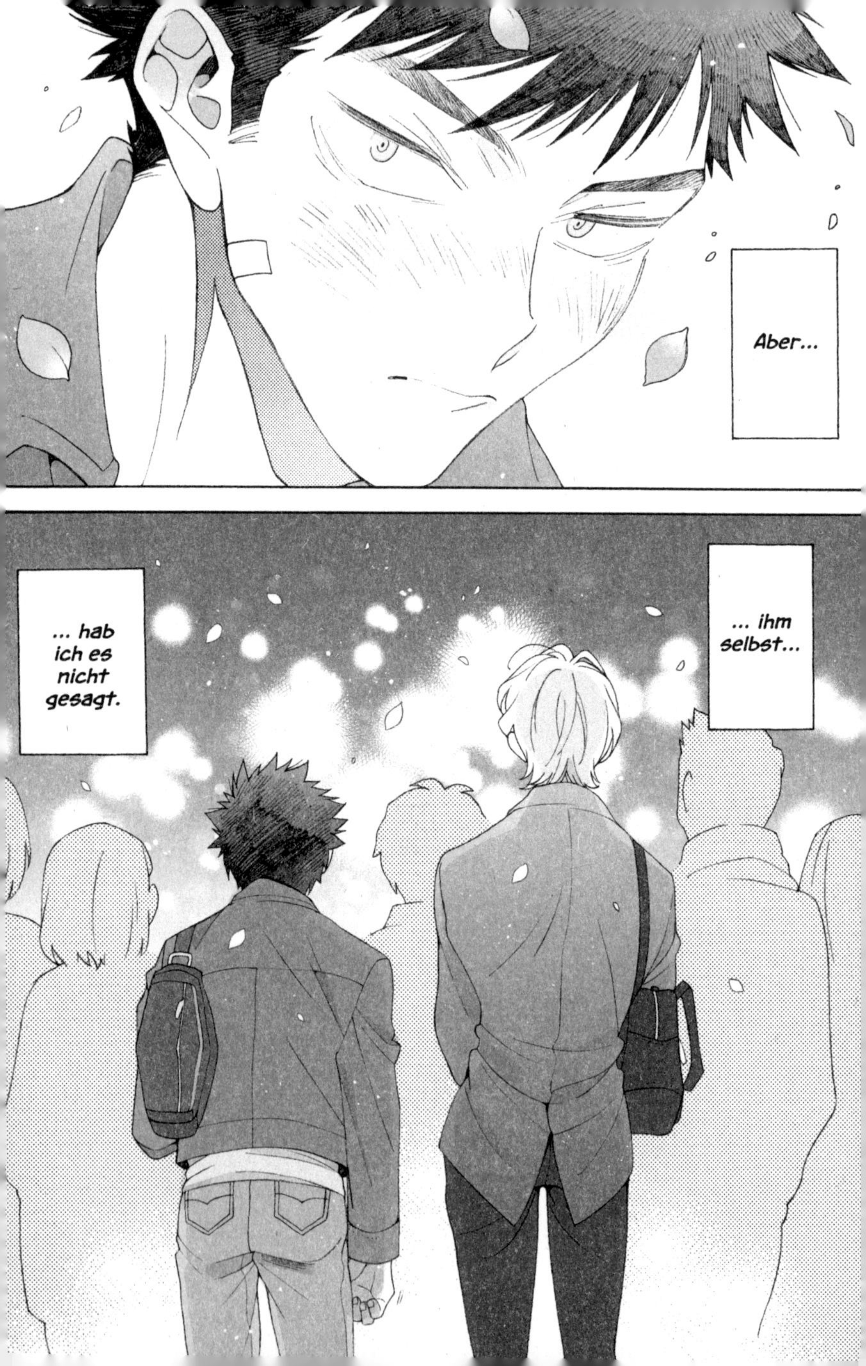

Aber...

... ihm selbst...

... hab ich es nicht gesagt.

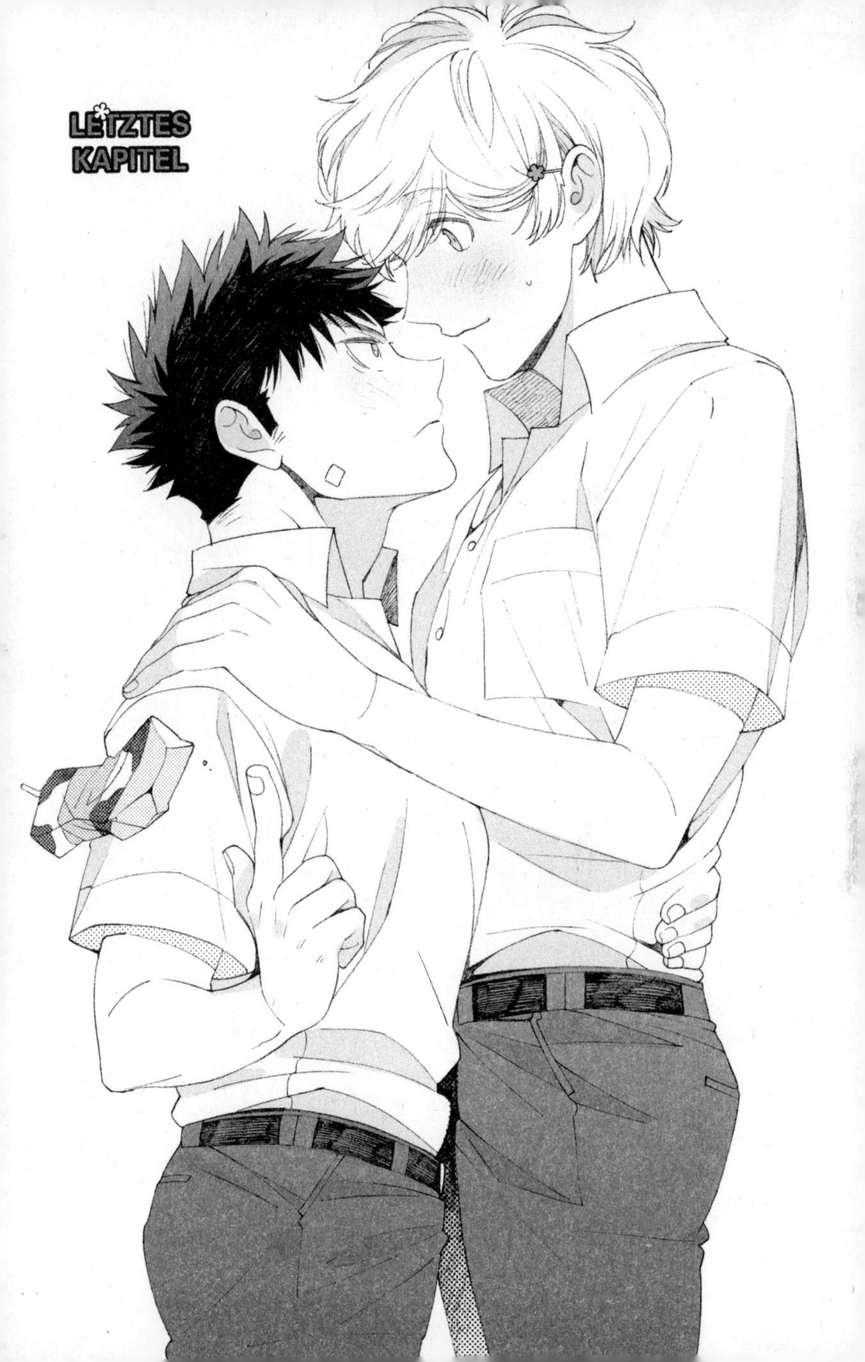
LETZTES
KAPITEL

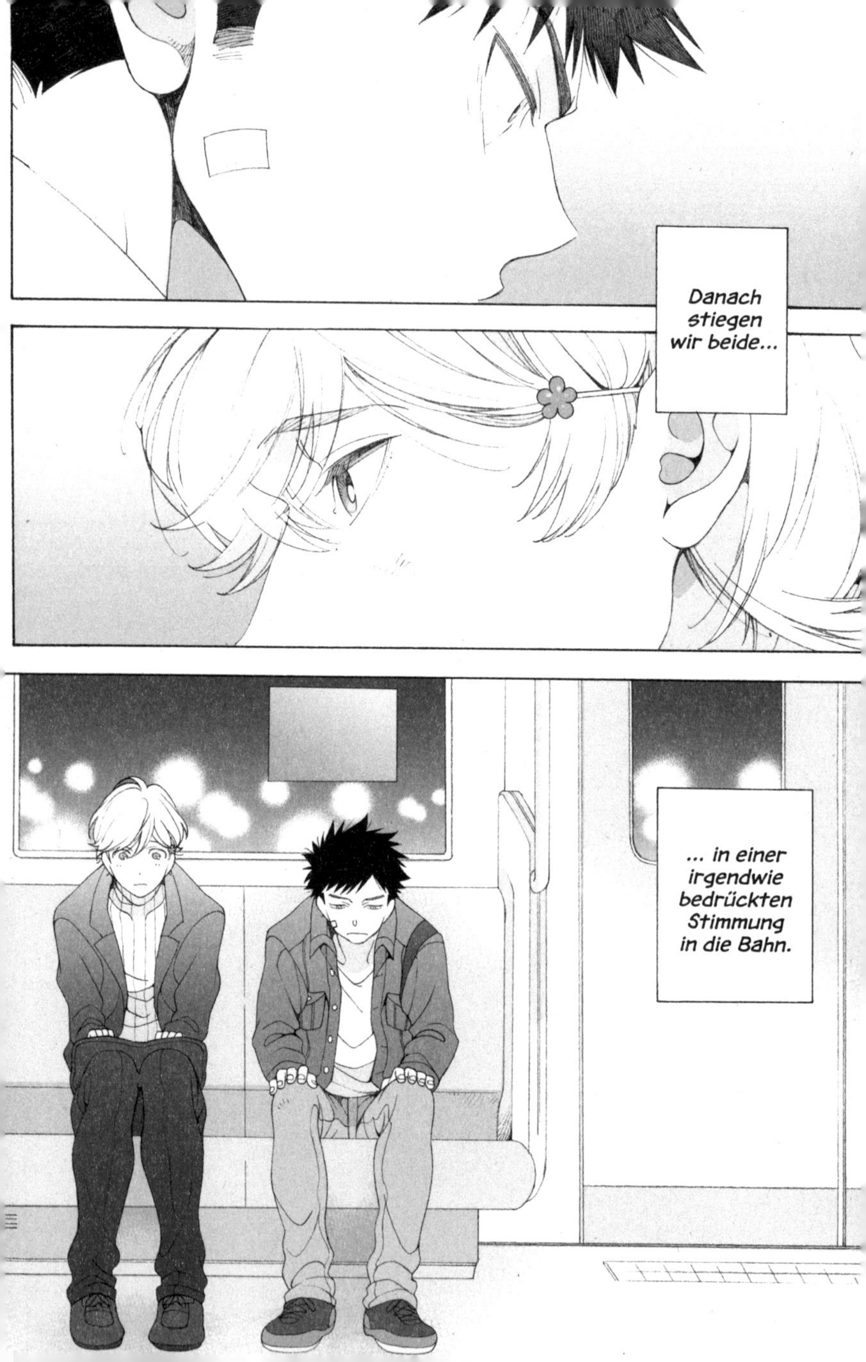
Danach stiegen wir beide...
... in einer irgendwie bedrückten Stimmung in die Bahn.

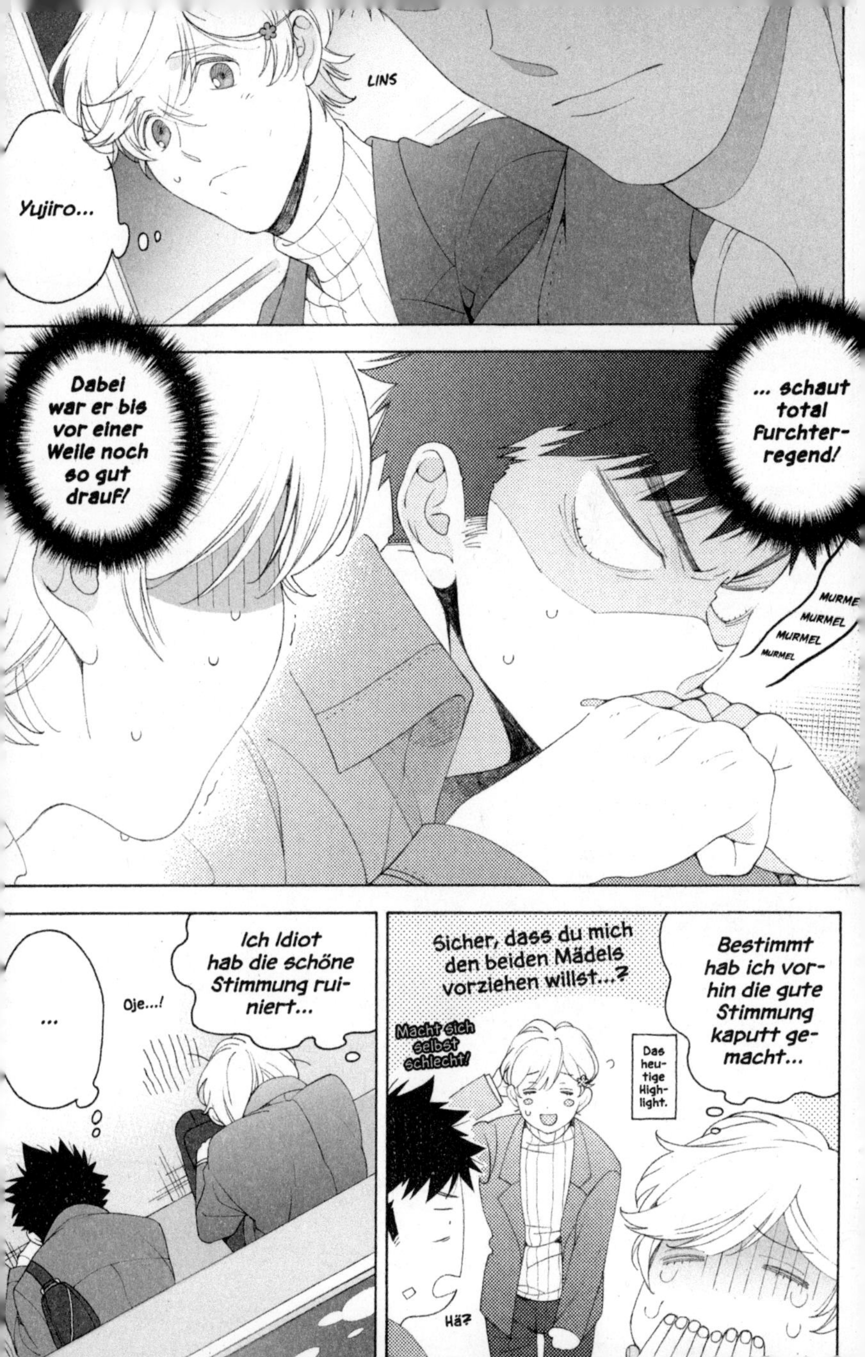
LINS
Yujiro...
... schaut total furchter-regend!
Dabei war er bis vor einer Weile noch so gut drauf!
MURMEL
MURMEL
MURMEL
MURMEL
Bestimmt hab ich vor-hin die gute Stimmung kaputt ge-macht...
Sicher, dass du mich den beiden Mädels vorziehen willst...?
Das heu-tige High-light.
Macht sich selbst schlecht!
Hä?
Ich Idiot hab die schöne Stimmung rui-niert...
Oje...!
...

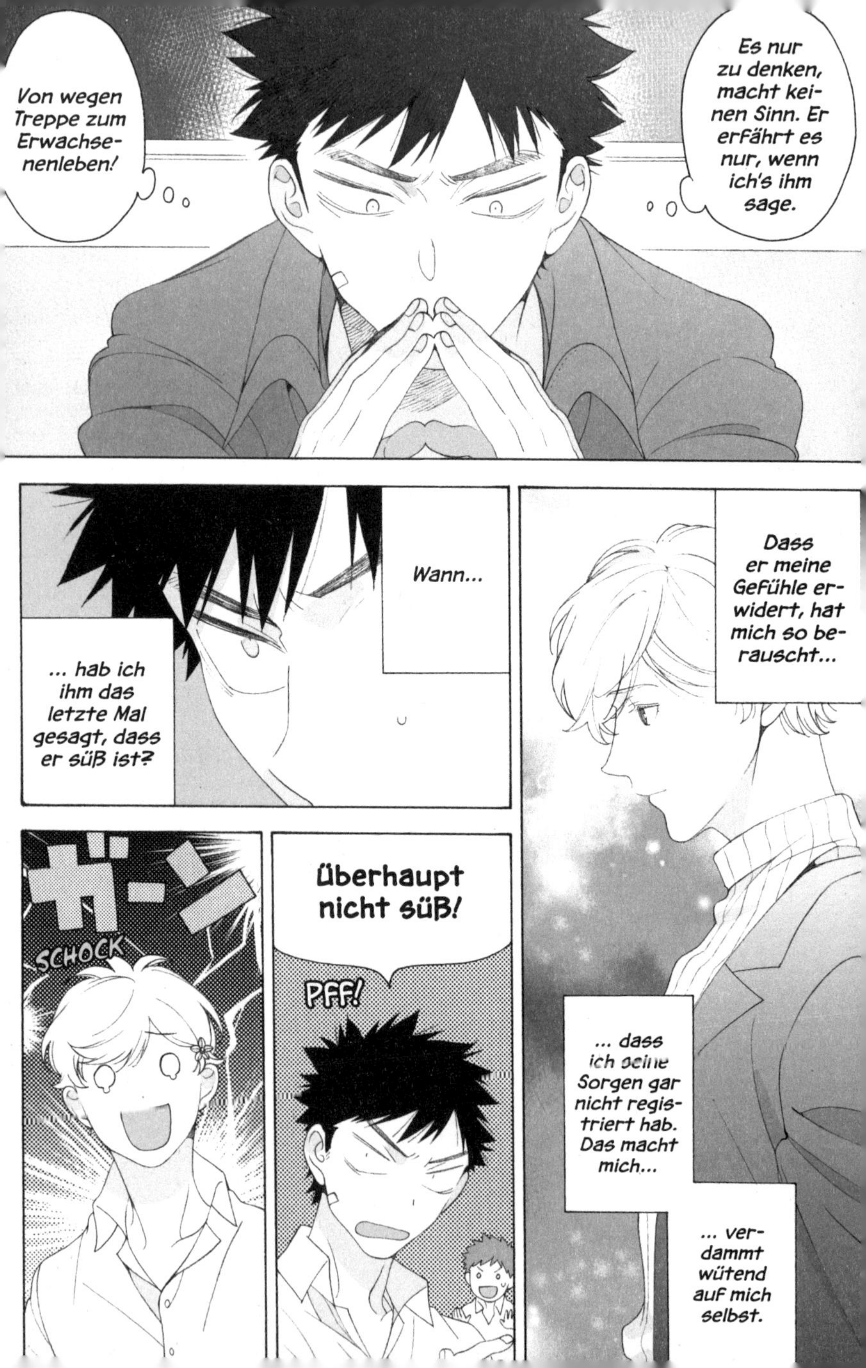

Es nur zu denken, macht keinen Sinn. Er erfährt es nur, wenn ich's ihm sage.

Von wegen Treppe zum Erwachsenenleben!

Wann...

... hab ich ihm das letzte Mal gesagt, dass er süß ist?

Überhaupt nicht süß!

PFF!

SCHOCK

Dass er meine Gefühle erwidert, hat mich so berauscht...

... dass ich seine Sorgen gar nicht registriert hab. Das macht mich...

... verdammt wütend auf mich selbst.

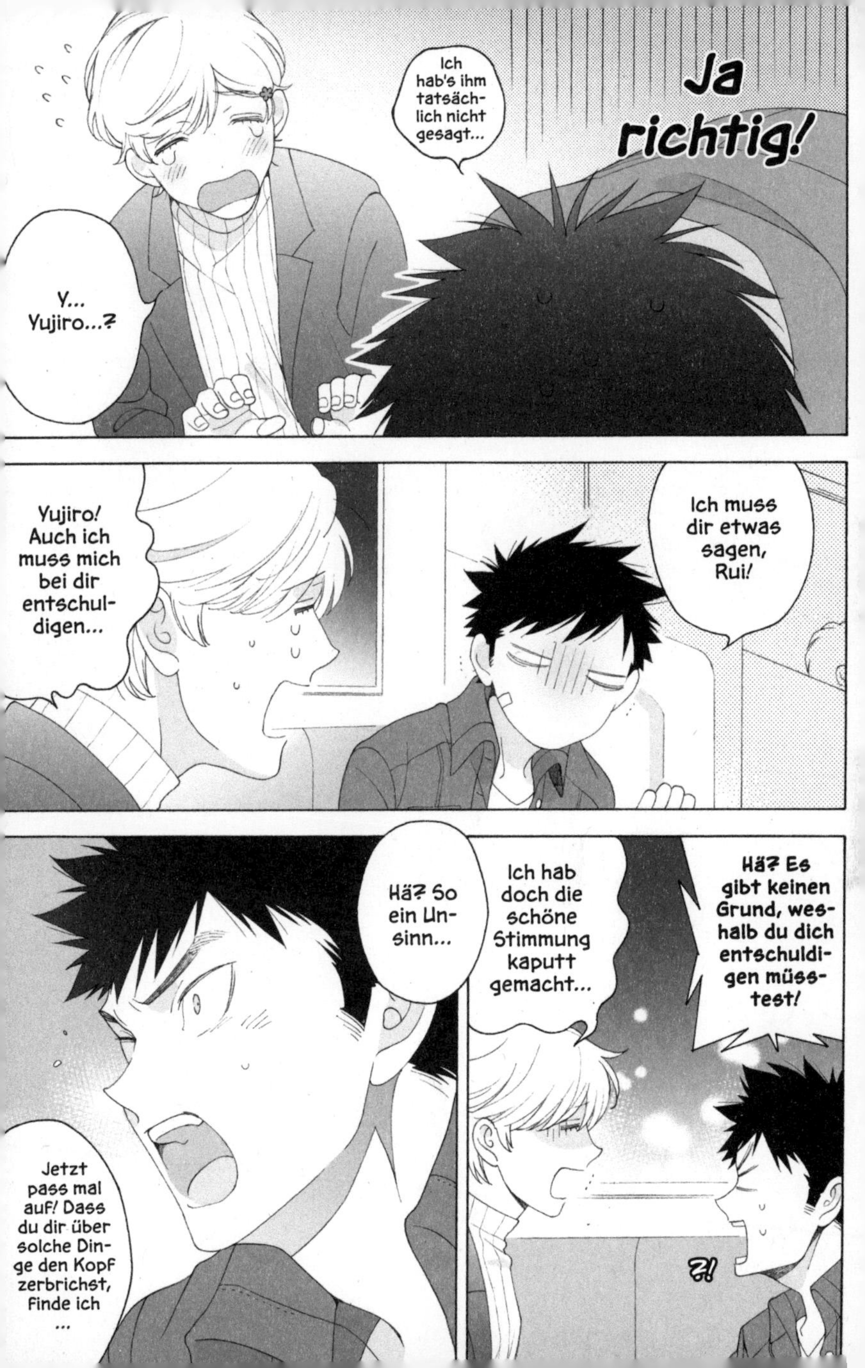

Ja richtig!

Ich hab's ihm tatsächlich nicht gesagt...

Y... Yujiro...?

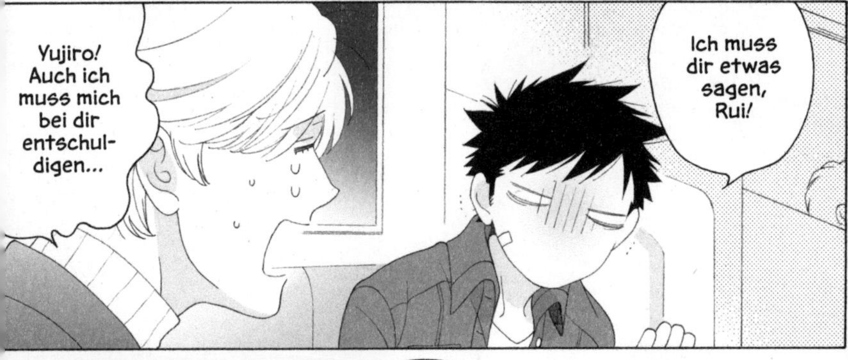

Hä? Es gibt keinen Grund, weshalb du dich entschuldigen müsstest!

Ich hab doch die schöne Stimmung kaputt gemacht...

?!

Hä? So ein Unsinn...

Jetzt pass mal auf! Dass du dir über solche Dinge den Kopf zerbrichst, finde ich ...

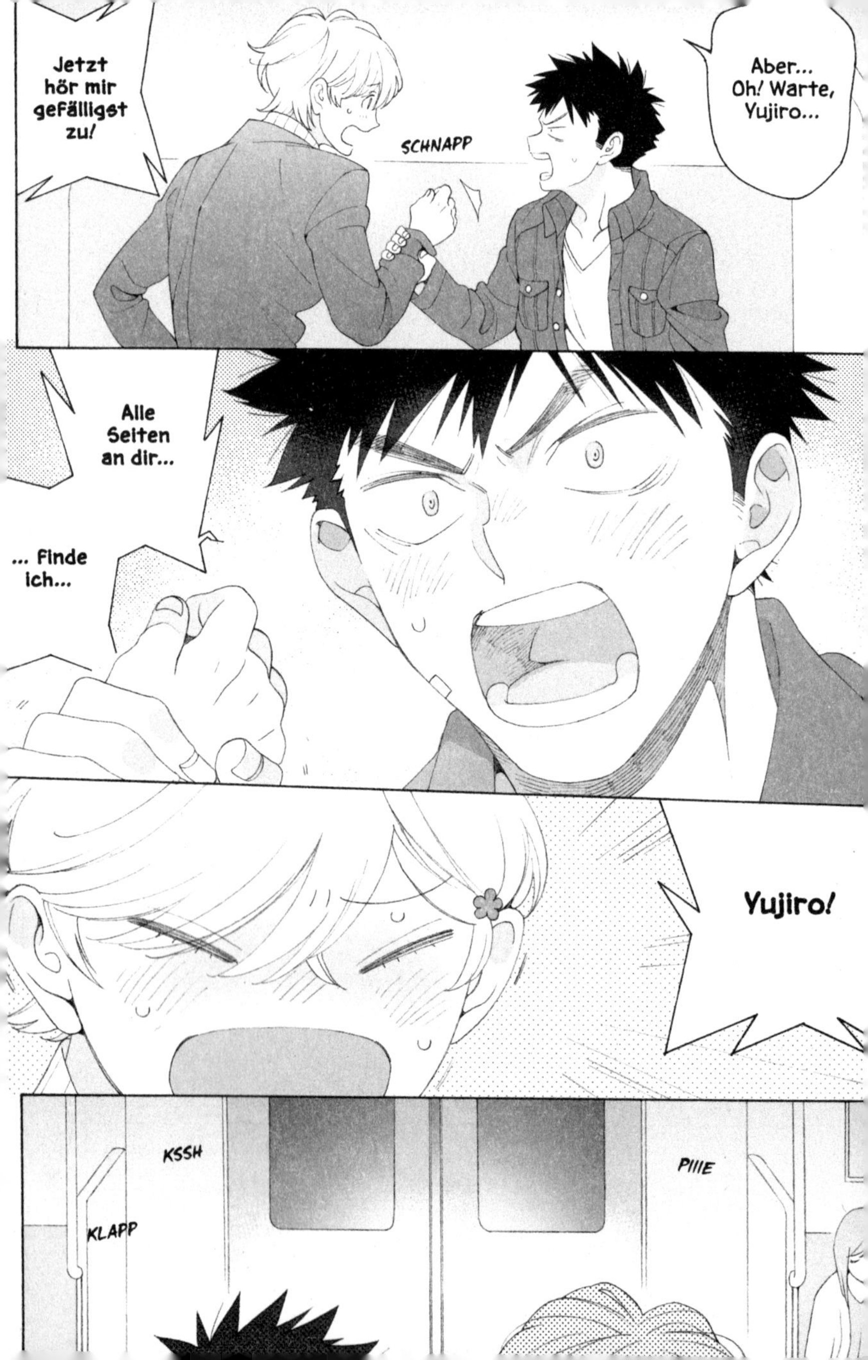
Aber... Oh! Warte, Yujiro...
SCHNAPP
Jetzt hör mir gefälligst zu!
Alle Seiten an dir...
... finde ich...
Yujiro!
PIIIE
KSSH
KLAPP

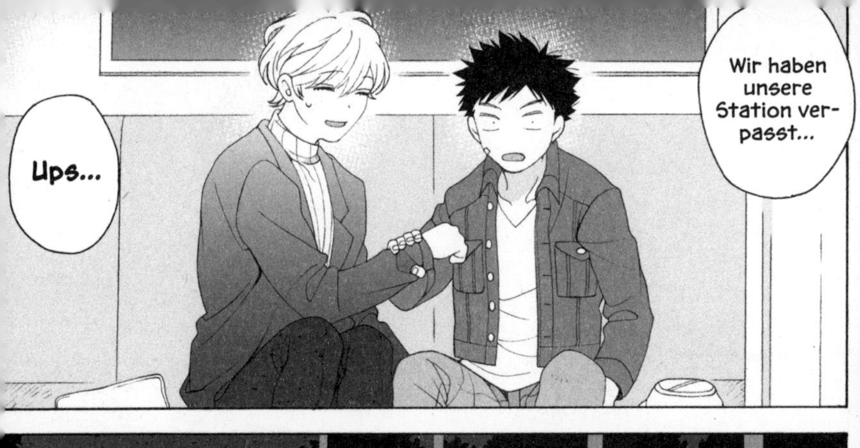
Wir haben unsere Station ver-passt...
Ups...

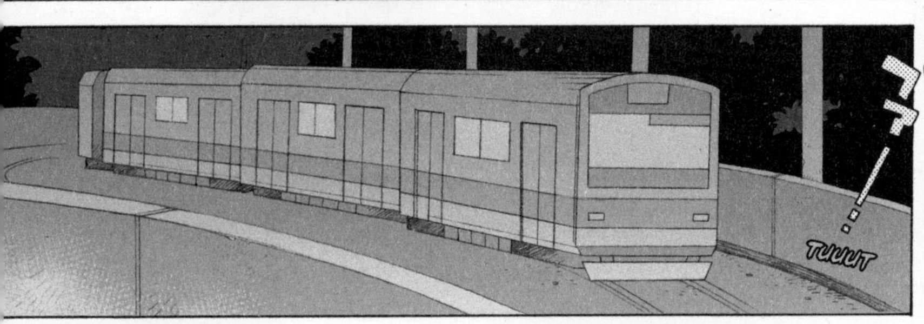
TUUUT

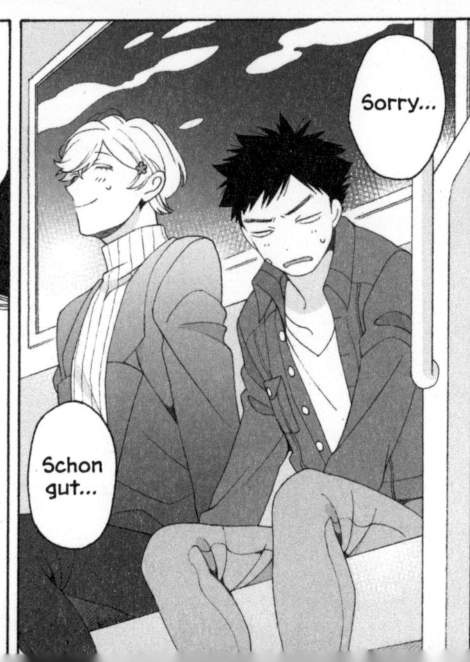
Sorry...
Schon gut...

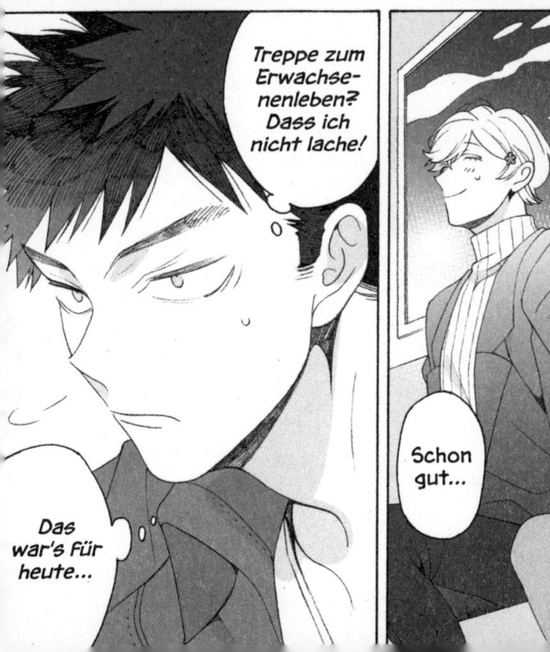
Treppe zum Erwachse-nenleben? Dass ich nicht lache!
Das war's für heute...

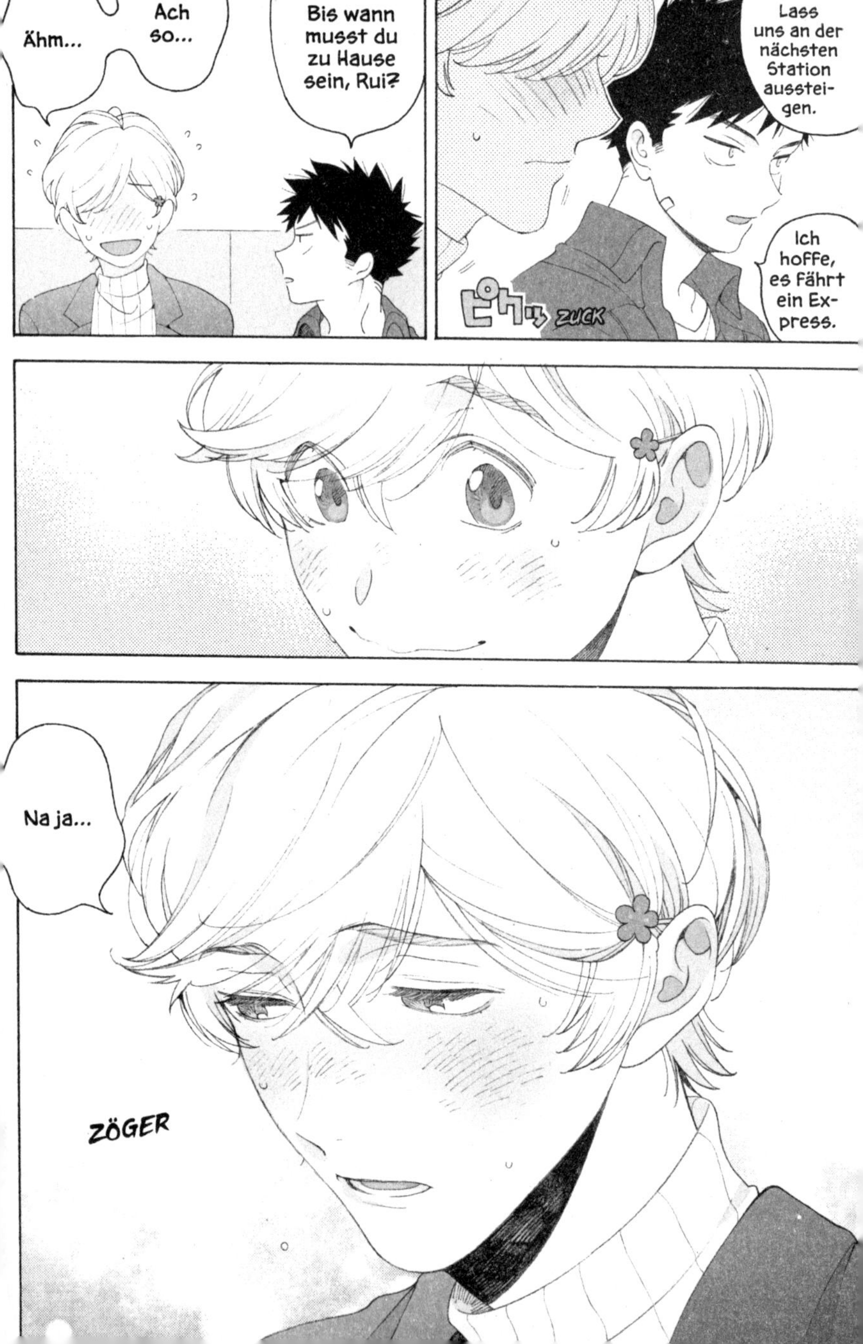
Lass uns an der nächsten Station ausstei-gen.
Ich hoffe, es fährt ein Ex-press.
ZUCK
Bis wann musst du zu Hause sein, Rui?
Ach so...
Ähm...
Na ja...
ZÖGER

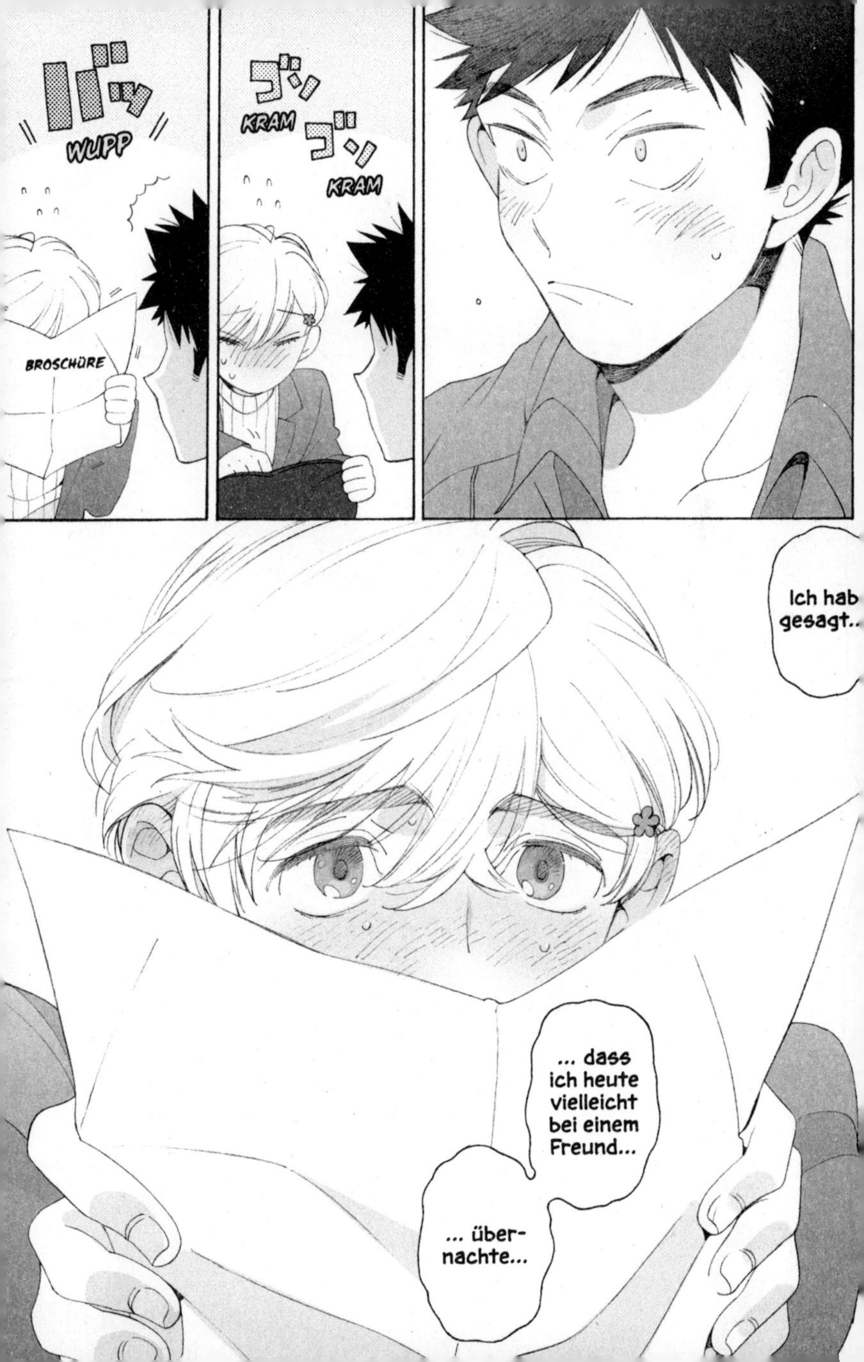

バッ
WUPP
BROSCHÜRE
ゴソ
KRAM
ゴソ
KRAM
Ich hab gesagt...
... dass ich heute vielleicht bei einem Freund...
... über-nachte...

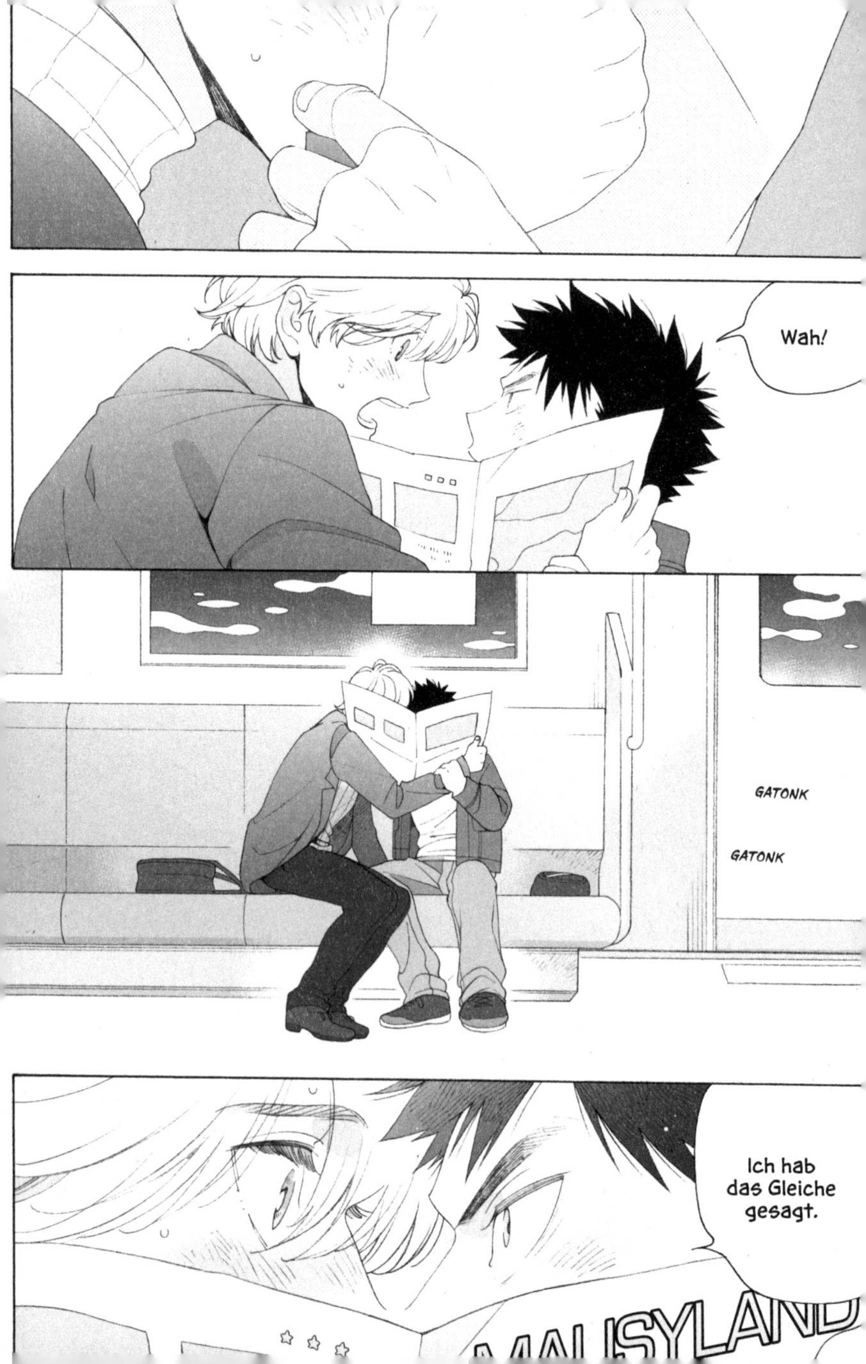
Wah!
GATONK
GATONK
Ich hab das Gleiche gesagt.
MAUSYLAND

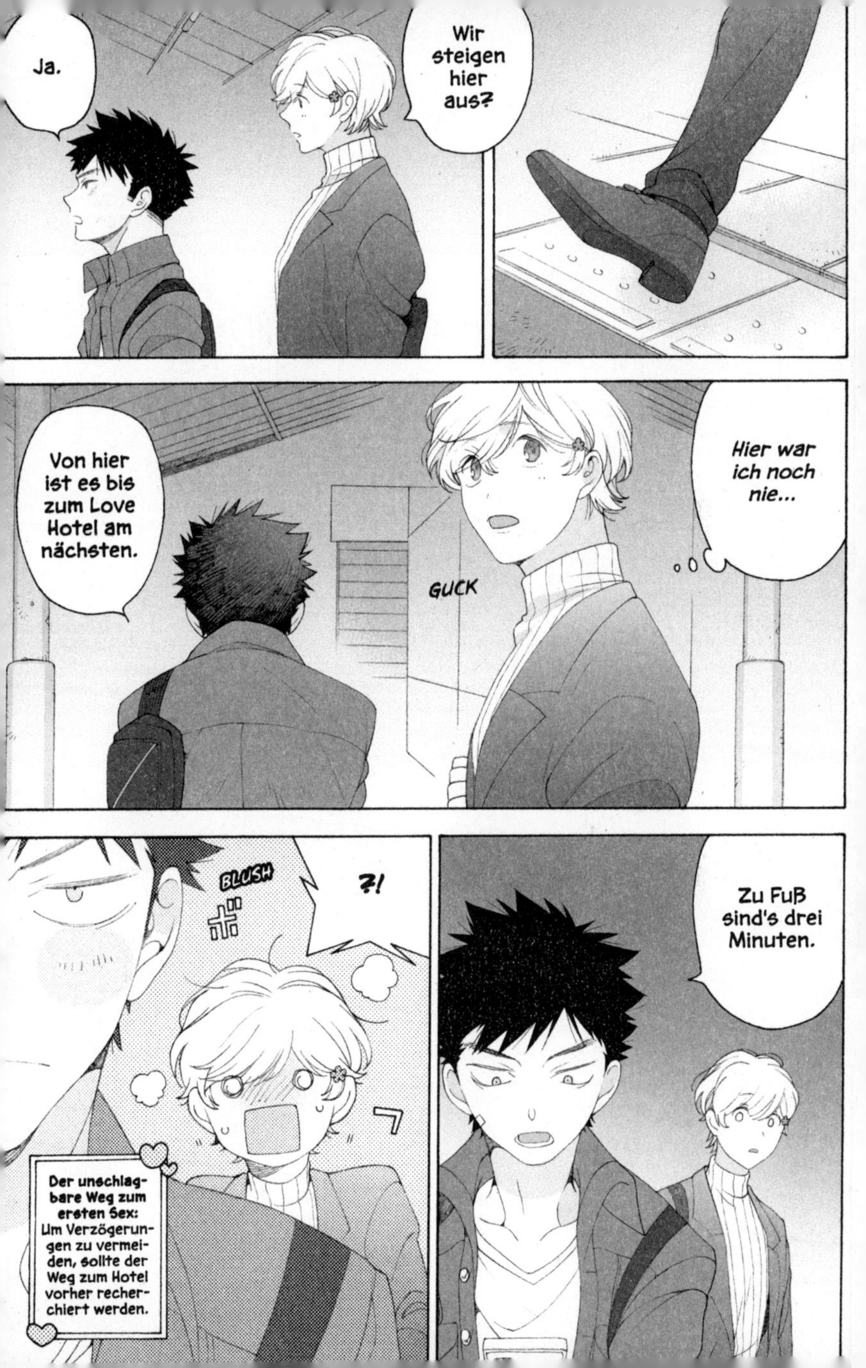

Wir steigen hier aus?
Ja.

Hier war ich noch nie...
GUCK
Von hier ist es bis zum Love Hotel am nächsten.

Zu Fuß sind's drei Minuten.
?!
BLUSH

Der unschlagbare Weg zum ersten Sex: Um Verzögerungen zu vermeiden, sollte der Weg zum Hotel vorher recherchiert werden.

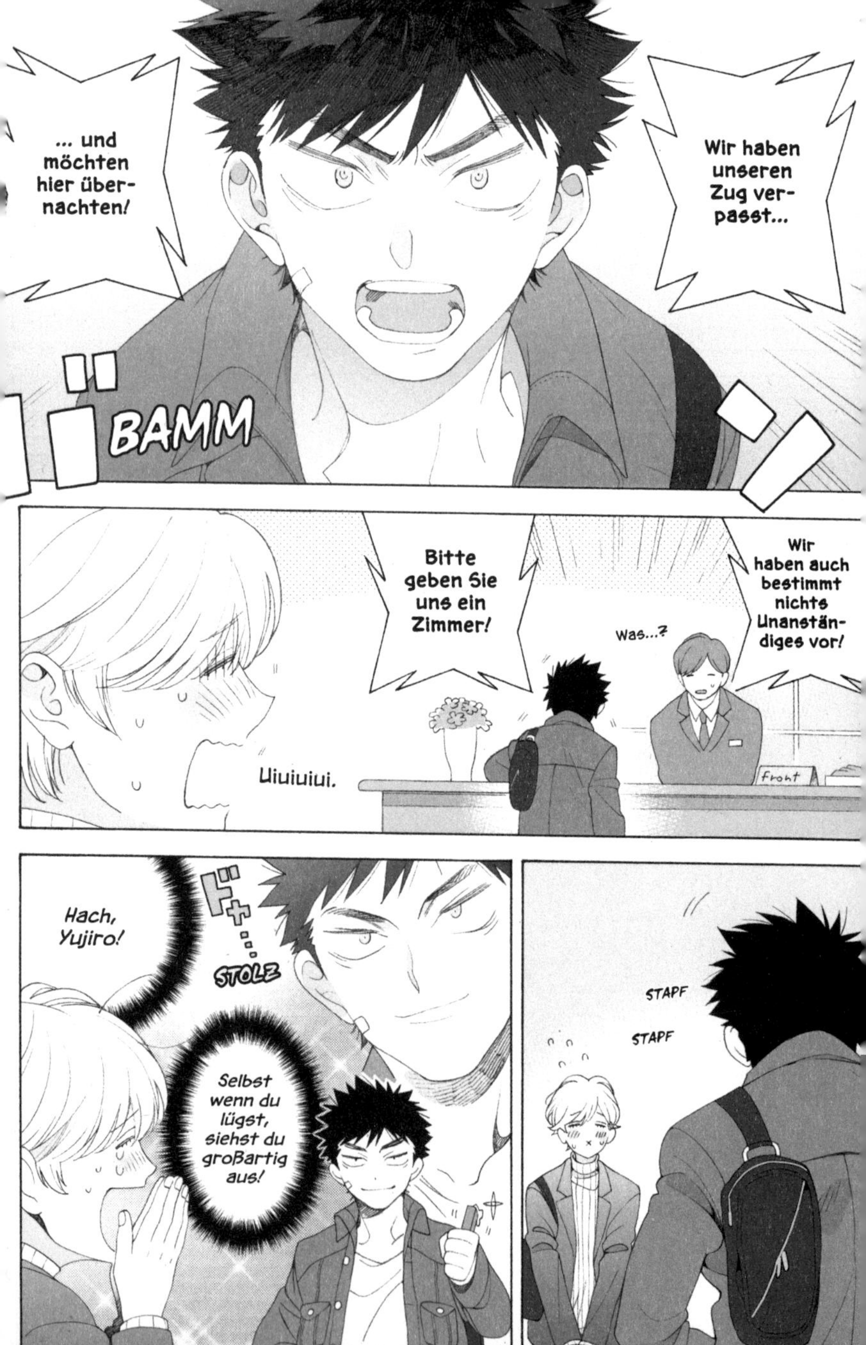
Wir haben unseren Zug verpasst...
... und möchten hier übernachten!
BAMM
Wir haben auch bestimmt nichts Unanständiges vor!
Was...?
Bitte geben Sie uns ein Zimmer!
Front
Uiuiuiui.
STAPF
STAPF
STOLZ
Hach, Yujiro!
Selbst wenn du lügst, siehst du großartig aus!

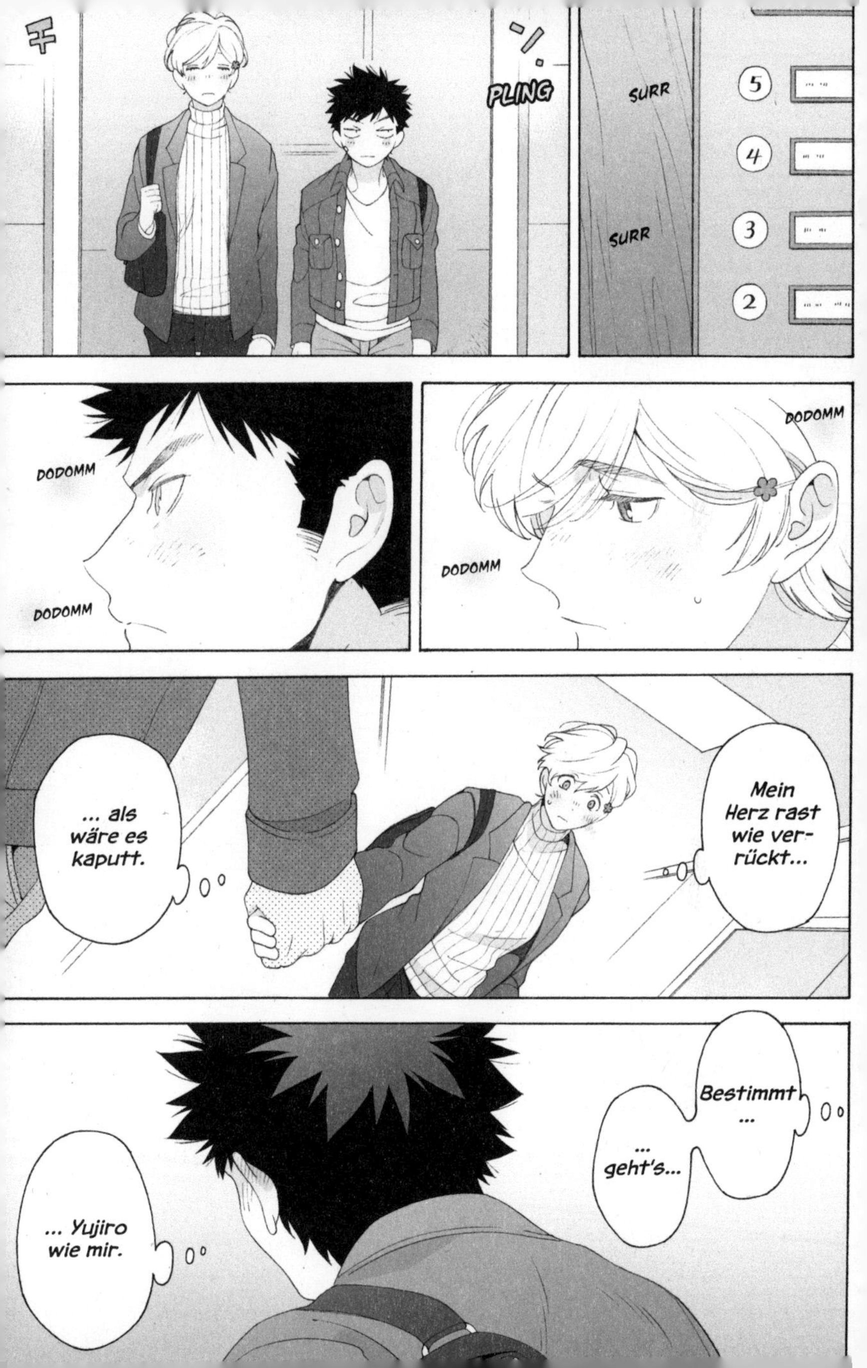

SURR
SURR
5
4
3
2
PLING
DODOMM
DODOMM
DODOMM
DODOMM

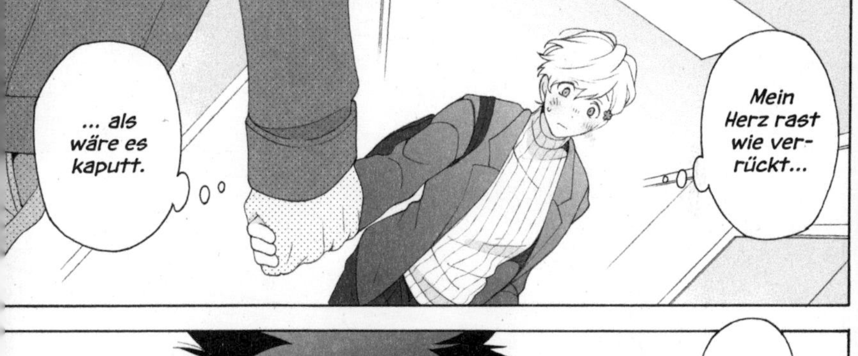
Mein Herz rast wie verrückt...
... als wäre es kaputt.

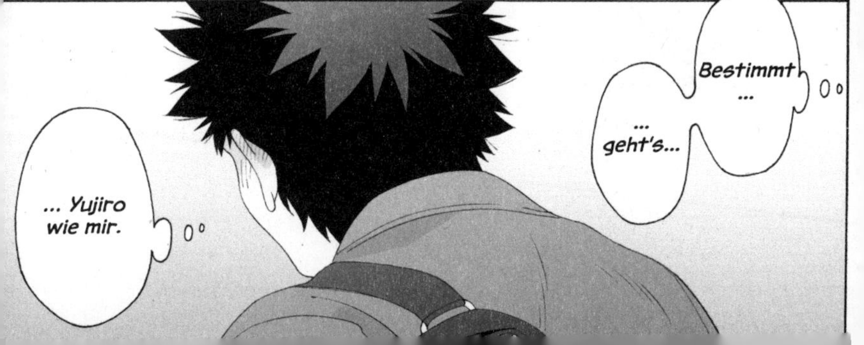
Bestimmt ...
... geht's...
... Yujiro wie mir.

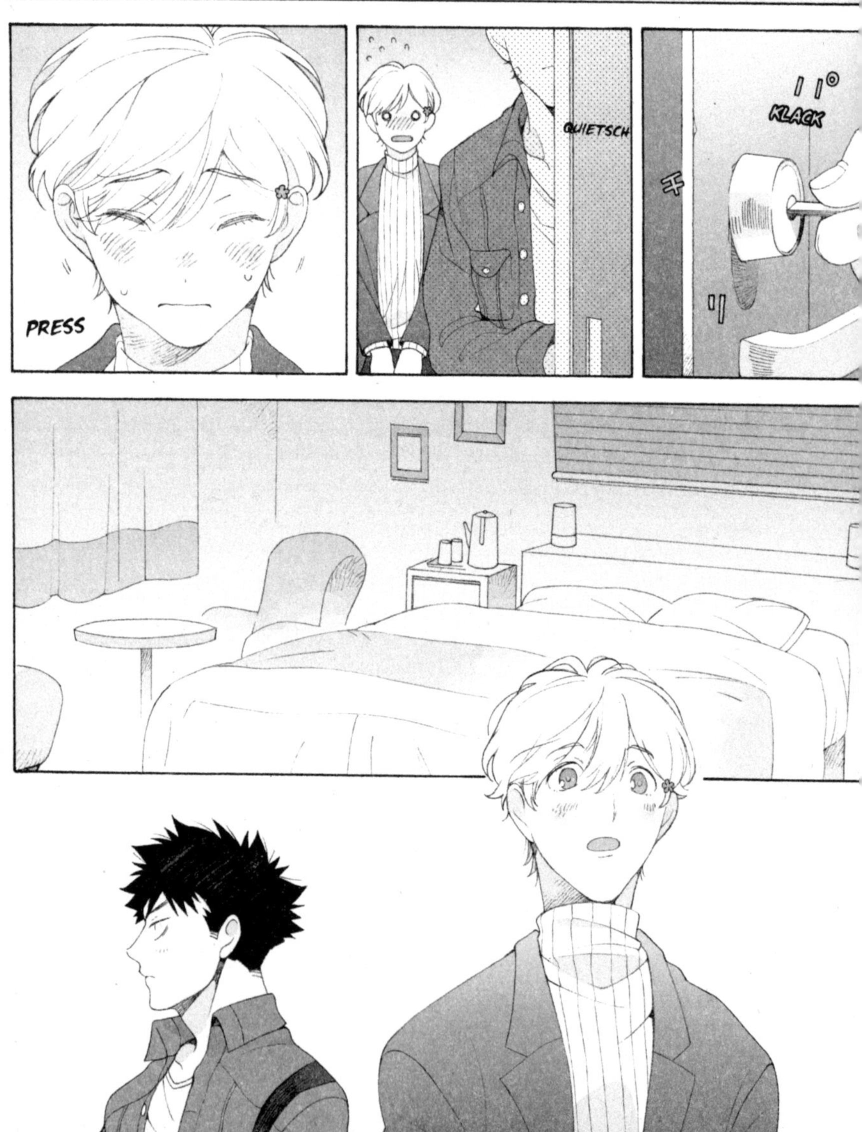
KLACK
QUIETSCH
PRESS

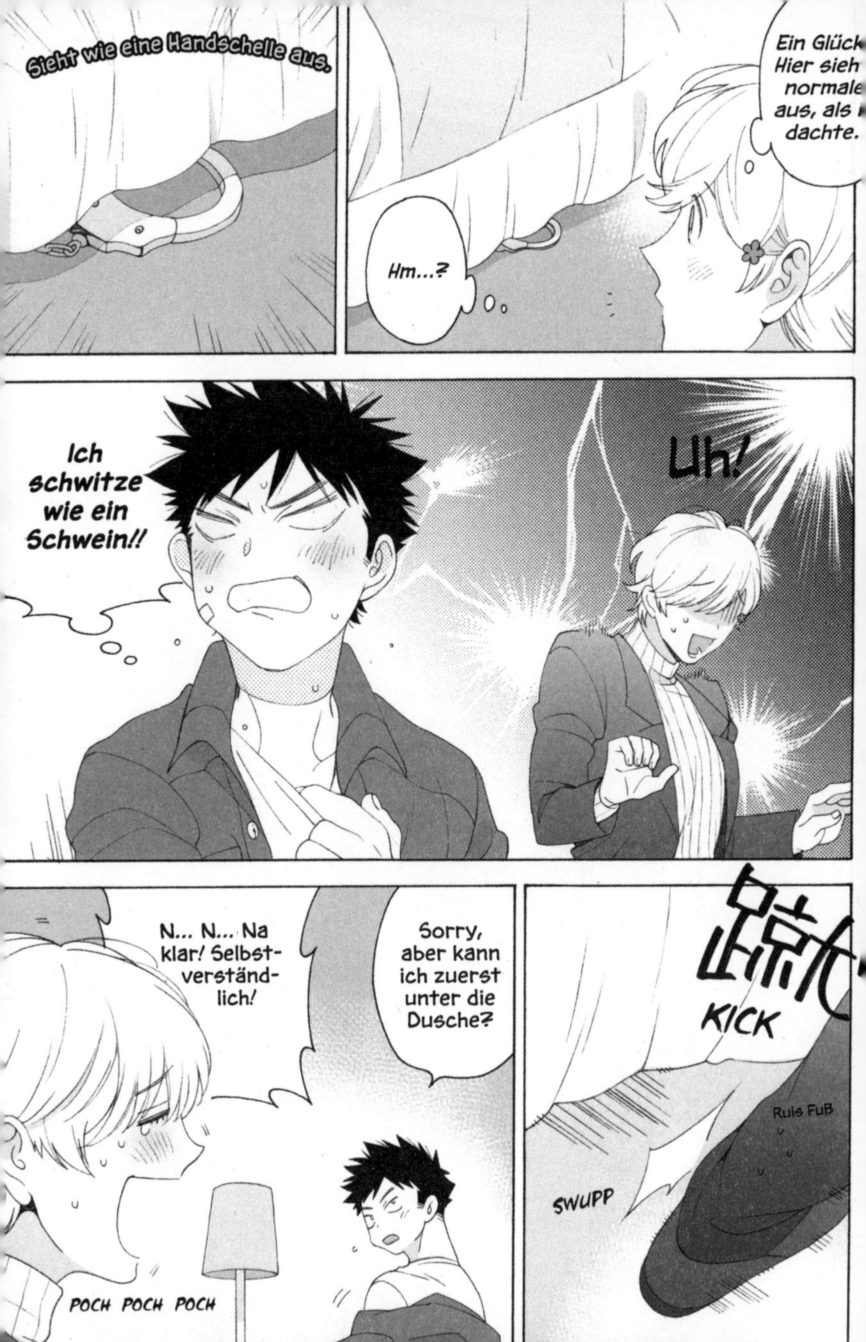

Ein Glück
Hier sieh
normale
aus, als
dachte.
Hm...?
Sieht wie eine Handschelle aus.
Uh!
Ich schwitze wie ein Schwein!!
KICK
Ruis Fuß
SWUPP
Sorry, aber kann ich zuerst unter die Dusche?
N... N... Na klar! Selbstverständlich!
POCH POCH POCH

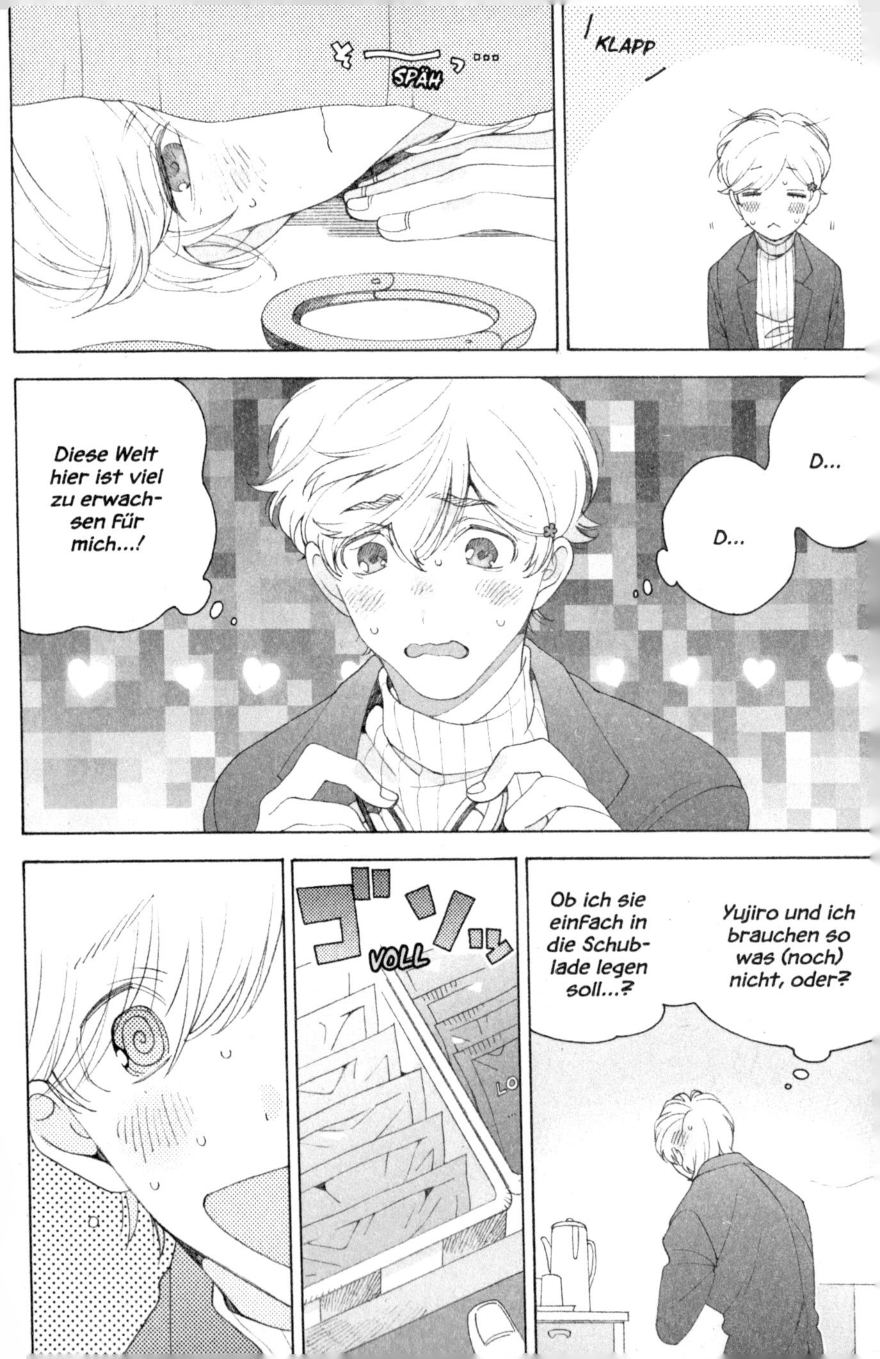
KLAPP
SPÄH
D...
D...
Diese Welt hier ist viel zu erwachsen für mich...!
Yujiro und ich brauchen so was (noch) nicht, oder?
Ob ich sie einfach in die Schublade legen soll...?
VOLL

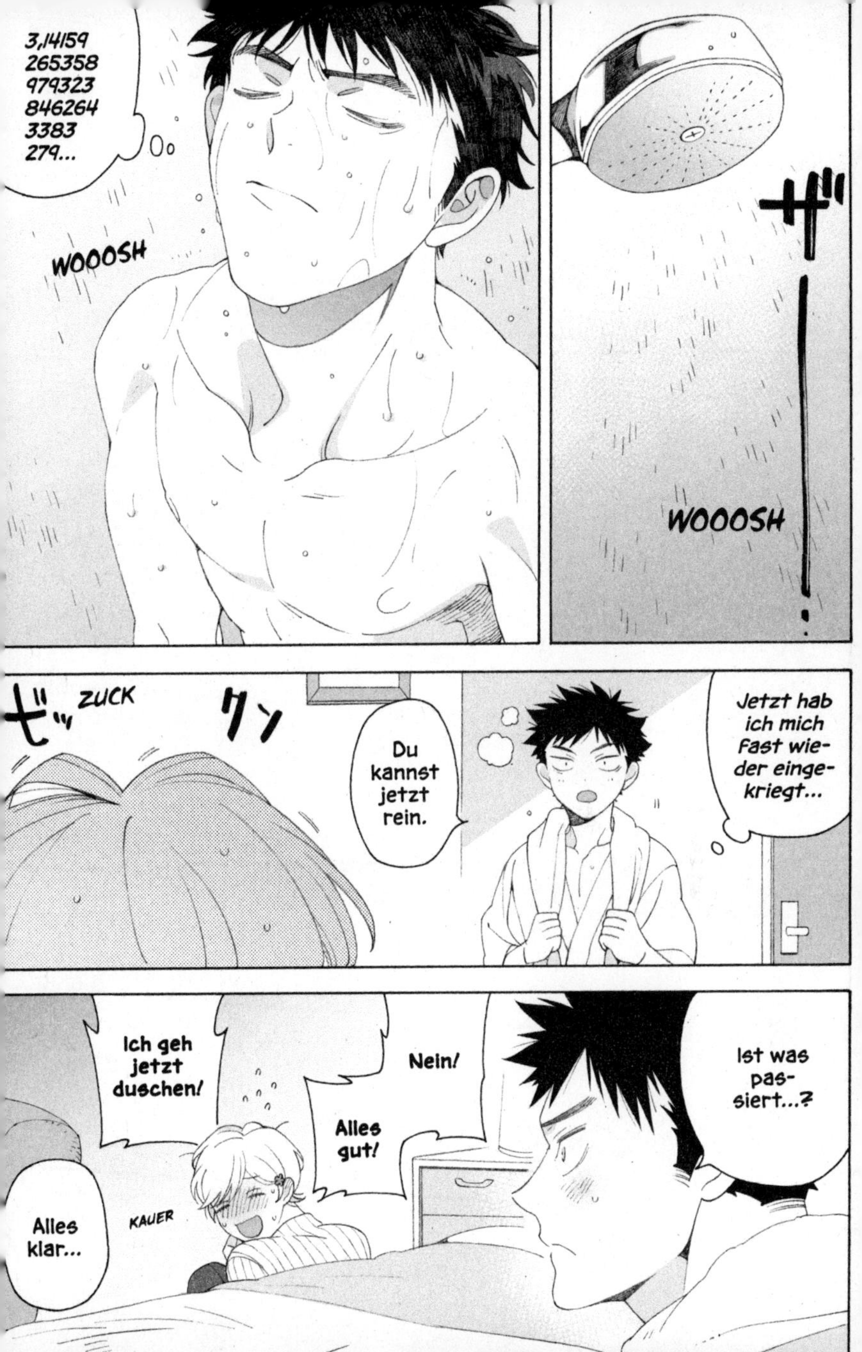
ザー
WOOOSH
3,14159 265358 979323 846264 3383 279...
WOOOSH
Jetzt hab ich mich fast wieder eingekriegt...
Du kannst jetzt rein.
グン
ビッ
ZUCK
Ist was passiert...?
Nein!
Alles gut!
Ich geh jetzt duschen!
KAUER
Alles klar...

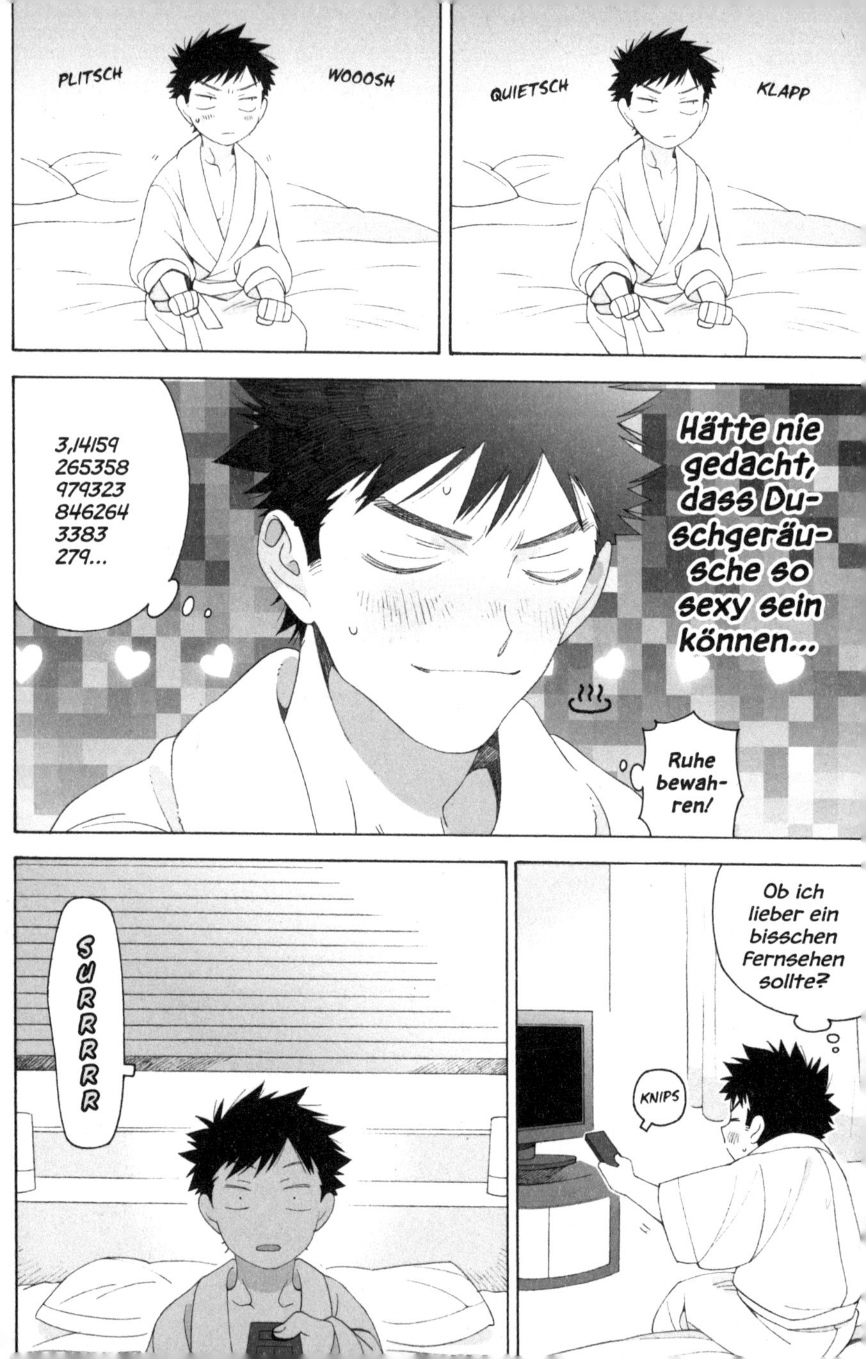
QUIETSCH
KLAPP
PLITSCH
WOOOSH
Hätte nie gedacht, dass Duschgeräusche so sexy sein können...
3,14159 265358 979323 846264 3383 279...
Ruhe bewahren!
Ob ich lieber ein bisschen fernsehen sollte?
KNIPS
SURRRRR

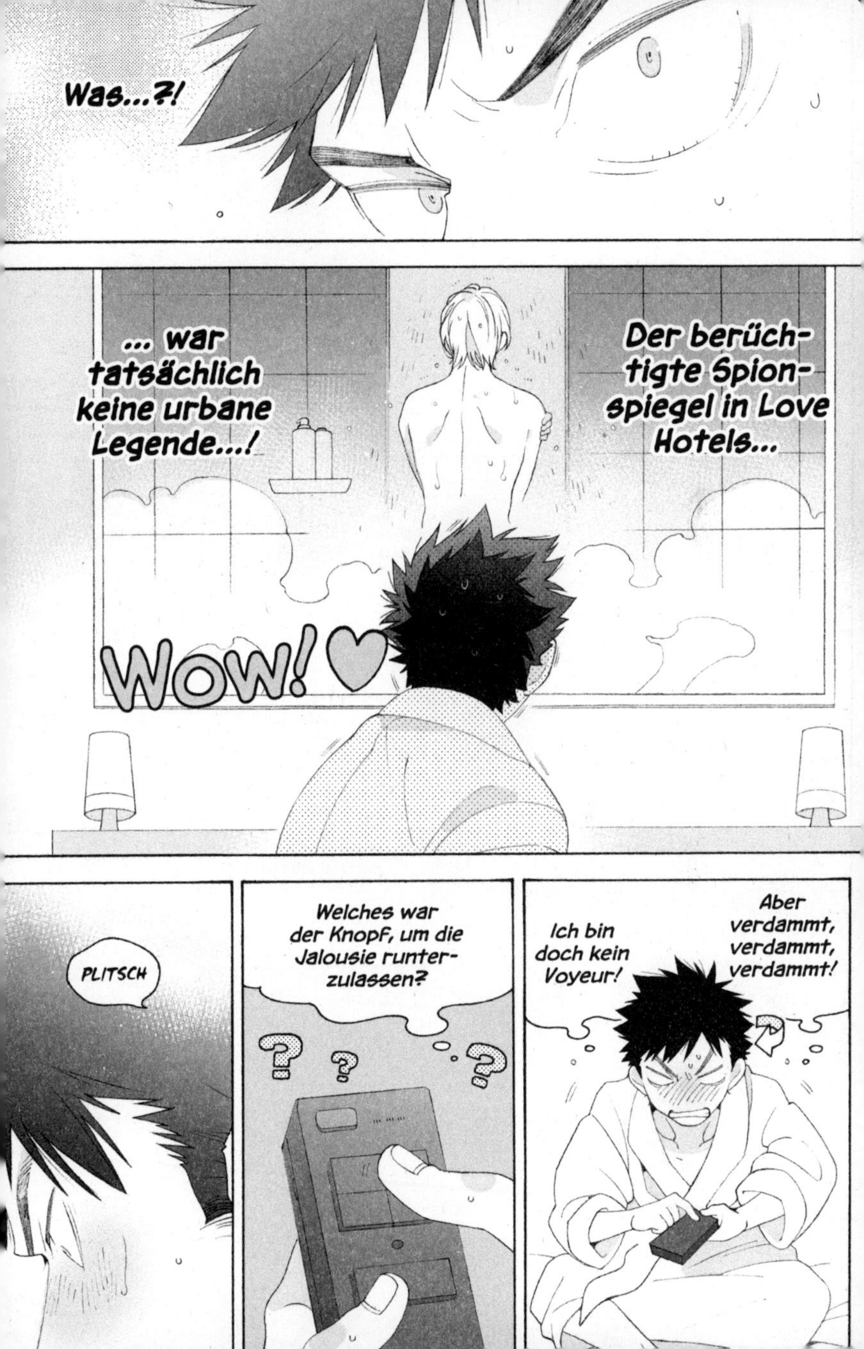
Was...?!
Der berüchtigte Spionspiegel in Love Hotels...
... war tatsächlich keine urbane Legende...!
WOW! ♥
Aber verdammt, verdammt, verdammt!
Ich bin doch kein Voyeur!
Welches war der Knopf, um die Jalousie runterzulassen?
? ? ?
PLITSCH

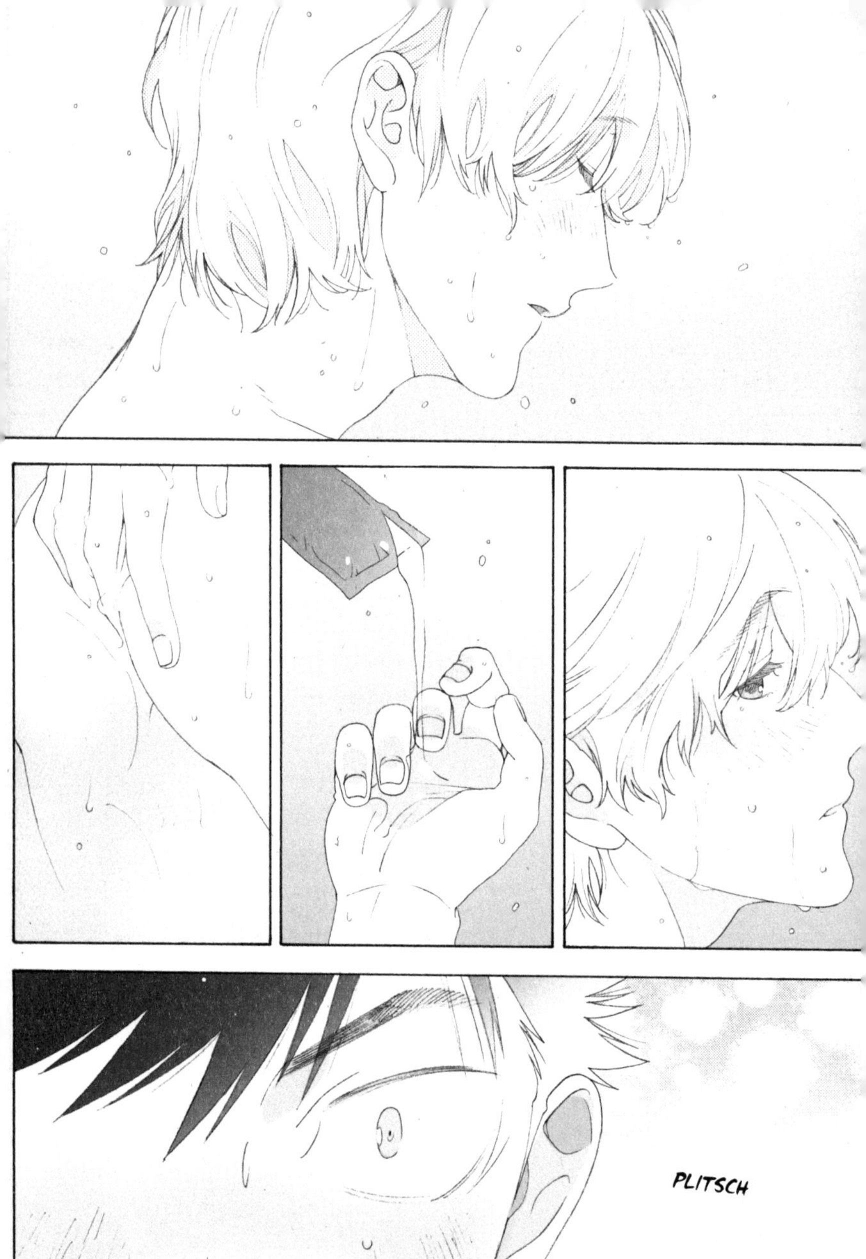
PLITSCH

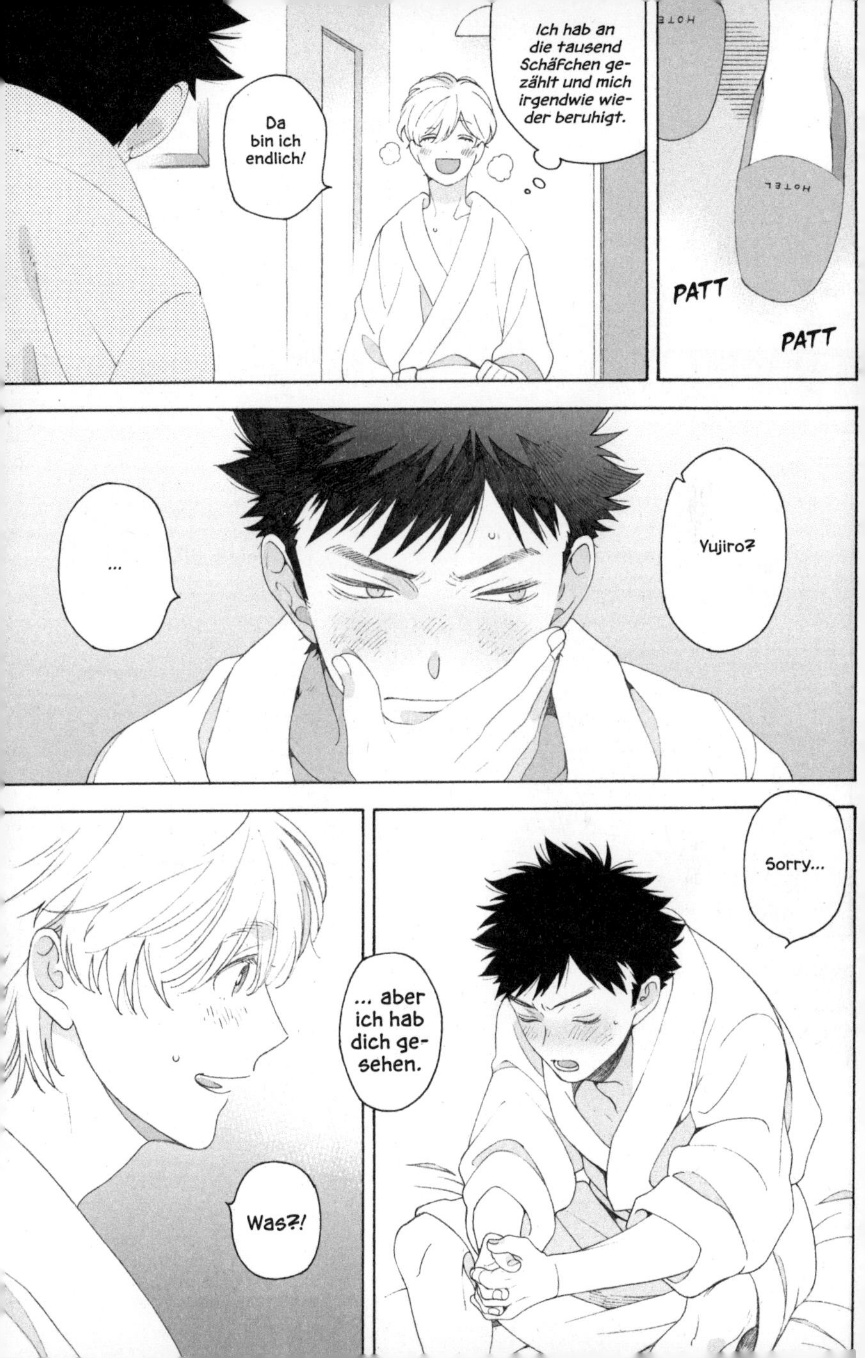
HOTEL
HOTEL
PATT
PATT
Ich hab an die tausend Schäfchen gezählt und mich irgendwie wieder beruhigt.
Da bin ich endlich!
Yujiro?
...
Sorry...
... aber ich hab dich gesehen.
Was?!

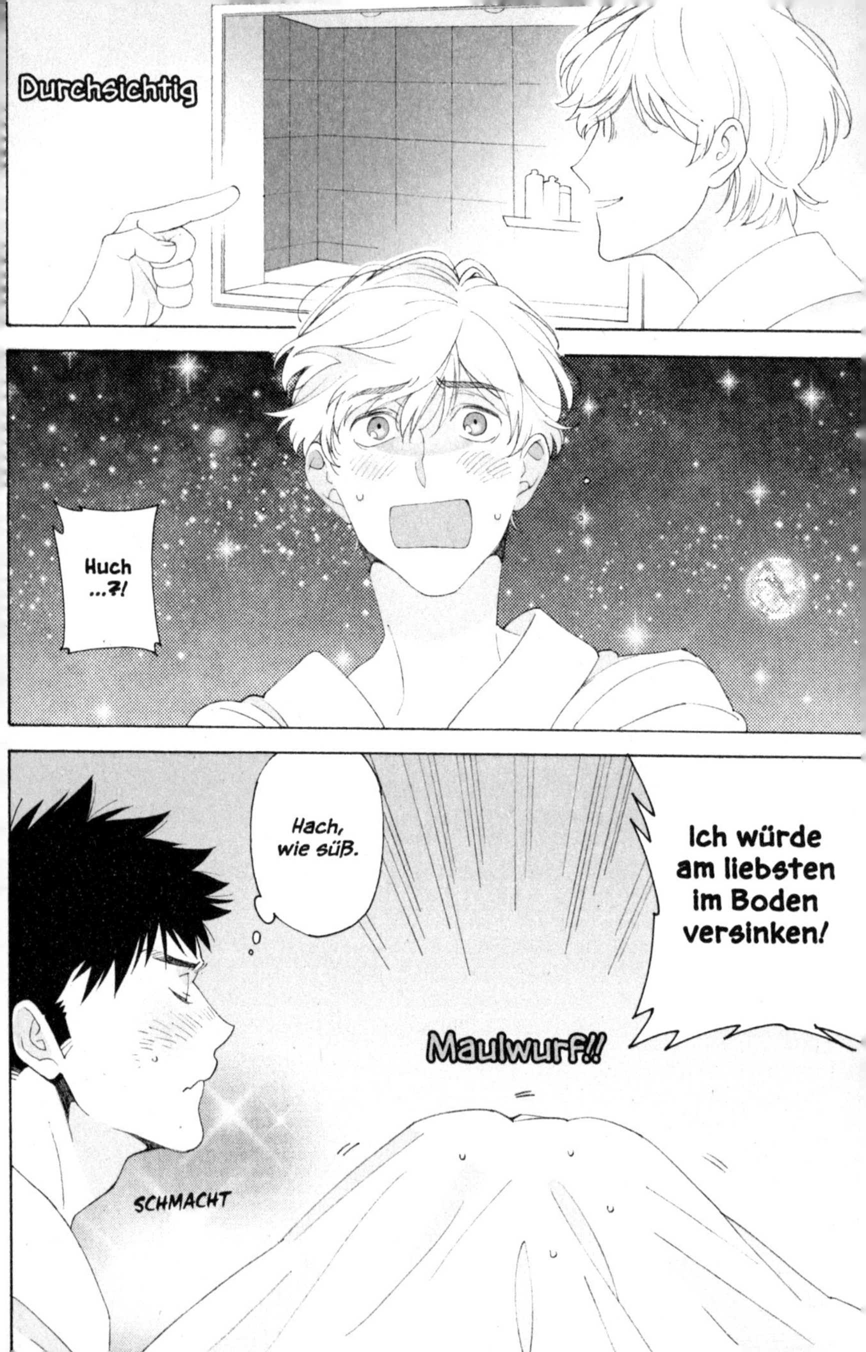
Durchsichtig
Huch ...?!
Ich würde am liebsten im Boden versinken!
Hach, wie süß.
Maulwurf!!
SCHMACHT

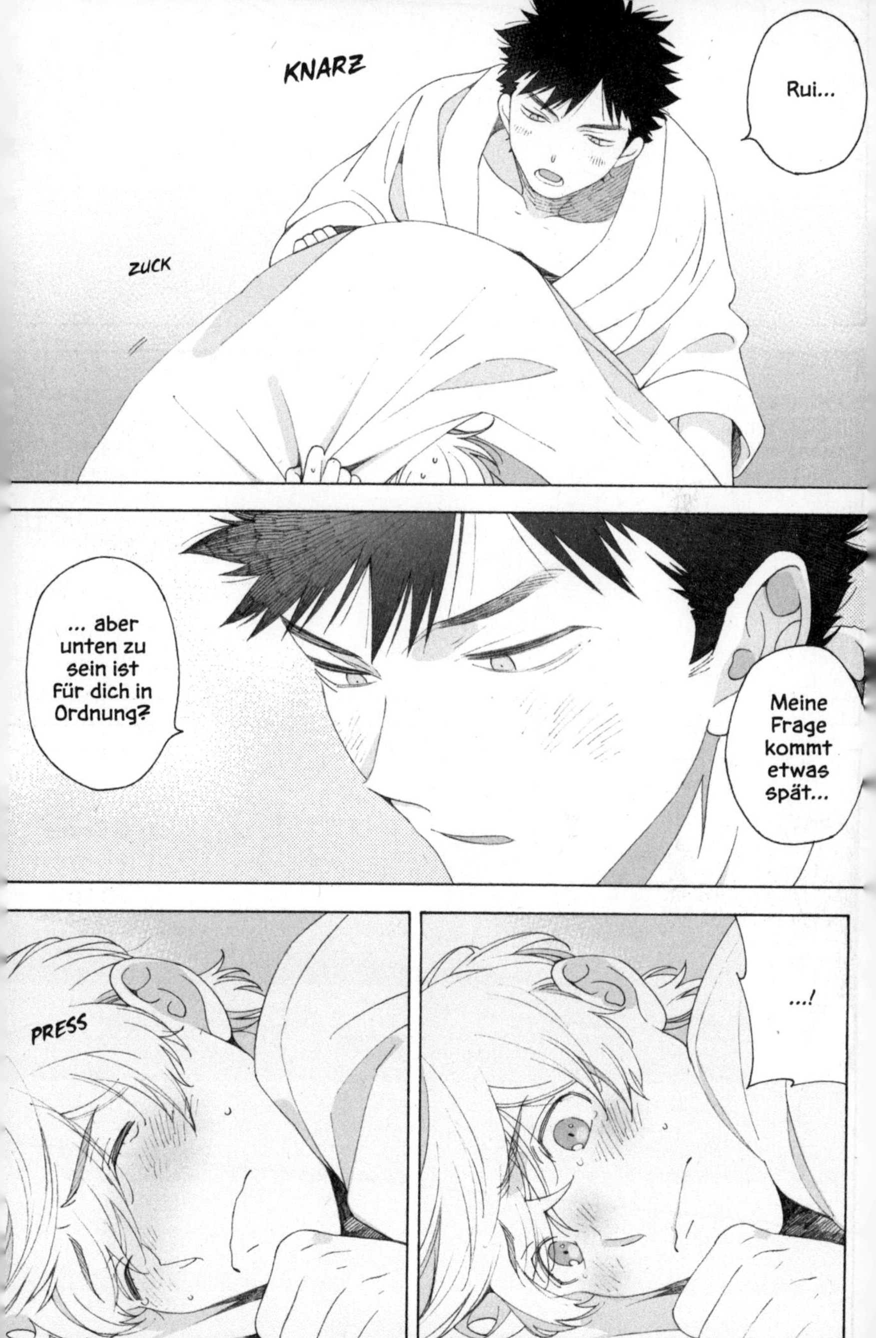
Rui...
KNARZ
ZUCK
Meine Frage kommt etwas spät...
... aber unten zu sein ist für dich in Ordnung?
...!
PRESS

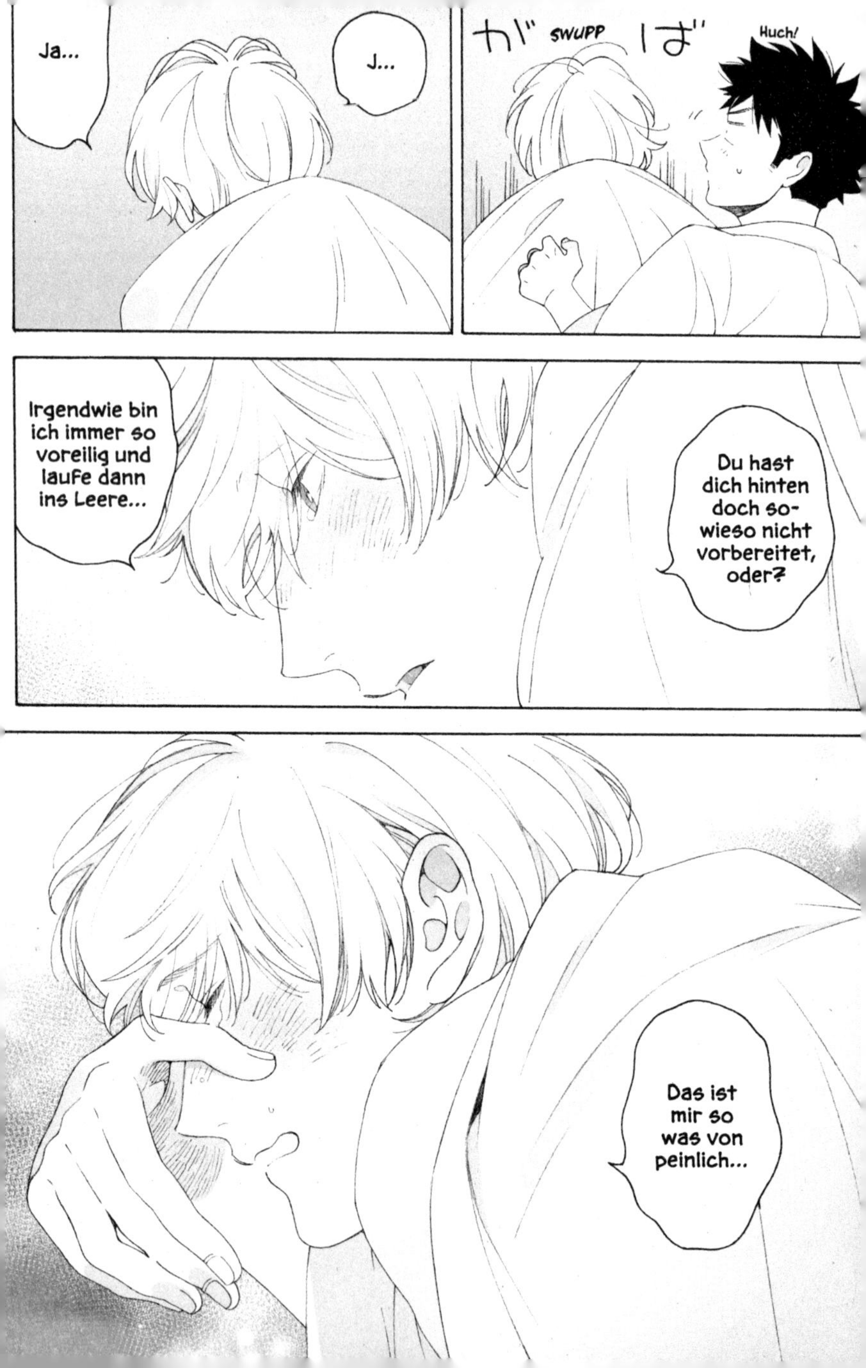
J...
Ja...
Huch!
ばっ
SWUPP
ガッ
Du hast dich hinten doch so-wieso nicht vorbereitet, oder?
Irgendwie bin ich immer so voreilig und laufe dann ins Leere...
Das ist mir so was von peinlich...

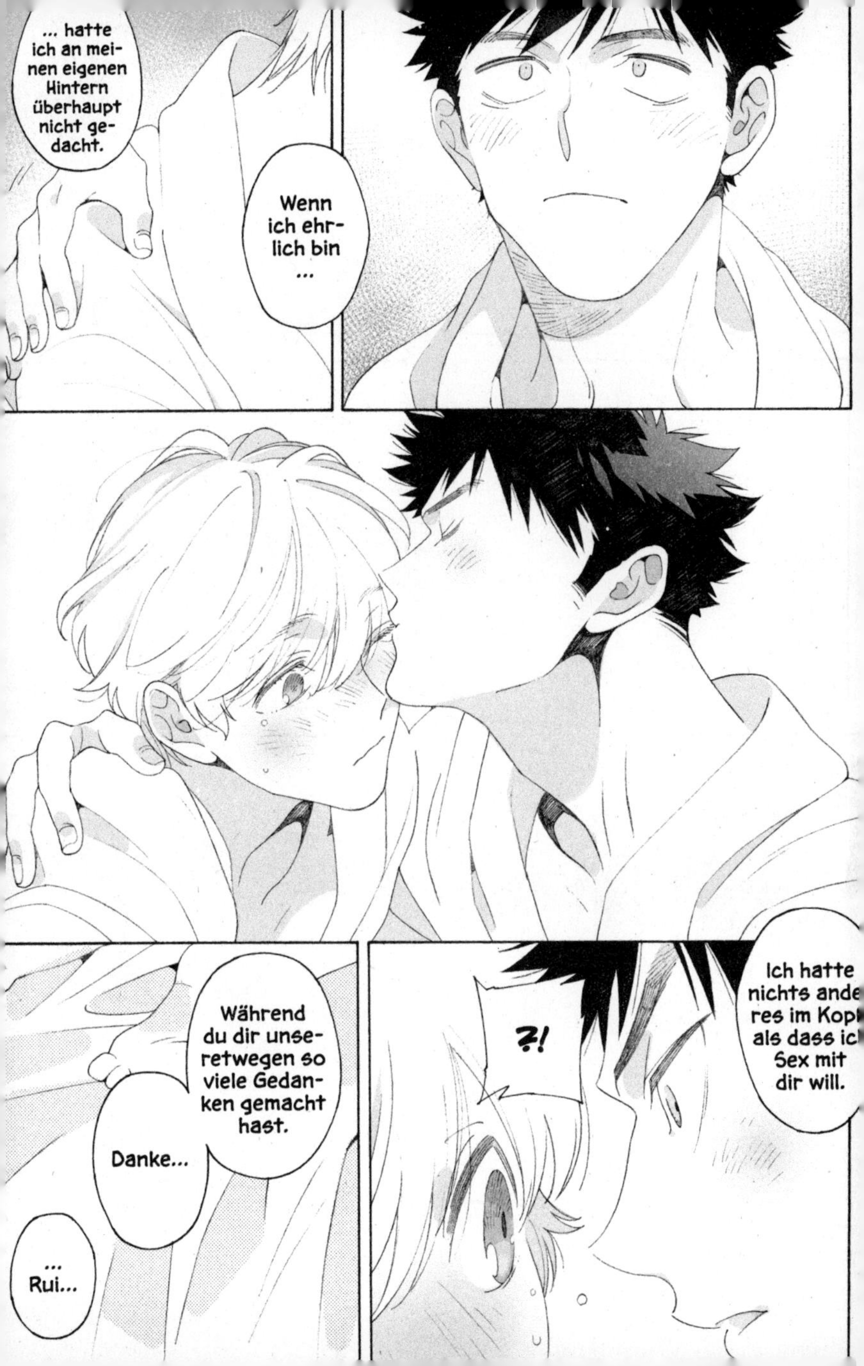

Wenn ich ehrlich bin ...
... hatte ich an meinen eigenen Hintern überhaupt nicht gedacht.
Ich hatte nichts ande res im Kop als dass ic Sex mit dir will.
?!
Während du dir unseretwegen so viele Gedanken gemacht hast.
Danke...
... Rui...

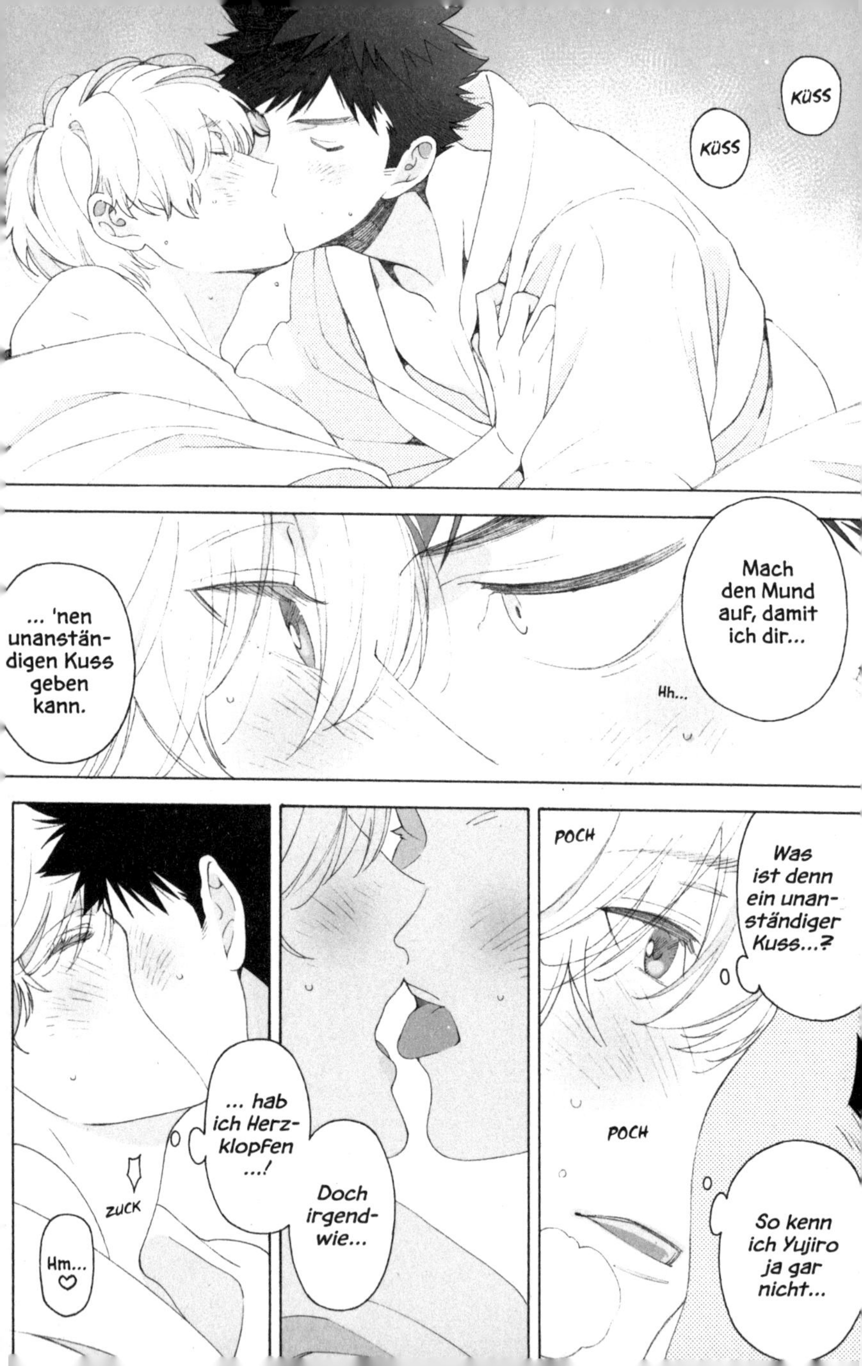
KÜSS
KÜSS
Mach den Mund auf, damit ich dir...
Hh...
... 'nen unanständigen Kuss geben kann.
POCH
Was ist denn ein unanständiger Kuss...?
POCH
So kenn ich Yujiro ja gar nicht...
Doch irgendwie...
... hab ich Herzklopfen ...!
ZUCK
Hm... ♡

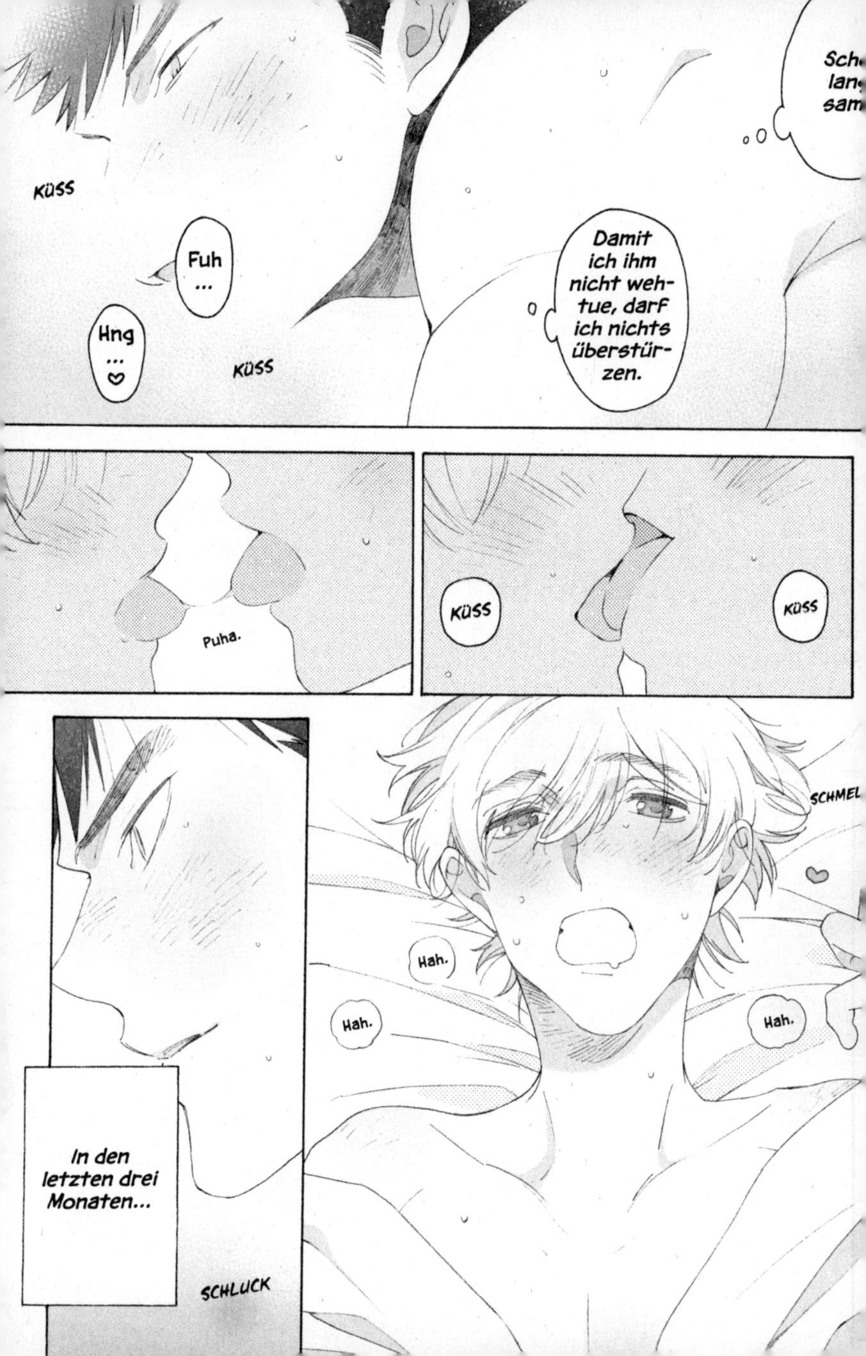
Damit ich ihm nicht wehtue, darf ich nichts überstürzen.
KÜSS
Fuh ...
KÜSS
Hng ... ♡
KÜSS
KÜSS
Puha.
SCHMEL
Hah.
Hah.
Hah.
In den letzten drei Monaten...
SCHLUCK

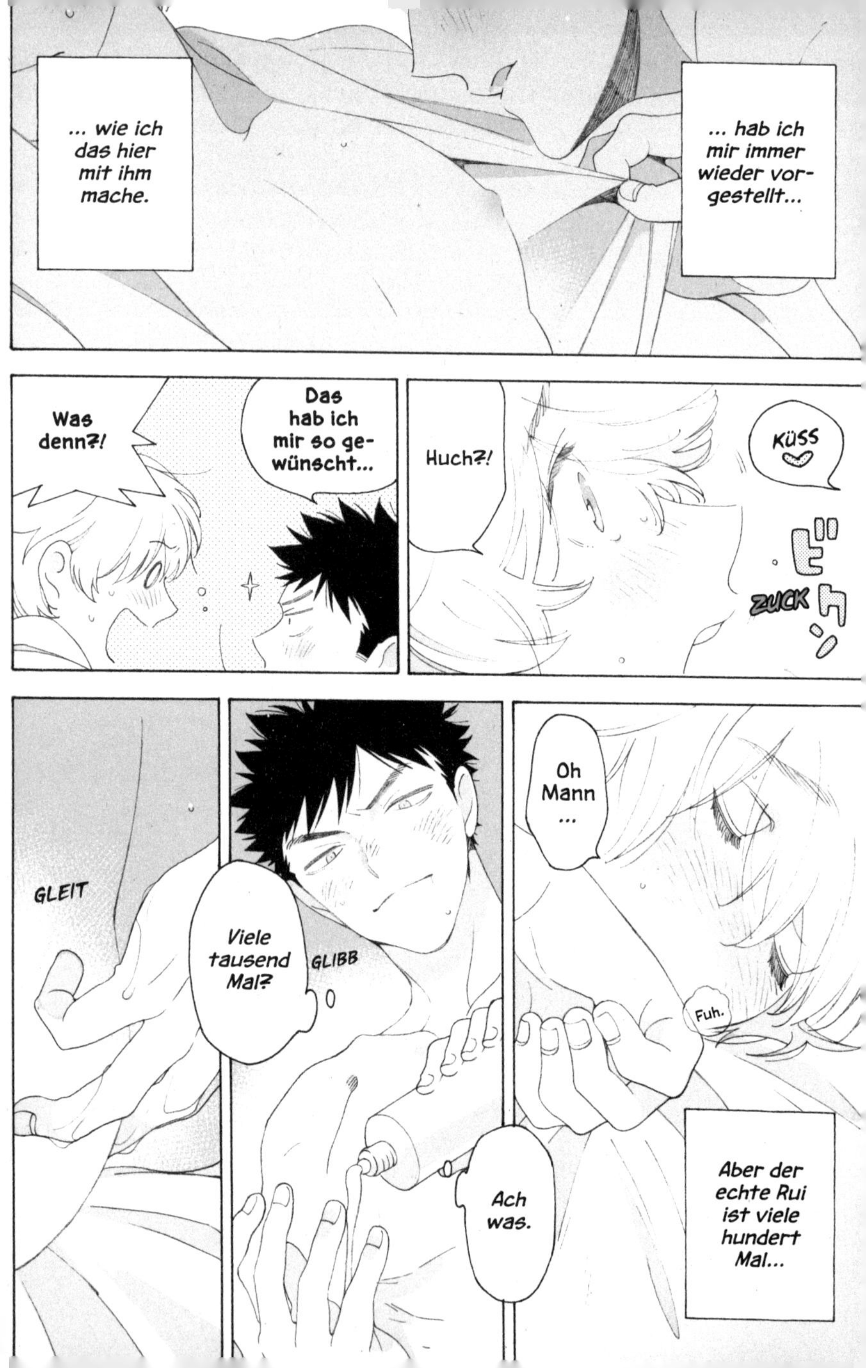
... hab ich mir immer wieder vorgestellt...
... wie ich das hier mit ihm mache.
Huch?!
KÜSS
ZUCK
Das hab ich mir so gewünscht...
Was denn?!
Oh Mann ...
Fuh.
Aber der echte Rui ist viele hundert Mal...
Ach was.
Viele tausend Mal?
GLIBB
GLEIT

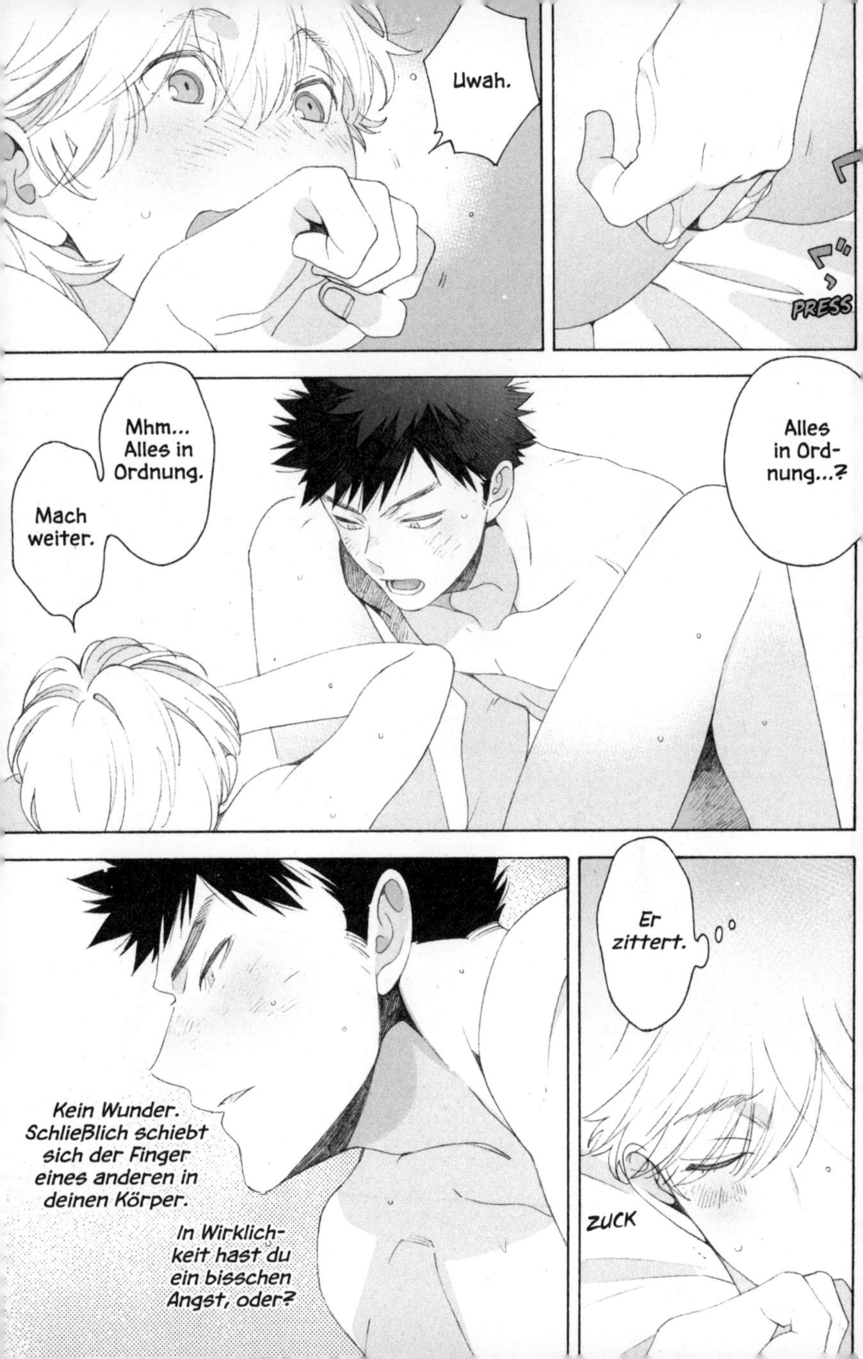
Uwah.
PRESS
Alles in Ordnung...?
Mhm... Alles in Ordnung.
Mach weiter.
Er zittert.
ZUCK
Kein Wunder. Schließlich schiebt sich der Finger eines anderen in deinen Körper.
In Wirklichkeit hast du ein bisschen Angst, oder?

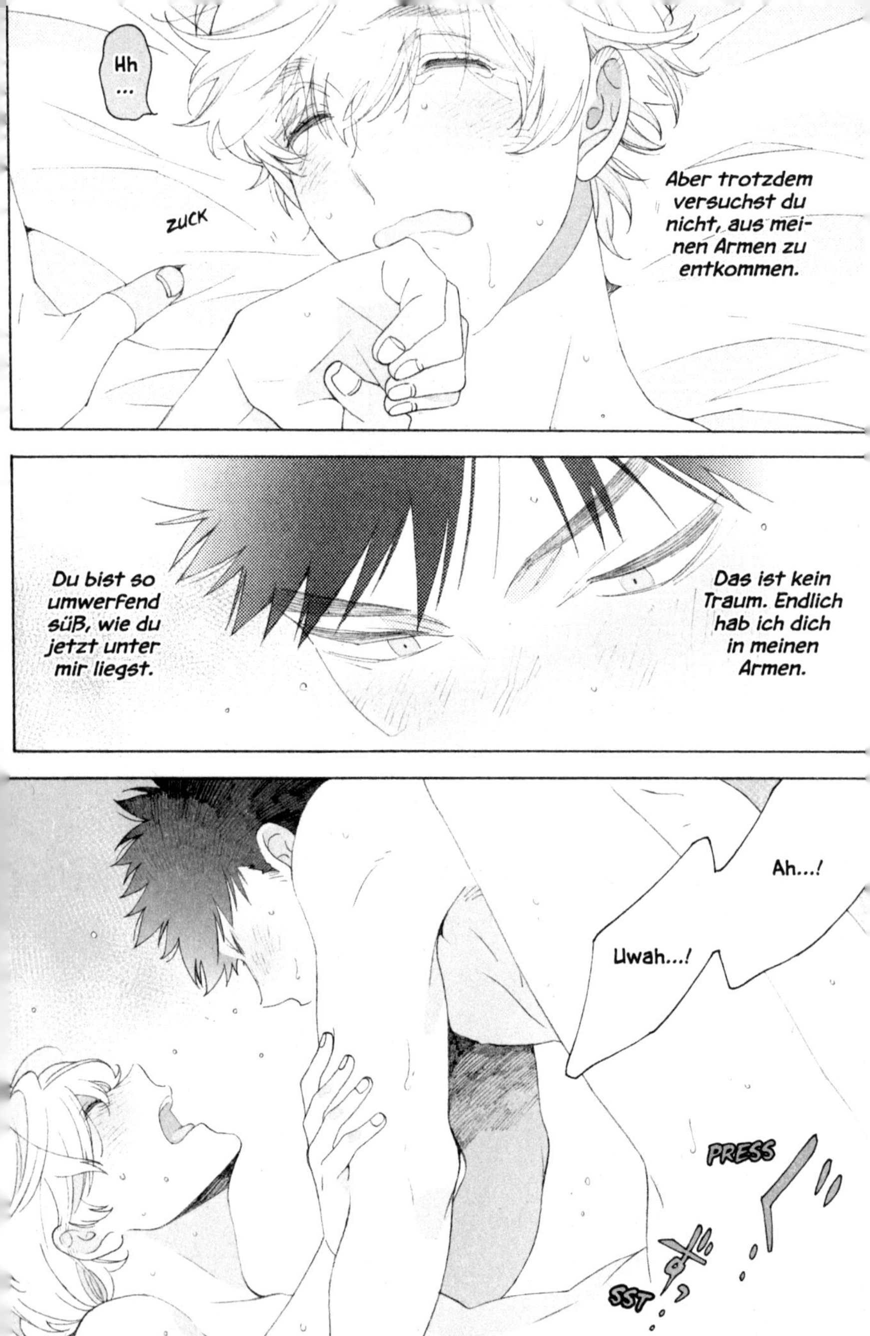
Hh ...
Aber trotzdem versuchst du nicht, aus meinen Armen zu entkommen.
ZUCK
Das ist kein Traum. Endlich hab ich dich in meinen Armen.
Du bist so umwerfend süß, wie du jetzt unter mir liegst.
Ah...!
Uwah...!
PRESS
SST

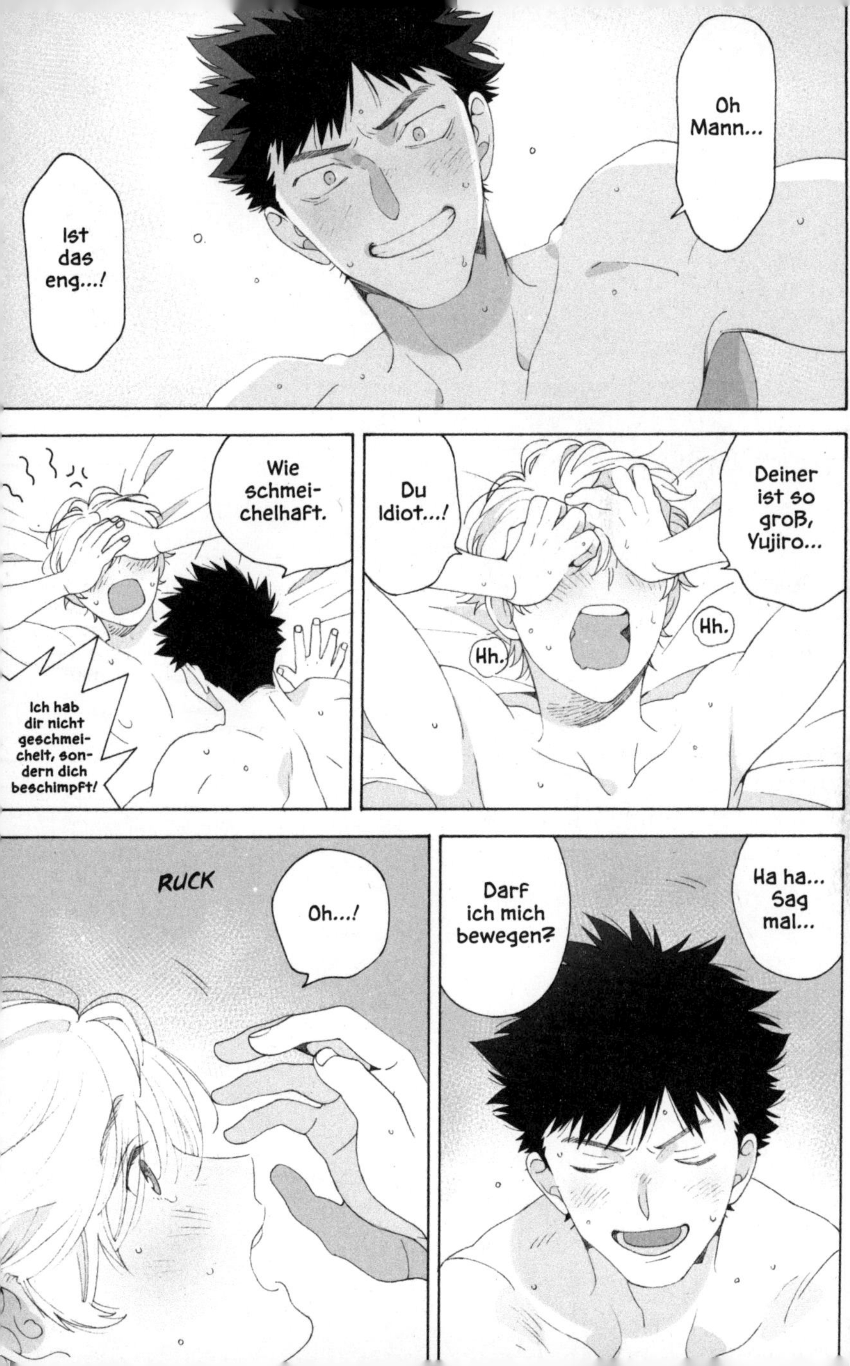

Oh Mann...

Ist das eng...!

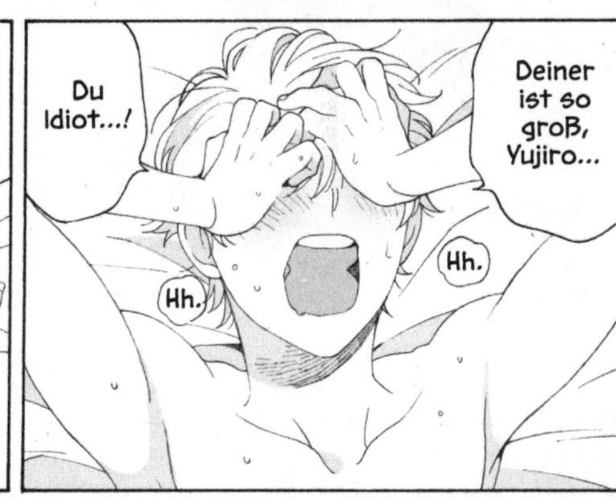

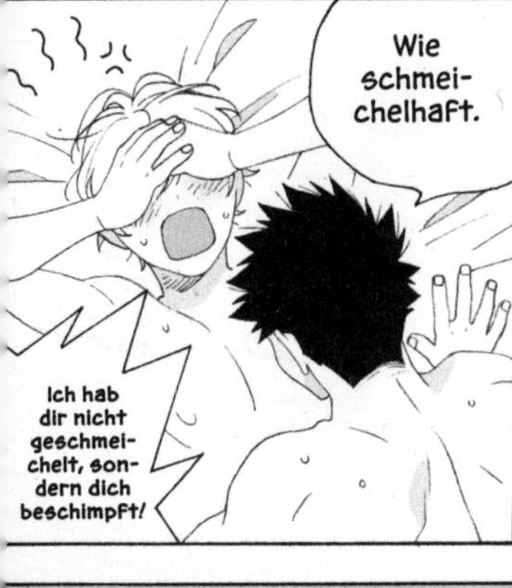

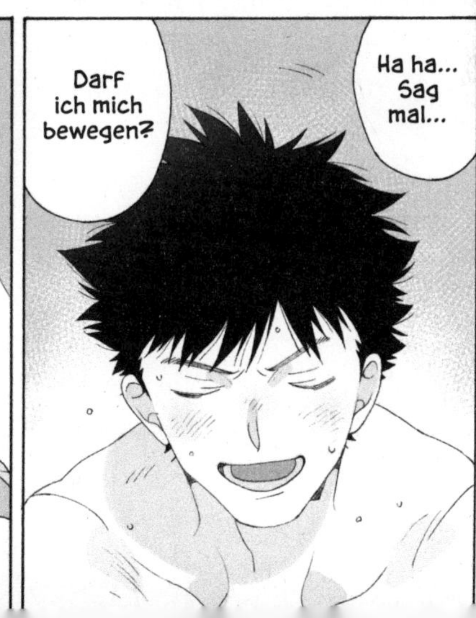

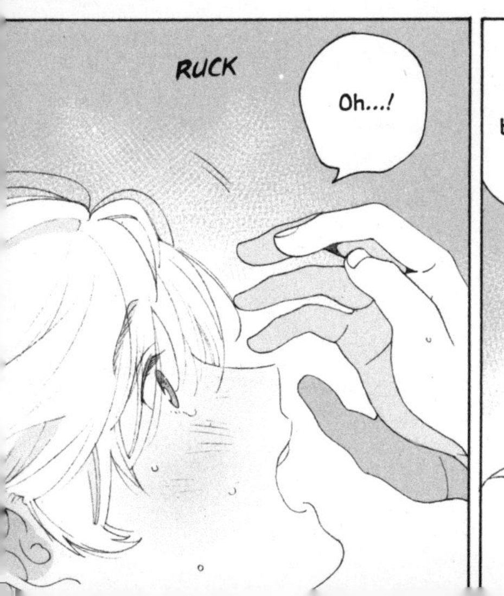

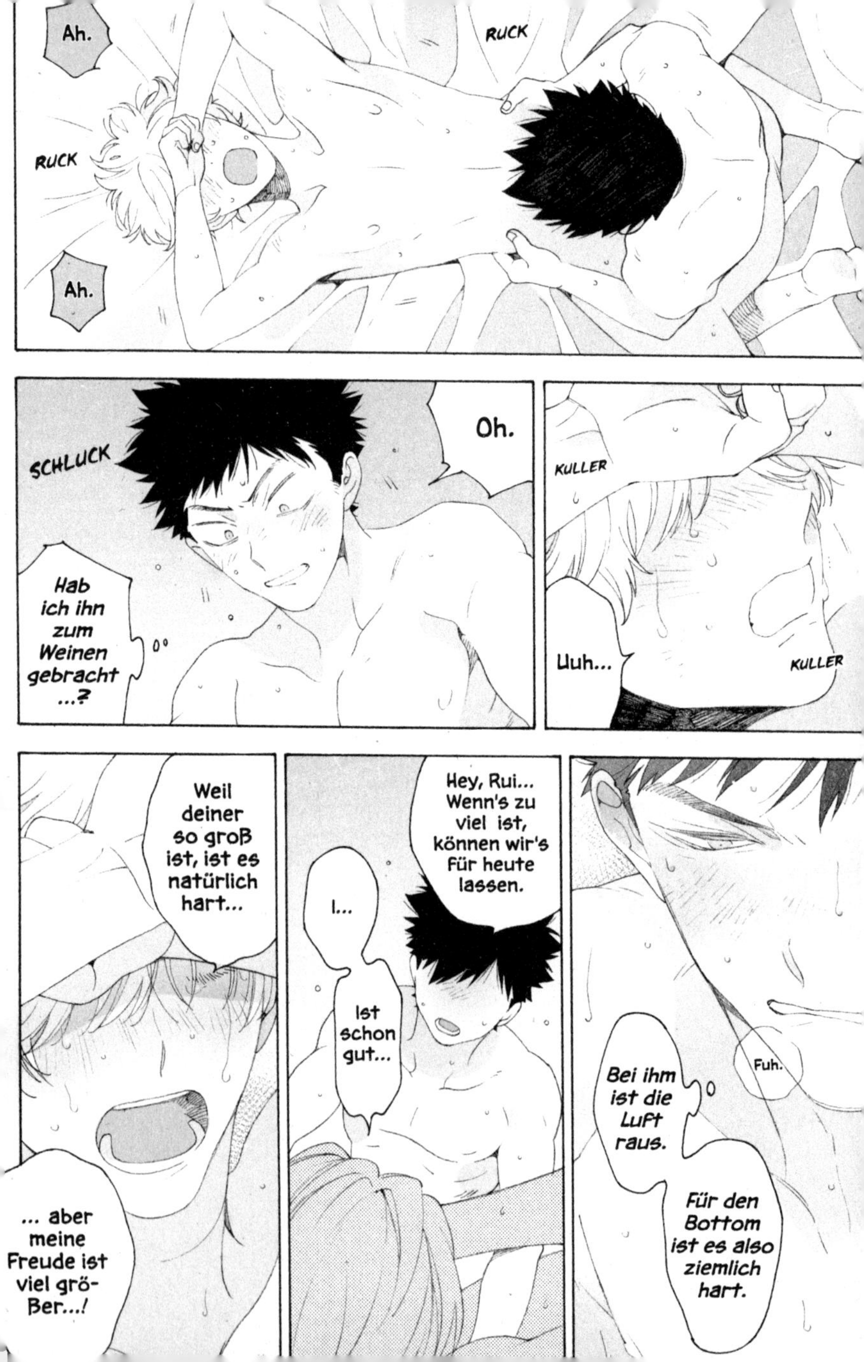
RUCK
Ah.
RUCK
Ah.
Oh.
SCHLUCK
Hab ich ihn zum Weinen gebracht ...?
KULLER
Uuh...
KULLER
Weil deiner so groß ist, ist es natürlich hart...
... aber meine Freude ist viel grö-ßer...!
Hey, Rui... Wenn's zu viel ist, können wir's für heute lassen.
I...
Ist schon gut...
Fuh.
Bei ihm ist die Luft raus.
Für den Bottom ist es also ziemlich hart.

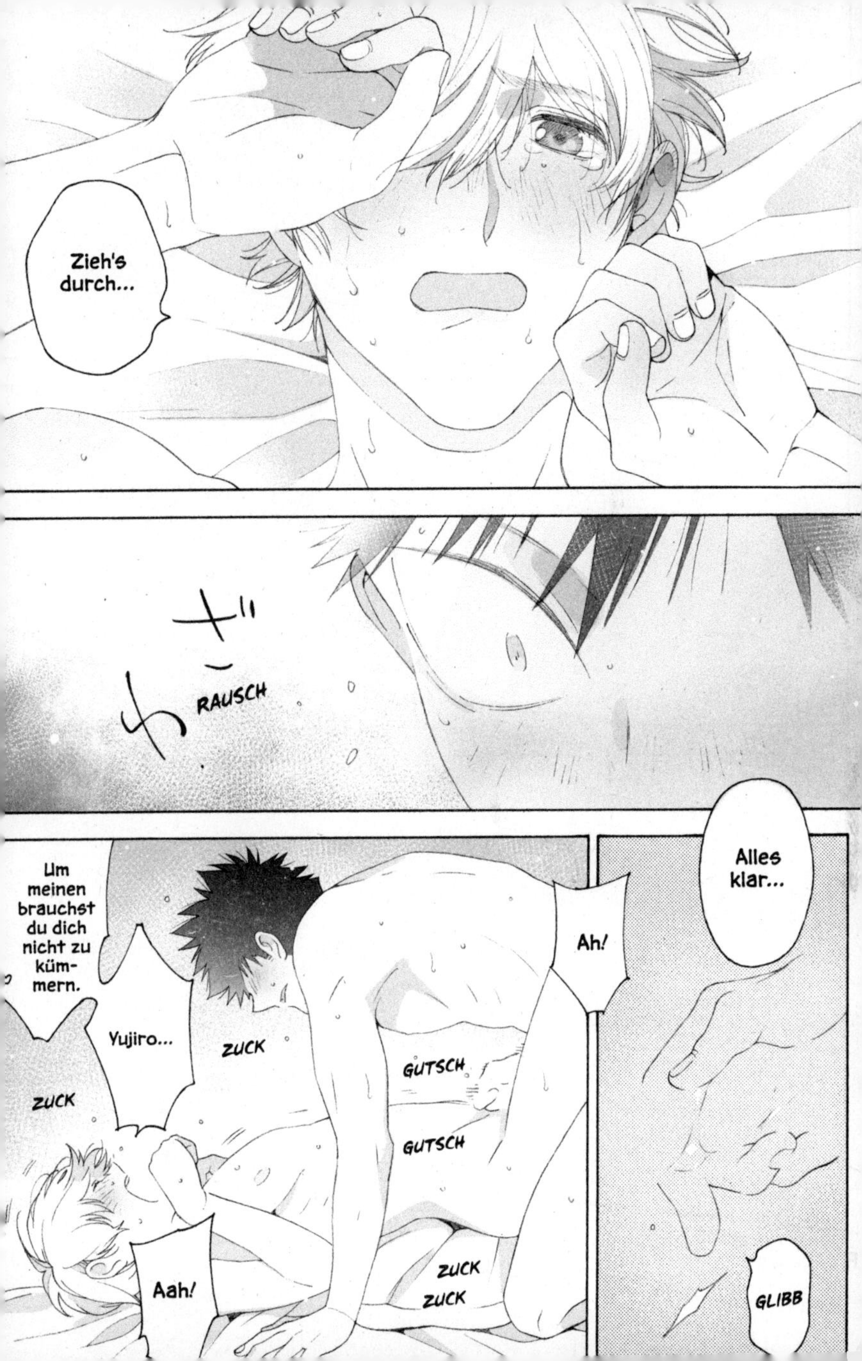
Zieh's durch...
RAUSCH
Alles klar...
GLIBB
Ah!
Um meinen brauchst du dich nicht zu küm-mern.
Yujiro...
ZUCK
GUTSCH
GUTSCH
ZUCK
ZUCK
ZUCK
Aah!

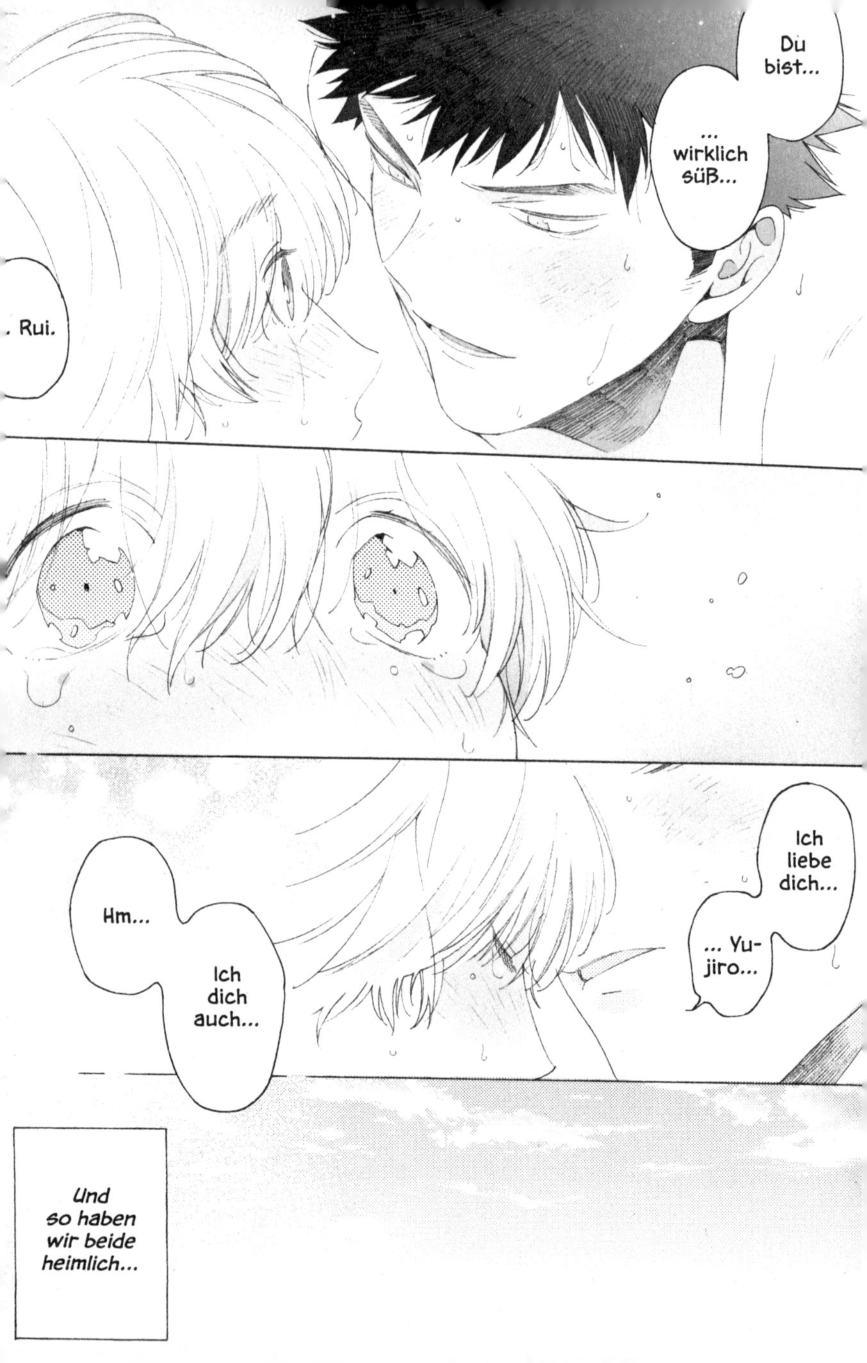
Du bist...
... wirklich süß...
. Rui.
Ich liebe dich...
... Yu-jiro...
Hm...
Ich dich auch...
Und so haben wir beide heimlich...

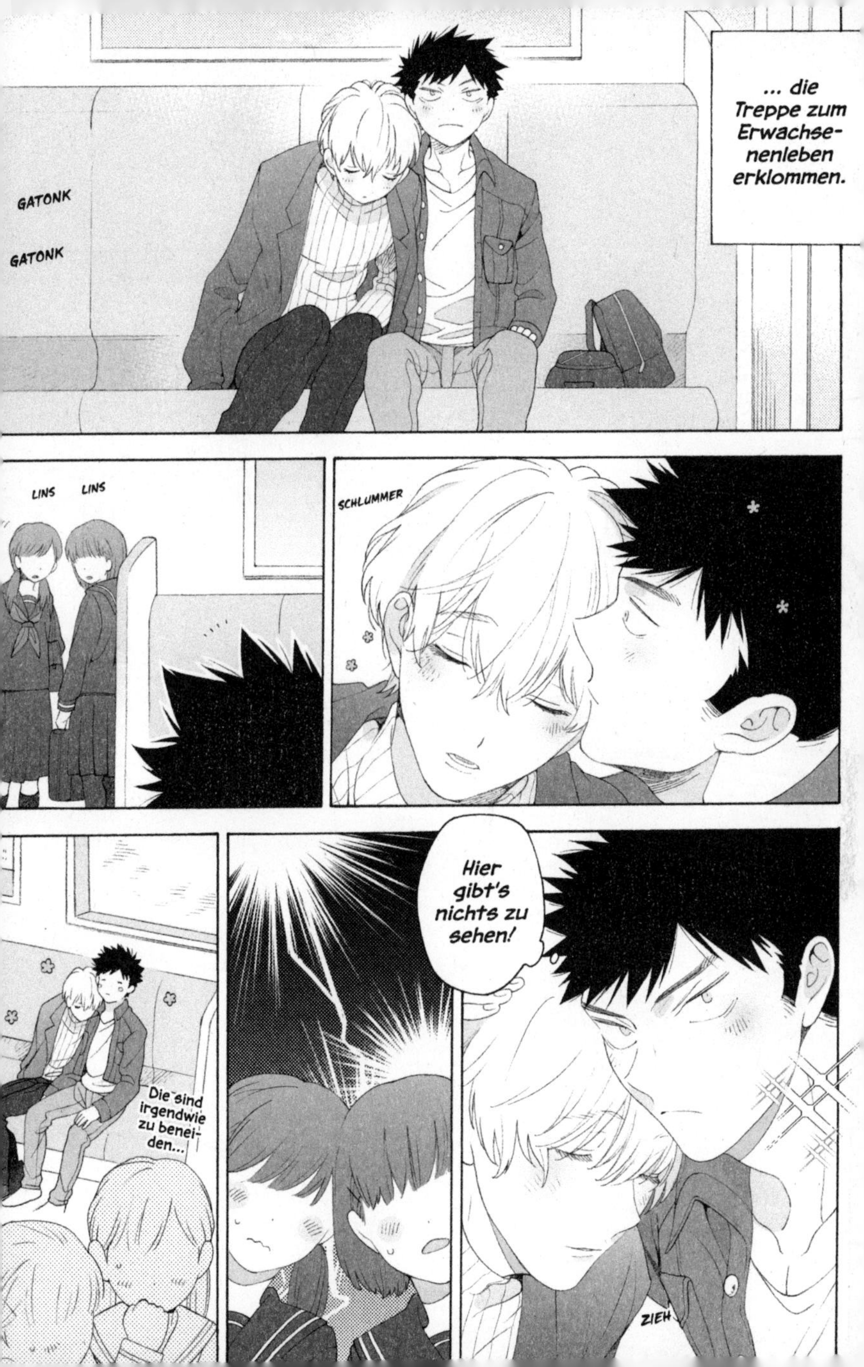

... die Treppe zum Erwachsenenleben erklommen.

GATONK

GATONK

SCHLUMMER

LINS LINS

Die sind irgendwie zu beneiden...

Hier gibt's nichts zu sehen!

ZIEH

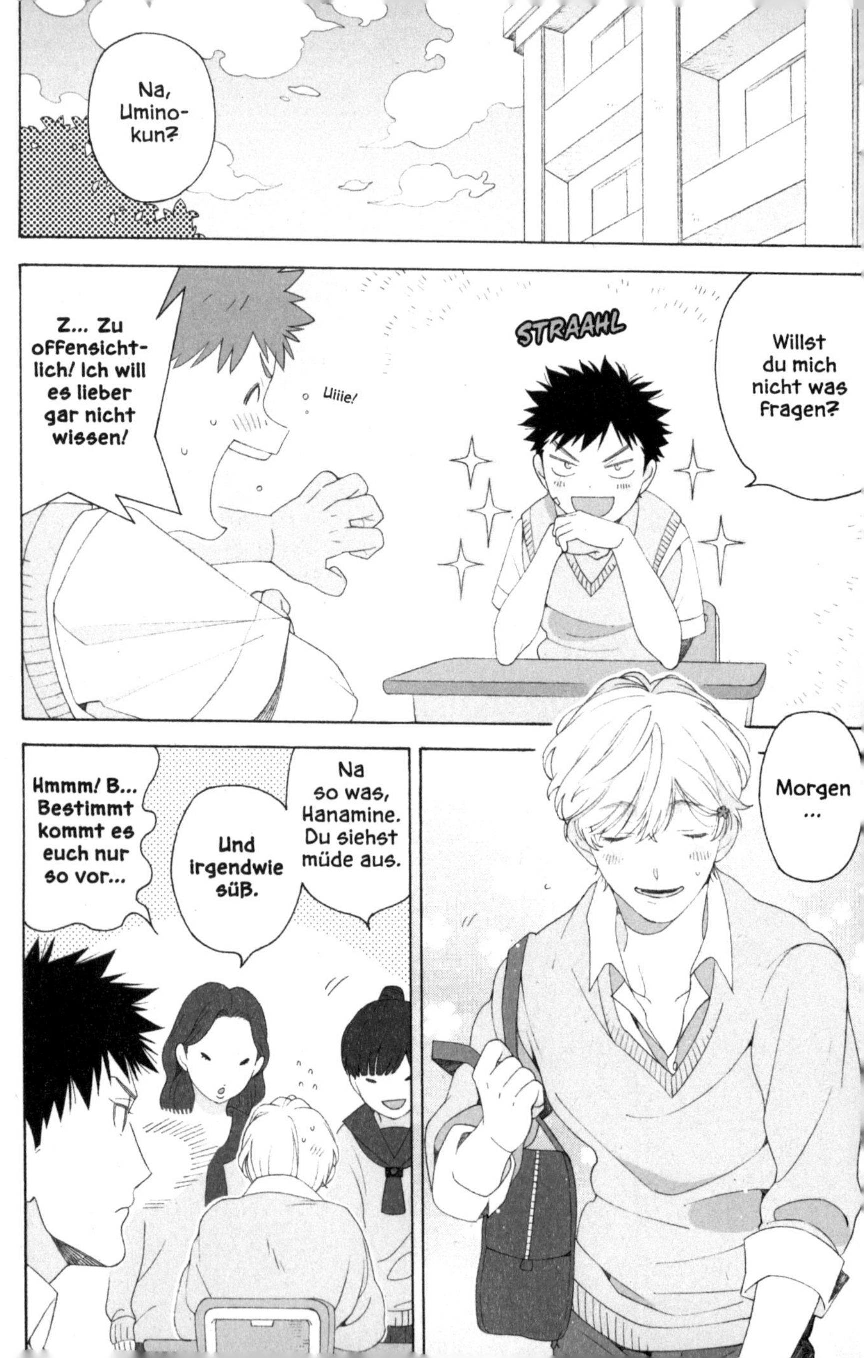
Na, Umino-kun?
STRAAHL
Willst du mich nicht was fragen?
Z... Zu offensicht-lich! Ich will es lieber gar nicht wissen!
Uiiie!
Morgen ...
Na so was, Hanamine. Du siehst müde aus.
Und irgendwie süß.
Hmmm! B... Bestimmt kommt es euch nur so vor...

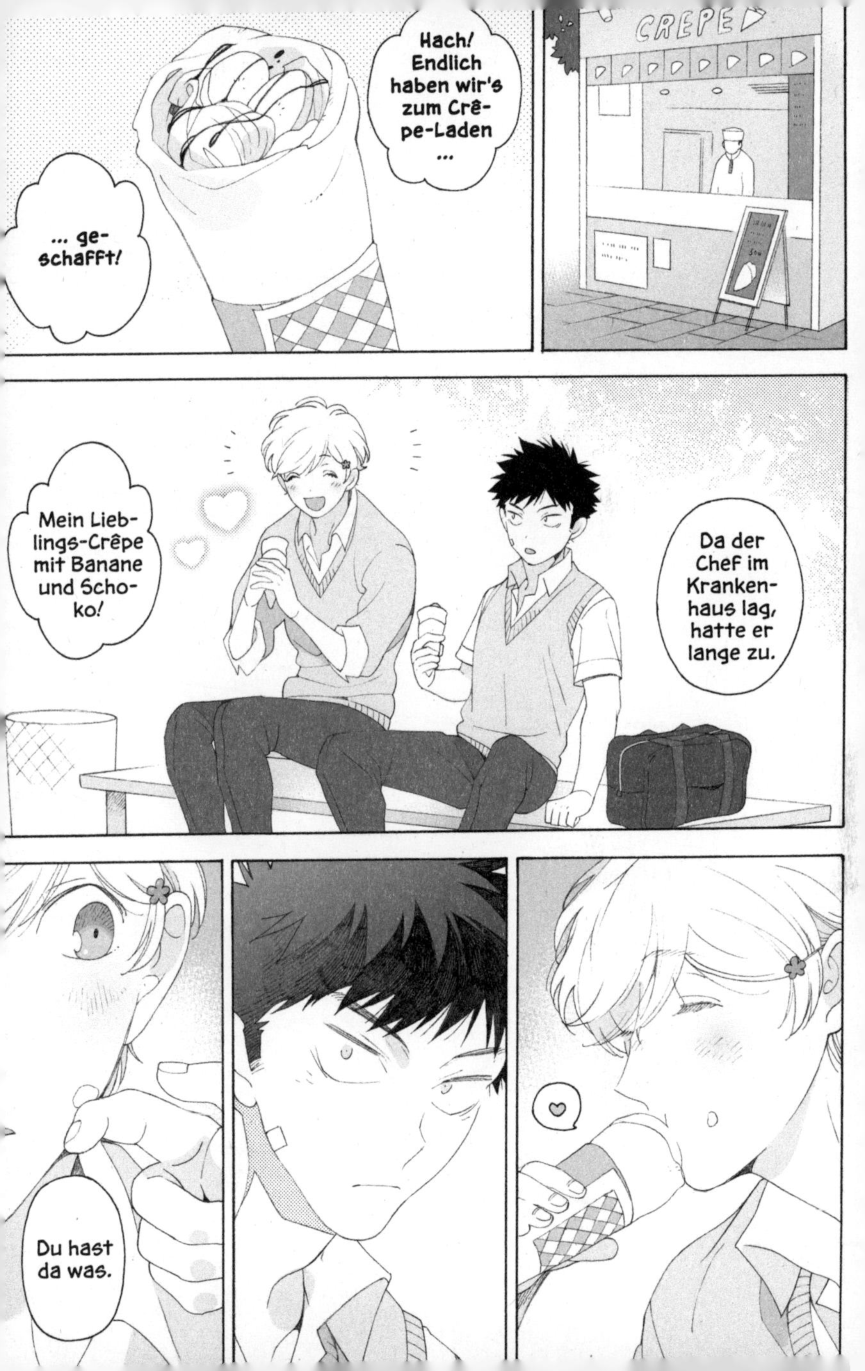

CREPE

Hach! Endlich haben wir's zum Crê-pe-Laden ...

... ge-schafft!

Da der Chef im Kranken-haus lag, hatte er lange zu.

Mein Lieb-lings-Crêpe mit Banane und Scho-ko!

Du hast da was.

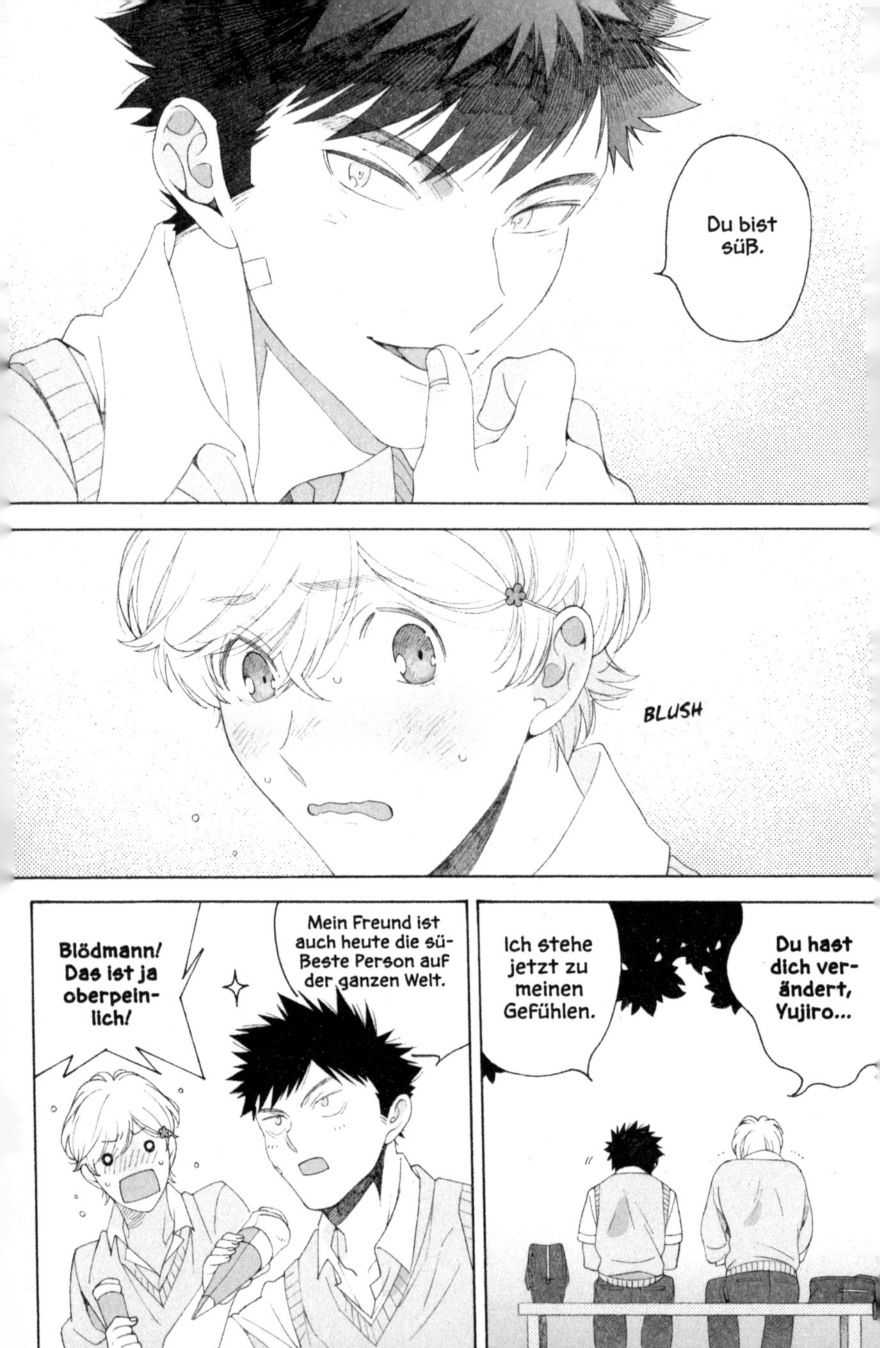
Du bist süß.
BLUSH
Du hast dich verändert, Yujiro...
Ich stehe jetzt zu meinen Gefühlen.
Mein Freund ist auch heute die sü-Beste Person auf der ganzen Welt.
Blödmann! Das ist ja oberpeinlich!

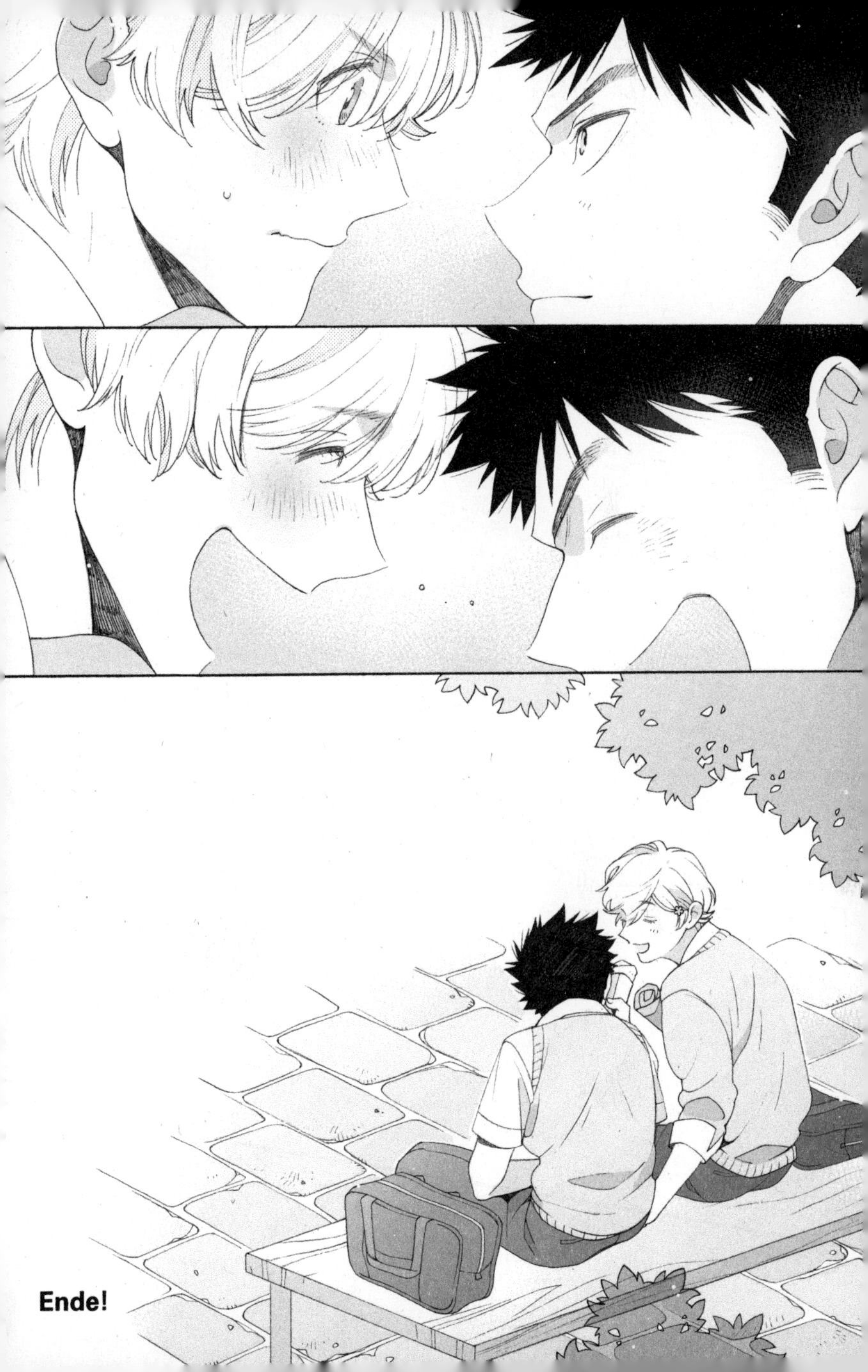
Ende!

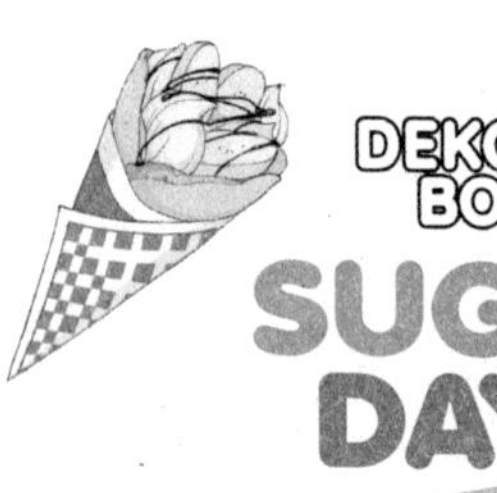
DEKO BOKO
SUGAR DAYS
ATSUKO YUSEN

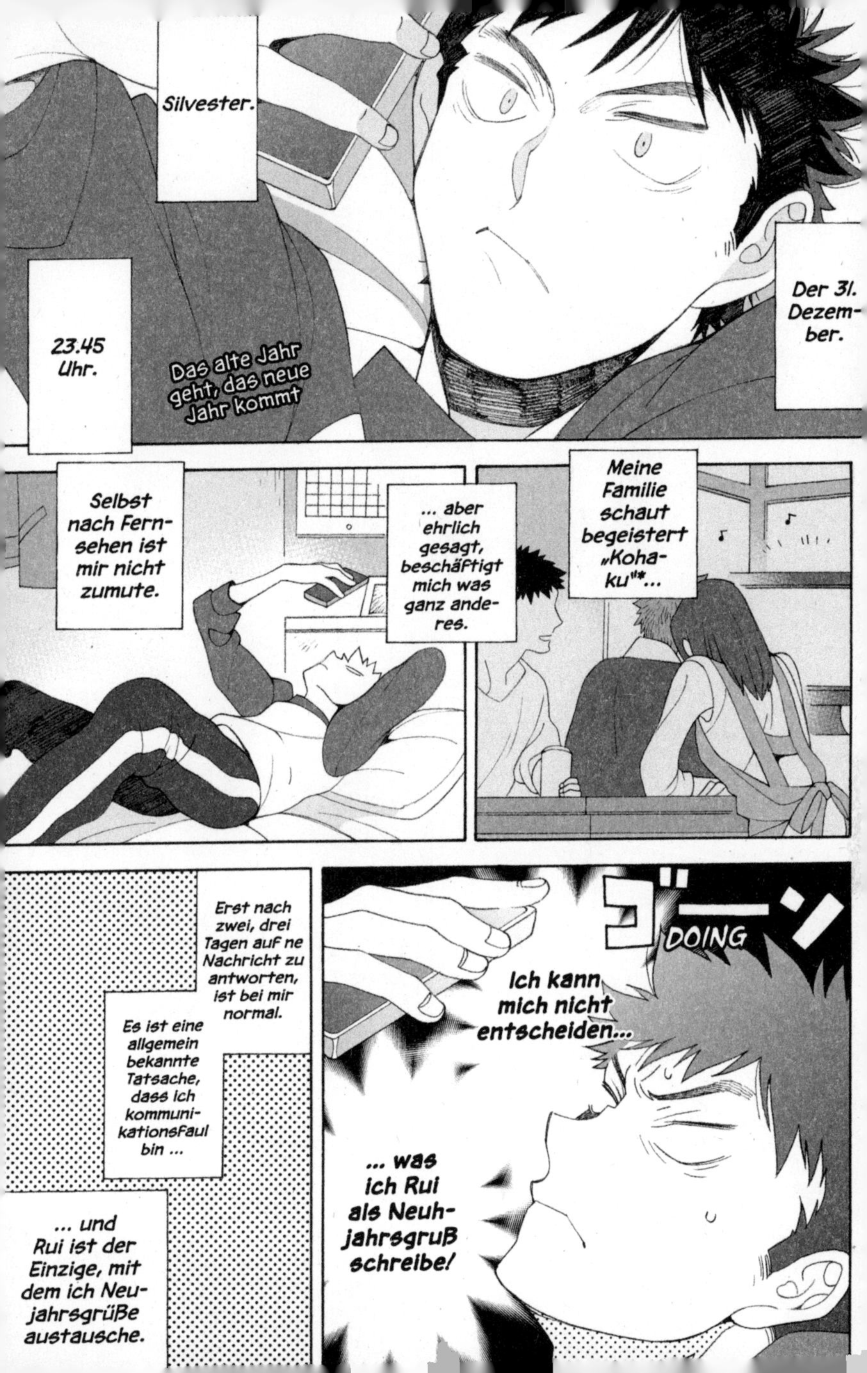

Der 31. Dezember.

Silvester.

Das alte Jahr geht, das neue Jahr kommt

23.45 Uhr.

Meine Familie schaut begeistert „Kohaku"*...

Selbst nach Fernsehen ist mir nicht zumute.

... aber ehrlich gesagt, beschäftigt mich was ganz anderes.

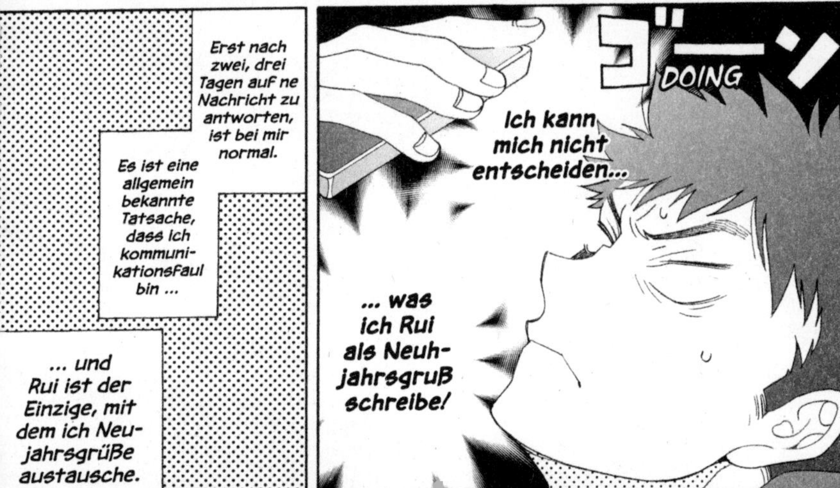

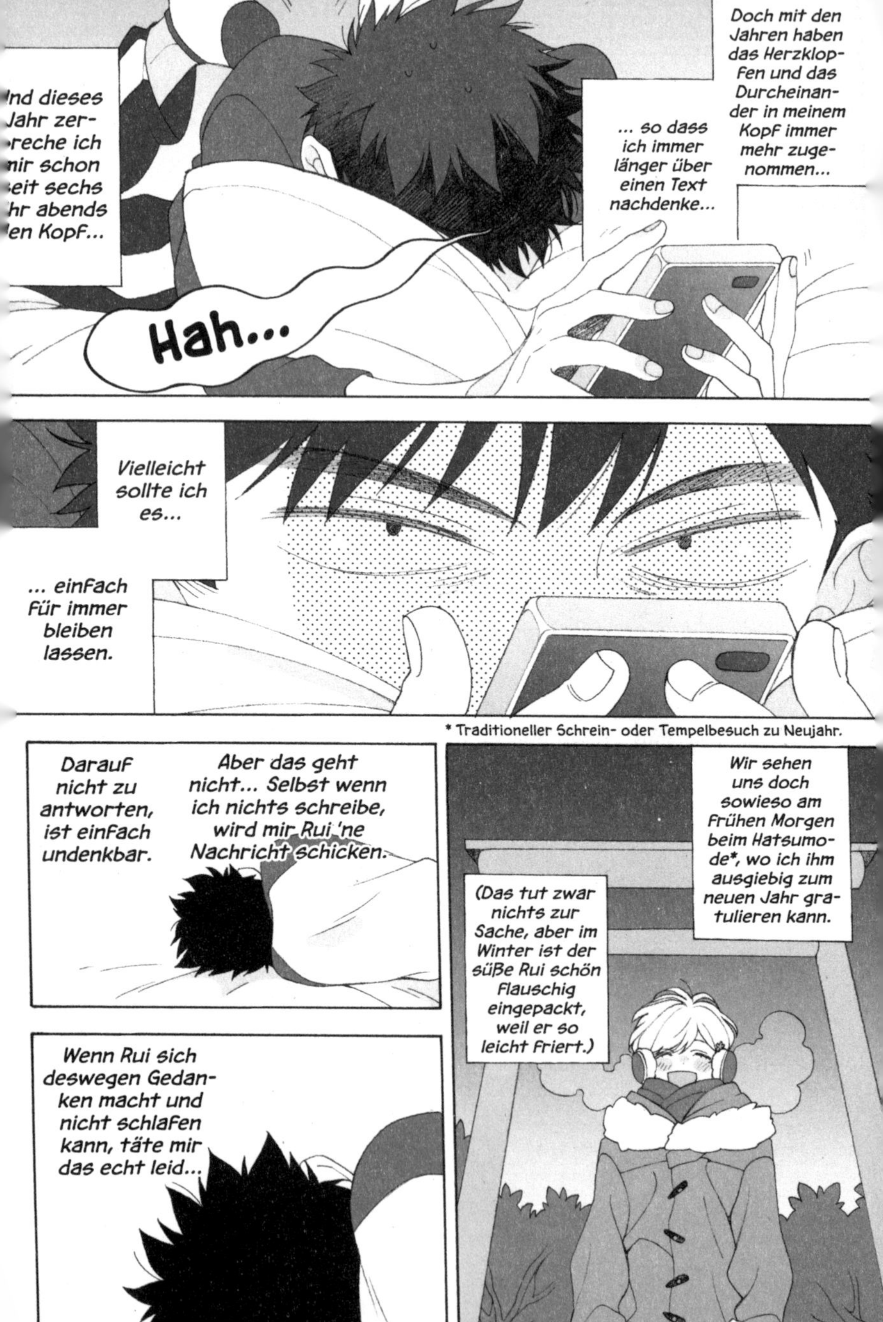

* Traditioneller Schrein- oder Tempelbesuch zu Neujahr.

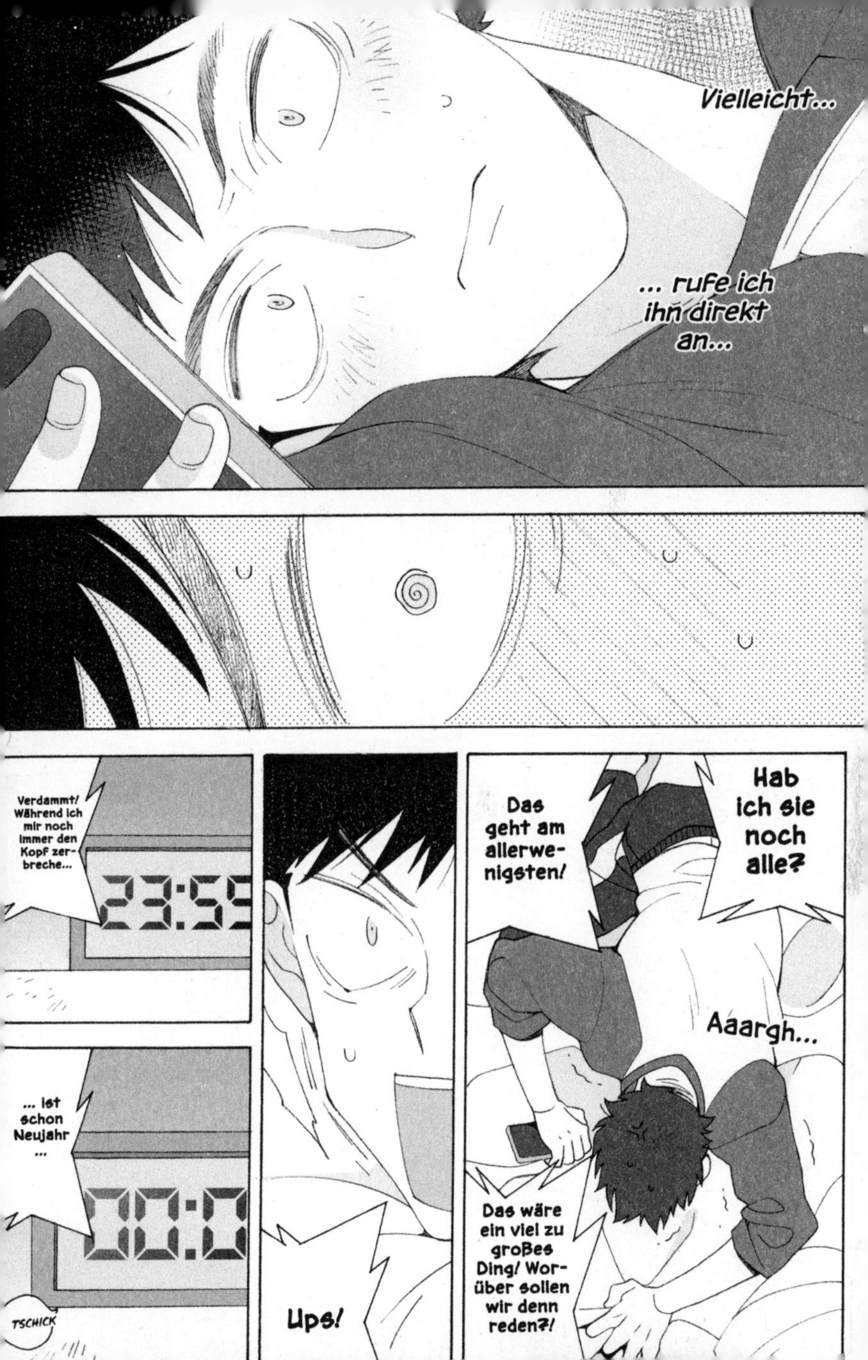
Vielleicht...
... rufe ich ihn direkt an...
Hab ich sie noch alle?
Das geht am allerwenigsten!
Aaargh...
Das wäre ein viel zu großes Ding! Worüber sollen wir denn reden?!
Ups!
Verdammt! Während ich mir noch immer den Kopf zerbreche...
... ist schon Neujahr ...
TSCHICK

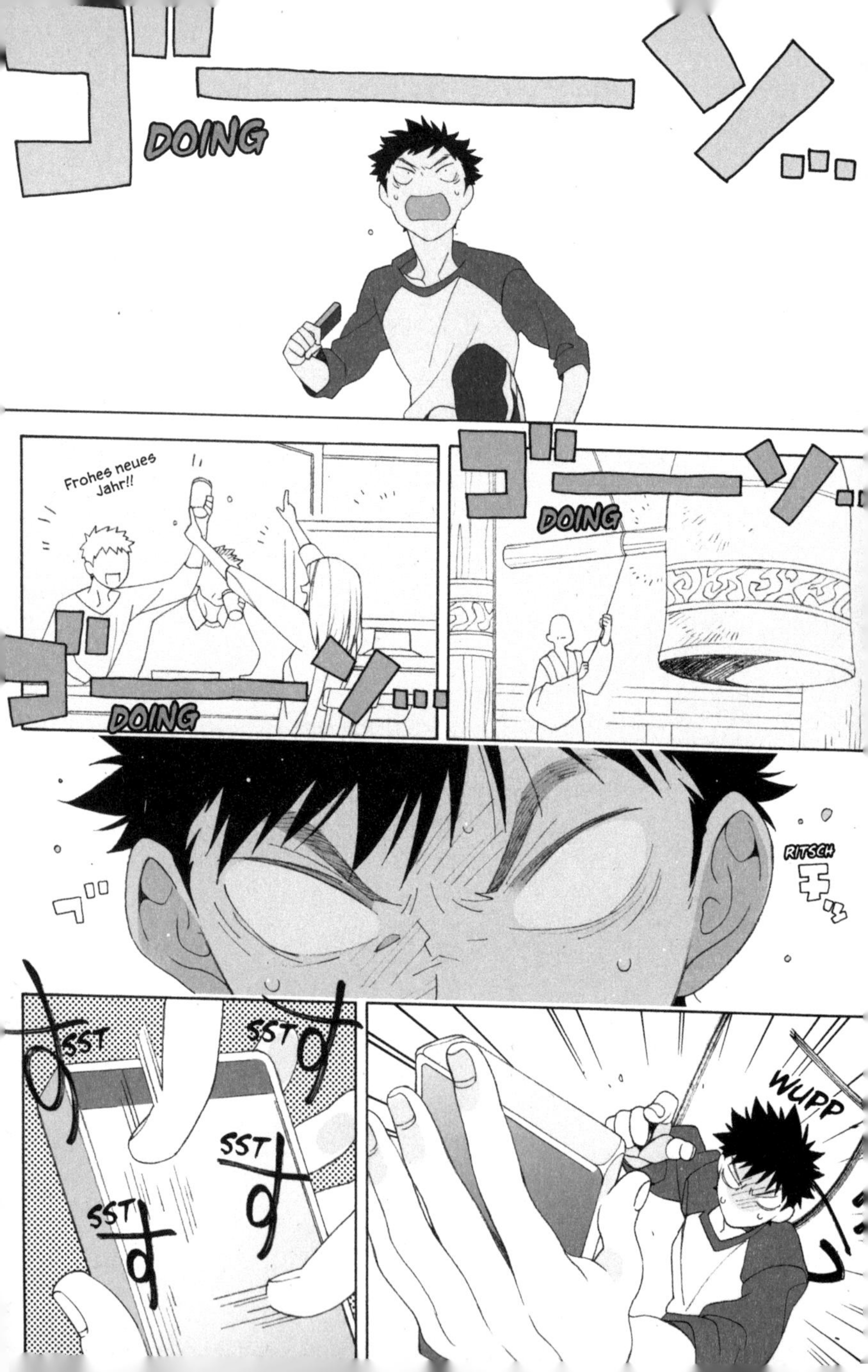
ゴーーン…
DOING
ゴーーン…
DOING
Frohes neues Jahr!!
ゴーン…
DOING
RITSCH
WUPP
SST
SST
SST
SST

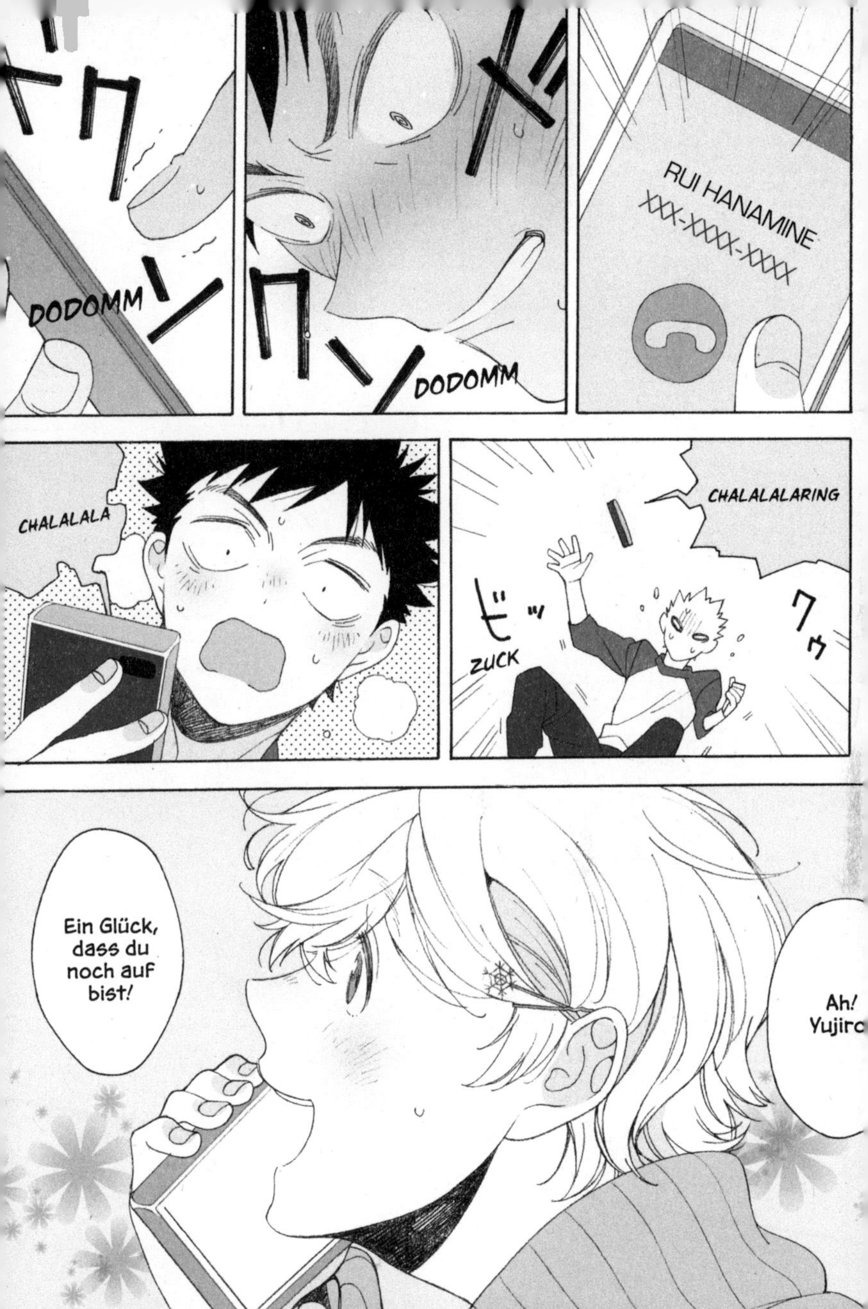
RUI HANAMINE
XXX-XXXX-XXXX
DODOMM
DODOMM
CHALALALARING
ZUCK
CHALALALA
Ah! Yujiro
Ein Glück, dass du noch auf bist!

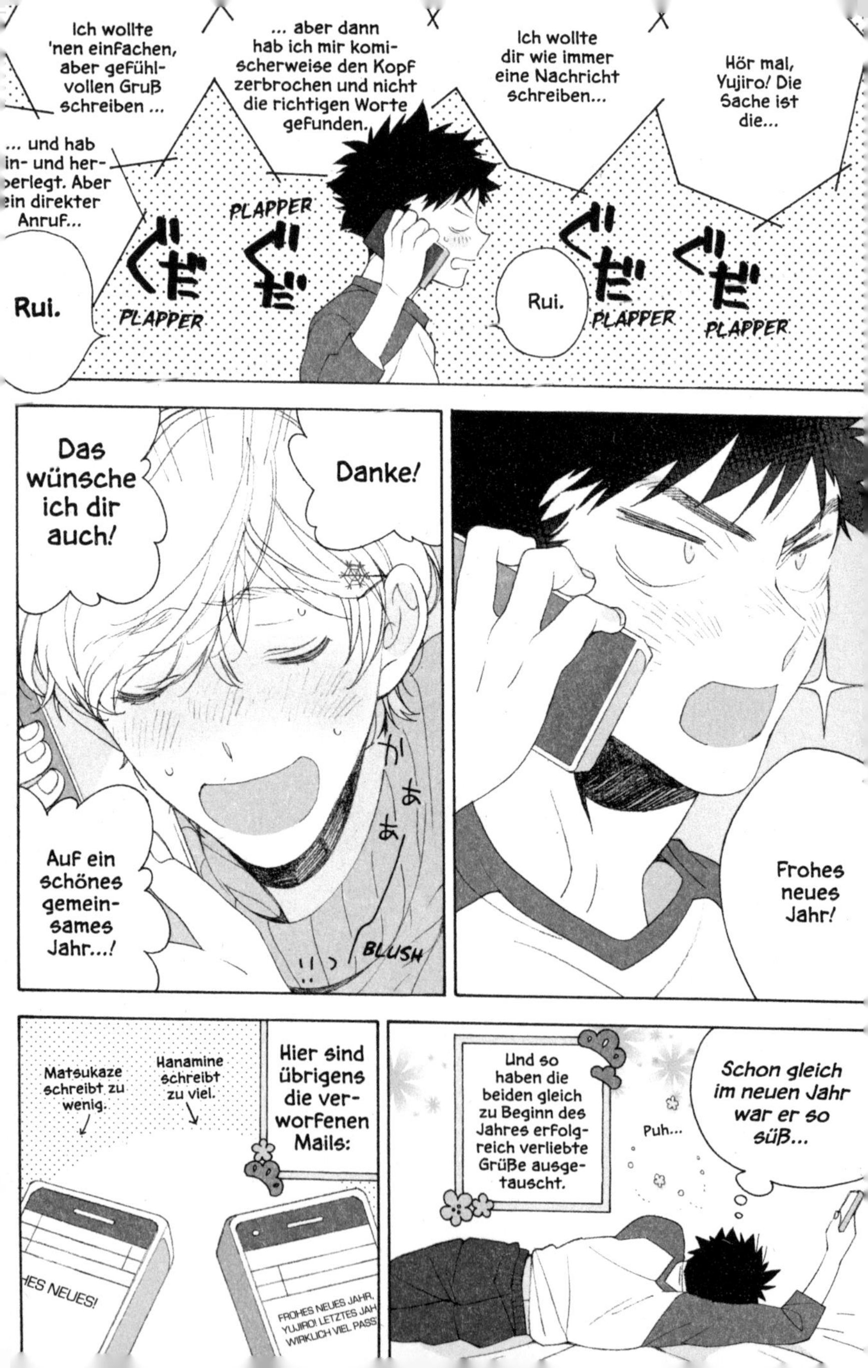
Hör mal, Yujiro! Die Sache ist die...
Ich wollte dir wie immer eine Nachricht schreiben...
Rui.
ぐだ PLAPPER
ぐだ PLAPPER
... aber dann hab ich mir komischerweise den Kopf zerbrochen und nicht die richtigen Worte gefunden.
Ich wollte 'nen einfachen, aber gefühlvollen Gruß schreiben ...
ぐだ PLAPPER
ぐだ PLAPPER
... und hab in- und her- erlegt. Aber ein direkter Anruf...
Rui.
Frohes neues Jahr!
Danke!
Das wünsche ich dir auch!
かぁぁ
BLUSH
Auf ein schönes gemeinsames Jahr...!
Schon gleich im neuen Jahr war er so süß...
Puh...
Und so haben die beiden gleich zu Beginn des Jahres erfolgreich verliebte Grüße ausgetauscht.
Hier sind übrigens die verworfenen Mails:
Hanamine schreibt zu viel.
Matsukaze schreibt zu wenig.
FROHES NEUES JAHR, YUJIRO! LETZTES JAH WIRKLICH VIEL PASS
HES NEUES!

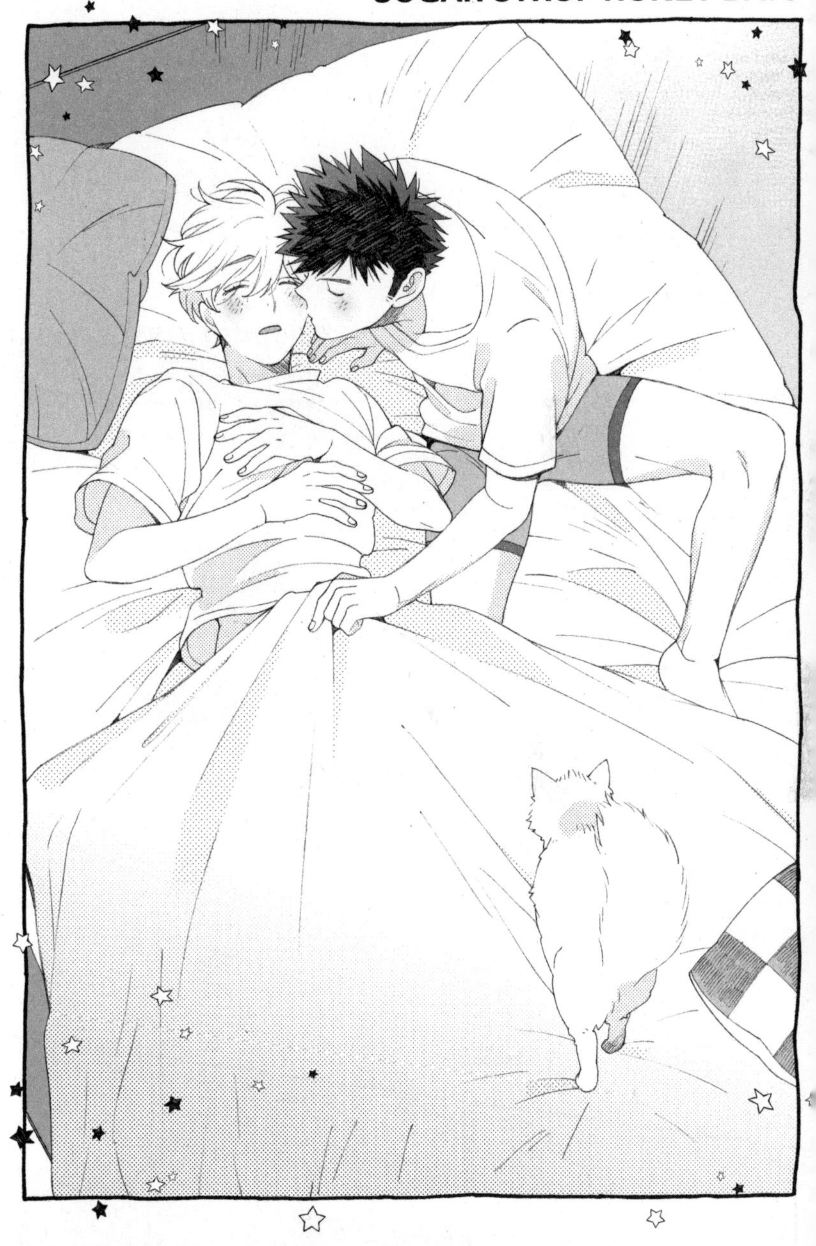

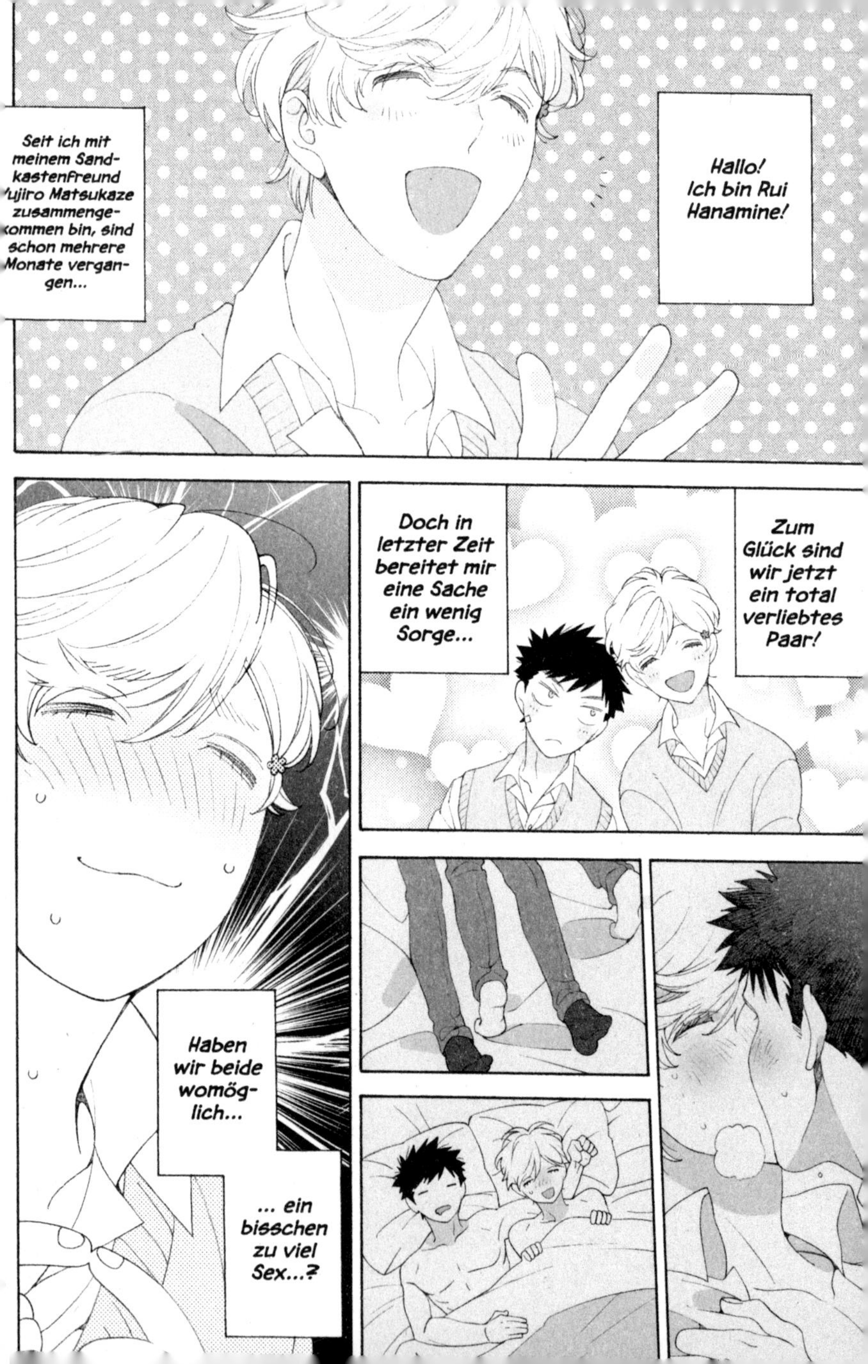
Hallo! Ich bin Rui Hanamine!
Seit ich mit meinem Sandkastenfreund ujiro Matsukaze zusammengeommen bin, sind schon mehrere Monate vergangen...
Zum Glück sind wir jetzt ein total verliebtes Paar!
Doch in letzter Zeit bereitet mir eine Sache ein wenig Sorge...
Haben wir beide womöglich...
... ein bisschen zu viel Sex...?

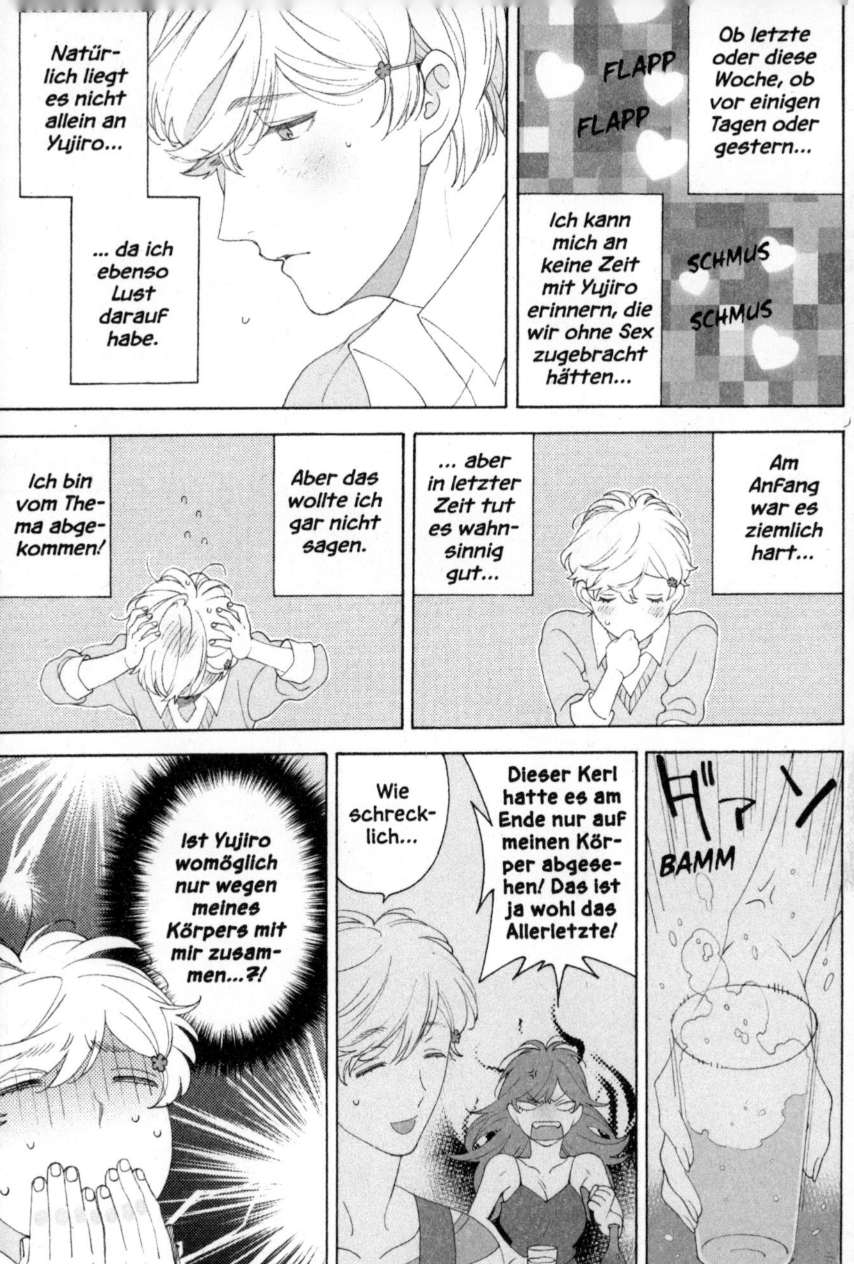
Ob letzte oder diese Woche, ob vor einigen Tagen oder gestern...
FLAPP
FLAPP
Ich kann mich an keine Zeit mit Yujiro erinnern, die wir ohne Sex zugebracht hätten...
SCHMUS
SCHMUS
Natürlich liegt es nicht allein an Yujiro...
... da ich ebenso Lust darauf habe.
Am Anfang war es ziemlich hart...
... aber in letzter Zeit tut es wahnsinnig gut...
Aber das wollte ich gar nicht sagen.
Ich bin vom Thema abgekommen!
ダァン
BAMM
Dieser Kerl hatte es am Ende nur auf meinen Körper abgesehen! Das ist ja wohl das Allerletzte!
Wie schrecklich...
Ist Yujiro womöglich nur wegen meines Körpers mit mir zusammen...?!

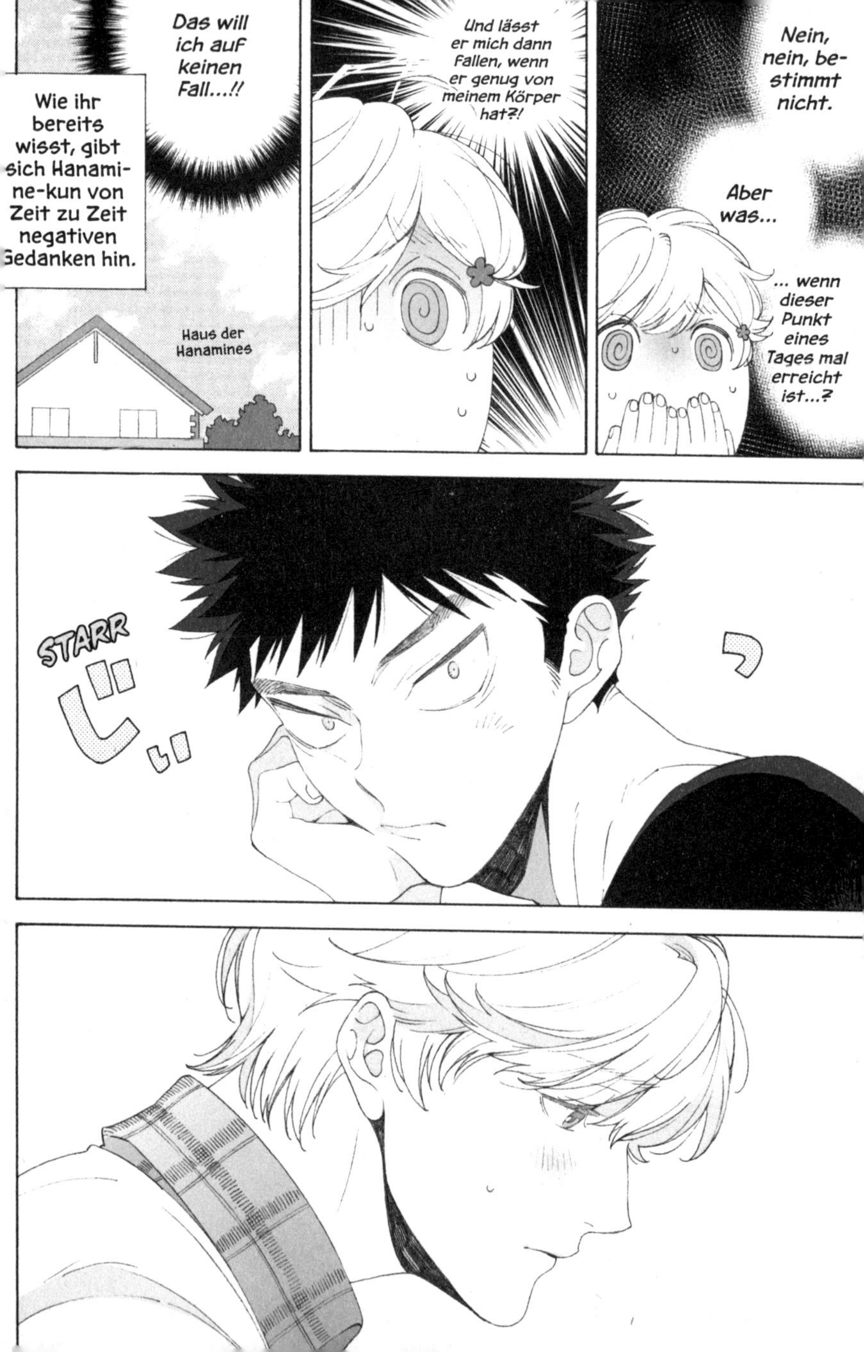
Nein, nein, bestimmt nicht.
Aber was...
... wenn dieser Punkt eines Tages mal erreicht ist...?
Und lässt er mich dann fallen, wenn er genug von meinem Körper hat?!
Das will ich auf keinen Fall...!!
Wie ihr bereits wisst, gibt sich Hanamine-kun von Zeit zu Zeit negativen Gedanken hin.
Haus der Hanamines
STARR

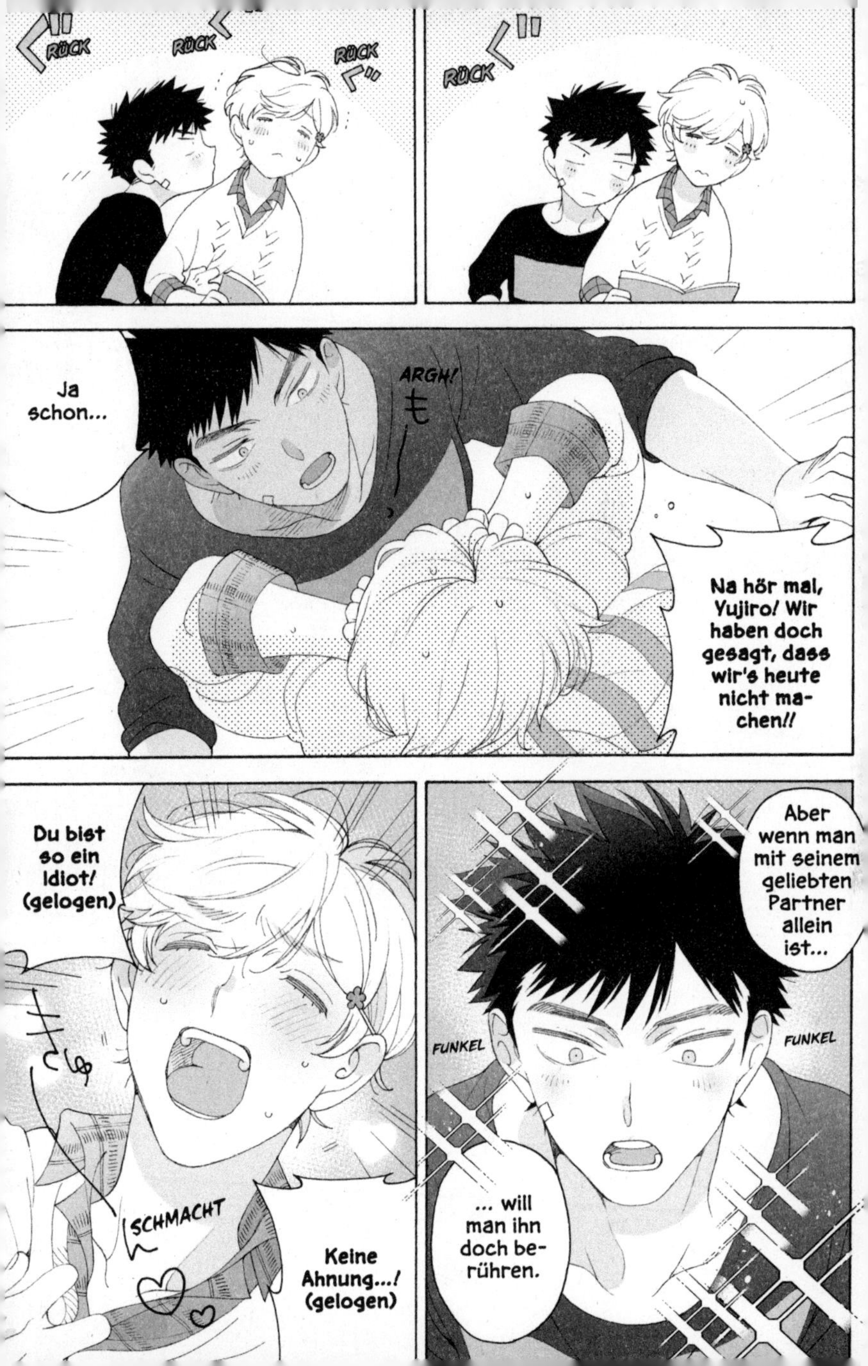

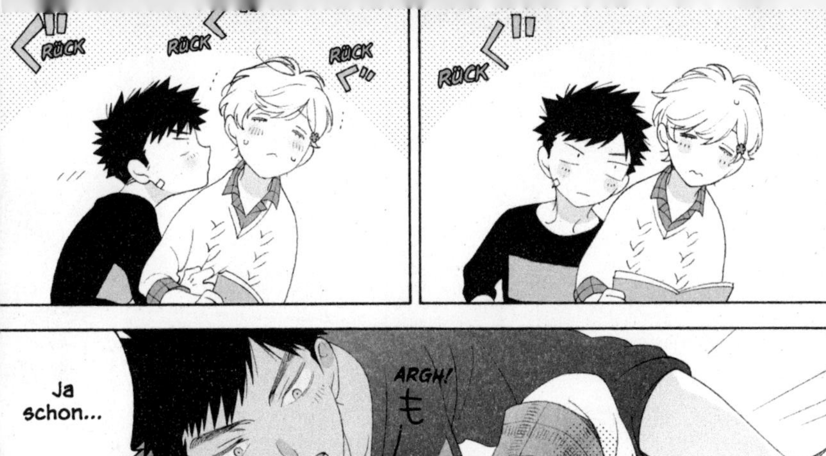

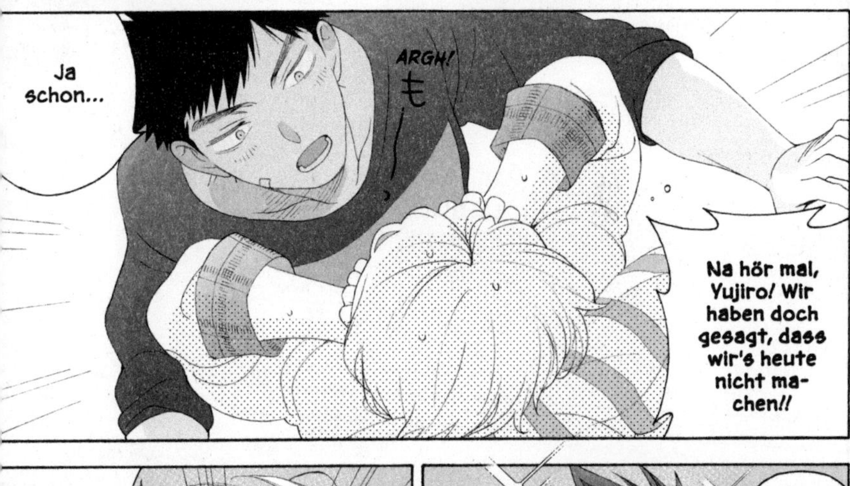

Aber wenn man mit seinem geliebten Partner allein ist...
FUNKEL
FUNKEL
... will man ihn doch berühren.
Du bist so ein Idiot! (gelogen)
SCHMACHT
Keine Ahnung...! (gelogen)

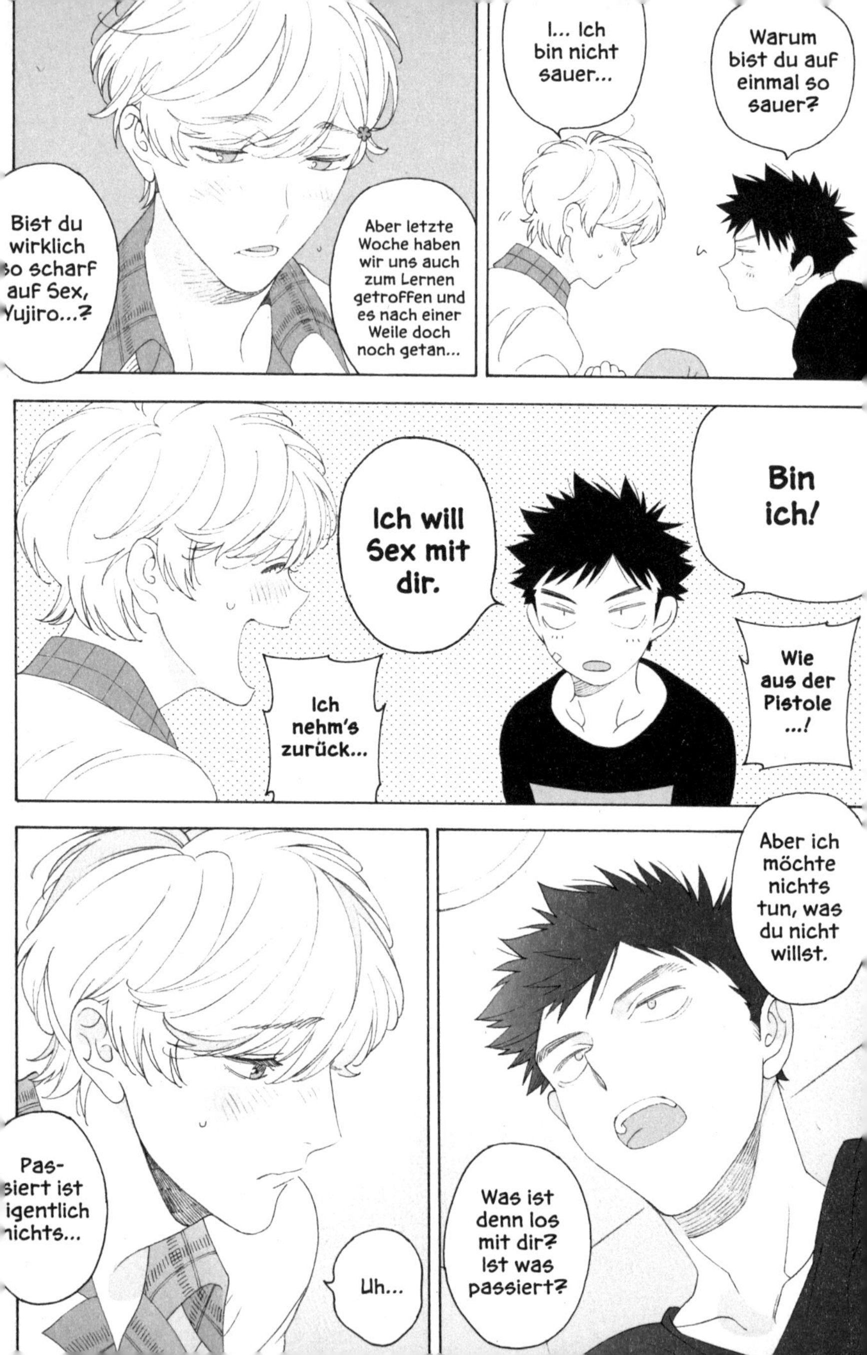
Warum bist du auf einmal so sauer?
I... Ich bin nicht sauer...
Aber letzte Woche haben wir uns auch zum Lernen getroffen und es nach einer Weile doch noch getan...
Bist du wirklich so scharf auf Sex, Yujiro...?
Bin ich!
Wie aus der Pistole ...!
Ich will Sex mit dir.
Ich nehm's zurück...
Aber ich möchte nichts tun, was du nicht willst.
Was ist denn los mit dir? Ist was passiert?
Uh...
Pas- siert ist igentlich nichts...

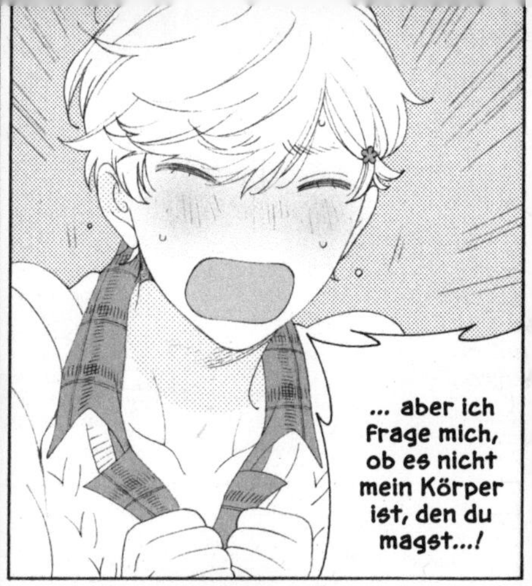
... aber ich frage mich, ob es nicht mein Körper ist, den du magst...!

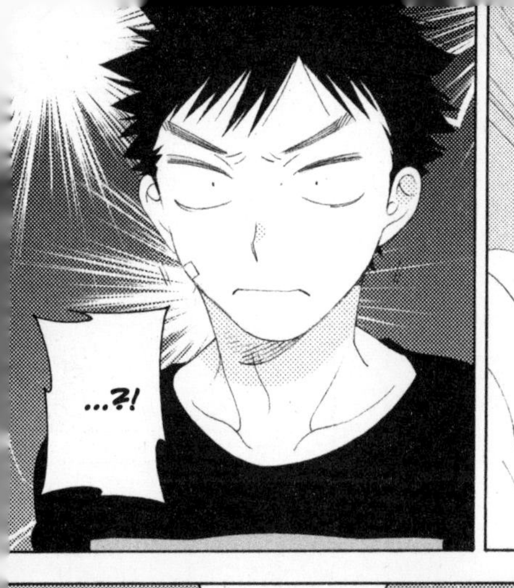
...?!

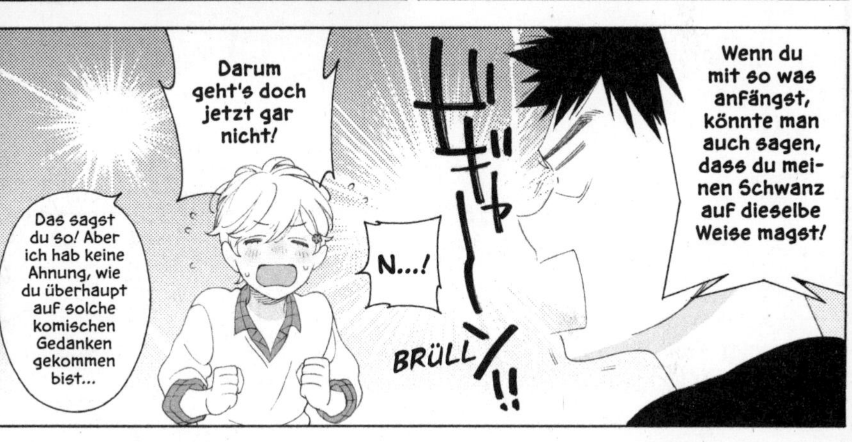
Wenn du mit so was anfängst, könnte man auch sagen, dass du meinen Schwanz auf dieselbe Weise magst!
BRÜLL!!
N...!
Darum geht's doch jetzt gar nicht!
Das sagst du so! Aber ich hab keine Ahnung, wie du überhaupt auf solche komischen Gedanken gekommen bist...

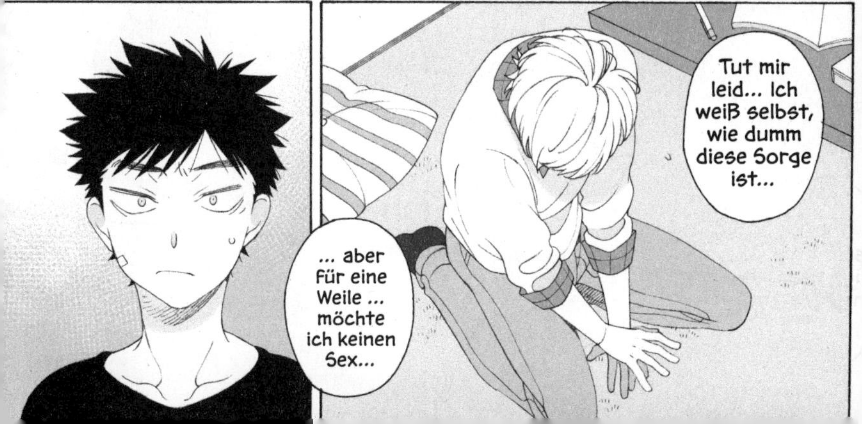
Tut mir leid... Ich weiß selbst, wie dumm diese Sorge ist...
... aber für eine Weile ... möchte ich keinen Sex...

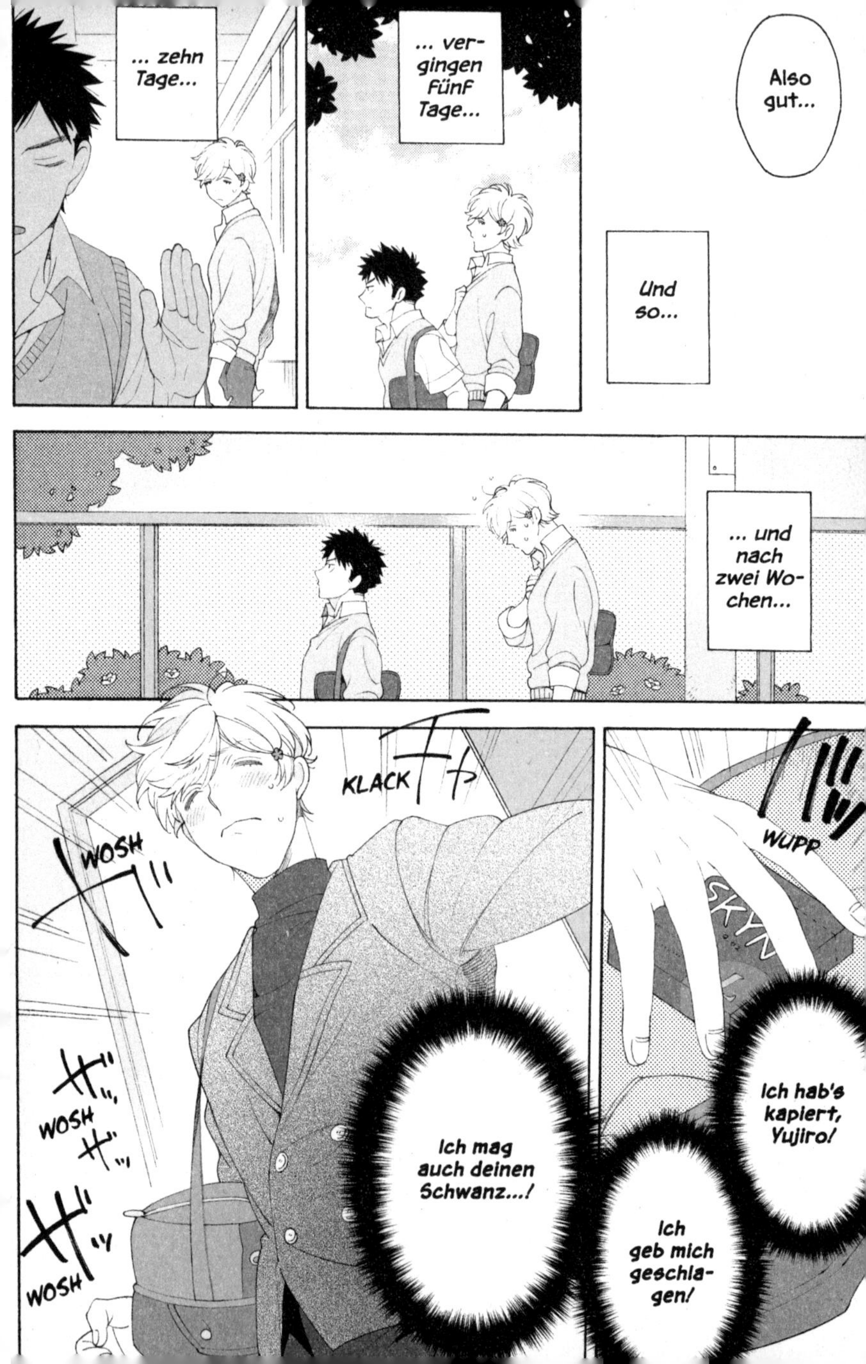
Also gut...
Und so...
... vergingen fünf Tage...
... zehn Tage...
... und nach zwei Wochen...
WUPP
Ich hab's kapiert, Yujiro!
Ich geb mich geschlagen!
KLACK
WOSH
Ich mag auch deinen Schwanz...!
WOSH
WOSH

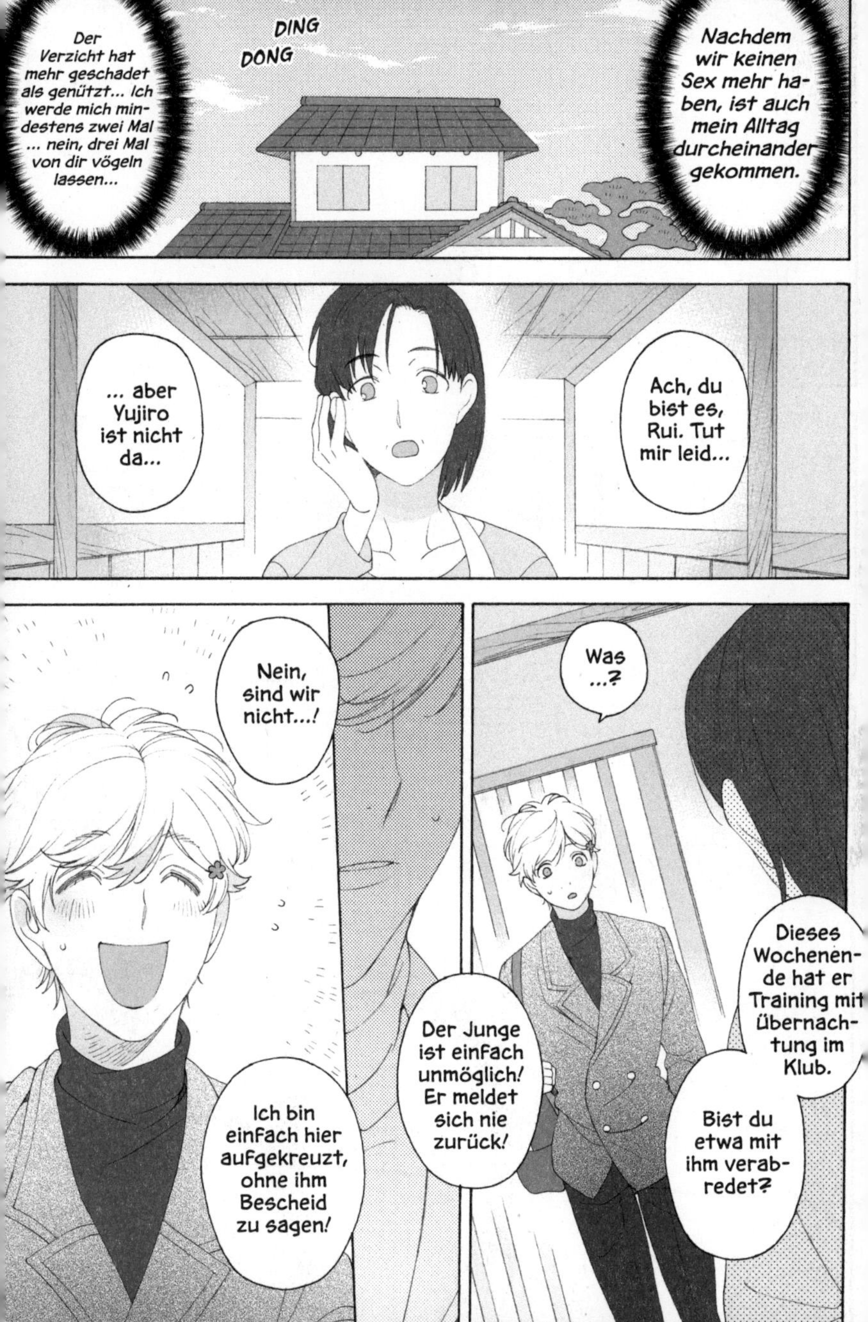
Nachdem wir keinen Sex mehr haben, ist auch mein Alltag durcheinander gekommen.
DING DONG
Der Verzicht hat mehr geschadet als genützt... Ich werde mich mindestens zwei Mal ... nein, drei Mal von dir vögeln lassen...
Ach, du bist es, Rui. Tut mir leid...
... aber Yujiro ist nicht da...
Was ...?
Dieses Wochenende hat er Training mit Übernachtung im Klub.
Bist du etwa mit ihm verabredet?
Nein, sind wir nicht...!
Der Junge ist einfach unmöglich! Er meldet sich nie zurück!
Ich bin einfach hier aufgekreuzt, ohne ihm Bescheid zu sagen!

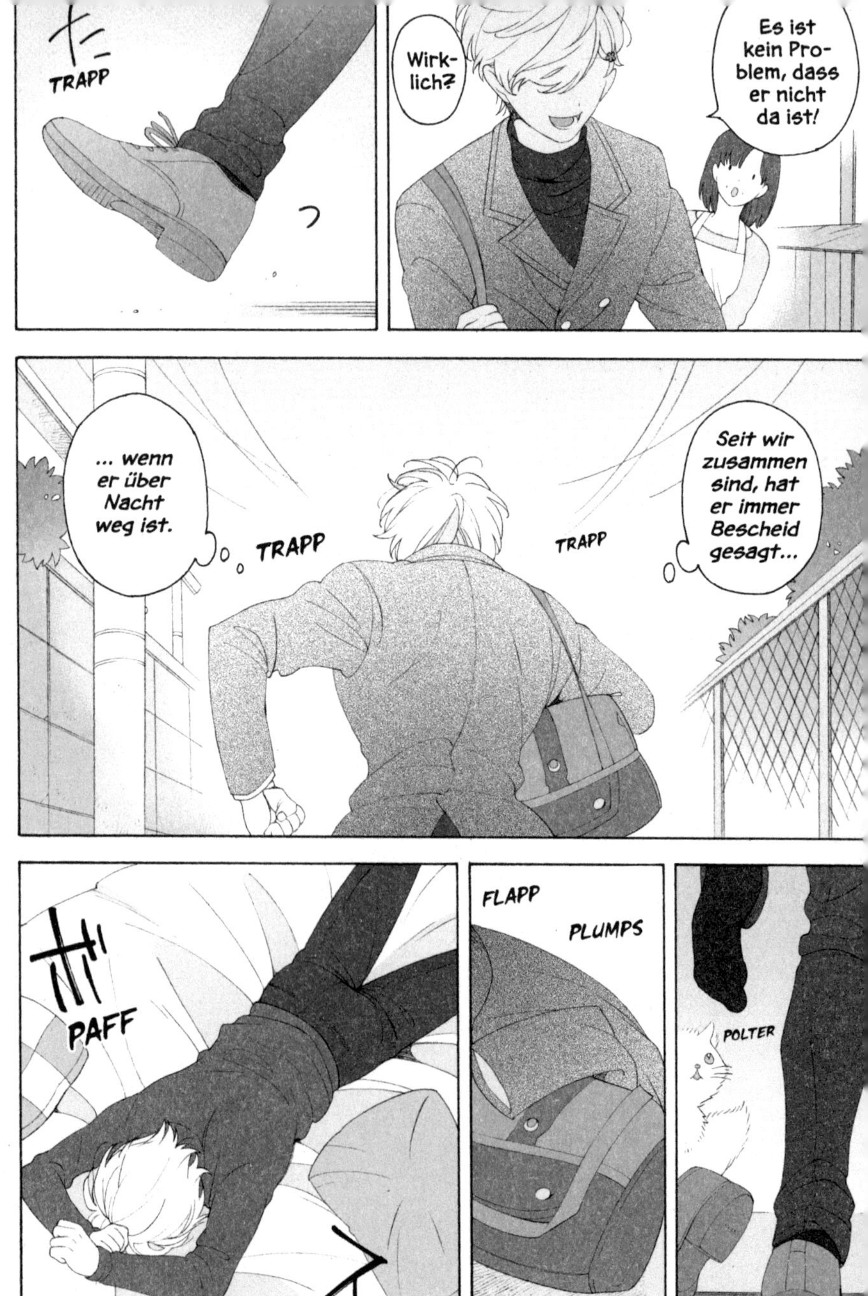
TRAPP
Es ist kein Problem, dass er nicht da ist!
Wirk-lich?
Seit wir zusammen sind, hat er immer Bescheid gesagt...
TRAPP
TRAPP
... wenn er über Nacht weg ist.
POLTER
POLTER
FLAPP
PLUMPS
PAFF

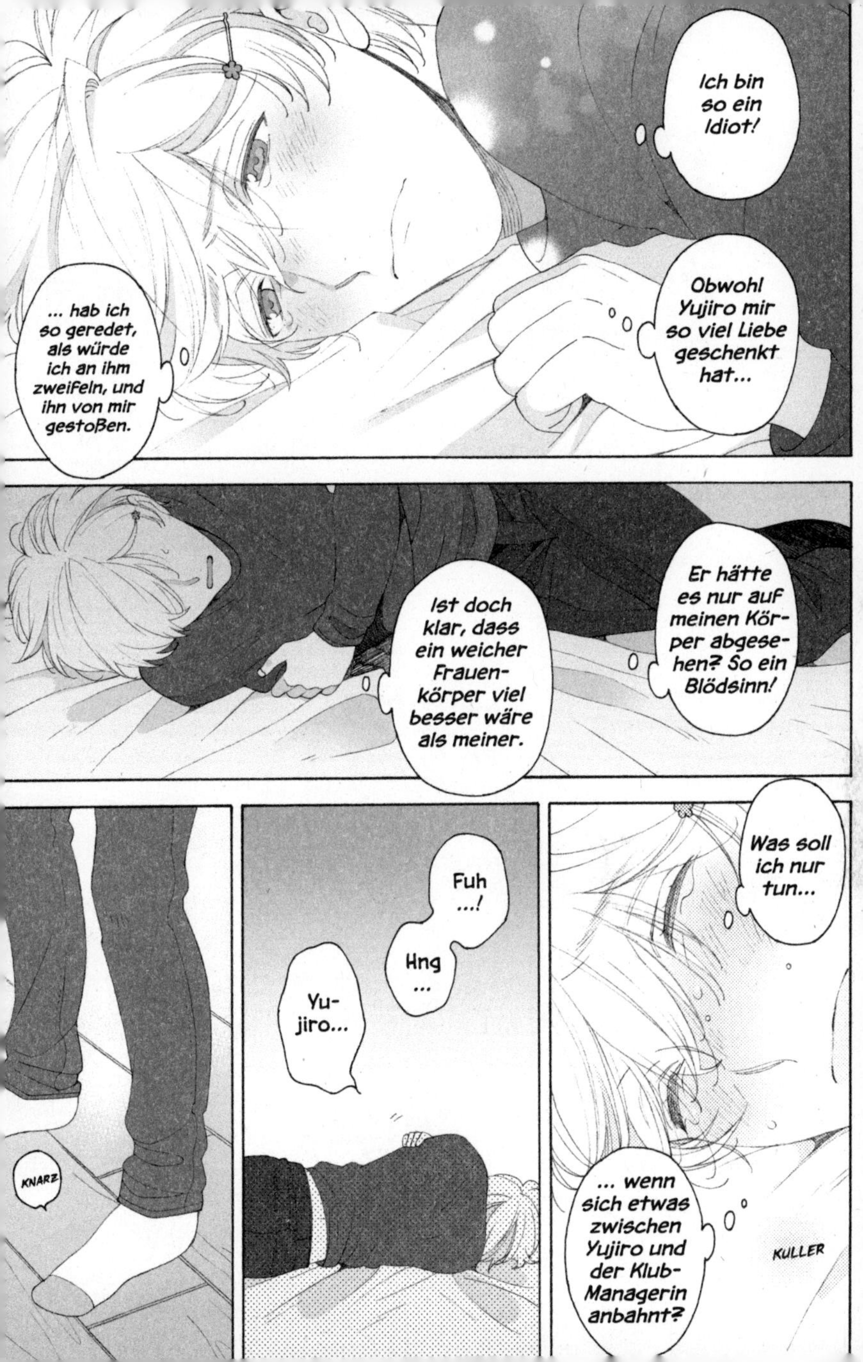
Ich bin so ein Idiot!
Obwohl Yujiro mir so viel Liebe geschenkt hat...
... hab ich so geredet, als würde ich an ihm zweifeln, und ihn von mir gestoßen.
Er hätte es nur auf meinen Körper abgesehen? So ein Blödsinn!
Ist doch klar, dass ein weicher Frauenkörper viel besser wäre als meiner.
Was soll ich nur tun...
... wenn sich etwas zwischen Yujiro und der Klub-Managerin anbahnt?
KULLER
Fuh ...!
Hng ...
Yujiro...
KNARZ

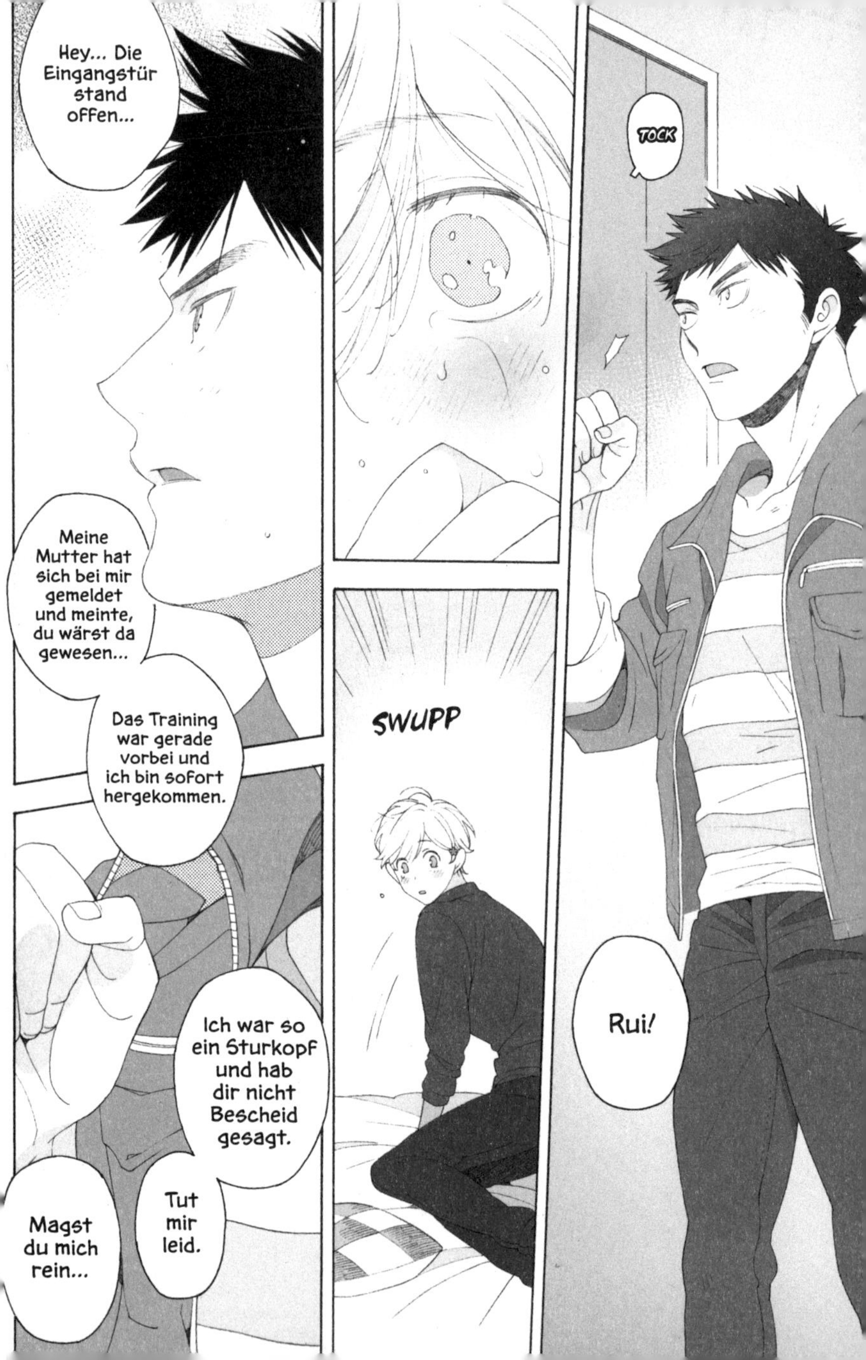

TOCK
Rui!
SWUPP
Hey... Die Eingangstür stand offen...
Meine Mutter hat sich bei mir gemeldet und meinte, du wärst da gewesen...
Das Training war gerade vorbei und ich bin sofort hergekommen.
Ich war so ein Sturkopf und hab dir nicht Bescheid gesagt.
Tut mir leid.
Magst du mich rein...

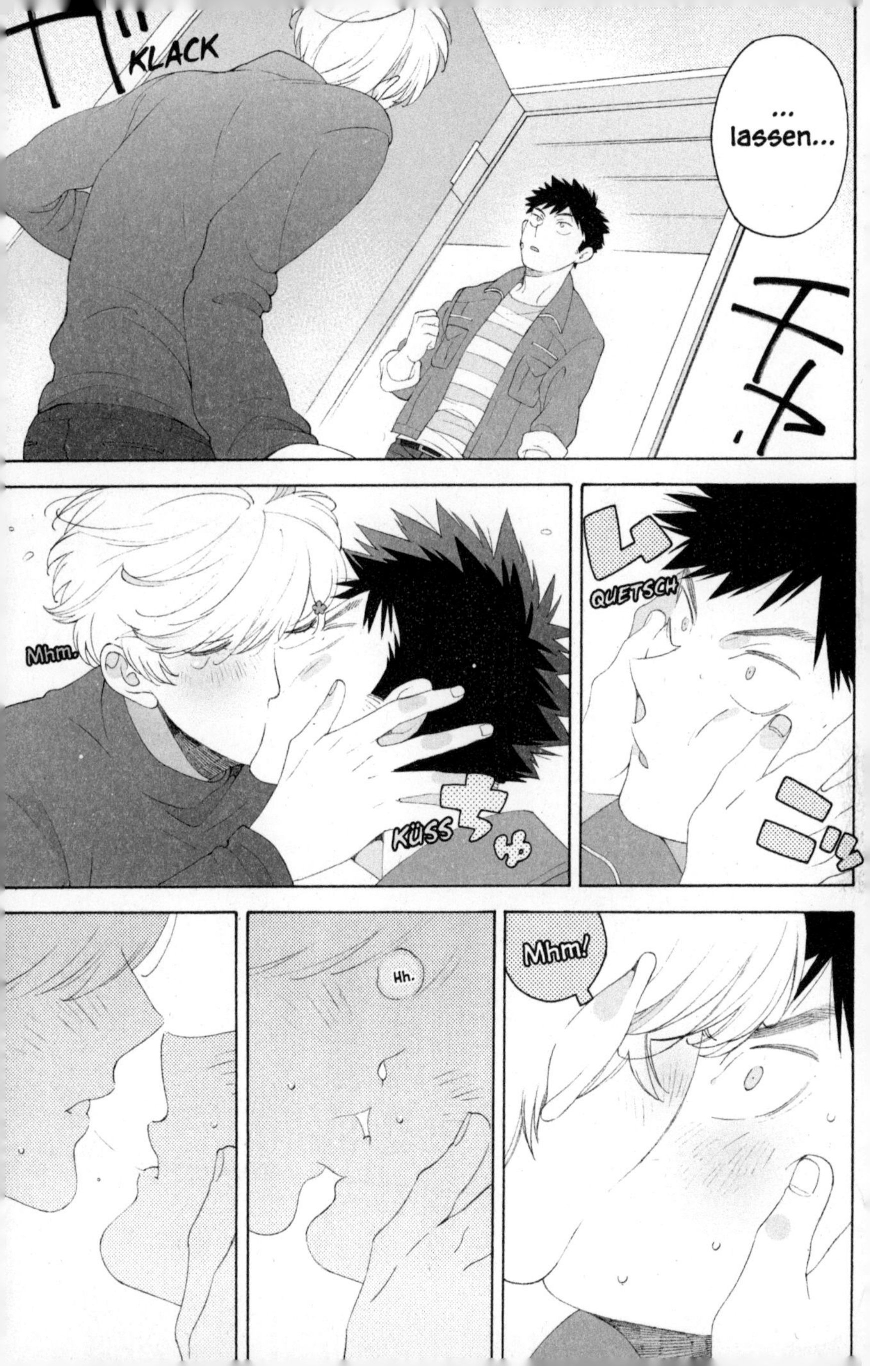

... lassen...
KLACK
QUETSCH
Mhm.
KÜSS

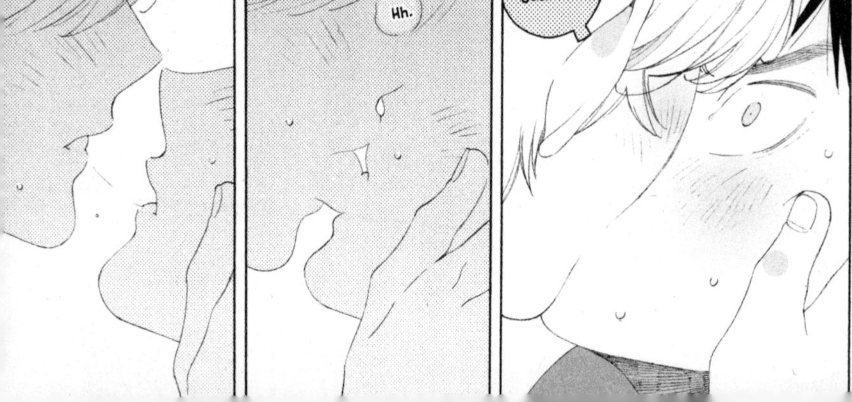

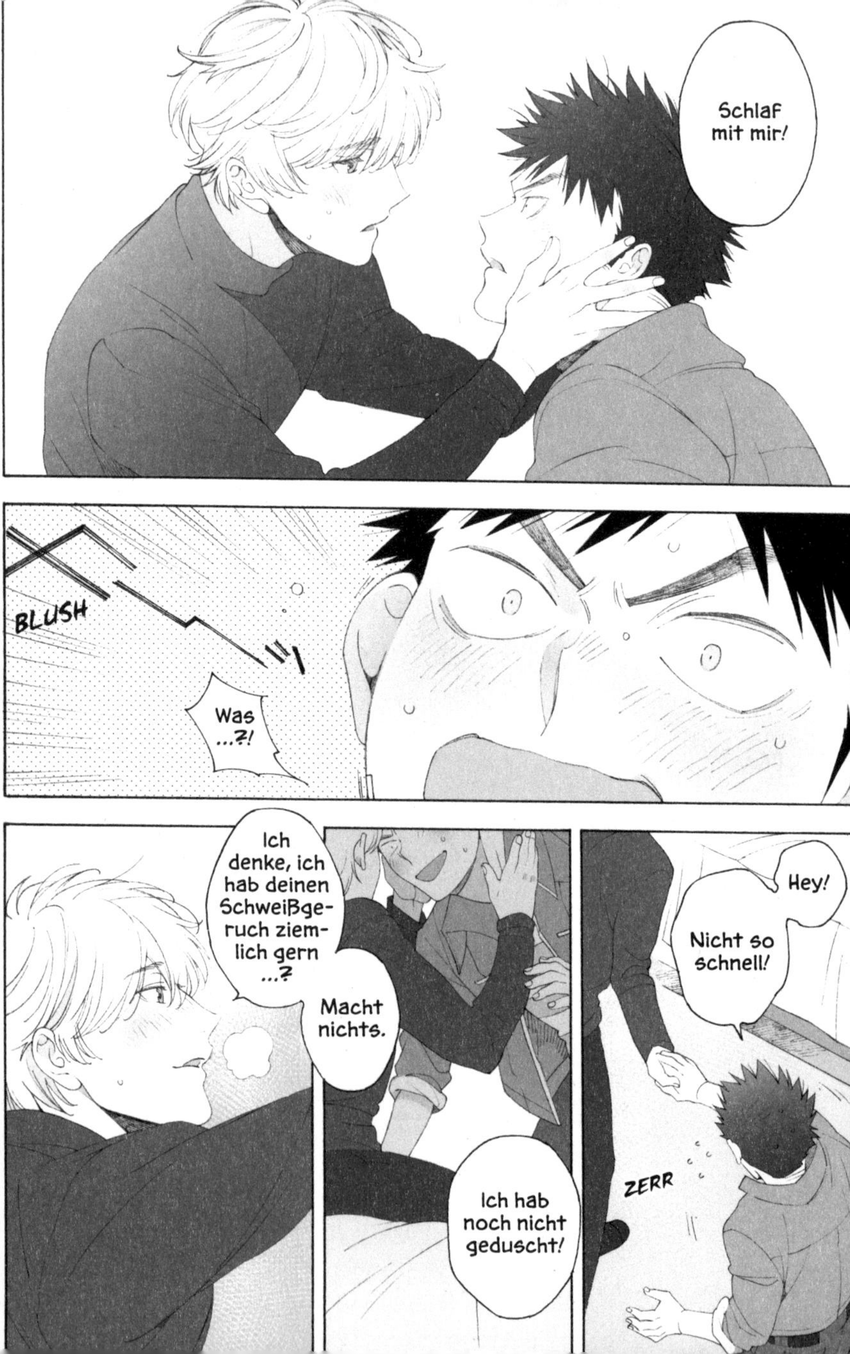

Schlaf mit mir!

BLUSH

Was ...?!

Hey!

Nicht so schnell!

ZERR

Ich hab noch nicht geduscht!

Macht nichts.

Ich denke, ich hab deinen Schweißgeruch ziemlich gern ...?

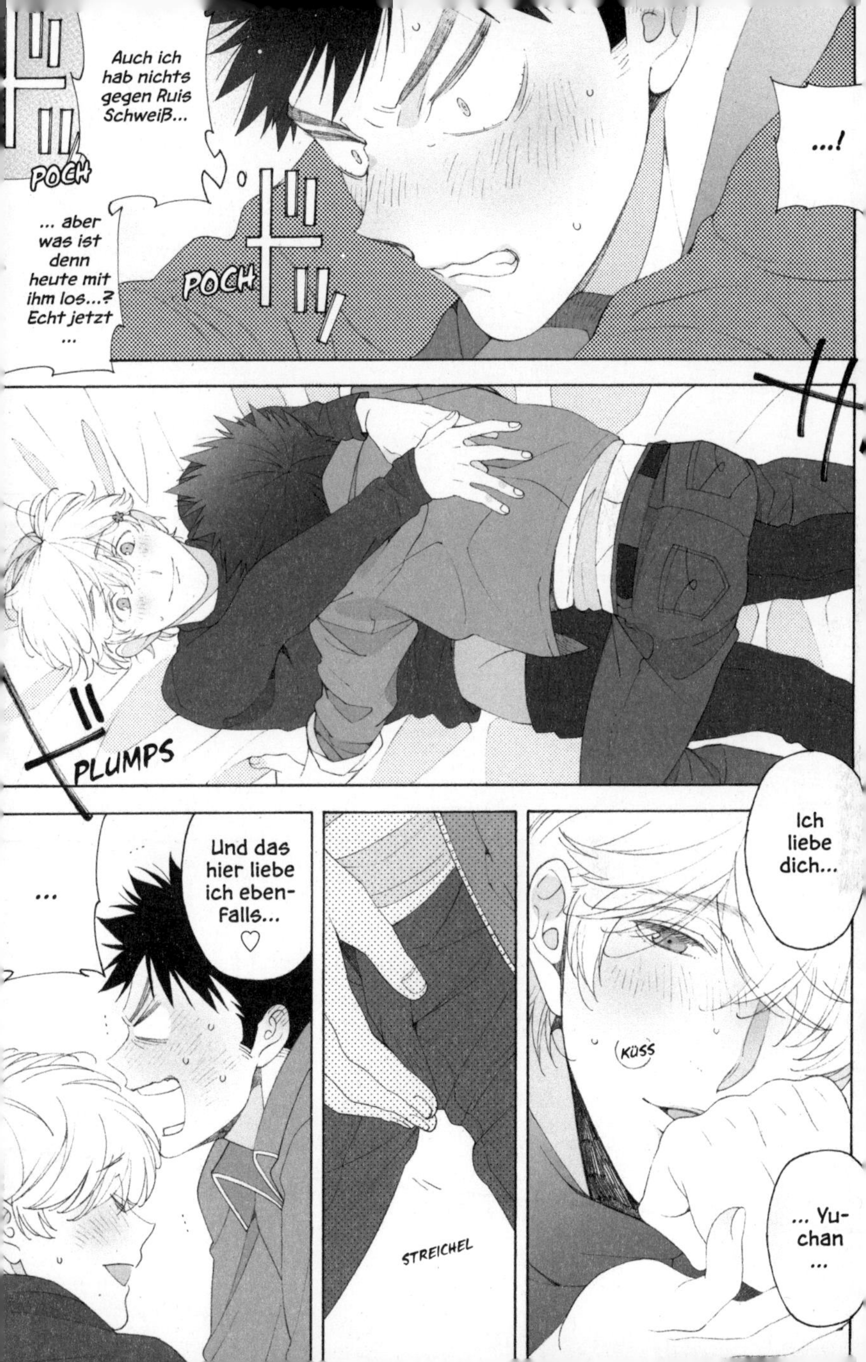
...!
Auch ich hab nichts gegen Ruis Schweiß...
POCH
POCH
... aber was ist denn heute mit ihm los...? Echt jetzt ...
PLUMPS
Ich liebe dich...
KÜSS
... Yu-chan ...
STREICHEL
Und das hier liebe ich eben-falls... ♡
...

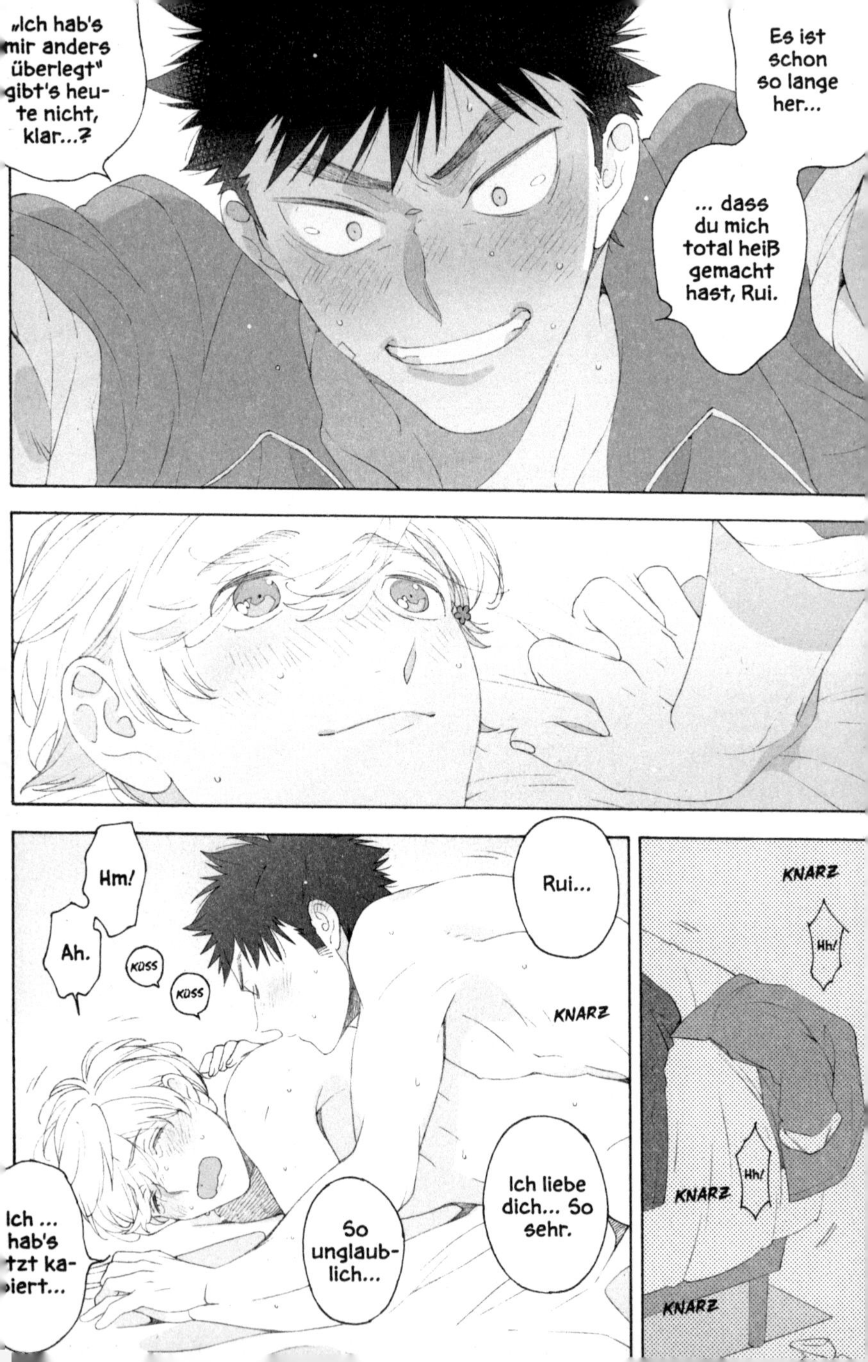
Es ist schon so lange her...
... dass du mich total heiß gemacht hast, Rui.
„Ich hab's mir anders überlegt" gibt's heute nicht, klar...?
KNARZ
Hh!
Hh!
KNARZ
KNARZ
Rui...
KNARZ
Hm!
Ah.
KÜSS
KÜSS
Ich liebe dich... So sehr.
So unglaub- lich...
Ich ... hab's tzt ka- iert...

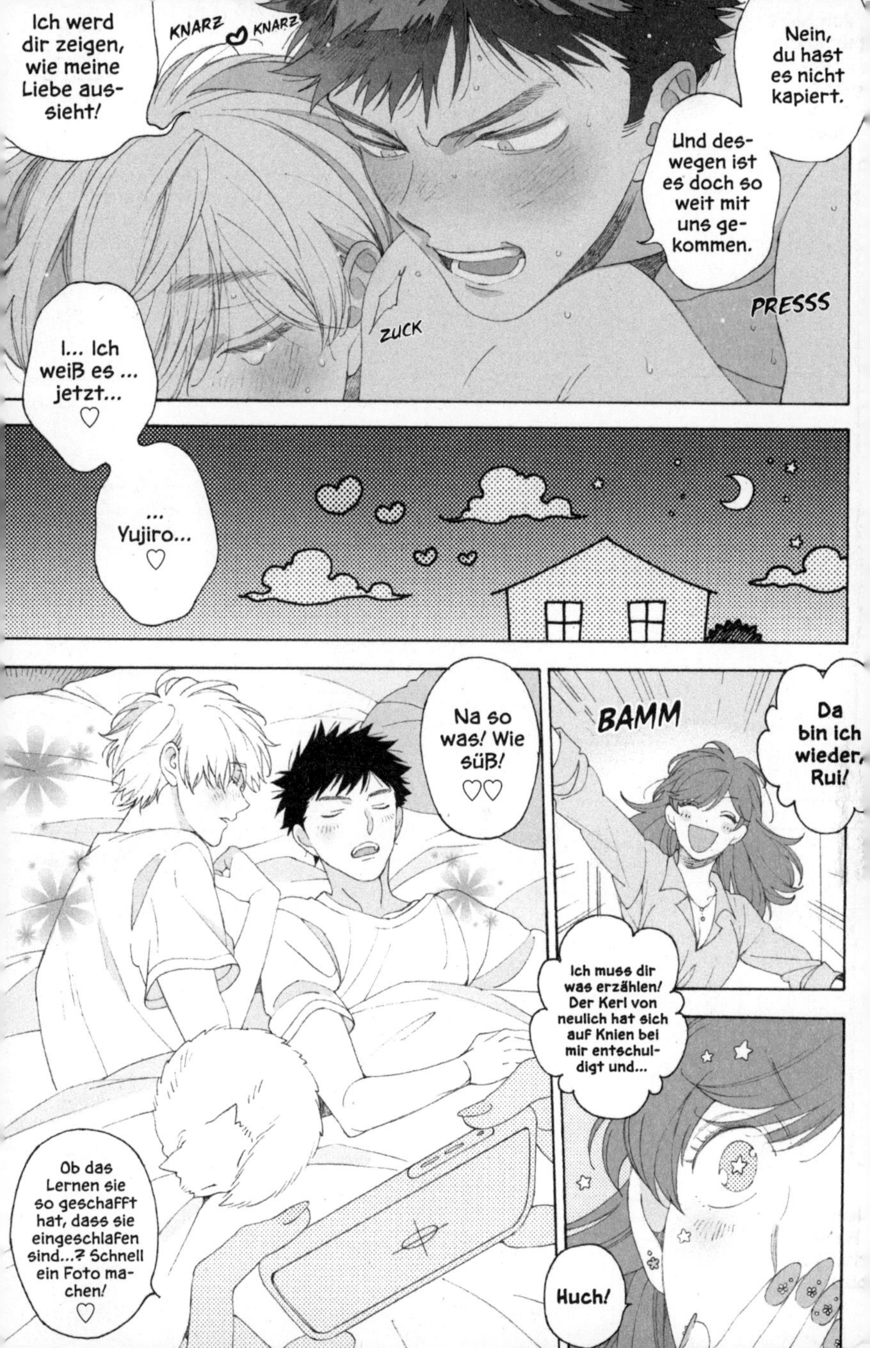
Nein, du hast es nicht kapiert.
Und deswegen ist es doch so weit mit uns gekommen.
KNARZ
KNARZ
Ich werd dir zeigen, wie meine Liebe aussieht!
PRESSS
ZUCK
I... Ich weiß es ... jetzt... ♡
... Yujiro... ♡
Da bin ich wieder, Rui!
BAMM
Na so was! Wie süß! ♡♡
Ich muss dir was erzählen! Der Kerl von neulich hat sich auf Knien bei mir entschuldigt und...
Huch!
Ob das Lernen sie so geschafft hat, dass sie eingeschlafen sind...? Schnell ein Foto machen! ♡

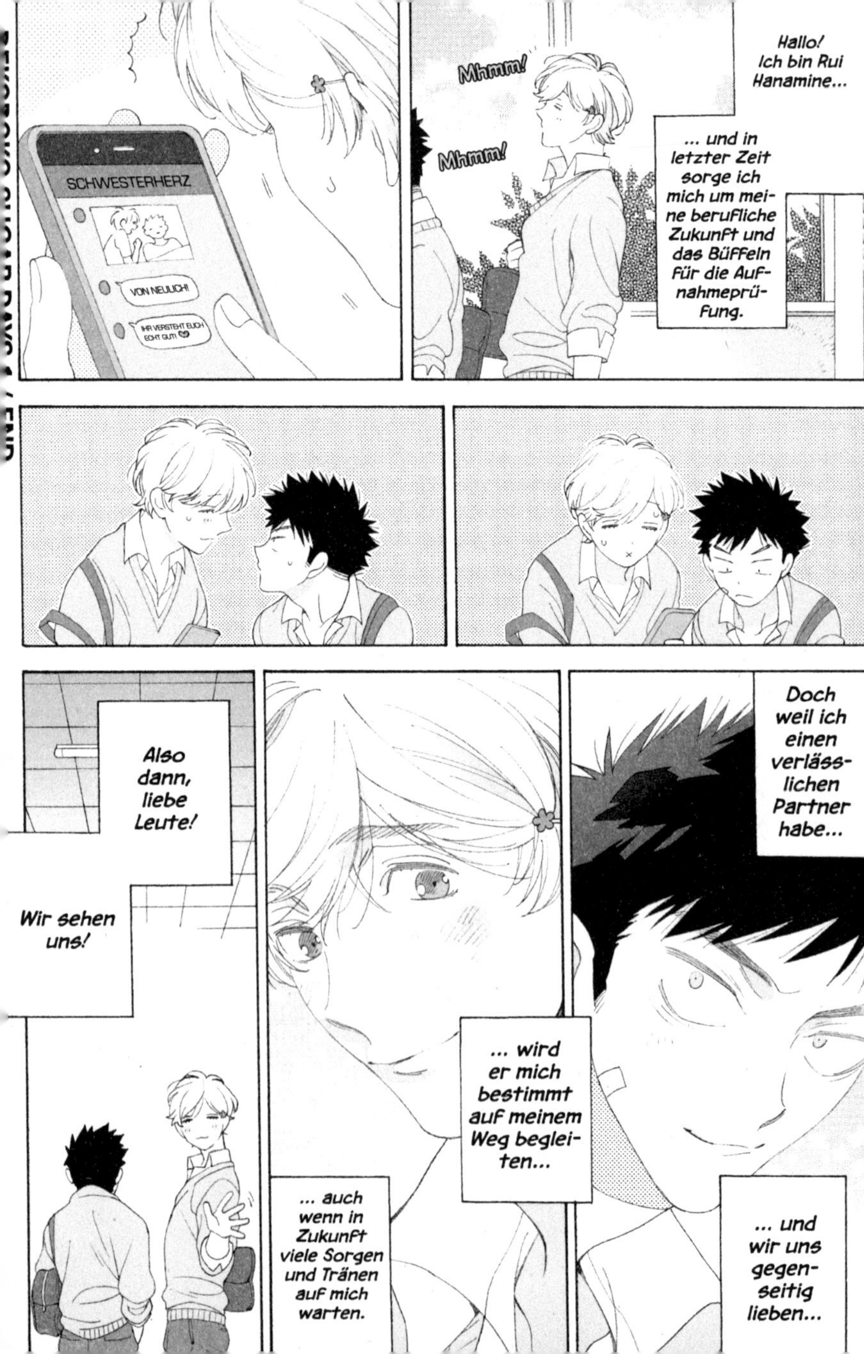
Hallo! Ich bin Rui Hanamine...
... und in letzter Zeit sorge ich mich um meine berufliche Zukunft und das Büffeln für die Aufnahmeprüfung.
Mhmm!
Mhmm!
SCHWESTERHERZ
VON NEULICH!
IHR VERSTEHT EUCH ECHT GUT!
Doch weil ich einen verlässlichen Partner habe...
... und wir uns gegenseitig lieben...
... wird er mich bestimmt auf meinem Weg begleiten...
... auch wenn in Zukunft viele Sorgen und Tränen auf mich warten.
Also dann, liebe Leute!
Wir sehen uns!

NACHWORT

Meinem Redakteur H-sama, der mich in meiner Orientierungslosigkeit geleitet hat...

... meiner Freundin A-chan, die mir viele Ratschläge gegeben hat...

... meinen Lesern, die mich während der laufenden Fortsetzung dieser Geschichte angefeuert haben...

... und euch, die dieses Buch gelesen haben...
... ein herzliches Dankeschön!

Atsuko Yusen

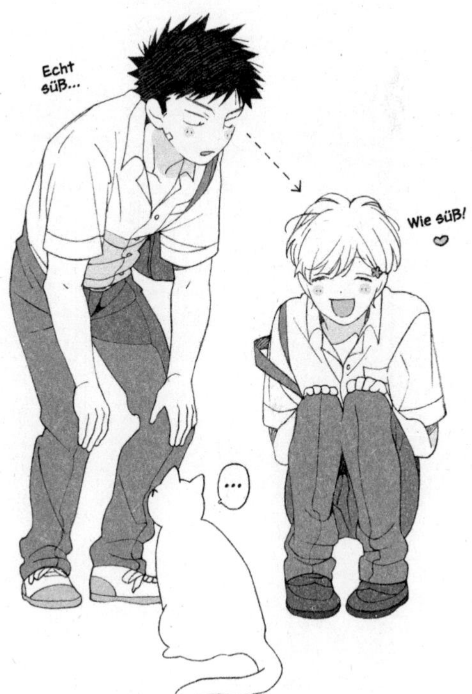

Titel: Hanamine, der die Katze betrachtet, und Matsukaze, der Hanamine betrachtet, der die Katze betrachtet, und die Katze, die Matsukaze betrachtet, der Hanamine betrachtet, der die Katze betrachtet.

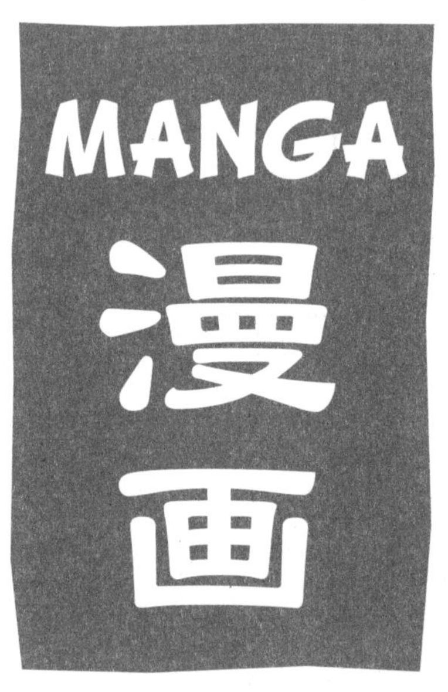

EGMONT

www.egmont-manga.de
facebook.com/EgmontManga
instagram.com/EgmontManga
twitter.com/EgmontManga

Ogeretsu Tanaka

HAPPY OF THE END

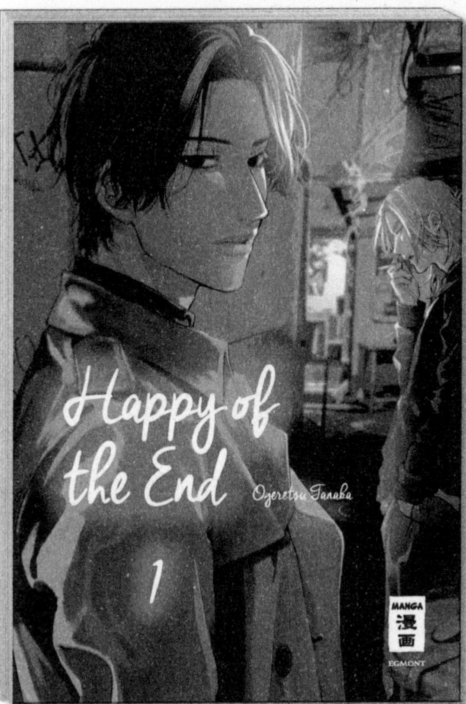

Als Chihiro zu sich kommt, ist er in einem erbärmlichen Zustand. Langsam realisiert er, dass er auf einer Müllhalde aufgewacht ist. Wie kommt er hierher und wer ist dieser Mann mit dem seltsamen Lächeln, der auf ihn herabblickt ...?

Happy of the End 01

ISBN 978-3-7704-4385-7

€ 8,50 [D]

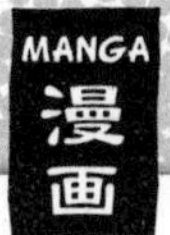

EGMONT

www.egmont-manga.de

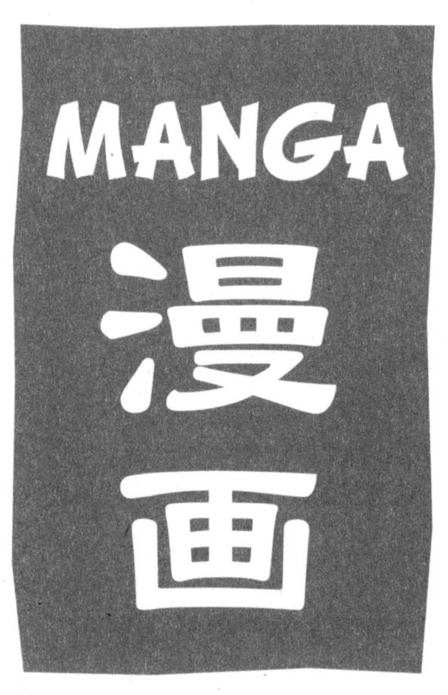

EGMONT

www.egmont-manga.de
facebook.com/EgmontManga
instagram.com/EgmontManga
twitter.com/EgmontManga

Boys Love

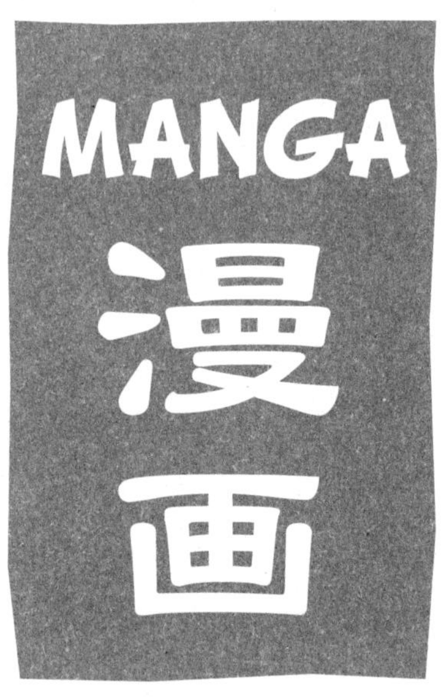

EGMONT

www.egmont-manga.de
facebook.com/EgmontManga
instagram.com/EgmontManga
twitter.com/EgmontManga

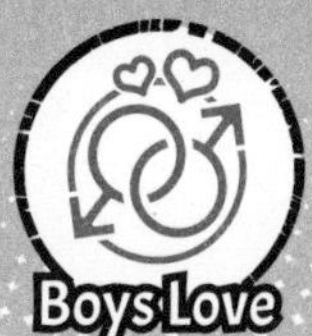

Micro Noici

DOGS OF TOSCA

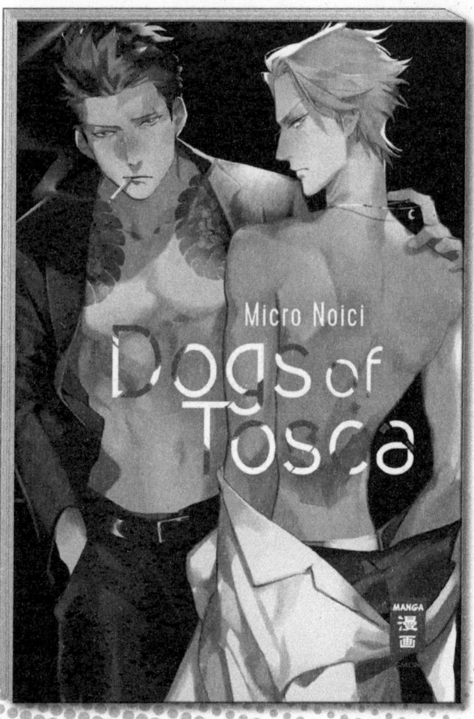

Die Kuroda und die Kirigaya sind rivalisierende Yakuza-Gruppen, die verschiedene Teile der Kanto-Region kontrollieren. Als ein Vorfall die angespannte Lage noch verschärft, scheint ein Krieg der Clans unausweichlich. Doch Tomoya Nishida, Vizeboss der Kirigaya, möchte um jeden Preis eine Eskalation verhindern. Er macht dem jungen Boss der Kuroda ein ungewöhnliches Angebot...

Dogs of Tosca

Einzelband ISBN 978-3-7704-4258-4

€ 7,50 [D]

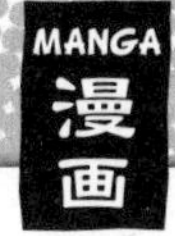

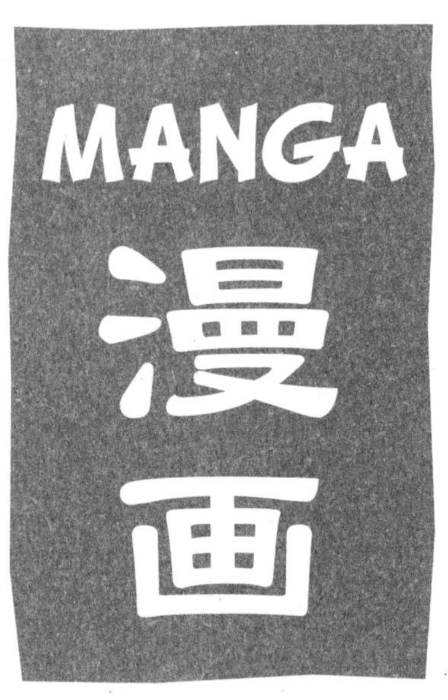

EGMONT

www.egmont-manga.de
facebook.com/EgmontManga
instagram.com/EgmontManga
twitter.com/EgmontManga

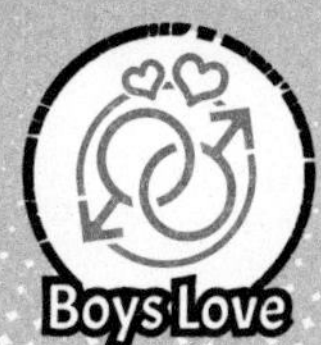

Uni Yamasaki

CLOSE TO YOUR SKIN

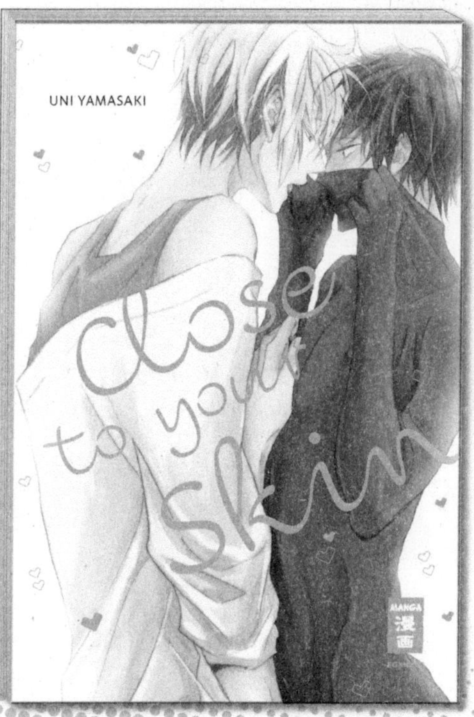

Der zurückhaltende Student Yoji will ein Cosplay nähen lassen. Hierfür fragt er keinen geringeren als den attraktiven Design-Studenten Toma. Dieser willigt direkt ein und verlangt als Gegenzug lediglich, dass Yoji für ihn als Model herhält. Doch der Modeljob entpuppt sich anders, als gedacht, denn Yojis Körper scheint wie geschaffen, für Tomas ungewöhnliche Vorliebe...

Close to your Skin

Einzelband ISBN 978-3-7704-4249-2

€ 7,50 [D]

www.egmont-manga.de

EGMONT

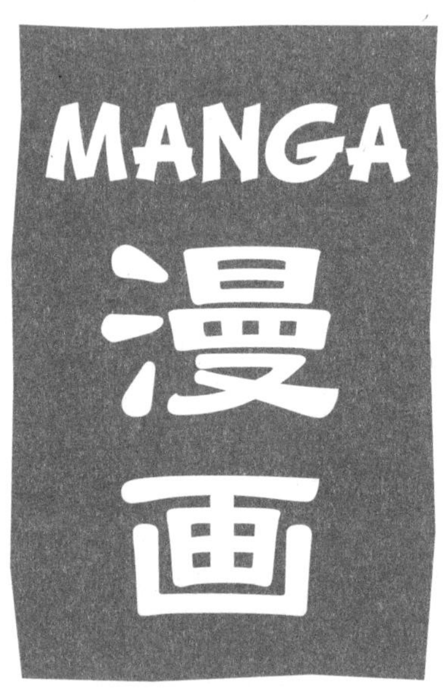

EGMONT

www.egmont-manga.de
facebook.com/EgmontManga
instagram.com/EgmontManga
twitter.com/EgmontManga

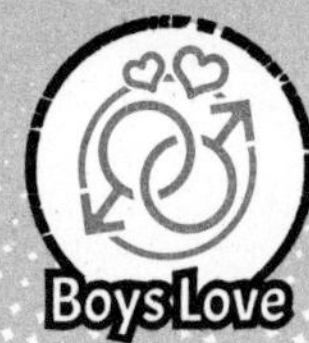

Meguru Hinohara

THERAPY GAME: RE

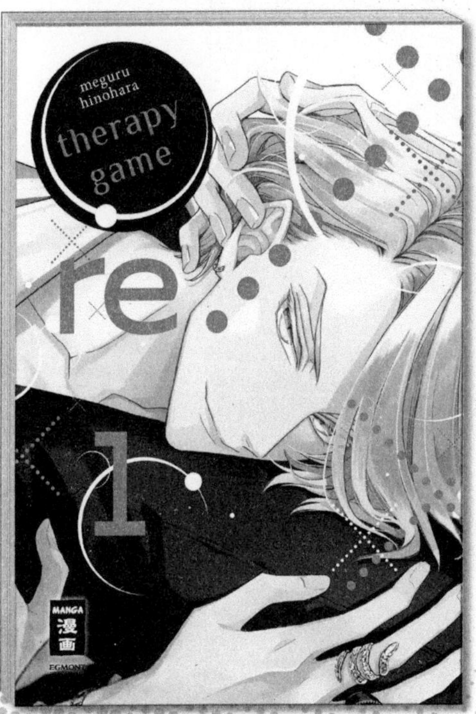

Minato und Shizuma sind nun in einer festen Beziehung. Doch Shizuma wird von seinem Beruf als Tierarzt vollkommen eingenommen und arbeitet fast ununterbrochen. An den meisten Tagen bekommen sich die beiden gar nicht zu sehen. Als das langersehnte Date naht, gibt es da allerdings noch eine andere Hürde, die sie meistern müssen...

Therapy Game: Re 01

ISBN 978-3-7704-4142-6

€ 7,50 [D]

EGMONT

www.egmont-manga.de

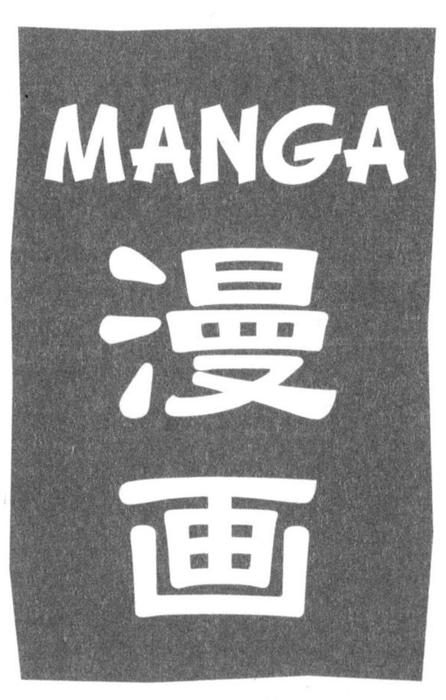

EGMONT

www.egmont-manga.de
facebook.com/EgmontManga
instagram.com/EgmontManga
twitter.com/EgmontManga

Waku Okuda

ANTI ALPHA ANOTHER

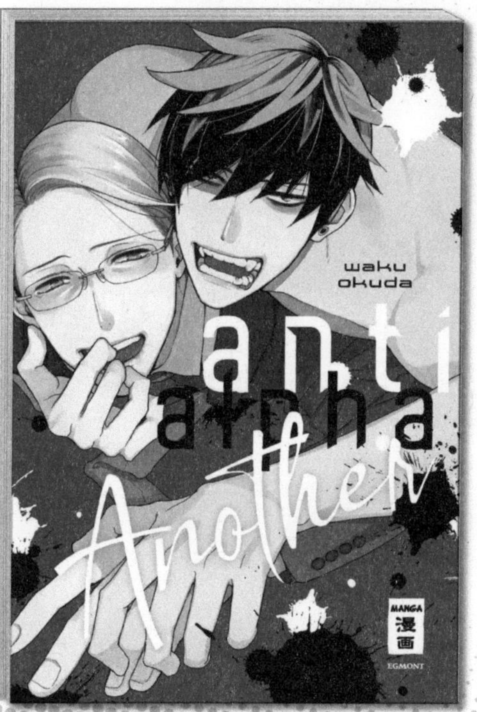

Sei Kamishiro wurde in einer angesehenen Alpha-Familie geboren und gilt als exzellenter Anwalt. Er übernimmt die Verteidigung von Ruiji Takishima, der beschuldigt wurde, sein Schicksalsmatch beinahe getötet zu haben.

Spin-Off zum erfolgreichen One-Shot Anti Alpha!

Anti Alpha Another

Einzelband ISBN 978-3-7704-4264-5

€ 7,50 [D]

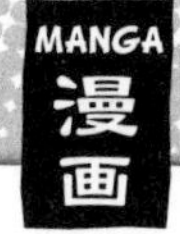

www.egmont-manga.de

EGMONT

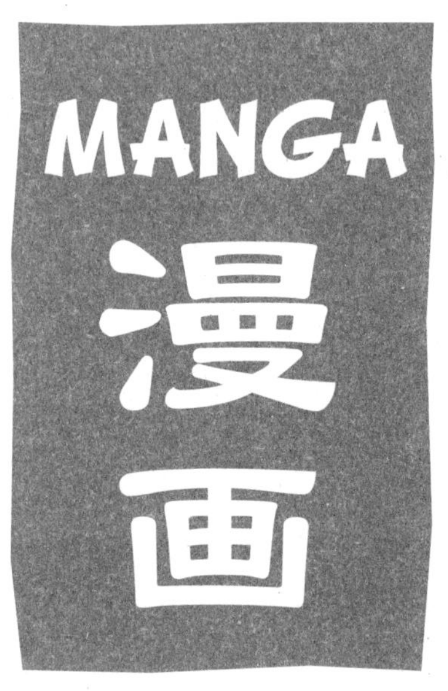

EGMONT

www.egmont-manga.de
facebook.com/EgmontManga
instagram.com/EgmontManga
twitter.com/EgmontManga

„Dekoboko Sugar Days“ von Atsuko Yusen
Aus dem Japanischen von Melania Schmitz
Originaltitel: „Dekoboko Sugar Days“

Originalausgabe:
DEKOBOKO SUGAR DAYS

Originally published in Japan in 2018 by Gentosha Comics Inc.,Tokyo.
German translation rights arranged with Gentosha Comics Inc.,Tokyo,
through TOHAN CORPORATION, Tokyo.

Deutschsprachige Ausgabe:

verlegt durch Egmont Verlagsgesellschaften mbH,
Ritterstraße 26, 10969 Berlin

2. Auflage 2023
Verantwortliche Redakteurin: Manuela Rudolph
Lektorat: Madlen Beret
Gestaltung: Wolfgang Schütte
Koordination: Angelika Schönhuber
Printed in the EU
ISBN 978-3-7704-4311-6
Special Edition ISBN 978-3-7704-4310-9

SUTOPPU!

Koko wa kono manga no owari dayo.
Hantaigawa kara yomihajimete ne!
Dewa omatase shimashita!
Tanoshii hitotoki wo dozo!

Egmont-Manga-Chiimu

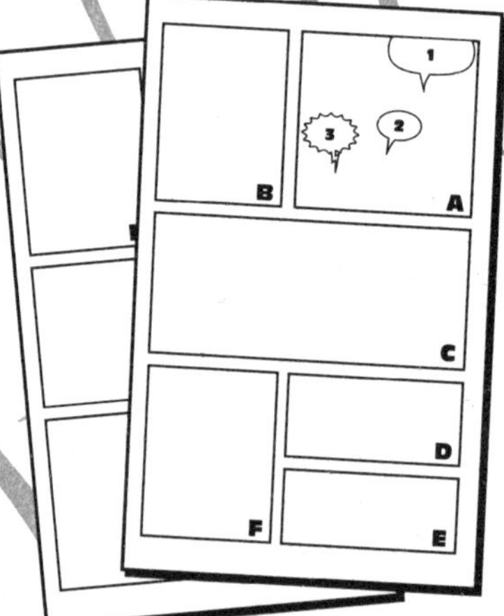

STOPP!

Das ist der Schluss des Mangas.
Fangt bitte am anderen Ende an!
Und nun genug der Vorrede,
viel Spaß beim Lesen!

Euer Egmont-Manga-Team